# 龔鵬程述學

龔鵬程——著

四川新都　龍車畫像磚　漢代

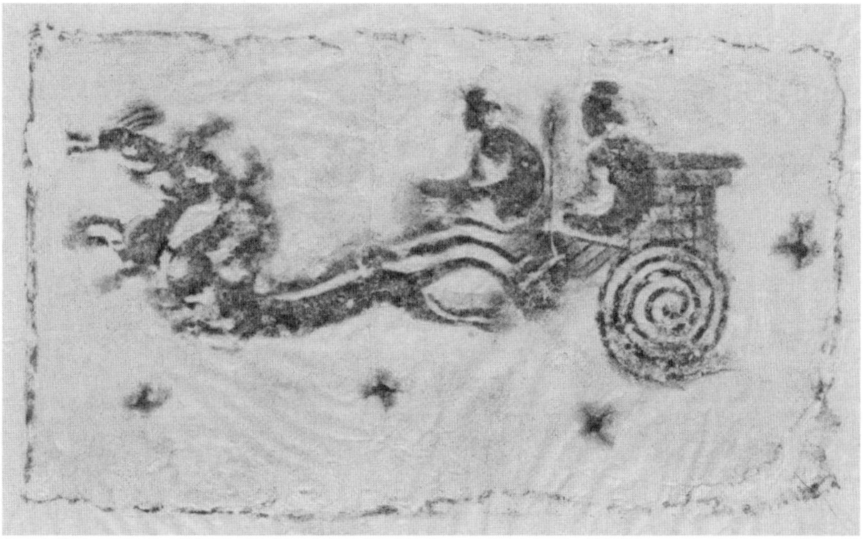

圖片授權／國家圖書館

# 目次

緒言 011
行年 015

## 第一卷——詩

**第一章　學詩記事** 034
一、詩世界 034
二、詩方法 039
三、詩人物 044

**第二章　詩學述要** 050
一、由傳統到現代 050
二、傳統的現代解讀 054

三、重建中國文論 057
四、我的文學理論 061
五、文學詮釋法 065
六、重寫文學史 068
七、文學詩經學 073
八、詩興與詩教 079
九、現代詩聯結 085

## 第二卷──書

### 第一章　文字逸旅 095

一、歷史語文學 095
二、社會語文學 101
三、交流語文學 111
四、哲學文字學與文化語文學 125

### 第二章　書文書藝 139

一、敷文：文字藝術 139
二、染翰：書法墨戲 149
三、定篇：文獻整理 156

## 第三卷——禮

一、學禮 170
二、制度 173
三、社會 180
四、管理 195
五、方法 201
六、遊方 216

## 第四卷——樂

### 第一章 復興樂教 246

一、樂與樂教 246
二、禮樂與現代文明 259

### 第二章 人文美學 268

一、人學 268
二、雲學 270
三、生死學 274
四、生活儒學 277

## 第五卷——易


一、初見易 286
二、窺學統 288
三、理注疏 289
四、合佛道 292
五、參五術 294
六、知才命 296
七、巫思維 301
八、說靈異 303
九、存儒教 305
十、究俗信 310
十一、通天人 311
十二、敬鬼神 316
十三、體有無 319
十四、消諍論 325
十五、美中和 328
十六、開世界 339
十七、贊化育 345

## 第六卷——春秋


**第一章　史學** 353

一、史義 353

二、新史學？ 356

三、結構主義？ 359

四、結構功能？ 361

五、鄉黨與結社 365

六、發展階段？ 368

七、心性主軸？ 373

**第二章　詮釋** 375

一、詮釋分歧 375

二、流變紛紜 379

三、思想清查 382

四、寓言假託 383

五、意識解放 385

**第三章　正名** 390

**第四章　經世** 401
一、大戰略 401
二、應帝王 405
三、施教化 410
四、理性命 417
五、遊列國 421
六、繼絕世 427
七、起廢疾 433

**第五章　未來** 440
一、城市建設 440
二、區域發展 444
三、中國研究 446
四、中華邦聯 450
五、文章華國 459

# 緒言

## 一、緣起

廿年前寫《四十自述》，副題即是「鵬程問道」。預擬六十作《述學》、八十作《閱世》。若能苟全性命於亂世，一百歲時再來寫《寄言》。那時恩怨未了，敵友俱亡，或許會寫得更酣暢些，此時便只能述學。

更早的緣由，可追遡到宋代。紹興廿四年進士考試，問「師友之淵源、志念所欣慕，行何修而無偽、心何治而克誠」。考官巴結秦檜，把他孫子塤擢為榜首，張孝祥第二。高宗親自改為孝祥第一、塤第三。同榜還有范成大、楊萬里、虞允文等。故事有趣，題目尤其好，值得再做一次回答。以下就算是我的答卷。

## 二、性質

述學，原是清代汪容甫先生的書名。但它體例不純，只是文章的雜湊，我則是真要述學的。

人生在世，既非貓狗，自當力學。學而時習之，不亦樂乎！生命的歷程與內容，事實上也就是學的內容與經歷，所以值得盤點一番。這倒不是因我以學者身分謀食的緣故。夫子曰：「君子食無求飽，居無求安，敏於事而慎於言，就有道而正焉，可謂好學也已！」除了修養不好，還常亂講話之外，我大抵即是依此活著的。

生活即是為學，學習所得，便是我生命的具體存在狀況。故為學不是知識上的事，乃是關乎人之存在的。人之所以為人，且是這樣一個人，即與其學有關。學君子者為君子、學貓狗者為貓狗。我於此有些許體驗，不妨說說。

故我述學，談學問，跟別人不一樣，談的是生命史。

這裡當然仍有主從、有虛實。看起來是以述學方式在講我的生命歷程，然重點在學問而不在我。我，不過四大假合，終歸塵土；龔鵬程三字，即是假名，是偶然用著的符號，呼我為牛則為牛，呼我為馬則為馬。可是萬法皆空而業不空，人都會死，而他所造、所成、所立之業卻可能存續下去。所以說立功立德立言是三不朽。人終朽而業自有其生命，雖我造立，匪我思存。由歷程看，我主它從；由歷史看，它實我虛。故本書又是以我生命為線索來敘述的當代學術史（雖僅是它的一小片剪影）。

## 三、特點

一個人的學問若值得敘述，定有其特點。我的特點是什麼呢？

做學問的人，形態各異，或尊德性、或道問學，或尋理趣、或重實用，我卻是合一的。本於性氣，參酌古今中外文獻、聖哲言語以定是非，故非修行與學術之兩歧；所得所是，作用於生活中，故又是行解之互證。此古人所難，當世亦無同類者。

我寫自述，也與一般自傳不同，屬於自我反省的作業。要把馳騁的蹄痕仔細勘察一番，以便再騁逸足。故自述乃為己之學的一部分，非宣傳、非獵名、非討罵，亦不求知音。

## 四、體例

用來檢核我之所學的框架，是孔門六藝：詩、書、禮、樂、易、春秋。不採取逐年講故事的辦法。

過去馬一浮先生以六藝攝一切學術，不但將中國傳統學問都歸入六藝系統，就連西方學術也是。其說有人贊、有人疑、有人嗤，但我以為是對的。中國學問均出於六經，本不需再做什麼說明；外國學問，大體亦可有哲學史學文學社會學等分類，故也可以六藝之學攝之或通之。

若不用此框架，另用三教、四部、儒道佛文俠五大傳統等等，當然也可以。但這些年我在大陸重建並活化了一批孔廟與書院，杭州馬一浮紀念館即其中之一，故不妨即以這個框架述學。

何況，我的學問，根本於經學；後來的發展，漸包四部而貫九流，又與現代後現代諸思潮相激盪相參會，走向正與整個民族文化相似。我的生命，呈現著整體民族文化的內涵與發展進程，便是一大特色。採用這個論述框架，恰好可以把這一點體現出來。

同時，質疑經學不能開展出現代學術的人可多啦，我這活生生的例子恰好也可作個反證。

分由詩書禮樂易春秋六個方面說，亦有方便之處。因為道通為一，全體大用，若不分解地說，終會顯得渾淪，難以把搦，故不能不如此。但生命畢竟是整全的，所以六方面自有相通相涵之處。碰到這種情況，我輒參考史家「互著」「別裁」之法處理之。雖然如此，重重複複、囉哩八唆之病也不可免。亂世文章，無法雅潔，識者諒之。

## 五、內容

寫史的人，不可能什麼都寫，許多陳芝麻爛穀子也無需寫。我所寫，一是師友淵源，說明我這些學問是怎麼來的。二是發展因緣，敘述學問在學界的規範與傳統中、社會政經文化環境互動中，又怎麼變生發展，有什麼價值、可起什麼作用。

講時，雖不免感憤時世、譏訶時賢，但內中其實充滿感激。我荷師友之厚恩，自不用說（這書一大目的，即是紀念他們，頗有感懷傷逝之處）；這變動且混亂的時代，更讓我學到了許多。歷劫之深，佛陀有未及知者；極世之變，老聃孔子也有所不逮，故特能激刺心魂、濬發思慮。《易》曰：「觀我生，君子無咎」，此之謂也。若說將來對好學深思的青年可有什麼啟發，願望太奢，則吾豈敢？

# 行年

一九五六年三月十五日出生於臺灣臺北市。

一九七三年，十七歲
少年就學臺中市臺中國小、臺中市東峰國中。本年於臺中縣豐原高中畢業，進入臺北縣淡江大學就讀。

一九七七年，二十一歲
淡江大學中文系畢業。

一九七九年，二十三歲
獲臺灣國立師範大學國文所碩士。
擔任淡江大學中文系講師。
出版《春夏秋冬：中國古典詩歌中的季節》（故鄉出版社）、《孔穎達周易正義研究》（文史哲出版社）。

一九八〇年，二十四歲

出版《采采流水：古典小品文選析注》（蓬萊出版社）。

一九八二年，二十六歲

出版《讀詩隅記》（華正書局）、《重樓飛雪：詞選釋賞析》（聯亞出版社）、《千古詩心：東坡詩賞析》（惠施出版社）。

與申慶璧、白惇仁、唐羽合纂《宜蘭張氏族譜》。

一九八三年，二十七歲

獲臺灣國立師範大學國文研究所博士，升任淡江大學中文系副教授。

獲中山文藝獎。

出版《江西詩社宗派研究》（文史哲出版社）。

一九八四年，二十八歲

擔任中國古典文學研究會祕書長。

創辦《國文天地》月刊，任總編輯，月刊社並辦有文化講堂、出版文史叢書及國文教學輔助教材。

出版《中國小說史叢論》（學生書局，與張火慶合著）、《歷史中的一盞燈》（漢光文化事業公司）、《少年遊》（時報出版公司）。

一九八五年，二十九歲

擔任中國時報、聯合報、民生報主筆，中國晨報總主筆。臧否時政，介入社會。

與靈乩協會合作創辦尋根文化中心，推動社會講學。

出版《文學散步》（漢光文化事業公司）。

一九八六年，三十歲

出版《文學與美學》《思想與文化》（業強出版社）、《詩史、本色與妙悟》（學生書局）。

主編《經典叢刊》，並撰寫其中《藝概》（金楓出版社）。此叢刊後來出版至百餘種。

一九八七年，三十一歲

升任淡江大學中文系教授。

擔任中國古典文學研究會理事長。

與靈鷲山教團合作創辦國際佛學研究中心，擔任主任。

任學生書局總編輯，並主編《書目季刊》，該刊屢獲圖書金鼎獎。

以《文學散步》獲臺灣教育部教材改進獎。

出版《大俠》（錦冠出版社）、《我們都是稻草人》（久大文化公司）。

一九八八年，三十二歲

擔任三民主義統一中國大同盟、中華戰略學會顧問等職。

出版《文化、文學與美學》（時報出版公司）。

一九八九年，三十三歲

與中華道教協會合作，創辦中華道教學院，任教務長。

出版《傳統、現代、未來：五四後文化的省思》（金楓出版社）、《現代與反現代》（幼獅文化事業公司）。

率學者交流團赴北京，分別與北京大學、社科院文學所合辦紀念五四七十週年研討會，揭開兩岸正式學術交流之序幕。

一九九〇年，三十四歲

升任淡江大學文學院院長。

擔任中華道教學院副院長。

出版《文學批評的視野》（大安出版社）、《俠骨柔情》（社會大學基金會）。

一九九一年，三十五歲

擔任臺灣行政院大陸委員會參事兼文教處處長，總理兩岸教育、文化、科技、體育、娛樂、大眾傳播諸交流業務。

獲中興文藝獎章、行政院傑出研究獎。

出版《道教新論》（學生書局）、《時代邊緣之聲》（三民書局）、《豪賭族》（大村文化事業公司）。

一九九二年，三十六歲
創辦中華兩岸文化統合會，任理事長。
出版《兩岸文教交流之現況與展望》（臺灣行政院大陸委員會）、《文化符號學》（學生書局）、《近代思想史散論》（東大圖書公司）、《走出銅像國》（三民書局）。

一九九三年，三十七歲
離卻公職。
與佛光山教團合作，於宜蘭縣礁溪鄉林美山籌辦佛光大學。
擔任中正大學歷史所教授、大陸國際儒學聯合會理事。
出版《猶把書燈照寶刀》（時報文化公司）。

一九九四年，三十八歲
擔任當代思潮研究社理事長。
出版《晚明思潮》（里仁書局）、《人在江湖》（九歌出版社）。

一九九五年，三十九歲
擔任愛盲文教基金會董事，推動社會公益活動。
獲淡江大學傑出校友金鷹獎。

一九九六年，四十歲

與佛光山教團合作，於嘉義縣大林鎮創辦南華大學，任校長。
出版《佛教與佛學》（新文豐書局）、《人文與管理》（南華管理學院）、《龔鵬程四十自述》（金楓出版社）。

一九九七年，四十一歲
擔任中國歷史文學學會副理事長、中國符號學會理事長、亞洲漢學學會名譽理事長。
出版《臺灣文學在臺灣》（駱駝出版社）、《龔鵬程縱橫論：當代文化省思》（幼獅文化事業公司）、《一九九六龔鵬程年度學思報告》（南華管理學院）。

一九九八年，四十二歲
擔任中國藝術行政學會理事長、世界中國哲學會副會長。
所辦南華大學獲一九九八年臺灣通識教育評鑑第一名。
與北師大合作，建立漢字研究所。
出版《美學在臺灣的發展》（南華管理學院，與孫中曾、林素玫合著）、《飲食男女生活美學》（立緒文化事業公司）、《道教新論二集》（南華管理學院）、《一九九七龔鵬程年度學思報告》（南華管理學院）。

一九九九年，四十三歲
擔任中國歷史文學學會理事長，又任臺北市政府顧問。
出版《漢代思潮》（南華大學）、《一九九八龔鵬程年度學思報告》（南華管理學院）、《中華續道藏》（與陳廖安合編，新文豐出版社）。

二〇〇〇年，四十四歲

辦學績優，南華學院改制為大學。轉任佛光大學校長，繼續籌設開學。

成立中國武俠文學學會，任理事長。

又任賢志文教基金會董事。

出版《雲起樓詩》（學生書局）、《經典與現代生活》（聯合文學出版社）、《龔鵬程四十自述》

再版（印刻出版社）、《知識分子》（聯合文學出版社）、《知識與愛情》（聯合文學出版社）、

《一九九九龔鵬程年度學思報告》（佛光人文社會學院）。

二〇〇一年，四十五歲

擔任北京大學社會科學研究中心客座研究員。

創立美學藝術學學會，任常務理事。

入選《文訊》月刊十大金榜專欄作家，出版《書藝叢談》（佛光人文社會學院）、《遊的精神文化史

論》（河北教育出版社）、《文化符號學》新版（學生書局）、《唐代思潮（上、下）》（佛光人文社

會學院）、《晚明思潮》增訂本（佛光人文社會學院）、《儒學反思錄》（學生書局）、《二〇〇〇龔

鵬程年度學思報告》（佛光人文社會學院）。

二〇〇二年，四十六歲

出版《中國文人階層史論》（佛光人文社會學院）、《經典與生活》（健行文化出版社）、《二〇〇一

龔鵬程年度學思報告》

二〇〇三年，四十七歲

又因辦學績優，教育部命佛光人文社會學院改制為大學。卸校長任。創立東亞孔廟與儒學聯誼會，任臺灣代表。成立龔立逑紀念文教基金會，任祕書長。

創立中華少林禪武協會，任理事長。又任臺灣文學發展基金會董事。出版《文學散步》增訂本（學生書局）、《中國小說史論》（學生書局）、《中國文人階層史論》另版（蘭州大學出版社）、《二〇〇二龔鵬程年度學思報告》

二〇〇四年，四十八歲

創辦盧森堡歐亞大學，在馬來西亞開展華文教育。

擔任南京師範大學首任唐圭璋講座教授、兩岸梁實秋研究學會理事長、英國倫敦終生教育學院董事。出版《俠的精神文化史論》（風雲時代出版社）、《異議份子》（印刻出版社）、《二〇〇三龔鵬程年度學思報告》。

二〇〇五年，四十九歲

創辦北京大學文化資源研究中心，任副主任。

又任北京清華大學客座教授、北京師範大學特聘教授、南京大學客座教授、四川大學講座教授。香港大學、韓國翰林大學、北京大學、清華大學，在北京合辦「龔鵬程學術研討會」。

出版《紅樓夢夢》（學生書局）、《漢代思潮》（北京商務印書館）、《經典與現代生活》改版（大陸百花文藝出版社）、《晚明思潮》（商務印書館）、《文化符號學導論》（北京大學出版社）、《美人之美》（百花文藝出版社）、《北溟行紀》（印刻出版社）、《孤獨的眼睛》（九歌出版社）。

二〇〇六年，五十歲

擔任龔立述紀念文教基金會董事長。

在北京成立天德堂文化有限公司，協助各地文化園區建設。

出版《文學散步》簡體版（世界圖書出版公司）、《中國傳統文化十五講》（北京大學出版社）。

二〇〇七年，五十一歲

出版《書藝叢談》增訂本（山東畫報出版社）、《近代思潮與人物》（北京中華書局）、《國學入門》繁體版（學生書局）簡體版（北京大學出版社）、《自由的翅膀》（九歌出版社）。

二〇〇八年，五十二歲

出版《中國文學批評史論》（北京大學出版社）、《中國小說史論》簡體字改版（北京大學出版社）、《中國詩歌史論》（北京大學出版社）、《六經皆文》（學生書局）、《俠的精神文化史論》（山東畫報社簡體字版）、《漢代思潮》增訂版（北京商務印書館）、《晚明思潮》增訂版（商務印書館）、《龔鵬程四十自述》簡體版（工人出版社）、《北溟行紀》改編版（上海人民出版社）、《書到玩時方恨少》（黃山書社）、《多情懷酒伴》（上海人民出版社）。

舉辦個人書法展於臺北時光藝術空間，提倡文士書。

二〇〇九年，五十三歲
轉任北京大學中文系特聘教授。
出版《武藝叢談》（山東畫報出版社）、《中國文學史》上冊（里仁書局）、《三教論衡系列——儒學新思》、《三教論衡系列——佛學新解》、《三教論衡系列——道教新論》（北京大學出版社）、《文化符號學》簡體字版（上海人民出版社）、《生活的儒學》（浙江大學出版社）、《飲饌叢談》（臺灣二魚出版社）。

二〇一〇年，五十四歲
開辦美國歐亞大學。
出版《中國文學史》下冊（里仁書局）、《飲饌叢談》修訂版（山東畫報出版社）。
在澳門文化中心舉辦書法展。
在北京成立大腦金投資管理有限公司，協助各地政府舉辦文化活動及論壇等，尤致力於「古蹟活化」。
珠海「香港浸會大學—北師大聯合國際學院」舉辦龔鵬程的學術與文學研討會，由臺灣學生書局出版論文集《學海奇觀：龔鵬程學思初探》。

二〇一一年，五十五歲
舉辦「文士書」個人書藝展於杭州唐雲藝術館。
出版《九州心影錄》三冊（臺灣風雲時代出版社）、《向古人借智慧》修訂本（鳳凰出版社）。

二〇一二年，五十六歲
擔任中國非物質文化遺產推廣中心主任，啟動兩岸四地非遺專案。
設立龔鵬程國學院、新疆伊犁特克斯縣哈薩克文化保護基地。
舉辦世界周易論壇，建太極壇城市展覽館。
出版《紅樓叢談》（山東畫報出版社）。

二〇一三年，五十七歲
擔任臺灣自然醫學學會會長。
在北京國家圖書館舉辦個人書藝展。
推動大陸禮樂文化復興，恢復四川都江堰孔廟、主持甘肅平涼祭西王母。
出版《龔子書跡》（詩書畫雜誌社）、《中國文學十五講》（臺灣學生書局）、《儒學反思錄二集》（臺灣學生書局）、《仁者壽：儒門養生法要》（世界圖書公司）。

二〇一四年，五十八歲
擔任大陸國務院參事室中國國學中心顧問、臺灣視障協會會長、北京天泰書院山長、常州道南書院山長。
運營杭州馬一浮紀念館、設立上海禮樂傳習所、開辦瞭若指掌國學院。
在北京成立漢光文化商貿有限公司。
在天津今晚人文藝術院、法國羅浮宮等地舉辦書法展。參與浙江衛視中華好故事等節目，推廣國學。
出版《有文化的文學課》（北京中華書局）、《有知識的文學課》（北京中華書局）、《文化人類學筆記》（四川大學出版社）、《儒門修證法要》（人民東方出版社）、《美人心事》修訂再版（山東畫報出版社）、《文學散步》修訂再版（人民東方出版社）。

二〇一五年，五十九歲

在杭州美術館、南昌書法院舉行書法展。

恢復江西宜春昌黎書院，任山長。

北京大學為之舉辦「龔鵬程學術與文學研討會」。

出版《學書九十二法》（瞭如指掌書院）、《國學入門》、《中國文學史》、《飲饌叢談》、《武藝叢談》、《書藝叢談》、《龔鵬程講道》、《龔鵬程講儒》、《龔鵬程講佛》、《鵬程問道》、《華人社會學筆記》、《四海遊思錄》、《墨海微瀾》、《墨林雲葉》、《儒門修正法要》、《文學散步》（皆東方出版社）。

二〇一六年，六十歲

在廣東四會六祖寺舉辦書法展、在商務印書館舉辦「龍性難馴」書法展。

在南京大報恩寺遺址公園設立「報恩講堂」。

與陝西漢中文投公司合作設立「世界漢學中心」。籌建漢中「興漢新區」，擔任文化總顧問。

在山東曲阜尼山主辦首屆國學院院長高峰論壇，恢復六佾舞。

在英國倫敦彌勒莊園籌建中國文化中心。

在臺灣設立龔鵬程文創有限公司。

出版《雲起樓詩》手寫本（東方出版社）、《書院何為》（山東畫報出版社）。

為浙江少兒出版社主編的《中華好故事》系列，入選國家主題出版重點出版物；國家新聞出版廣電總局向全國青少年推薦的百種優秀圖書、首居向全國推薦的優秀傳統文化普及讀物。

二〇一七年，六十一歲

在北京召開世界漢文化大會。

為深圳電視臺策劃「國風西行」大型紀錄片，往訪莫斯科、聖彼得堡各學術機構並拍攝。

往訪梵蒂岡天主教教廷，促成中梵藝術交流會議及展出。

在山東濟南銀座美術館辦「雲篆龍章」書法展。

應邀出席韓國全北國際書法雙年展，展出作品並發表主題演講論文。

主編《瞭如指掌書法教材》二十冊，由文物出版社出版。

主辦瞭如指掌書院在江西南昌、北京等地開辦的書法師資培訓班。

在北大出版社出版之《傳統文化十五講》，被列入國家社科基金中華學術外譯項目，將譯成英文日文韓文。

主編《臺灣大陸同鄉會文獻數據庫》獲第十屆新聞出版業互聯網發展大會「優秀內容平臺」等四項殊榮。

以上是我簡單的履歷，遺漏很多，不違細勘。子曰：「吾十有五而志於學，三十而立，四十而不惑，五十而知天命，六十而耳順」。聖人境界，我豈能及？但看來也是十年一轉：大抵十歲之前懵懂無知，十至二十為浪蕩少年，二十至三十勉力成學，三十至四十歷事入世，四十至五十辦學施教，五十以後效孔聖之周遊、世尊之弘化，行走於政、商、學、民之間。六十後將更往涉何種寂天寞地、廣洋大野則不可知，但看來還將繼續折騰下去。

# 第一卷・詩

我出生、成長於臺灣。

祖籍江西吉安。當地文風及祖上的事，均無所知，只能由父親那裡聽受而來。謂是遠祖龔遂嘗守渤海，治績甚好，被寫進了《漢書・循吏傳》。我們這一支則是愈公所傳。愈公於唐代任金紫光祿大夫、大傅上柱國越國公，所以我們總祠彝倫堂（建於明正德年間，寬五十六米，軒敞弘闊）前面的牌坊，榜書大字曰：「上柱國第」。

到宋朝天禧年間，鎧公遷居金陵。傳十四世官德公任鳳陽指揮，遂由鳳陽遷江西吉安南街。其四世理公於明代又徙吉安值夏永樂村開基。村有永樂寺，故名。始建於天寶六年，永樂九年重建。該地有許多都是由北方遷來的，如旁邊渼陂村即自西安來，杜甫《秋興》之八：「昆吾御宿自逶迤，紫閣峰陰入渼陂」即指其地。遷來後仍名渼陂，據說祠堂跟我們村用的是同一張圖紙，故格局建式相近（南遷宗族仍用舊地名是很常見的現象，如劉勰他們家由山東莒縣東莞遷到京口。《梁書》就仍說他是東莞莒人，其實當時東莞只是僑設之地，非山東原址）。

至今我族前後八房。前三房是三畏堂傳的崇雅堂、懷德堂、五聚堂。後五房是徽猷堂傳的天恩堂、六和堂、思親堂、聚和堂、作述堂。懷德堂下則因人多，分為四支：景公、聘公、餘慶、貽德，各有祠堂。祠堂大大小小近二十座。我即屬於貽德堂。

吉安在宋元明清時期，文風鼎盛，是出歐陽修、文天祥的地方，邦人頗以此自勵，自許為「文章節義之鄉」。書院以白鷺洲最著名，建於南宋淳祐元年，與廬山的白鹿洞、鉛山的鵝湖、南昌的豫章齊名。祀周敦頤、程顥、程頤、張載、邵雍、朱熹六賢，乃程朱學脈。詩風則尤勝，江西最早的地域性集子，就是元代廬陵鳳林書院編的《名儒草堂詩餘》，在全國是領先的。至明朝，王陽明曾任廬陵知縣，其學問主要也在吉安這一帶發展，稱為「江右王學」。當時我鄉青原山講會之盛，震動天下。山乃禪宗七祖青原行思的道場。禪門五家，曹洞、雲門、法眼皆出於此。潙仰、臨濟雖出於南嶽懷讓，而其實也在吉安宜春這一帶發展起來，故為天下禪門宗源。陽明也在此建有書院（二〇〇八年我回鄉勘址，倡議重建，現已竣工）。明末四公子之一的方以智，晚年出家為僧，稱藥地大師，亦住在這裡。

儒家佛家的流風餘沫，到父親他們這一輩遺存不輟。宗族自辦的書塾，大小祠堂裡都有。總祠邊還有一座元升書院，後有一惜字亭。清末廢除科舉以後，原先的秀才舉人優貢拔貢雖無緣仕進，仍以教書為事，深受族人尊敬。祠祭燕享，都要先禮請這些「斯文前輩」。排序不尊尊、不親親，而重文重教。族中若有糾紛，也以斯文先生的意見為斷。

後來族兄祖亮於民國十六年由北京大學畢業回來，配合時代新潮，便把宗塾改為學校了。他自己擔任校長，推行新式教育，名為新生小學，後來又辦了同盟中學。學生讀書都免費。開了國文、算術、史地等學科，我父即是開始接受新式教育的這一批。

但新也離不開舊，仍由《三字經》、《百家姓》、《四書》讀起。許多經典，垂老仍能背誦，可見當時教育之效果，迥非今日所能比。其間詳情，他老人家寫的自傳《花甲憶舊集》可以參看，文筆活跳，遠勝於我。他還能書能畫，擅長拉二胡、唱京戲。武術方面，老家流行字門拳，他則尚有青幫的淵源（在台中做生意時，有流氓來砸場。我見他把來人打翻了，用板凳卡在陰溝裡）。

但他後來輾轉於鄉保、軍旅、商賈、遊俠之間。浮海來臺後，時世已不容他治學了，僅存一點文化嚮往，只能在開的餐館，如「六一居」「斯為美」等名稱上表現出來（六一是歐陽修的號，先王之道斯為美，見於《論語》）。故轉而期望我能繩武門風。教我讀書、寫字、打拳，開蒙遂極早。以致我竟然也能如杜甫一般：「七齡思即壯，開口詠鳳凰。九齡書大字，有作成一囊。」

他深知我性躁動、好嬉耍，所以寫了「勤有功，嬉無益」一張紙條貼我桌前，作為座右銘。

但他很快就後悔了，因為我嘗到了閱讀的樂趣，即再也捨不得離開書本子。到戚友家、書店、租書間找書看，或躲進防空洞裡、爬到樹上去看。我那時不過五六歲。怕我走失，他與我媽天天要去覓我，有時氣極了，不免把我痛打一頓。

他又認為書固然要念，可是讀了書而禍國殃民者其實甚多，因此教育子女仍以忠厚傳家為要。我友周渝，臺北紫藤廬茶館主人，尊翁周德偉是華人圈中最早提倡並譯述海耶克等自由主義思想者。我見過他請趙恆惕先生隸書一幅對聯云：「豈有文章覺天下，忍將功業苦蒼生」。我想先父之體會大約類似。英雄回首，固多蒼涼也。

父親去世後，我兄妹組建了「龔立逑先生教育基金會」來紀念他。希望蒼涼的人世仍存有一點希望，我輩家風，也能稍稍潤澤予世界。

我在大陸還有族人兩千餘，兩兄長，從事教育。在臺兄妹五人，也多從事教育，大妹臺紅且曾得過臺灣教育最高獎「師鐸獎」，三妹萍紅也自辦了斯為美教育機構。其實父親他們那時渡海至臺者一十三人，也以教書為多，或參與宗教宏化之事。去年我去深圳演講，大伯乾升之孫來相認，云正在大學任職，其父祖武則已由深大退休（曾任中文系主任、學校書記，著有深圳教育發展史、市志等），令我很感慨。一家人因戰亂分離，彼此甚或不通音問，而居然殊途同歸，都以教育為職事，難道家風傳承還真有冥冥中的聯繫嗎？

乾升伯是南昌中正大學畢業的。入臺後，在高中教了一陣書（後來中興大學中文系主任胡楚生等人就是他學生，對他的教導很懷念）。但因他早與六十三代天師張恩溥大真人義結金蘭，連袂來臺。而政府令天師奉祀道法，如山東孔家之例，以昭「道統」。故他又協助天師建設「嗣漢天師府」，任祕書長，闡揚道化。後來入仕，洊升至考試院銓敘部司長，並以詩文、堪輿、推步、易學有聲於時，可說是能融我家與張氏兩世家之學於一手的人，對我也教誨至深。

天師則是我義父。我小時不好養，或謂天緣太深，故寄在天師座下。

乾升伯登仕之後，續由族兄龔群（期棨）繼續翊助天師。

臺灣深受閩南文化濡染，傳統宗教氣氛濃厚，與民眾生活密切相關，幾乎全不受現代化進程斲傷。這種宗教態勢，是佛道不分、三教合一，而以道法行事為節日宜忌的，故宮廟壇祠遍地。雖皆可算是廣義的天師道，全真系統極為寥落，但內中非常複雜，因為還有許多明清以來流傳的會道門，如齋教、先天道、羅教、瑤池金母、萬國道德會、天德教、天帝教、真空教、三一教等。民間信仰如臨水夫人、三山國王、媽祖、保生大帝、開漳聖王、玄天上帝、關帝恩主公、中壇元帥哪吒、齊天大聖孫悟空、朱熹、諸葛亮、魯班、鬼谷子等，不可勝數。天師往來弘法，遂極辛勞。一九六六年他還整合各道脈，成立了「中華道教總會」，擔任理事長。另還要抽時間去新加坡馬來西亞泰國等處開壇建醮，凝聚華人。

期榮哥正是他得力的助手，教界尊稱「龔長老」而不名。他精熟道法，也曾任台灣省佛教會秘書長甚久。天師羽化後，他傳授符籙、推動成立中華道教學院、奔走兩岸，終於鞠躬盡瘁。兩岸第一次道教文化研討會就是我們倆兄弟辦的，四川大學卿希泰先生還將之寫入其《道教史》，視為歷史性大事。中華道教學院也是他和張樫先生拉我去辦的，建立迄今三十年了。

當然這許多方面以後還會談到，這裡只是稍敘家風而已。從前六朝隋唐世家，常以「累代官宦」和「經學禮法傳家」自詡。我們家，仕途並不顯達，文不過大學祭酒、宦不過司長侍郎之類，故我今生也絕了仕進之望，仍從經學上去努力吧。

但治學也非易事，半人半天。須有絕大天資，還得痛加人巧。天資不僅是多少的問題，還有偏向與厚薄，《人物志》所謂金木水火土，或畸於英、或鄰於雄，孔子所謂狂與狷。人巧則除了自己要功夫入密之外，還得借助他人。他人，大的是時世因緣，小的是家風與師友。我的家學大抵如此，不煩縷敘，師友則頭緒甚繁，須要細講。

# 第一章　學詩記事

## 一、詩世界

我是一九七三年進入淡江文理學院的，考在德文系，入學後即轉中文。在詩方面，除了王甦老師的《詩經》、傅錫壬老師的《楚辭》、傅試中老師的《詞曲選》等課之外，還另有些其他的經驗。

一般大陸朋友想到臺灣，或許會以為那乃是海外荒陬。其實不然，臺灣詩社傳統甚盛，李漁叔先生《魚千里齋隨筆》卷下《略談詩鐘》說：「自來臺灣，每見人竟日為詩，深以為奇」，即指其事，風氣勝於當時大陸諸省。而詩社中多作詩鐘，尤與大陸各地不同，故李先生說：「亦曾至所謂擊缽吟會作壁上觀。大抵當場出題、限時繳卷，與會吟客皆瞑目搖首，咿唔有聲。其所作以詩鐘為最多」。擊缽與詩鐘都創於閩而盛於臺，李先生的紀錄，正表現了一位大陸來臺詩人對此現象之驚訝。

李先生由湖南來臺後，很快就融入了臺灣詩歌傳統，參加臺北「寄社」後亦頗作詩鐘。《隨筆》中有專文述論，後更擴大寫了《三臺詩傳》一書。曾見其與王符五先生一箚說：「頃奉惠書及鐘聯，深為欣佩。各聯才思功力並勝，唯次第錯誤。特飛函奉達，即乞改正。於十八日午後專人送政院機要室方子丹先生收。此次佳卷如林，得吾兄入社，定當奪錦。」又詳敘作法曰：

每唱曰聯，鐘眼為百、生第二唱，花、日第六唱。弟有『則百符允男子夢，此生當現宰官身』『空翠撲簾分日色，亂紅飄砌減花光』二聯，質之吾兄，以為如何?又，百生二唱須注意，不能以三百五百八百等字對一生半生，因上聯兩數字，下聯一個數字，謂之三腳，犯規，乞留神。各卷俱將印好，先送閱，約於十八後可發出。

可見先生曾在朋輩間推廣此道，邀集社課，而南來騷客於此尚不熟悉也！

李先生是教我詩選課的張夢機老師之業師，王符老則是張之淦（眉叔）師命我去拜謁的前輩。承他不棄，給了我許多資料、告訴了我許多掌故，連周棄子先生的詩也是他抄給我的。棄公下世之後，利用這個抄本才編出了棄公的詩集（後來更用此本，由大陸黃山書社據以編印出棄公的集子，汪茂榮兄檢校）。因此我一直視為師長，甚為感念。他家世與陳蒼虯有舊。曾作〈帥南以所藏蒼虯年丈牽牛花詩稿墨蹟屬題，摭拾舊事，遂成七絕句，百感蒼涼，不自審其枝蔓也〉等詩文略述其事。我大四時研究晚清民初詩家，故常專程去請教他。

李漁叔先生我卻無緣親炙，其行誼及詩文僅由夢機師處知之。夢機師篤守師教，連字也學李先生的瘦金體。我大二時，詩選一課原由劉太希先生講授。先生方自星洲香江倦遊歸來，刊其《竹林精舍詩》，殆欲隱居林下，優遊卒歲，故辭去教職，由夢機師代之。

師以高步瀛《唐宋詩舉要》為教材，所授詩法，大體可見於其《近體詩發凡》。嗣後則以韓愈詩為主，講授古詩聲調。督詩甚苦，勤於批改，往往能一字見精神，如我有詩詠寒夜：「舊塔簫聲霜氣老，蛛崖霧色月輪高」，師改為舊塔簫沉、巉崖霧盡，這才像詩了（老師對我獎飾提挈不遺餘力。晚歲病廢，遺稿交我在黃山書社印出。師徒情深，另詳該書序言）。

這時，我在六朝詩方面還另有功課。原因是申慶璧老師替我申請到院長張建邦先生之繼母張居瀛玖女士的獎學金。這獎金十分特殊，須提交一份研究論文。這在那時，可謂創舉。我擬的題目是謝朓研究。申老師不研究詩，他只是創造機會來幫我，故具體該如何進行寫作，我得徵詢別的老師。當時申師在院長祕書處辦公，與白惇仁師同掌校務文書，因此我便轉而去問白老師。

師乃香山後人，時正做《詩經音樂文學研究》，有函示我：

朧鼓催歸，傳來仁里之郵。竹箋寄語，知有登瀛之作。以英髦之雋才，為永明之詩論，獨步淡江，可為預卜。予惟詩中排偶，肇於靈運；近體格律，啟自玄暉。倘或敷陳篇幅，則可上溯魏晉之源流，下逮唐宋之變化。或欲執其精要，則當注重其格律與意境，比較其衍聲與用韻。冠以謝氏家學之淵源，繼之以玄暉之身世環境與思想生活，結之以繫年與評騭。承遠函以相問，聊草簡以為酬。

我依其指示，擬妥綱目後再請教他，並詢獎金如何申領，他函示：「吾棣著作體例雖紹章汪，假以歲時，當能超越。獎助經數度催詢會計部門，云已列開傳票，惟迄未見通知，一瞬過年。此一般會計部門之通態，滋可喟也。年後吾棣回校，可到系中一問。若無消息，可來我處，相陪到主管處室洽領並面謝張院長也。」

這類函箚，不但可見他對我的教誨，他們那一代人對學生愛惜如子弟、敬重如朋友家人的態度，也躍然紙

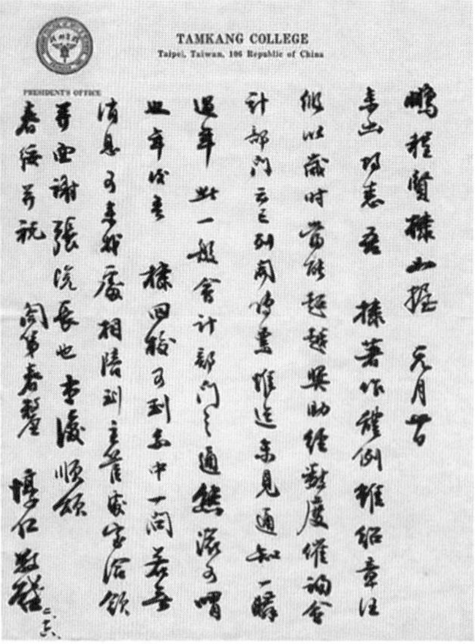
TAMKANG COLLEGE
Taipei, Taiwan, 106 Republic of China
PRESIDENT'S OFFICE

鵬程賢棣如握　元月廿
手書均悉　棣著作體例雖紹章汪
假以歲時當能超越獎助經數度催詢會
計部門云已列開傳票惟迄未見通知一瞬
過年此一般會計部門之通態滋可喟
也年後　棣回校可到系中一問若無
消息可來我處相陪到主管處室洽領
並面謝張院長也專復　順頌
春禧并祝　闔第春釐　惇仁拜啟　二.三

白惇仁師函。

上。「溫柔敦厚，詩之教」，這不就是了嗎？措辭之雅、書跡之美，猶其餘事也！

在此之前，我還選過萬心權老師的杜詩課。師用《杜詩鏡銓》為教本，時時參考仇兆鰲《詳注》。例如考試時他會問：

客至、賓至兩詩之意境有何不同？試就楊倫所論說明之。

新安吏、石壕吏與潼關吏，構想及寫法不同，試就所見說明之。仇兆鰲曾引敘胡夏客指出三吏三別中所表現之特點為何？試就原意簡述之。

新婚別中，君字七見，試就仇滄柱所言說明之。

此類題，既須綜攝古人注杜之見解，又須自具心得，頗能開拓初學者之心目。一些老杜遣詞用字之精妙處，他也不忘提醒我們注意，因此他也會問：點水蜻蜓「款款」飛、縣小「更」無丁、士卒何「草草」、園廬「但」蒿藜，這些字詞各該如何解。此外，他還要我們思考一類較大的題目，例如，「世稱杜甫為詩聖、詩史，各何所依據，試分別說明之。」我那時才大一，對此當然還不能掌握；但此一問卻形成了我的問題意識，後來我寫了許多文章討論杜甫為何是詩史，教授升等論著亦是《詩史、本色與妙悟》。

讀唐宋詩、杜詩、韓愈詩並研究謝朓，使得我的校園生涯與詩愈來愈纏綿。而這還不算什麼，令我更為投入的，是李商隱詩。

李商隱，是我的神祕友人。我從小就認得他，但不相熟。大三那年，張眉叔先生來淡江教書，原開歷代文選，那年忽願教李義山詩。聞風而至者，在開講當天，真是擠破了屋子。

老師舊學深厚，講詩尤為透闢，因為他自己就是位傑出的詩人，詩心相映，又熟於史乘，隨口指點，或取唐宋諸家詩相印詮，殆如空裡花開，曼妙非常。吾等歡喜讚嘆，而莫能窮究其底蘊。

師用馮浩注本，隨處諟正，多所補充。我自己用中庸出版社所編，彭醇士先生題耑的《分類李義山詩集》，兩相對照，並旁蒐程注、紀批、張譜等相參證，更覺醰醰有味。一本詩集，被我讀得韋編三絕，眉批夾注皆滿。

李商隱，是個歷史人物，其詩未必真屬生平自供，故詩中幻影，未可遽爾視為真形寫照。但這不妨。他對我而言，是真實的，彷彿我有一極熟之友人，即名李商隱。我不但曾見他一生經歷行事，更曾與他把臂轟飲、深宵劇談，於其心曲隱衷，完全能夠了解。而且這種了解，不是像我們了解身邊密友般的了解，那是客觀的，是對我們身外一人之了解。我對李商隱的了解卻是一種內在於己的了解。我自己在成長中，不斷加深了我對世界的認識、對生命的感知、對歷史的覺察，我對李商隱的了解就不斷改變、不斷深刻。甚至可以說，我是透過李商隱的詩（我所了解的李商隱詩）來陳述我對世界與人生的看法。那些詩，似乎也可以說就是我作的。

到大四時，汪中雨盦先生在師大開講李商隱詩，我每週也由淡水跑下山、趕火車、轉公車，到臺北去聽。報考研究所，師大所考專書項目中原本沒有李詩這一門，我拜託李爽秋老師設法，師大竟然也就真開會討論替我增列了。我能考上，是靠李商隱詩這科多拿了許多分。

某年，公共電視準備製作個介紹文學的節目，邀師大諸先生商議，決定每人寫一篇詩人傳記，以供編寫劇本。我當時雖還沒寫過什麼有關李商隱的論文，但大家都覺得這篇非我莫屬，我也如此認為，所以就答應了。稿成後讀了一遍，感慨萬千，難以為懷。

據我的理解，李商隱一生徘徊於仕與隱、政治與愛情之間，既找不到歸宿，想衝破，又辦不到。所以他的詩最感人處，就是顯示了一個人在生命流轉中承受煎熬、糾纏往復的歷程。他對人生非常眷惜，所以說：「竹塢無塵水檻清，相思迢遞隔重城。秋陰不散霜飛晚，留得枯荷聽雨聲」。縱使荷花枯了，還不肯芟除，為的就是想留來聽雨。有這樣心情的人，才能品味人生。但是，他的人生滿是悲傷。這也許是因他的遭遇較為不幸，也可能根本就是其性格使然；因為對人生太過有情，以致觸處增感，如〈暮秋遊曲江〉詩所云：「荷葉生時春恨生，荷葉枯時秋恨成。深知身在情長在，悵望江頭江水聲。」這種人，在撿拾落花之際，會覺得「重吟細把真無奈，已落猶開未放愁。」而這其實也就是他在把看人生時的態度。有情，卻也無奈。

這是中國詩人第一次如此表達對人生的深情與無奈。而且，是幽細地、寂寞地、清冷地、惆悵地品味這種深情與無奈。他那種對人生「重吟細把」往復沉吟品味的態度，也帶出一種懷舊憶往的氣氛。重吟細把，而又發現人生「真無奈」，更會予人感傷，如〈嫦娥〉詩所云：「雲母屏風燭影深，長河漸落曉星沉。嫦娥應悔偷靈藥，碧海青天夜夜心。」在沉靜、寂寞之中，重吟細把，華年往事，觸緒紛來。回首檢點人生是是非非，碧海青天，可能涵有許多傷痛、悔黯，以及悵惘。這種苦思華年的心情與氣氛，使得他格外迷人。他的詩，往往令人覺得朦朧，大概也就是因這種人生迷離、曖昧，又飄忽、無奈之感正浮漾於其間吧！

## 二、詩方法

我一邊上張老師的課，苦苦思索李商隱的心境，一邊就把自己作的詩送請老師指正。他並不逕為我改訂，而是大肆批抹刪削了一通後還給我，說：「就所標識未臻妥洽處，更推敲之。古人詩云：新詩改罷自長吟，子歸而求之，有餘師焉。自行改定後，仍盼送閱！」

事實上，當時我的詩太差了，根本不是改幾個字就能起死回生的。所以老師批語每云「太率」「率」「屢失黏」「不對稱」「此等語最忌」「古體不可如此纖仄」等等。待我細加礱冶之後，他才又替我調整字詞、改換思路、指點方法。例如他說：

> 昔李越縵謂湘綺但粗解腔拍而已。文人相輕，雖往往而然，然腔拍實古體極重要者，體段、節奏、音調、辭采，胥於此尋之。熟讀古人名作，為不二法門，捨此更無他途。意古、氣古、辭古，先求不落唐以下韻調。摹古能運掉自如以後，再放，初桄不能不窄也。畫楨處，皆失古意者。選體詩甚重要，無論將來是否取徑於此。凡學詩者，皆不能不於此下一段工夫，老杜云：「精熟文選理」須細考。

腔拍，其實就是種語感。五古跟五絕、五律之不同，就在這種語感，否則都是五言句，何以別之？我當時雖做著謝宣城詩研究，但對六朝詩之語感掌握仍很差，故老師云云。師又說：

> 古體今體，句法不同，決不能雜律句。換韻、轉韻，需多熟讀昔賢名作，細心參會，不宜遽爾學步。空靈飄渺，一結邈然，是五古高境，然偶失分寸，便即顛躓，自來作者不敢輕試。改筆接綴數語，恆蹊熟水，自落凡近，但能與起筆及中幅呼應，機局亦可圓緊，亦非悉是蛇足梟腔之類。飛行絕跡，非一蹴可幾，初學不能不熟於常法也。目前須注重之點：一、體段，二、字面（含句法），三、聲調。

七古，老師說：

> 七古最難作，每每氣力不到。此作宜刪減。改甚費，且亦不必於君有益，望自行約縮，總以用心

直寫實寫為是。曾記某雜誌載曾虛白先生遊天目山一文，亦歷述登陟險壁之事，寫來驚心動魄，令人有真實感，譜之為韻文，亦自是一奇。如雜湊橫堆，便成疥癩駝矣。

這是指我一首遊皇帝殿（山名）的七古，他認為囉嗦且堆湊，故告誡我「不可擬於不倫」「不可趁韻強押」「不可堆字堆典」「不可多借比」「此等必須直寫實寫，乃能長筆力」「千萬不可堆垜」。又說：「山水詩，已是熟題，欲求出色，大難。古人中，謝靈運、韓、蘇、李、杜、楊萬里，略及陸，此數家路數法門需熟參。」

他講的是七古需有對景白描的手段，才能寫真情、敘實境，不陳陳相因。至於腔調，他倒是覺得我還孺子可教：

音節諧暢，僅數處微啞。此極可貴，有人作詩數十年，七古尚不能入調，所以為才難，勉之！

其實，這不是因我有什麼才，是夢機師已教我讀過了清朝王漁洋、趙執信、翁方綱、董文煥諸家的聲調譜，故我曉得注意罷了。但老師愛護我之情，溢於言表。

律詩，老師說：

律詩貴廉悍。廉謂寡取，悍謂深入，決不貪多，不可雜湊。不要雕字，不要愛浮響。多讀，讀整篇，現在不要讀散句。可以高調，不可空調。詩，製題須雅潔，今人多不講求，每每俗冗取厭。

詩不宜太著題，亦不能完全不著題。原作除第二句外，皆自說自話，與寄友人無關。初學扣題需緊，寧失之於拘滯，最要守法度。轉折用虛字，不宜多置句首，位置須多變化，初學能少用轉折字：由氣、由意以求其轉換更易見功。趙吳興謂詩要做實。少用虛字，似做實之一道。七八氣索，青年不宜如此。七律宜有高調。高調自難，勉求其無衰薾蹇窘之態，則宜時時有此用心也。高調非以客氣為浮響之謂，其說可參《石遺室詩話》。此書究心宋詩者宜一讀，尤以上半部為佳。元遺山云詩要字字作，寸步鬆懈不得。此最精要語，須深會。

這裡講製題、講高調都是很重要，廉悍一語尤為祕鑰。轉折語，則是詩中用「稍從」「只教」「特地」「坐知」等語來轉意的。老師雖是宋詩一路，但對此卻不以為然，故引趙孟頫語以糾之。趙語在明代被謝榛等七子派奉為圭臬，視為唐宋之分，師轉用之，卻足以藥學宋詩者之病。

但實字也須講究，老師說：「偶尋纖仄之境亦自不妨，但不可耽溺受病耳。中四句用實字須錯綜，位置齊同，便成滯相。表顏色字亦不宜太多」。

章法方面，則師云：「第六句跌宕作承啟關鍵，此雖舊法，不可不熟，特用之需靈活，不可落窠臼」。又說：「時、地、事、人均不可歧互。唯純粹抒情或借為象喻者可打破文法或邏輯之規律。此作為敘事，決不容彼此衝突」「凡屬象喻，宜求若顯若隱，使人似有意脈可尋。過隔過晦，則將渺不知其所指矣。此惟深參玉溪涪翁兩家為能深入自得，吾子勉之！」

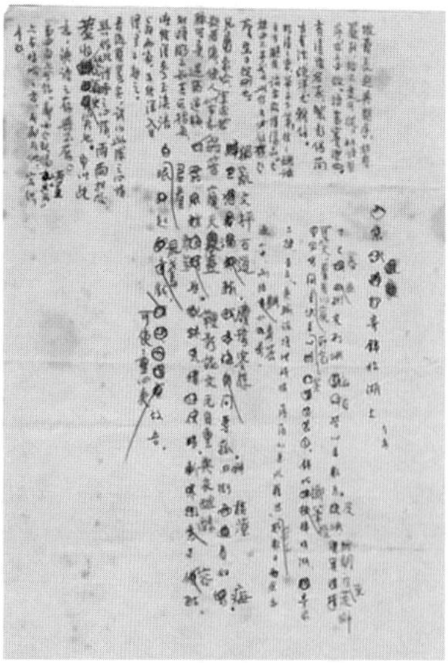

①

絕句，老師同樣強調製題要簡潔，說：「坡詩長題與題序，非有嚴別，殆不盡可從。杜詩題序，亦不必效，語甚蹇澀也。有清諸名家，製題俱簡古有法，漁洋尤雅飭」。

又說：「定庵絕句，別具一種趣味，但不可輕學」「字要鍊，但必須力避詭異。出人意表而自在意中，乃為佳耳。鍊字又不如鍊意，意思貴曲折深邃，但字面不可使人費解。今體詩不宜用冷字、僻典。隨園有句云：偷將冷字騙商人，意雖傖俚，亦為可戒也」。

如何胎息古人？老師說：「龔定盦詩『瓶花妥帖爐函定，覓我童心廿六年』，甚可味也。蓋亦胎息『青燈有味憶兒時』句也」，建議我某些詩境可由回憶童年入想。某些詩境，例如春夜遙聞溪聲，可由唐人詩「今夜偏知春氣暖，蟲聲新透綠窗紗」涉想。形容山中柏氣，可參考東坡詩：「旃檀婆娑海外芬，西山老臍柏所薰。香螺曉醼來相伴，能結縹緲風中雲」。煮茶，可用八指頭陀詩意，說：「自買靈芽帶月烹」等等。又說：「自覺不穩，即可不用，作詩不可強求使事」。

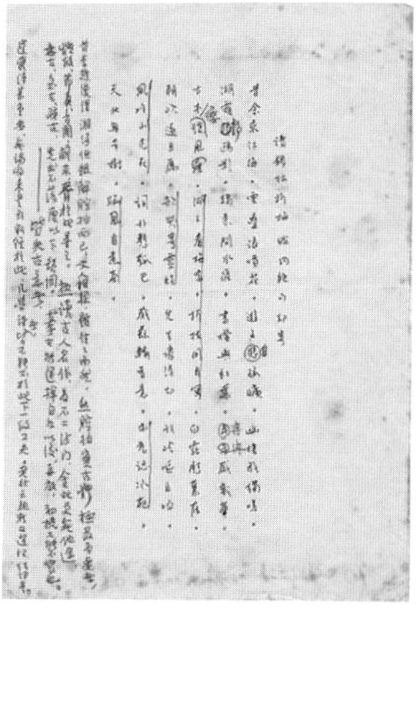
②

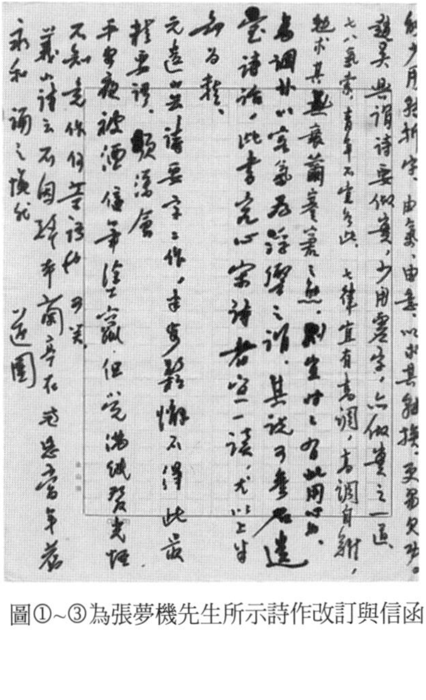
③

圖①~③為張夢機先生所示詩作改訂與信函。

一題數詩的作法：「一題數詩須特別注意各詩之聯繫關係，即須數詩為一通體。講求章法，決不可雜亂無序。且諸作意蘊不明，更宜先求醒豁」。

## 三、詩人物

其指點詩法，大體如此。更多的，則是從心態、意量上希望我能有所提升。他最討厭我為賦新詞強說愁，亦不喜歡我作苦語或耍小聰明，經常痛責我：

此等詩，極小樣，又須工力，可偶作，亦訓練之一法。

此種句法皆嫌輕脫，初學最壞手。

昔魯直與姪書云：士生於世，可以百為，惟不可俗，俗便不可醫也。語固傷激，詩詞書畫，究心於此者，實須先辨雅俗。如何為雅，我亦說不出，似總須從精神、意度、風致、識鑑等處求之。既關天賦，亦關學力，近人雅得太俗，令人殊不可耐。

余最厭此等。青年吐屬，如何可以有此？青年少年強充情種，中年以後歎老嗟卑，皆是俗物，君萬不可如此。

總要超出一層想，乃不黏滯、乃不庸下。

此等詩竟可不作。臺地作詩者，每云贈某、賀某、和某，一流薛蟠體七字唱，甚可厭，必宜戒之，不容臭腐一染筆端也。

又說：「少年作，不可蕭索」「顧視清高氣深穩，字向紙上皆軒昂。上指涵蘊、下指氣象，青少年詩文必有取於此兩語，庶免誕漫纖俗之病」「後幅疲薾，青年人決不可如此。惟多讀博覽，可以藥思鈍氣弱之病」「前半筆致頗近東坡，但初學不宜取徑於此，易滑易野也。余晚來頗喜蘇詩，謂其能自在，此意終未敢以語人。東坡和子由澠池懷舊詩，成壞住空，極饒慨喟，能會其意否？」他後來特意開了東坡詩的課，要救我之病，教我如何自在。

友人簡錦松赴研究所考試後，對考題很不滿，作詩諷之，我也有和作。師訓示曰：「明清之季，舉子下第，往往醜詆主司瞇目，論者頗謂傷品，吾棣必不其然。此作如必欲存，題序宜可從刪也」。又說：「君既獲雋矣，試以此際之心情與作此詩時之心情兩兩相較，蓋將莞爾失笑也，即以此意決詩之存與不存」，意思當然就是教我對得失要看得開。

後又有一函，以諸葛亮為教，說：「諸作結語均大衰颯，甚非所望於仁仲者也，亟改亟改！從諸葛公淡泊寧靜中想像其光明俊偉氣象，勉之！」這些都是期我以遠大之言，詩文養心之旨，愷切道之。

老師鞭策雖嚴，卻也不吝表示對我的矜惜。他在我的詩稿上批抹題識，丹黃滿紙，寫完後也常自述心境，如：

> 平安夜被酒，信筆塗竄，但覺滿紙發光怪，不知竟作何等語也，可笑！義山詩云：不因醉本蘭亭在，卻忘當年舊永和。誦之憮然。
>
> 華山畿推論之作，極徵博綜之功，引為深慰深幸；風懷、照影兩作極有風致，難能可貴者也。餘作亦非不鍊，特須益求凝重。

我論六朝樂府故事〈華山畿〉的文章，刊於《鵝湖月刊》，他看了很高興；某些詩，偶然作好了，他也很開心。曾有一函給我說：

奉書賸文，快讀極慰；轉示諸友，亦同為欣幸。群言足為余壯也。李白母氏，取證尚不足以駁劉。論詩之音響，極有識解。旁引詞眼之說，余談宋元詩，偶參取之，私以為未可持以論唐賢也。晤時當更深討。附近詩一葉，聊博一粲。

劉指劉維崇先生，曾出版了一系列詩家評傳，我都不喜歡，撰文痛批過他寫的李白、李商隱、蘇軾三本。老師見了，覺得我部分考證，如李白母親的姓氏，論據未必充分。論詩之音響，指〈論啞響〉一文。老師亦認為我的說解不到位。但他看我如此銳於進學，倒還欣慰。看這信，便知他漸漸把我當成個可以談學問的小朋友了，還不時替我在友人面前說項。

例如中研院院士黃彰健、總統府第一局局長劉垕、蕭繼宗先生、馬英九兄尊翁馬鶴凌先生等，都是他約來家中讓我謁見的。某次他又把我推薦給江絜生先生。他與江先生本係舊交，我曾

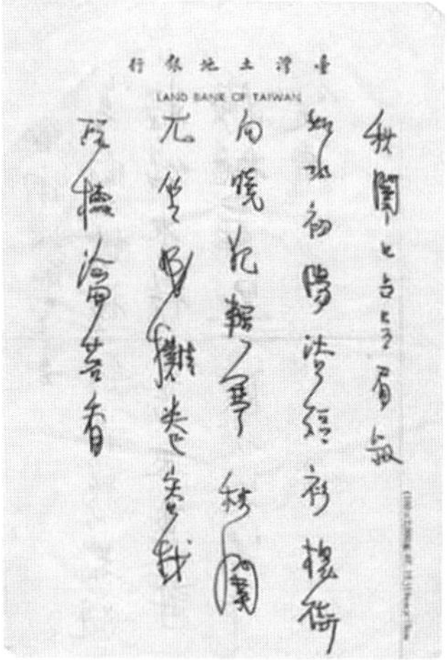

江絜生先生手稿。

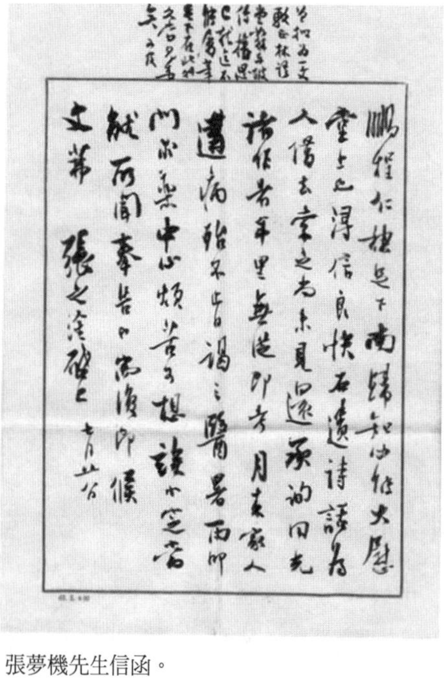

張夢機先生信函。

得他抄示〈秋闈次絜老〉詩云：「高閣披襟疑袖衫，茗甌輕約水精寒，文章新樣桃華點，取次先生帶笑看。」絜老原作：「如水初陽浴短衫，槐街向曉犯輕寒，秋闈兀坐成攤卷，容我疏櫺淪茗看」。

眉叔師來臺後，曾主編民族晚報「南雅」詩欄，絜老則主編大華晚報「瀛海同聲」詩欄。不知哪次聚會時提到了我，絜老即在報上刊了我的詩並附識語，頗為獎飾。還另給眉叔師一長信，詳評我一首五古，說我能用杜法。

絜老是安徽合肥人，成惕軒先生曾有聯描述他：「斯人具南山隱豹之姿，學道儗黃石，工詞似白石，能輕萬戶虎符，且類貫雲石；晚歲與東海閑鷗為侶，遭時異梅村，治生勝茶村，相祝百年纍壽，還過朱彊村」。蓋詞得朱古微真傳，尤勝於詩，《瀛邊片羽詞》久著盛譽。

然詞人老去，瀛邊殘照，不免有傳衣付鉢之想。曾於「夜巴黎」酒家設茶座，每週四夜間聚青年講說詞法，以破岑寂。其〈霜葉飛〉下片云：「離緒易觸歡場，看人笑語，舊遊如夢空到。晚花真賞在忘言，素影盟幽抱。儼一夕，風光判了，籬笆新靡鮮卑調。念歲寒，誰同醉，鬢角霜腴，漫嫌香少」，似乎懷抱未盡釋然。因夢機師也每週去參加他的詞會，故他託夢機師帶我去他峨嵋街住處，希望我能從他填詞（寫至此，忽悟此乃當時絕可貴之風氣。武術方面，八極拳天字第一號劉雲樵、摔角花蝴蝶常東昇、太極拳五絕老人鄭曼青、八步螳螂衛笑堂、千手擒拿韓慶堂、七星螳螂張詳三、原中央國術館副館長陳泮嶺等等。戲曲方面，笛王徐炎之、鼓王侯耀宗等。也都是在公餘設法於公園校園坐點授藝，或自費寫書課徒，或南北奔波、備極辛勞地去各大學校園成立社團教學。當時來臺諸大師，九死一生逃難至此，卻都以文化傳承為己任，四處找徒弟）。

我受寵若驚，回去請教眉叔師。師也覺得我的筆性可以作詞。但他認為詞比詩更深於哀樂，不癡於情就寫不好。可是他不願我癡於情、溺於哀樂，他期望我的，是當諸葛亮、當管樂。文人餘事，不能不懂，卻不宜生死以之。他自己年輕時作詞曾嘔血，當然更不樂意我步其後塵。我那時體弱多病，他每天正擔心我早夭呢。詩文偶有衰颯語，都會遭他痛罵，怎能讓我再去學詞？我也因此遂未去拜在絜老門下。

師也曾介紹我去拜謁成惕軒先生。惕老字康廬，號楚望，有《楚望樓詩》及《藏山閣駢文》等行世，尤以駢文為世所重，與眉叔師取徑宋四六者不同，乃由清人上溯六朝者。性極溫良，好士愛才，如飢似渴。我至今保留著他一個信封，上面寫著「龔鵬程同學，貳仟元，成惕軒」。那是我考上博士班後去拜望，他說本應替我謀職以糊口，但老耄恐不得力，封此以為贊助的。老輩對待後生，誠悃周至，竟至於此！

他過世十一年後，我還見到他一首遺詩，是讀我乙丑秋思組詩而作的，謂我「龔生學炫奇」，勉我「定庵宗社紹，工部範疇馳，砥礪文山節，恢張鹿洞規」。示我南針、期我遠大，正與眉叔師同。我雖於二〇一四年將他的詩稿及部分駢文在大陸黃山書社整理出版，實不足以報先生之德。

一九八六年我參加甲等特考時，惕老與陳槃庵、高仲華先生任複試委員，點我為魁（也是開科以來，歷屆最高分者）。槃庵先生，我曾應一雜誌社之託去採訪他，得其文稿甚多。他以經史考證名家，為中研院院士，但師承陳寅恪，於詩頗見功力，亦曾編其故鄉五華之詩鈔。而史語所中可與言詩者寡，或許竟因此對我這個素昧平生的毛頭小夥子另著青眼，還主動替我批點過詩稿，專程郵寄給我。高先生的詞學，則我不幸未能領會。

現在想來，真是幸運。人再怎麼天才，也如美玉，需要琢磨，故良師之錘煉必不可少。我曾讀過吳忠超先生回憶他在科大的文章，裡面說六〇年代的科大是大陸最純粹的學術殿堂，但他並未遇著良師：「回想起來，如果我有幸遇到像我自己這樣的老師該多幸運！」我的情況恰好相反。臺灣詩歌傳統本來就盛，又遭逢時會，一大批傑出的詩家蹈海來臺，聯鑣競轡，遂成大觀。而且愛士重教，蔚為風氣，所以像我這樣的人方才有幸獲得如斯教益（我受益的老師太多了，像上面這類事，若一一寫來，一本專著也不夠）。

他們對我的愛護與教導，我自己教了四十年書，卻怎麼樣也學不到那種程度。我詩沒作好，那是我的問題，可能努力不夠，老師們卻是用盡一切氣力來幫我了。回顧那時的人文盛況，真真恍如隔世！

# 第二章　詩學述要

## 一、由傳統到現代

眉叔師嘗命我讀《石遺室詩話》。我點讀數過，並及《近代詩鈔》《宋詩精華錄》等，對晚清同光一脈深感興趣。師又覺得我該學鄭海藏詩，謂：

> 余少日曾力追散原，終不能近。學陳須從漢魏盛唐入也。君於鄉先輩自深薪向，特恐為時過早，徒尋貌似，或致結轖不可解，此宜慎也。海藏詩曾一觀否？

師嘗欲注散原集，於年譜已有成稿，故對散原詩是極熟的。但他覺得我學散原並不對路，乃教我學海藏。他於海藏也有大量批注，又收存黃晦聞、羅癭公、梁節庵、曾蟄庵等等詩集甚多，各有批識。我循其指點，涉獵漸深，又從王符武先生處獲觀不少詩文集，得了許多教益，當然眼界大開，在大二寫《謝宣城詩研究》、大三寫《古學微論》之後便動手寫《近代詩家與詩派》，成稿數十萬言。

寫此題，我還頗得益於李猷先生。先生字嘉有，常熟人，楊雲史、金松岑弟子，曾謁陳石遺、章太炎，其《紅並樓詩》即石遺署耑。少日亦與錢仲聯先生交好。來臺後，在淡江兼課，作《紅並樓詩話》介紹清末以來詩家，又任中華詩學研究所副所長，主持風雅，貢獻極大。因他還能治石篆字，故影響不僅在詩文方面。

我從他借觀過張廣雅、黃秋岳、梁眾異諸家集，並時往請教。他對我亦極為愛護。後來我將博士論文送請指正，他惠函說：

> 多時不晤，每念清儀。昨至校，又承惠大著《江西詩社宗派研究》一書。連日度歲，俗冗尚未精讀。惟先經展閱，覺全書取材廣博、論斷精審，文字又極優美。尤其第二卷所涉範疇，如哲學歷史社會諸端，皆能精貫，不讓專門。其他篇中引證釋道書畫各節，亦復淹博精通。拙鈍如弟，惟有驚服。舊劉申叔章太炎王靜安諸公，卅歲左右即已著作等身，今兄之成就，可與後先輝映矣。偶思古語，輒書一聯奉貽，用博一粲，得間當圖良晤。

聯語是篆書：「元龍自非餘子可及，孝章要有九牧大名」。我抄這一聯，不是要藉言自誇，而是想說明老輩風範。須知函箚大灌米湯，乃是舊式文人之習氣。如錢鍾書先生致人信件時就多貢諛言，寫在自己著作或日記裡的卻滿是諷謔。李先生不然，從不面諛而背誚。

他對我的稱許，之所以逾量，乃是他們這一代人看到有希望的青年時便喜不自勝。因而他不但在信上讚美，還費勁寫了這副對聯並親自送來。過了幾天，他更把我的書拿去給他敬重的更老一輩的胡一貫先生看。胡先生也真讀了，且認真寫了一封評論給他。他得信後更高興，還複印了一份給我。這就表示他是真心歡喜，以為文化後繼有人了。他對我的指導，處處可見此一心情，是以所知所藏從不祕惜，唯恐我不去借、不去問。

受教於諸先生而寫的這本《近代詩家與詩派》，其實是我學詩的副產品：本是為了向晚清名家學怎麼寫詩，不料射鵠得雁，穿穴文史，所獲實多。而且當時學院中幾乎無人做這類研究，我竟可算是開拓者之一。

為何學院中無人做此類研究呢？這就涉及我所處的時代位置了。臺灣那時的教育，是受五四新文化運動影響的現代化教學體制。中國文化，只在中文系裡傳承，其他各科系均以西方現代學術為依歸。中文系裡固然不少人仍然深於舊學，如上所述，可是整個中文系卻也是在朝現代化方向走的。六十年代後期開始仿效西方現代教育制度設立博士碩士教育，更要由傳統箋釋注疏、考證箚記，慢慢練習著走向寫論文。這個過程緩慢但堅定，因此，老先生們固然仍作詩寫古文、箋釋批注古書，新學人如夢機師及其稍長那一輩便是舊式文人到現代學者間的過渡了。

當時那些博碩士論文，也多是箋釋注解、學案考證與現代論文的過渡，像夢機師的《近體詩發凡》便是略參論文框架的詩話。真正論文寫作的現代化轉型，須待我這一輩人才完成，而我尤其在此間扮演過關鍵的角色。

不過那是後話，我在大學時期所寫的書，也一樣仍用著古文和清末的體例。語言與論析方法都仍是《國故論衡》《石遺室詩話》式的。

本來用此體例亦可以大談晚清詩，但恰好作詩跟論詩又已分裂了。古人研究詩是為了寫詩，今人卻是為研究而研究。當時大學裡老先生還作詩，如果學生也學作，師弟相承，大抵就沿續著同光以來的風氣。可是現代化大學裡論詩、研究詩之方法與觀點，卻是傳襲著五四新文化運動的。《中國文學史》《文學概論》一類建立學生基本視域之課程，講的就都是五四那一套。胡適、魯迅、王國維、劉大杰、郭紹虞諸先生的典範（paradigm）影響著我們做研究的信仰、工具、技術與訓練。

依胡適劉大杰之見，今人根本不應作舊詩，而舊詩的黃金時代又是盛唐，入宋即已日薄崦嵫，元明清更無論矣。因此作詩的人雖仍在傳述著光宣遺事，點將作譜，撰詩話、寫論文的人則只注目唐詩宋詞。有關清詩清詞、民國初年詩史之論述，皆極罕見。偶爾有之，如汪雨盦先生《清詞金筌》之類，仍然體近詩話。

我那本書，自然也屬於過渡時期之物，議論迴翔於陳石遺、汪方湖、錢仲聯之間，文體依違於詩話與論文兩端。所以後來自悔少作，僅摘一部分刊行之。印過幾次，以劉夢芙先生替我訂正，收入二〇〇八黃山書社《當代詩詞叢話》者最善。

寫完這部稿子，我就入了研究所，時年二十。人生進入另一個階段，做學問亦然。師大當然也自有詩歌傳統，李漁叔先生雖逝，林景伊、李曰剛、潘重規等黃侃弟子，講求小學之餘亦仍以詩為倡。稍晚一點的就是汪雨盦先生、陳新雄先生等；再來則是夢機師、顏崑陽、陳文華、文幸福等。學生社團則為南廬吟社。

我在淡江時曾組淡江詩社。因夢機師主持大專青年詩人聯吟大會之故，大學時便與南廬師友多有交往。與簡錦松、周益忠尤熟，詩筒往來，唱和無間。因此我進了師大，毫無陌生感。但爾後並沒有參與他們的吟事，師友邀結為停雲詩社，也沒找我。汪老師是我博士論文的指導教授，但事實上我卻不曾向他請教過作詩的事。曾在大學階段費了那麼大氣力去從事的作詩這樁事，研究所以後竟沒再繼續下去，實在也是頗奇怪的。

這或許是環境變異，致令心情發生變化。但也可能如我上文所分析，我本身就處在一個現代化轉型的過渡期。進入研究所，恰好即是由傳統型文人朝現代學者轉化，故作詩之情日疏而論詩之什漸夥。

## 二、傳統的現代解讀

那時我之師友，主要就不是詩人而是論者了。我開始讀西方文論，開始學著使用概念、建構理論，並探究中國詩歌的詮釋方法。對於過去熟讀且摹效的詩與詩人，重新用客觀之眼予以審視評騭之。如觀名伶之唱作，已不是為著學他那樣登臺去唱，而是要寫戲評、作戲考。

當年比較文學風潮是在淡江和臺大同時興起的。《淡江評論》與臺大外文系主編的《中外文學》同樣重要。但淡江主要做國際交流，《淡江評論》也是英文本，英文系又與中文系交涉不多，故我並未染受其影響。《中外文學》則雖亦由臺大外文系主編，其中國文學部分卻與中文系有較緊密的關係。對臺灣學界內部生態自然也較具影響，尤其是顏元叔先生提倡新批評，用西方理論，如佛洛伊德的心理學來解釋中國文學，震動一時。臺大中文系雖也有葉嘉瑩先生起而反對，然整體方向上是與之共構以形成比較文學趨勢的。

臺大中文系風氣本來就與師大迥異。師大自許為章黃學派，臺大則要繼承北大，雙方文字聲韻訓詁及經學研究，處處不同，文學亦然。臺大雖亦有戴君仁、鄭騫、葉嘉瑩諸先生精於詩詞，包括臺先生後來都只作詩作字作畫而不再從事新文學創作，但整體氣氛不同。其詩詞教育並不強調寫作，論詩詞也較具現代意識，所以即使是葉先生，論詩說詞亦往往參取西方理論。治詩詞曲功力最深的鄭騫先生，讀其《景午叢編》，你也只會感覺那是個現代學者而非舊式文人。

鄭先生臺先生在形象上都是最傳統的，御長衫、作舊詩，交往的亦多是溥心畬張大千莊尚嚴一輩老派文家。但古貌不古心，與穿西裝的周棄子終究不是一路人。他們的學生輩自然離傳統文人就更遠，或鉤合歐美日本漢學研究、或與比較文學會盟。中間主力是葉慶炳、林文月、柯慶明。

我在大學時一起玩的師大友人，如蔡英俊、李正治、簡錦松、曹淑娟，後來都進了臺大研究所。除錦松外，大抵都致力於會通中西以說中國特色。我之逐漸轉變，當然頗與他們有關。

但改變須有過程，不可能遽爾變轉。這個過渡，就是我參與的一系列古典詩詞賞析活動。先是臺大吳宏一先生主編了一套古典詩詞賞析讀本，市場反應甚佳，偉文書局遂找夢機師也編一套。接著顏崑陽又替故鄉出版社編，銷行不惡，竟一口氣出了十二種。後來我與李瑞騰也幫聯亞出版社編了一套八本，仍請夢機師領銜。我自己為惠施出版社又編了一套，陳信元辦蓬萊出版社時我也參寫了一本，時間由一九七八年到一九八四年。其中我自己寫了《春夏秋冬：中國古典詩歌中的季節》《千古詩心：蘇東坡》《重樓飛雪：詞賞析》《采采流水：小品文賞析》。或以文類、或就作者、或依主題，分別向社會一般讀者，也就是業已與傳統隔絕的現代人介紹中國文學之美。

介紹現代人已不熟悉的古典文學，當然要詳說相關古典知識。可是我們看看這類賞析的選目就知道：介紹實僅限於詩歌或以詩為主，古文駢文等文章傳統甚少涉及。這就可見現代人與傳統之隔膜，且與五四運動打倒「桐城謬種」與「選學妖孽」有關。我們的賞析並未扭轉此一偏頗，反而順成之，以詩為中國文學之代表，並常以詩來看中國文學之特性。

像聯亞那套《中國文學精筆》即僅有詩經、樂府、古詩、絕句、律詩、詞典、明清民歌八本；故鄉那套，名稱就叫《古詩今唱》；惠施那套則叫《千古詩心》。這個視域，也影響到我與英俊他們在八〇年前後對中國「抒情傳統」的討論。那時論述中國文學的人，眼中只有詩，且是抒情式的詩。遂因此說中國文學之特色便是抒情，且構成了一個抒情的傳統，這不是循環自證、自說自話嗎？可惜那時我們對此卻無自覺，陷於五四文學典範而不自知。在文章方面僅表彰晚明小品，亦屬同樣的情況。

具體的說解，實亦兼涉中西，如我《春夏秋冬》就徵引了佛萊（Northorp Frey）的原始類型說（Archetypal Approach）、愛普蘭斯（M. H. Abrams）的《鏡與燈》、肯寧罕穆（J.A.Luningham）論組詩，《重樓飛雪》也徵引貝德葉夫（Nikolai Berdyaer）論超昇之愛和凡塵之愛的區分等等。

對此，崑陽在故鄉版《古詩今唱》的總序中講的很清楚：他先是批評某些用西方文學批評理論來詮析古典詩的人，不熟悉中國文學傳統，故多理論之濫用與誤用。接著說我們的作法，是適與之反，要對傳統真有所知，且是「經驗的親知」。也就是必須浸潤其中若干時日，能入乎其內，然後再「運用現代新的批評與方法去對古典詩進行批評。把封存在中國文化倉庫裡的文化遺產經過你正確的引導，重新能為現代人接受，又不失真貌的樣態，展現給這一代人。」

既須對傳統有所知，又須運用現代批評方法，故我們的說解除了介紹傳統詩歌之外，還應採用現代表述方式和方法。而所謂現代方法，正與西方理論密不可分。

這些理論，不像大學時期，有老師一字一句地教我、為我釋疑解惑，只能自修，一刀一槍在觀念的叢林裡硬闖。我外文又差，僅憑有限、片段、零碎而且可能有誤的譯文去拼組，再以意通之，其辛苦真是難以言表。最後又如何得意忘言，實在也是言語道斷，講不清楚的。

幸而理論的理解，本來就不只是文字的理解。就算是中文，你每個字都認識，未必便能理解該理論。對理論的理解，須有理論頭腦。猶如六祖慧能，一字不識，卻義理透徹。原因就在於「義理之知」仰賴思辨力及對義理的融貫性解釋。某些先生，外文嫻熟，但於所譯述之理路思致未能掌握，便常譯錯。此類失誤，在我讀來卻也不難識鑑。故難的不是這個，而是如何恰如其分地運用西方各種不同的理論來解釋中國文學。

西方理論，講起來好像是與中國文論相對的一個整體，其實內部南轅北轍，十分複雜，正與中國文論一樣。摸不清其脈絡、不知其底蘊，又無其社會文化語境知識，孤立而表面地採用，就往往自相矛盾甚或張冠李戴。

我們畢竟不是外國人，對西方文化社會沒有崑陽說的「經驗的親知」，又缺乏語境式的了解。因而此病極難避免，跟我們嘲笑外文系教授解說中國文學常會犯錯相仿。所謂誤用濫用者，即指此而言。這就須十分小心、十分克制，慢慢真正進入西方文化肌理中去，確有理解而後為之。

我之運用西方理論，早期頗生澀，亦不免錯誤。後來失誤漸少的原因既是深入，也是謹慎。如前述《春夏秋冬》中雖用佛萊說，但我非常清楚其理論與中國人講：「物色之動，心亦搖焉」（文心雕龍，物色篇）其實是不同的：「佛萊的理論，基本上是為說明原始神話類型而設，他所區分的田園牧歌結婚等，並不適用於中國」，故我只是藉由它來說明四季循環週期的象徵意義而已。

其他類此！我從來不願意像王國維那樣，套著叔本華或某某理論來解《紅樓夢》，自說自話，與《紅樓夢》其實無干（因中國人或《紅樓夢》之作者必不會如叔本華那樣設想）。

一般人都對王國維那樣套用西方理論的方式大為讚美，視為文學研究現代化之大道。我不同，重點不是用西方理論，而是要講明中國之真精神真面貌。西方理論或佛教理論都只是輔助工具，若此類工具不適用，我就會用中國原有的理論去把它講清楚，或者乾脆自己構造一套理論去設法講明它。

前者，使我們必須在鑽研西方文論之同時，也重新去理解中國自己的文論。如果傳統文論被現代人視為零散不成統緒，或不具有西方那樣的理論意義，則我們便有義務重建它，使它足以與西方理論對觀，也足以作為解析中國文學的理論工具。後者，就是要讓我們自己朝有能力建構理論的方向努力。

碩士班階段，進行詩詞賞析活動，可說是第一步，結合中西文論以解說古典文學，令其可為現代人接受。接著就要做重建中國文論和自鑄偉詞的工作了。

## 三、重建中國文論

我的重建，可與朱光潛《詩論》中論顯與隱一文相比較。朱先生曾批評傳統的術語，如嚴羽的「興趣」、漁洋的「神韻」，乃至王國維的「境界」都含糊籠統，甚至由現代美學看，還頗有錯誤。像王國維說「物物皆著我之色彩」的有我之境，其實是移情作用。移情，是死物的生命化，所以可由物我兩忘而至物我合一，故它才應該是無我之境，王先生搞錯了。

這種批評，正是現代人之惡習。動輒以批改小學生作業的方式，居高臨下，說古人這裡對那裡錯，什麼地方沒講清楚；其次是藐視中國人的論述、思維與觀念，認為模糊籠統、不明確、沒系統；三是以西方理論為標準來看中國物事，合則稱許，不合則譏訕之；四，偏偏對中國的東西又不了解，隨意比附西方，然後說古人講錯了，把自己紮的稻草人暴打一頓。

我在《詩史、本色與妙悟》的導論中舉了這個例子，並說明李普斯（T. Lipps）所講的移情，乃是建立在西方知識論基礎上的，指感官對外在現象的直接知覺。而中國人講物我合一，卻剛好是要否定感官之知，故兩者根本不同。同時李普斯認為審美享受雖有事物對象，但其原因卻是自我的內部活動（Inner activities），包括了企求、歡樂、意願、活力、憂鬱、失望、沮喪、勤奮、驕傲等心理情緒，而這些情緒又恰好是中國人論物我兩忘時所要超越或消除的，因此兩者心靈狀態迥異。王國維之所以會說「採菊東籬下，悠然見南山」「寒波澹澹起，白鳥悠悠下」是無我之境，正是據中國哲學傳統而說。這個我，就是有情緒、欲求、執見之我。莊子說「吾喪我」，便是要忘我、無我。朱光潛不明白中國哲學這一貫的講法，誤以「採菊東籬下」云云為有我之境，認為其境界遜於經過移情作用者；又把物我兩忘、物我同一比附為移情，豈非大錯？

我們論中國文學，首應擺脫朱先生這類錯亂，回到中國脈絡中來理解，明白西方理論到底講什麼，中國人又究竟怎麼想，各得其所、恰如其分地說明之。但我們也不能仍用境界、興趣、神韻等語言，寫著古人那種詩話箚記。這些術語與觀念，須經我人重建而不是復述。

怎麼重建呢？我參考成中英先生（即惕軒師公子）之說，認為：想理解古人，首先當然要有理解的能力與方法，不是單靠幻曼無端的靈感、擬測或憑空的想像，而應透過對理性的知識訓練來達成，這叫方法性的理解。

其次，則是對於我們所要理解的文學觀念的語言層面，要有清晰的掌握；對表達其觀念與概念的文學批評用語，做一番語言性的理解。

第三，則須優遊含咀，對於中國文學批評中最基本、最原始的價值本體思想及形上原理，產生價值的體會與認識。而這種體會與認識又可分為意義和價值兩方面，一方面我們要深入了解其意義，一方面又要體會其價值，進而在意志上對其作肯定與承諾，以達成本體性的理解。

這三部分，自然是互為聯鎖的。有方法性的理解，才能建構概念、分析結構、批評理論、了解意義、掌握其語言含義和本體思想。有語言性的理解，才能扣緊意義的脈絡、摸清該用語所代表的觀念及語辭與語辭之間的關連，不致泛濫枝蔓，隨意流盪自己的方法性理解。有本體性的理解，才能體察其用語和觀念所以出現並建立的原因，平情默會、深考於言意之表，而不敢淩躐古人，以己為度、以今為度。

通過這樣的詮釋方法，來重建中國文學批評，既不是回到古代，為歷史主義復辟；也不是橫蠻武斷地古為今用，以今之學科型範來強使古人削足適屨。既不是復述傳統，也不攀扯西方；不是貫串傳統與現代，更不是以現代觀點來整容、或批判傳統。只是運用我們所已擁有的一切理性的知識訓練，去探索中國文學批評、解說其觀念、闡明其系統，達成「知識詮釋學」的理解；尋繹中國文學批評語言的發展與衍變，以洞察文學批評的觀念內涵，達成「語言詮釋學」的理解；體會及認識中國文學批評的意義和價值，明白中國文學批評究竟是什麼、何以是這樣，並了解它是這樣的價值，達成「本體詮釋學」的理解。

《詩史、本色與妙悟》就是運用這種方法、針對這三個術語做的具體重建示例，寫於一九八三至八六年。八五年我還與顏崑陽、李正治、蔡英俊在《文訊月刊》闢一專欄，準備集成《中國古典文學批評術語辭典》，詳論了正宗、文筆、正變、性靈、句法、家、句眼、活法、奪胎換骨、本色、境界、自然、氣韻、氣格、氣象、體勢、體格、意在筆先、文質、通變等三四十個術語。後來又邀了黃景進、廖棟樑、鄭毓瑜等，擬合作一套《中國文學批評術語叢刊》。不幸大夥兒都忙，久而無成，僅景進撰成《意境》，我撰成《才》，二〇〇三年由學生書局出版而已。

不過成績或許也不能如此看。英俊一九九八年寫了《知音說探源》，又替幼獅公司主譯《西洋觀念史大辭典》；崑陽一九九九年作魏晉南北朝文質觀、二〇〇三年作知音觀之研究，性質亦均類此。或者說這個工作代表了我們這夥人的理想，所以往往環繞著它在從事爾後的研究。

這樣的工作，受當時臺灣比較文學發展之啟發與影響甚大。但取向及歸宿並不相同，爭論自然很不小。如一九九四年我在第七屆比較文學會議上發表《史詩與詩史》時，因反對朱光潛，得罪了朱的學生齊邦媛。她四處去罵我，我也寫了《學術就是這樣嗎？》反唇相稽。那時，我正提刀躊躇，接戰四方呢！

如今我當然很後悔這盛氣好戰的毛病，但方向卻仍覺得沒錯。與我不同路者，最終九流歸海，恐怕還是得走回這路上來。如二〇〇〇年四川大學曹順慶兄來佛光大學客座，讀到我重建中國文學理論的意見，便認為是他所提中國現代文評患了「失語症」的先聲。所謂失語症，是指中國人已不能也不會再用中國語言來表述中國文學了；學術話語只能藉由西方理論、觀念和術語構成之。我的舊說確實如他所言，已表達了對現代文評失語的焦慮，故我重建之方法與成果，或許也值得現今關心這個話題的大陸朋友參考。

## 四、我的文學理論

重建中國文學理論以與西方理論對觀之外，上面講過，我還擬自鑄偉詞，創建屬於我們這一代人的理論呢！

這類工作，可以一九八二年寫的〈論學詩如參禪〉和一九八五年出版的《文學散步》為代表。〈論學詩如參禪〉是對宋人這一說法的理論解釋。中國詩人喜說「禪是詩家切玉刀」，詩禪合一，久成口實，馴至以禪喻詩，輒如羚羊掛角，令人難以跡求。到底此一現象該如何理解？學詩如參禪云云，就文學理論來說，其理論內涵又到底是什麼？論者紛紛，瞎子摸象，要到我才講清楚了。

原因是這個問題除了要懂得文學之外，亦須懂禪學，否則就會和論中西文化一樣，陷於比附。而光懂禪也還不行，須有我上文說的：對整個社會文化語境的理解。有此理解，便知宋人論詩，以禪為喻，只是其中一種，還常以求仙煉丹為喻或以成聖成賢為喻。我的詩學研究，勝於前修時賢，原因之一，就在於具有總體社會文化觀，並精熟三教義理。我後來曾刊《文化文學與美學》（一九八八），提倡「具有歷史文化意識的文學研究，和一種聯貫文學與美學的文化史學」，即基於此。

但此處要說的不是這個，而是另一種後設思考：對於宋人以禪、以仙、以聖喻詩的現象，除了就歷史予以解釋它何以如此，其說又究竟為何之外，尚須用一理論予以處理之。用以解釋其所以喻仙、喻禪、喻聖之分際與效能。這個理論，不是喻仙、喻禪、喻聖本身，而是後設一理論以觀解之。

當時我參考了佛教《解深密經》的三自性說，以遍計執性、依地起性、圓成實性，去解釋詩人如何由執著妄情、執著文字，到知一切物情皆依他而起，俱非實相，再轉識成智，成就圓成實性。生命一層一層升進，最後妄情去而真心顯，遂無意於文，故云：「覓句真成小技，知音定須絕弦」（山谷．次韻向和卿詩）。

這個解釋框架，是我依佛家義理構造的。雖有所因，但藉以說詩，尤其是解釋宋人論「悟入」「活法」「風行水上自成文」「以物觀物」「吟咏情性」這類在詩人本身身心性命上做工夫的詩與詩論，應該還頗貼切。這個解釋理論自身也有獨立的價值。因為它可以表明中國詩家走生命境界一路者的思致與層次，也可用以說明我自己對於詩人應如何安頓自家生命的主張。

一般人看我如此說，或以為也就是一說而已，沒啥稀奇。但事實上過去沈增植也借用過三性說來論詩，其〈致金香嚴書〉云：「山水即是色、老莊即是意；色即是境、意即是智；色即是事、意即是理；筆則空假中三諦之中，亦即遍計、依他、圓成三性之圓成實也」。

這封信論詩學三關，是近代一大公案，許多人奉為圭臬，幾家弟子還苦爭發明權。可是前云理事不二，後云三諦，已不免混淆義理，以筆為圓成實性更不成話。沈氏學問浩博，佛學素養尤為世重，但以佛理論詩卻乖謬若此，可見這並不是容易的事。

對文學作更多主張的，是《文學散步》。此書題目仿效宗白華《美學散步》，而其實就是一冊寫得較淺易的文學理論書。凡十九章，分論作品、文學、文學作品、欣賞、如何欣賞文學作品、文學的形式、文學的形式與意義、文學意識的認知、文學的功能、文學與社會、文學與真實、文學與道德、文學與歷史、文學的歷史、文學與哲學，附論文學史、文學的評價問題等。次年出版的業強版《文學與美學》中〈文學的美學思考〉〈小說創作的美學基礎〉等文其實也可併入這個系列，屬於我自己的文學理論建構。

它們不是對文學作品或中國文學史的解釋，而是由中國文學出發，理論性地談文學及其相關問題。此書推倒一世豪傑，痛批前此各種流行的文學概論書，令許多先生對我銜之入骨。但它獲得了教育部教材改進甲等獎，亦有不少學校採為教本，銷行至今。二〇〇六年開始，另又屢出大陸版，也有不少學校用作教材。某次我走過一間會議室，還聽見裡面有開會的先生說：我們不要再亂給學生發講義啦，讓他們讀龔鵬程的《文學散步》即可。

此書亦是我與大陸學界交往之媒。當時社科院文學所黎湘萍兄讀到此書，向所方推薦邀我與王夢鷗、姚一葦先生參與一九八八年在福州召開的文學理論研討會。兩先生年高，憚於跋涉，我乃單刀赴會，舌戰群雄。

用這略有對抗性的辭語來形容當時的情境，其實一點也不過分。那時兩岸剛開始交流探親，學界尚未互動。雙方暌隔近四十年，學術傳統業已大異。此時雖有交流之友好意願，但彼此未測淺深，正要開始掂量斤兩呢！

此行開啟了我的大陸學術之旅，也開始了整個臺灣學界與大陸的交流。因為我隨之便策動了一系列交流活動；等一九九一年我到大陸委員會後，「兩岸交流，文教先行」更是我推動的政策。

湘萍後來特地為《文學散步》大陸版寫了一長跋說：

我發現，在張道藩、李辰冬、王集叢等人符合官方主流意識形態的三民主義文學論述之外，還存在另外一條由學院的知識分子開闢出來的文論和美學路線。從五六十年代的王夢鷗、夏濟安、姚一葦、劉文潭，到七八十年代的劉若愚、高友工、顏元叔、葉維廉、柯慶明，最後聚焦於一九八五年剛剛出版《文學散步》的龔鵬程。他們具體方法和觀念容或不同，但似乎都強調文學的「語言美學」特徵，逐步地取代「文以載道」的教化傳統，而試圖建立一個具有現代意義、更能解釋文學本性、特徵、功能和文學發展史的以生命美學為基礎的中國式文論。

《文學散步》與其說是龔鵬程試圖解決文學理論問題的少作之一，毋寧說是表達其生命情調與美學的一種方式，也是他攪亂臺灣中文系一潭春水的「戲作」。這部書問世時，因了其中兩個特色而引起重視和爭議。第一，它是臺灣中文系年輕學人中最有意識地運用中外美學方法來討論「文

> 學內在」的「知識論規律」與「方法學基礎」問題的，這對向來重視傳統經學的臺灣中文系不啻是一大躍進。在他之前，當然也早已出現過很有影響力的文論著作，例如王夢鷗的《文學概論》（一九六四）、《文藝美學》（一九七一），姚一葦的《藝術的奧祕》（一九六七），柯慶明的《文學美綜論》（一九八三）。他們也涉及中西美學，卻因側重知識論本身的建構，而缺乏對這種文學知識論所賴以建立的基礎的批判性的反省。因此，這些著作試圖給人以科學的、邏輯的系統知識表象，卻似乎缺乏方法論的自覺。第二，它是最具有生命意識的文論。在這一點上，龔先生的文論，有意識地吸納了中國哲學（特別是新儒學）中強調生命、心性的思想，由此而上接中國傳統的精神史，使他的文論雖然看似具有非本質主義的特性，實際上卻奠定在生命美學的基礎上。而在表層上，則是回歸文學本身最基本的語言層面進行分析。
>
> 對以傳統經學為根基的中文系而言，其年輕學人打破長久以來在文學理論和美學探討和思考上的沉默，在外文系占據主導位置的文學理論方面初試啼聲，而且一出手，就毫不留情地批判此前臺灣坊間《文學概論》之陳詞濫調，沉溺於假問題裡卻不能自省自拔，狠批其要麼盲人摸象、要麼指鹿為馬，文不對題，陳陳相因，且指名道姓，毫不隱諱，雖有同室操戈之嫌，卻的確輕車熟路，擊中要害，為中文系在文學理論領域的真正發聲，並與其他學者展開有效對話，開闢出一條生路。

他講得很清楚了，若要補充，則諸位還可注意此書論文學是由讀者開始的。前七章談欣賞文學與如何欣賞文學之問題、文學的功能、文學有什麼用以及文學與社會之關係等。這就不同於過去本質性的地論文學，一上來就介紹文學的定義、文學是什麼的思路，也不從作家創作角度論文學。

這，一方面是延續著我過去做的文學賞析工作，幫讀者清理思路，明白如何進入文學殿堂。另一方面也顯示了我根本反對本質地去論述文學。先秦以禮為文，六朝以有韻為文，或以偶儷為文，韓柳以降又或以散語為文，每個時代對文學的看法都不一樣，所以文學無法定義，只能關注歷代人替文學定義的活動，並觀察由此帶生了什麼作用。後來我寫《中國文學史》其實也即由此具體去說一個個「文字文本」如何轉變為「文學文本」的過程，討論不同時代人的文學觀。

此外，由於各地各時代人對文學之看法並不相同，而他們對文學認識之最大公約數僅是「語文的藝術」，故論文學還應注意這語文藝術本身的問題。語文乃人造符號，由人所生，而又自具結構，它表達人生與社會，卻又不即是人生和社會。這不即又不離、不一又不二之性質是最迷人的。

迷人，有吸引人和迷惑人兩義，對於文學之愛戀和爭議也多生發於此，本書特別對此有所申論。當時我頗受凱西勒和日人早川之影響，後來更汲引符號學，於一九九二年推出《文化符號學》一書，賡予深化，九六年還創立中國符號學會，可說均是此書之延伸。湘萍將我歸入整個臺灣「語言美學」的脈絡中去看，原因也即在此。

## 五、文學詮釋法

而這一部分，與傳統上研析詩人句法的意義並不相同，此處且以我對李商隱的研究來作說明。

前已說了，大學時期我對李商隱的研究，主要是王國維序張爾田《玉溪生年譜會箋》時說的：「細按行年，曲探心跡」。欲深入理解李商隱這個人，既符合傳統上說讀書須「尚友古人」的路數，亦符合詩本身即屬於詩人「詩言志」的性質。

可是古人逝矣，怎麼能與之為友、相與傾談呢？這當然就只能藉由他留下來的作品，並配合史傳資料，以求知人論世了。歷來詮釋李詩，如吳喬、屈復、程夢星、馮浩、張爾田等，基本就是這個辦法。我也不例外。

不過，他們知人論世的世太窄了，大抵只在朝局政事上肆其想像。因此論義山，僅能就牛李黨爭、甘露事變、晚唐國勢、義山與令狐楚王茂元家族關係這些方面去講，說〈無題〉〈錦瑟〉其實不是寫愛情，而是寫他與令狐綯李德裕等等之事。

民國以後，頗翻舊案，謂馮浩張爾田迂闊。但不是像錢鍾書那樣逕予抹煞，斥為穿鑿；就是如蘇雪林，把焦點轉到愛情上來，說諸詩可能是與宮人或女冠談戀愛之作，故迷離恍惝，不可明言。後來高陽先生索隱，作小說《鳳尾香羅》，云此等詩乃義山與小姨子相戀之作，取徑也類似。

我既不完全否定知人論世之法，又不喜別作索隱，因此我的曲探心跡，就不扣在事上說，而是就心理挖掘。致力去說明在那個政治環境中的李商隱可能有什麼心理狀態，因而寫了那些詩。又，政治與他愛情生活的關係是什麼？在政治上他採什麼立場？在政治與愛情之間，他又如何抉擇？

當時張淑香先生論義山詩已近於此路，但她將義山心境界定為「情境的追尋」。我則認為義山最大的問題不在追尋而在抉擇，楊朱泣路、刻骨傷春，皆由於此，因而陸續寫了〈李商隱與佛教〉〈李商隱與道教〉〈李商隱的人生抉擇〉〈政治與愛情之間：李商隱的人格與評價〉等文。人生抉擇的問題，是過去人讀義山詩時所未及注意的，我受存在主義啟發，故能深論及此。他與佛教的關係，更非別人所能措手。

另一較特殊處，在於我把李商隱跟詩中的李商隱分開，這就與上文談及的「語文自具結構」問題有關了。古人論作者，往往未區分歷史現實中的作者和詩中的作者，因此常以文字為供證，來還原歷史現實的作者，以為兩者是相等的；又利用史傳資料，來建構詩人生平履歷，以為就足以知人論世，說明其詩。不知這都是徒勞。顏崑陽《李商隱詩箋釋方法論》反省過此類問題，我則另由語文自具結構這一面說。

這一面其實很容易理解：畫布上的蘋果焉能等同於真蘋果？無論其寫實與否，蘋果都僅存在於畫布上。故真正之李商隱不可知，可知的僅是詩中的李商隱。

如此把李商隱和詩中李商隱分開，除了用以反思古代箋釋詩歌之方法，說明編年譜、考行止，歷史主義式的研究頗有其局限外，還要提醒讀者：李商隱本身就有一種與抒情言志未必有關，只屬於語言構造的寫法。例如〈百果嘲櫻桃〉〈櫻桃答〉，是假設櫻桃與諸果之對答；〈代魏宫私贈〉〈代元城吳令暗為答〉〈追代盧家人嘲堂內〉〈代應〉等，是代擬古人問答；〈賦得雞〉〈離亭賦得折楊柳〉〈賦得月照冰池〉，是拈題作詩，並非真得了雞、真見到月照冰池。與假擬借代一樣，都不是自抒己情、自述己事；只是代人啼笑，宛若戲劇而已，有意地利用語文構幻出一個情境來。這些作品，若一逕朝李商隱身世之感去揣測，或考索他比興諷刺了誰，可能都不恰當，應注意文學本身的虛構性。

另外，像無題詩，乃是李商隱的創體。歷來「詩家總愛西崑好，獨恨無人作鄭箋」，大家打破腦子去猜謎。可是，解〈無題〉最好的方法，或許不是去猜謎，不是去尋找它與外在世界的指涉關係，而是只就它為一詩之文字藝術，視如唐人之宮怨、閨情，欣賞它對女子心境的刻畫即可。一如欣賞音樂，但聆雅奏，不問寄興（另詳〈無題詩論究〉〈論李商隱的櫻桃詩：假擬代言，戲謔詩體與抒情傳統間的糾葛〉等）。

假擬代言，以文為戲，作者與自己的情志鬆開了，幻構一彷彿若真之境，當然是較極端的情況，不是所有作品都如此。尤其中國文學「詩言志」的傳統又如此強大，大部分作者還是會試圖在作品中表達他自己。

不過，文學本身卻不是透明的語言，它充滿了歧義，故其表達很容易把讀者帶上歧途。讀者面對如此充滿歧義的文字時，其能力、心境、時空環境也同時影響著他的理解，故亦詮釋各異。因此，詩中的李商隱並不只一位，仁者見仁、智者見智。新舊《唐書》裡的李商隱，是個「背恩負義，放利偷合」的浪夫小子；宋初西崑體作家喜歡的李商隱，是詞藻華麗、善於獺祭的人；王安石眼中，李商隱卻成了最善於繼承杜甫的作家，具有「永憶江湖歸白髮，欲迴天地入扁舟」的胸懷；到了錢牧齋，則說他那些美人香草均有政治寄託。真是「作者未必然，而讀者何必不然？」（譚獻語），詮釋出的面貌各式各樣。

正因為如此，我們讀詩，就還要注意詮釋史，了解作品詮釋的諸般可能。我除了檢討馮注張譜之外，還輯過〈清人論李義山詩話彙錄〉、作過〈東澗寫校李商隱詩集校記〉，這些，看起來只是文獻整理，其實不然，乃是詮釋學性質的，希望能整體地增進我們對詩中李商隱的了解。曾有詩自述曰：

> 墨痕觸眼正春分。東澗遺篇跡尚存。若有佳人歌子夜。於今微雨誦西崑。夢成一境來都是。事往如流去莫論。回首不知誰寄語。樂遊園畔酒初溫。

治詩成學，大要如是。百曲千折，黽勉而進。

## 六、重寫文學史

文學理論及文學研究法的研究，此後當然還要繼續下去。里仁書局徐秀榮兄命我繼《文學散步》之後，再寫一本專門的《文學理論》，我也覺得該寫。但屬稿迄今，時作時輟，目前還不好說。故只得先撇下，講講我的文學史研究。

文學研究，夙分文學史、文學理論、文學批評三大領域。我合而治之。學界能這樣的已若鳳毛，但我更特殊處，是既研究文學史又寫文學史。

治史與寫史，現代早已歧分，可古代是合一的，我亦於二〇〇九完成了《中國文學史》。上下冊，八十萬言。因沒帶書來大陸，又不會電腦，登山涉水、尋僧訪友之頃也沒什麼資料可查，所以是歷來最不靠抄撮文獻而寫成的文學史。當然也是最能幫大家反思文學史的文學史。關於它，二〇一四年《深圳商報》有個採訪：

**問：從一九八八年學界提出「重寫文學史」至今，二十六年過去了，有沒有產生令人滿意的中國文學史著作？如果有，是什麼？如果沒有，怎麼解釋？**

答：我更早，八十年代初就開始在呼籲了。後來看大家談來談去，總也沒弄出個新東西來，才寫了《中國文學史》。這是目前最好的。已銷行兩岸，開始替代舊教材了。

所以，您這個問題以及底下的問題其實都已可不必再問。現在該談的，是一些可以繼續深化的問題，而不是還在呼籲重寫文學史呀、重寫文學史！

**問：以往的「中國文學史」（包括《中國古代文學史》、《中國現代文學史》、《中國當代文學史》），存在哪些突出問題和不足？近年來有無改觀？**

答：近九十年的文學史論述架構，主要是努力把中國文學描述為一種西方文學的山寨版。

它採自西方的，一是分期法。中國史本無所謂分期，通史以編年為主、朝代史以紀傳為主，輔以紀事本末體而已。西方基督教史學基於世界史（謂所有人類皆上帝之子民）之概念，講跨國別、跨種族的普遍歷史，才有分期之法。以耶穌生命為線索，把歷史分為耶穌出生前和出生後，稱為紀元前、紀元後。紀元前是上古；紀元後，以上帝旨意或教會文化發展之線索看，又可分為中古和近代。

史賓格勒《西方之沒落》早已批評此法，謂其不顧世界各文化之殊，強用一個框架去套，是狹隘偏私的。可惜晚清民初我國學人反而競相援據。黃人如此，劉師培《中古文學史》亦然。與哲學史書寫中胡適、馮友蘭等人的表現，共同體現了那個時代的潮流。

這種分期法，後來也有吸收了史賓格勒之說的。但非顛覆上述框架，而是因史賓格勒把歷史看成有機的循環，每一循環都如生物一般，有生老病死諸狀態、春夏秋冬諸時段，故劉大杰《中國文學發展史》、馮沅君陸侃如《中國詩史》均酌用其說。

擴大分期法而不採有機循環論及基督教思想的，是馬克思歷史唯物史觀。把歷史分成「亞細亞生產方式——奴隸社會（上古）——封建社會（中古）——資產階級社會（近代）——社會主義社會」五階段，並套用於中國史的解釋上。由於削足適履，故爭論不斷。到底封建社會何時結束、有沒有資本主義萌芽階段等等，還關連著日本東洋史研究界的論爭。

分期法之外，另一採自西方的，是廣義的進化論或稱歷史定命論。因為，上述各種分期法都不只是分期，還要描述歷史動態的方向與進程。這種進程，無論是如基督教史學所說：歷史終將走向上帝之城，抑或如馬克思所預言：走向社會主義，都蘊含了直線進步的觀念。把這些觀念用在中國文學史的解釋上，就是文體進化、文學進化云云，把古代文人之崇古擬古復古狠狠譏訕批判一通。

第三，是啟蒙運動以降之現代意識。此種意識，強調理性精神與人的發現，以擺脫神權，「解除世界魔咒」。用在中國文學史上，就是魯迅說魏晉是人的醒覺之時代、周作人說要建立人的文學等等。反對封建迷信，極力淡化宗教在文學中的作用，更是彌漫於各種文學史著作中，連小說戲曲都拉出其宗教社會環境之外，朝個別作者抒情言志方向去解釋（王國維論戲曲、胡適論《西遊記》，都是典型的案例）。

此外，當時寫中國文學史，還深受浪漫主義影響，把「詩緣情而綺靡」之緣情，或「獨抒性靈」之性靈都想像成浪漫主義，拿來跟「詩言志」對抗、跟古典主義打仗，反復古、反摹擬、反禮教、反法度。

又，在康德以降之西方美學，主張無關心的美感，以文學作為審美獨立對象的想法底下，他們自然也就會不斷指摘古代文儒「以道德政教目的扭曲文學」。

第四是文類區分。文學史家們把傳統的文體批評拋棄了，改採西方現代文學的四分法：小說、戲曲、散文、詩歌。

這不可悲嗎？為什麼？一、與中國的文體傳統從此形同陌路，文家再也不懂文體規範了。當代文豪寫起碑銘祭頌，總要令人笑破肚皮。

二、他們開始拚命追問：為什麼中國沒有西方有的文類。例如中國為何沒有神話、中國為何沒有悲劇、中國為何沒有史詩，然後理所當然以此為缺陷。逼得後來許多笨蛋只好拚命去找中國的史詩、悲劇或神話，以證明人有我也有，咱不比別人差。

三、可是沒人敢問中國有的西方為何沒有。反倒是西方沒有而我們有的，我們就不敢重視了。例如賦與駢文，非散文，非小說，亦非戲劇，也不是詩，便常被假裝沒看見。偶爾論及，評價也很低，損幾句、罵幾句。八股制義，情況更慘。

四、小說、戲劇，中國當然也有，但跟西方不是同一回事。它們在中國地位低，遠不能跟詩賦文章相提並論。許多時候，甚至不能稱為「文學」，只是說唱表演藝術。可是既仿洋人論次文學之法，小說戲劇便夷然占居四大文類之半矣。

五、小說與戲劇，在中國，又未必即是兩種文類。依西方文學講中國的人卻根本無視於此，逕予分之，且還沾沾自喜。如魯迅《小說舊聞鈔》自序明說是參考一九一九年出版的蔣瑞藻《小說考證》，但批評它混說戲曲，而自詡其分，獨論小說。可是不但蔣氏書名叫小說考而合論戲曲，一九一六年錢靜芳《小說叢考》也是如此，當時《新小說》《繡像小說》《小說林》《月月小說》《小說大觀》《小說新報》《小說月報》更都是發表戲曲作品的重要刊物。為什麼他們並不分？因為古來小說戲曲本來就共生互長，難以析分，刻意割裂，其病甚於膠柱鼓瑟。

六、文類的傳統與性質，他們又皆參考西方文類而說之，與中國的情況頗不吻合。例如詔、冊、令、教、章、表、啟、彈事、奏記、符命，都是西方所無或不重視的，故他們也不視為文學作品，其文學史中根本不談這些。但在中國，文章者，經國之大業、不朽之盛事，多體現於此等文體中。古文家之說理論道，上法周秦者，大抵亦本於此一傳統。可是近代文學史家卻反對或不知此一傳統，儘以西方essay為標準，講些寫日常瑣事、世相社會生活，或俳諧以見個人趣味之文，以致晚明小品竟比古文還要重要，章表奏議、詔策論說則毫無位置。

小說方面。中國小說，源於史傳傳統，後來之發展也未離卻這個傳統，故說部以講史演義為大宗，唐人傳奇則被許為可以見史才。西方小說不是這個樣，於是魯迅竟切斷這個淵源，改覓神話為遠源，以六朝志怪為近宗，而以唐傳奇脫離史述、「作意好奇」，為中國小說真正的成立。

凡此，均可見這個文學史寫作範式其實正在改寫中國文學傳統，革中國文學的老命。用一套西方現代文學觀來觀察、理解、評價中國文學，替中國人建立我們所不熟悉的文學譜系。

一九四九以後，馬克思學說大量運用於中國文學史的研究與寫作中，成了新範式，但它與舊範式間並不是斷裂的，只是添加了些東西。例如從前說進化，現在仍說進化，而進化的原理就加上了階級鬥爭和唯物史觀。過去講分期，現在仍講分期，而分期之原理就加上了經濟基礎決定上層建築理論。到了批林批孔運動起來，又加上了儒法兩條路線鬥爭說，重新解釋李白杜甫、韓愈柳宗元等等。

臺灣則基本上仍維持著五四以來所建立的典範，最流行的教本，仍是劉大杰。相關著作雖多，框架大同小異。

大陸自改革開放以後，撥亂反正，階級鬥爭、儒法對抗、唯物史觀均可不必再堅持，故亦漸與舊範式趨同。論述方法，大體上均是先概述，再分類分派，繼作作者介紹，再對重要作品作些定性定位，有歷史主義氣味。

總之，近年對於以上這個論述框架和傳統，當然也不乏反省。但重起爐灶的，僅我這一部。

此外，寫史的傳統丟失了，現代學者們只會考史論史，不會寫史，多半口齒不清、拖沓庸澀。若要找本文采較好的，恐怕也只有我那一部。

當年，大陸提出要「重寫文學史」時，主要是針對現當代文學。我的文學史只寫到五四以前，因此或許會有人覺得跟「重寫文學史」不是一回事。但你細看我上面的分析就明白了，一、現當代文學史的謬誤與古代文學基本一樣，只是政治力量之干擾更大些而已。再者，我寫的是中國文學史。而現當代文學是不是中國文學，大有疑問；它「現當代」的身分，就是套用馬克思學說來的。三、我最後一章談晚清大眾通俗文學的發展，其實已把此後一百年的主脈勾勒出來了，善悟者讀之，自可會心，何須絮說？四、近現代，爛作品太多，講起來也頭痛。

**問：「文學」概念如何定義？書信、回憶錄、演講、音樂、藝術等是否該囊括在內？**

答：這是個關鍵。每個時代對文學的認定都不一樣，所以這個時代認為的文學作品，另一個時代會認為不是，反之亦然。文學史寫作的重點，就是這個文學觀的變遷，而不是去介紹作家作品。

現在許多文學史一上來就講古代神話、詩經、莊子孟子散文，完全是拿現代觀念去套。古代詩經是歌舞、是經，宋明以後才漸當文學讀。孟子莊子，古亦只重其義理，唐宋以後始漸稱其文章。今人好談純文學，故不喜歡古文；而古文運動要效法的，又正是古之書信、回憶錄、講說等等，不認同六朝的「文」。所以，文學史要講清楚的就是文學範圍忽大忽小、忽這忽那的歷程。

## 七、文學詩經學

文學詩經學，是我一篇文章的名稱。這裡則用以交代我這些文學研究跟經學的關係。講之前，先敘個小插曲。

未名湖不肖生作《當代學林點將錄》，點饒宗頤先生為托塔天王晁蓋，以我附之，云博學多藝略相似也。評我之學曰：「雲起樓雅以經學自負，謂平生學業，植根於是。然此蓋誇語，余所不信。區區以為，其書涉獵萬有、充塞天地，而可傳者，厥在文藝批評一道，當行本色，世罕其儔。其於中國文藝，內化之功，萬非常人所及」。另外則說我的詩多憂生，王國維見之，當拍肩稱畏友，贊曰：「並世詩家只一龔，憂生直與古人同。縹緗獨載五車去，舛駁多方入眼空」。

欣賞我的詩、說我的文藝批評好，當然甚是感謝。可是不信我的學問植根於經學，卻叫我不知該怎麼說。

傳統讀書人以經書為其基本文化滋養，是再自然不過的事。誰的學問不由經典來？近代才不如此呀！

四書五經，我小時就大體讀了。入大學以後，受章太炎、劉師培、康有為、馬一浮、熊十力諸先生之影響，又很花了些時間治經學。大三寫《古學微論》、碩士論文作《孔穎達周易正義研究》，都涉及了經學史的重構問題。

我久不滿於皮錫瑞馬宗霍等人之《經學歷史》，覺得那僅是經學著述史，且局限於清代經學的框架，以漢學為矩矱，不能見經學之大體。故頗欲考經學成立之源、辨魏晉南北朝隋唐之變，以為爾後論宋元明清經學流嬗之先導，弄得自己很有些小經生硜硜然的味道。

但我讀經的經驗，終究使我無法做一名專業治經者。

治經成為專業，其實是乾嘉樸學典範下描述的歷史及它影響的結果。可是現代化的學科分化與學術分工，又對經學作為一種專業產生了質疑，覺得經學還是太籠統含混，裡邊什麼都有，所以應該再予切割分化，把它分入史學、社會學、文學、倫理學或什麼什麼學科中去。如此拆解下來，五經便只成了材料，經學也不成其為學了。

要對治這種專業性分化，講經學的朋友乃不得不強調經學本身即是一完整而獨立之學科，也將經學研究專業化，以對抗現代學術的專業分工。於是，這就又接合到乾嘉的經學觀，出現了較專業的治經者。

我讀經，優遊博涉，認為是傳統中國人的基本文化滋養。故經典本身固須考論，經典作為文化土壤，它滋養生成了什麼也很重要。

而且這也不是這個重要那個也重要的兼顧式講法，而是與專業治經有本質之異的。專業經生，是以語言訓詁、文獻考證去確定經文之本義正解，還其本來面貌。經書文字被當成是歷史性的存在，故能以考察當時語言文字、典章制度、社會狀況去復原。乾嘉樸學之治經，後來發展為章學誠所謂的「六經皆史」，經學終於漸漸成為史學，成為如章太炎所說：「說經者所以存古，非以是適今也」。

我的想法也是歷史性的，但是不一樣的歷史。我所指的歷史性，重點在於流變，是太史公云述史所以究古今之變的那種歷史性。故經之本義正解未必重要，我亦未必知，或者我根本就覺得那些未必可知。

反對讀經的人，每舉王國維「以弟之愚暗，於《書》所不能解者殆十之五，於《詩》亦十之一二」之說，以表示經書難曉。其實難曉有什麼關係？王國維說他對經書還有許多不懂的，實則他自以為懂的，又真是本義正解嗎？可是，就算解錯了又怎樣？本義正解不可知，所可知者，僅慕道向義者彷彿測度之言而已。

慕道向義之人，累代不絕，各自讀經，各自領受。飲河滿腹、巢林一枝，隨分契會，遂皆歡喜讚嘆而去。其說經也，亦自道其理會耳。一時有一時之感會，一地有一地之受用，治經學史者，固宜觀其異同而審其流變焉。

如此，一就不會再那麼看重乾嘉所提倡的那套治經法。二亦不會再如皮錫瑞等人論經學史，以漢為盛、以魏晉南北朝隋唐宋明為中衰。我認為歷代都從經典找到了面對其時代問題的方法，故其解經各有重點，風格各異。三則不會如章太炎那樣，覺得說經只是存古，不足以適今。經學在每個時代都是活的，每個時代的經學都是該時代人「適今」的結果。對歷史的詮釋，與他們面對時代的行動，乃是合為一體的。故我們今日治經讀經，也不純是學究或考古，而是可與我們存活在當代的生命相鼓盪，以激揚生發出一些東西，來面對我們的時代的。古代人由其經學土壤中生長出許多他們那一代的學問，不也即是如此嗎？

我自己如何從經學中激揚生發一些東西出來，下文會談，茲先說古人。

由於專業治經者既為專業，因此他們眼光便也只集中在古代那些專業經生上，縱使人家本來不是專業經師，亦仍想辦法要把他塑造成一副經生模樣。

例如惠棟，被認為是吳派宗匠、乾嘉經學樸學之大師，篤守漢儒法度。這樣說，豈遂能知惠棟？惠棟除講經外，能詩，且曾花大氣力注王漁洋詩、注《太上感應篇》。這些詩與通俗因果報應書，在惠棟生命中居什麼地位，與其經學又有何關係，專業經學家是視而不見或根本沒注意到的。吳皖之後的汪中、焦循、凌廷堪，博學於文、遊藝使才，明明屬於博學型文人，可是在專業經學家的塑造下，竟變成了「繼承乾嘉樸學的揚州學派」。而之後的常州學者，據龔定庵描述是：「人人妙擅小樂府，爾雅哀怨聲能遒」。可是專業經學研究者也懶得過問他們的詞學文章，只就其經學著作去考論不已。

凡此，都說明了專業化的經學研究要不就是扭曲，要不就是割裂，對於揚州學派、公羊經學與詞的關係這類問題，不感興趣也無力窮究。

順著這樣的觀察，我們還可以發現：專業經師這個說法，本身就是種特殊的歷史建構。乾嘉樸學的功績之一，正在於此。

在宋代明代，其理學不就是經學的一種型態嗎？如朱子之論性理、論太極，本於《禮》《易》，他除注《四書》之外，也注《詩》《易》，蔡沈的《書集傳》也本於他，朱學一派何嘗獨尊《四書》而棄五經？何況，從義理上，朱子會認為五經與《四書》是兩條路嗎？他所體會的天理，難道又不是從經典上來的嗎？還有，所謂四書，不就只是十三經中的一部分嗎？朱子他們治經，而從其中體認出天理心性等等，乃是他們那一代經學的特色。

朱學如此，陽明學呢？以韓國陽明學者鄭齊斗《霞谷集》考之，其書卷十七《經學集錄》，上編：天之道、道之用、道之體、性之德、性之道、達道達德；中編：性命一理、物我一性、事物止一、一貫大小、本來一理、博約為仁、大中時中；下編：知能、知行、精一、明誠、誠道合、忠恕、修己安人、仁一體。可見當時人論這些知行誠仁問題時，本自認為即是經學。

清初人反對宋明，認為經被宋明人講岔了，所以要重新講經學。可是他們為了強調自己才是真正的經學家、自己才擁有了解經典本義的方法，竟把經學與理學切割開來，竟把理學說得好像就不是經學似的。

同樣被割裂的，還有文學。唐代經學的型態，當然會跟漢代不同，古文運動所希望達到的「文與道俱」境界，其道就本於聖賢之經。因此其經學見解未必見諸著述，特別是不見得仍以漢儒式的箋注出之，而常表現於其文章。元明以後，經義之討論與闡發，進一步與文學結合，體現於科舉制義中。乾嘉諸儒也反對這些作法，痛斥制義及評點講章，認為此皆為作文而生，非治經者所宜。因此他們的治經成果，常採漢儒箋注方式，或為一條一條的考證，根本不成文章。早在漢代，王充就曾批評當時經生的毛病是不會寫文章。現在，清儒則大力宏闡這種不成文章的表達方式，以自別於用文章來表達經義的那一路數，斥其為說經之蟊賊，豈不可笑？

對於這些問題，此處不好談太多。總之是乾嘉以來逐漸定型的經學觀或經學史觀，該修正了。

我於二〇〇六年出版的《六經皆文》即是這種修正工作。書名，是相對於章學誠的「六經皆史」而說。六經皆史，乃章氏為消解乾嘉樸學經學之勢而提出的一套講法，謂六經皆古代官史，掌於公府，春秋以後才有私人著述。彼欲以此尊周公、黜孔子、崇公棄私，夷經學而為史學。我無此雄心，更不贊成他那套迂古的歷史觀，故我說六經皆文，並不遠徵於上古，只從中世講起。

上古文道合一，從本原上說六經皆文，我在《文化符號學》中已談得夠多了，所以不須再講。中世則是文與道已分的時代，經史子集在漢代逐漸開始分家，至魏晉南北朝而確定。可是渾沌鑿破後，人們又蘄其相合，於是才有劉勰的宗經徵聖、才有北魏隋代摹仿《尚書》的文風、才有唐代儒者想結合文與道的努力。此一動向，不僅使得宋元明清科舉考試均採取了以文章來闡述經義的型態，也使文學寫作以六經為典範；同時，以讀經為閱讀之基本模型而發展出來的讀法、條例，漸也成為一般文學審美閱讀的基本方法（我稱此為細部批評）。

在這個動向中，經學與文學是兩相穿透的，不是某方影響另一方或互相影響那麼簡單。如文家論詩，皆推原於《詩經》，詩經學裡正變、比興、美刺等觀念，及具體詩篇的美學表現，無一不影響著詩人的創作。可是文學家對《詩經》的理解，同樣又刺激著研究《詩經》者，使得解詩時越來越重視其文學性。而這種文學性的《詩經》解說，當然更會跟詩家論詩相發明。我在〈文學詩經學〉中曾以清朝詩話為例，描述了這個動態的關係，椎輪大輅，其餘不難隅反。

要觀察這一類動向，我們才能明白現今通行的經學史框架不但空洞而且頗有誤導。文學史也一樣。文學史的基本立場是反漢儒反經學，以說魏晉的審美自覺。唐代以後，又以古文史觀籠罩一切，令人不知駢文才是通行文體；而論古文時又依然局限於以文論文，對於文道關係很少討論。治文學史的人更是普遍對經義、宋明理學茫然無知，所以除了把八股文亂罵一通外，大抵皆視若無睹，亦罕能涉及詩詞文章文學批評與經學關係的抉發。因此，我這些論析，對反省文學史和經學史的框架，或許都有意義。

## 八、詩與詩教

以上介紹我的詩學，深曲繁複，即之難窮。但我以為這些都還不是最大的特點。我的特點是內化，學問與生命是合起來的。詩若成學，人即成詩。

我喜歡寫文章、做研究，內容遍及文史哲政治社會宗教藝術企管等等，詳情連我自己也搞不清楚。有人譏我炫才，好大喜功；又或說我書中所收文章有些重複，所以出書的數量灌水膨脹了。殊不知我未刊之稿還有幾百萬字哩！我以寫讀為樂，並不總為了給別人看。

由於治學史就是生命史，而生命是整全的，不可割裂，因此我又重通貫、貴整合。從前莊子形容老聃是「古之博大真人」。我自幼羨慕這個稱號，所以也朝此努力，不願為某家某派、某領域某學科所限。三教、四部、九流、十家、辭章、義理、考據、經濟，俱要通貫，以生命力綜攝為一。

在現今強調專業、推崇專家的時代，這一點頗不易被人理解，更別說認同了。嗤我狂誕者，不可勝數，而主要是不相信有人能如此。其實大道本夷，現代人偏要往歧路上蹭，且久飲狂泉，遂謂不狂為狂，我也很無奈。

博大與專精，本非一組相對的概念，而是活與死之分。活的學問，與活人一般，只能是血脈貫通、肢竅整全的，此所以莊子稱博大者為「真人」也。

活的學問，才能真正精深，漁獵所及，便企專門。也因為活，所以才能因機發用。有從政之機則從政、有辦學之機則辦學、有傳播之機則傳播，不拘性質，隨類而發。所以我辦過的事、寫過的文章比誰都多。性質猥雜，各式各樣。有深言，有淺語，有正餐，有雜拌兒。大抵皆有益於人、有用於時，但也不免有些只有遊戲或應酬的價值，甚且常為無益之事以遣有涯之生。因人生本來如此，並非每件事都有意義。

不過，因機發用仍只是消極的。因機之外，還須創機、生機。如我這般好事之徒的本領，就在於總能生出事來以供簸弄。例如面對死水一潭的學界，我偏要去創出一些學科來；已割據地盤的學門，我則常去抽他們的腳底板，質疑其理論基礎，大破大立；沒有的組織、機構與活動，則竟要設辦起來。一生二，二生三，生生化化，遂爾無端歡喜鼓舞。雖明知這多是摶沙聚塔，但不妨當境自喜，小破岑寂。或以事功誇我，則其實只是興。

孔子曰：「興於詩」。詩人是興感的，興起、興發、興奮、興動，一出於性情之所感。感時世是一種，感人情是一種，感生命本身是另一種，三者往往交混，令人觸興不能自已。但倘若老是這樣順斯而流，人就會盲動不已，因此又不能不略有些檢束，以禮節制之。孔子說要「立於禮」就是這個緣故。

我在現實生活上是極忙極忙極忙的。自大學畢業以來一直庶務纏身、奔走四方，根本無暇在書齋裡從容著述。既如此，何以竟還能寫得這麼多？

我當然格外勤奮，坐破蒲團，下了人所難及的苦工。但更重要的，是悟解，是「詩可以興」！興，首先是指有興致，對讀書寫作永遠興致盎然。什麼書都想看上一看，什麼事都想研究研究，然後寫點心得，如饕餮之貪食、若賭徒之手癢，克制不住的。任何遊戲娛樂，我雖都喜歡，卻均不能如讀寫這般激起我的玩心。

從前佛洛伊德研究作家，說作家之所以有創造力，其實只因他還沒長大，故還保留了兒童的想像力、還能繼續作其白日夢，編織故事。我也幸而尚能保此童心，對讀書與寫作一直有如兒童玩其遊戲般不竭的熱情與想像力，老是興奮著。

在學術界，依我看，大多數人恰好就缺乏這種能力。少數有點天資的，能力也早在教育歷程中被折磨殆盡了。掙扎著爬到博士副教授教授，恃讀寫以餬口而已。縱或著述亦有客觀之知識作用，然皆只是工作、任務、工具而已。那種因覺得它好玩而熱情高漲、興致盎然之感，罕聞見矣！

由於欠缺興致，未能興感，因此讀書成了計畫的工程作業，研究只是在一個例行的範圍框廓內打工，敲敲打打、縫縫補補。不曉得隨性而發、興之所至、感物起興、一時興會等等的諸般妙趣。例如讀書與寫作，在我們學界，居然分疆劃域，各自瓜分豆剖著地盤，有專業方向之分。一位古典文學教授，如竟發表了現代文學之評述，旁人就會指指點點，責他侵犯了別人家地盤；若他不識相，竟去談政經企管，就更會遭到訾議，說是不務正業；政經企管諸學科中人，亦不可能視他為同行。

這不怪嗎？我讀《史記》，當然必須涉及政治、經濟、社會、天文、地理各種學問，否則如何看天官書、河渠書、禮書、食貨志？

凡此等等，尚都僅屬應有之關連，還不是興。興是要一時由「關關雎鳩」繞到天文、植物、古埃及、巴比倫、南美歌謠、現代科學認識論的。一時興起，恢闊無端，忽而「雞鳴桑樹巔」，忽而「孔雀東南飛」，哪是你用現今學術分科體系築起的工地小籬笆所能拘限？

所以，興是自由的心靈在知識宇宙中的翱翔，以獲得美感為樂。如無此心境、無此興致，一切讀書方法的談說，均無意義，都只成了工程技術操作手冊之類東西。靠那些東西，或許可以幫你成就為一位笨學究，卻永遠不能令你成為讀書人。

許多人把我現在講的這個問題想像成是博與專之爭。認為做學問終究還是專精點好，人的精力有限，焉能隨興歌哭、曼衍無端？東摸摸西摸摸，掠影浮光，也必然不能深入。

然而，他們不曉得這不是通博與專精之分，乃是真與假之分、活與死之分、創造者與技工之分。靈源一窒，永世不得超生。深入云云，自慰罷了。

無奈在我們學界，談詩是犯忌諱的。某次北大招聘，某君強調自己在學術論文之外還能作詩，知北大學弟妹已組詩社，甚願貢獻力量。聘審會某大佬即告誡他：「中文系不作詩，只研究，你要識得輕重。」我自己也常遭批評，說研究追求嚴謹、理性、客觀都來不及了，龔某卻恃才遊戲，把它當成抒情的詩興活動，所以如何如何要不得，如何難成大器云云。殊不知詩心深窈，聿啟靈思；無此靈思，能做什麼研究？難道真以為人文世界只靠工程、專案、計畫就行了嗎？諸君自喜死於句下，我可還要超以象外呢！

興還有另兩個意思：興動與興發。

興有舉意，商承祚、郭沫若皆謂其字象四手合托舉物之形；故有興舉、興造、興作、興動等涵義。所以興不只是涉想繹思，更要與手配合著動，上文一直把讀書跟寫作合起來說，就是這個緣故。

讀書若不配合著寫作，便如空花過眼，不能真在你心田上生根發芽。如何配合？一是摘錄精要或做箚記；二是用自己的方法重新組織，包括對這本書的重寫重組，或把與之相關的書拿來關連組合；三是以一主題找相關之書參考，寫出你對這個題目的見解。

第一種是顧炎武《日知錄》式的。第二種是袁樞把紀傳體史書改編成紀事本末體這類的，或各種集評集注集釋匯校之類。第三種則是專題論著。其他寫作方式還很多，以這三種最基本，均屬讀書時之鴻爪印痕，足以觀思致的足跡。興，畢竟不會漫無涯涘、怳焉難蹤，正因為有此工夫。

興發，則是說讀書不只是吸收舊有的知識，還當有所興發、喚起。這種興發，不只是對類似狀況的聯想或類比，那是比。興乃觸物而起，是未必有直接關連之觸發、啟示、創造，可以言外得意。

這種興，由讀書來，但又非書本子所能限，說起來彷彿很神祕，其實真讀書的人都能體會。古人見蛇鬥、見篙師撐船、見公孫大娘跳舞、見夏雷春雲、見敗牆蝸涎都能悟筆法，牛頓被蘋果打中腦袋而知有地心引力，不都是興嗎？

有興，才有創造性的發現。於日常生活中起興，尚且能有此創造，讀書就更是如此了。《論語》記載子夏讀「巧笑倩兮，美目盼兮」而領會到「素以為絢兮，禮後」即為一例。讀書至此，縱橫得意，不亦樂乎？

學詩的人同時還須能感。《文心雕龍‧物色》曾說：「春秋代序，陰陽慘舒，物色之動，心亦搖焉。……是以獻歲發春，悅豫之情暢；滔滔孟夏，鬱陶之心凝；天高氣清，陰沉之志遠；霰雪無垠，矜肅之慮深。」這就是興感，能感通天地之大美。

詩人感春秋而觀逝水，或憂生或念亂，皆類乎本能。早期的事，就都不說了，只說近年的情況。頃我北來，已十餘秋。來時無霜河搖落之冷，居定嘗聞桐檝雜奏之風，感茲歲月，遂於二零零五年在國子監旁陳衛平兄嫂處，設「國學小院」，講論國學。另設一詩社、一琴社。

琴社由三韓琴人如山法師主持，後別為如是山房，以待安縵操弦之士。再則由學棣陳世東在北師大成立松風琴社，我掛名指導。詩社另由大埔陳興武主持，取名燕鳴，寓燕京士女於此求友之義也。

詩社有詩課，有講會，也做詩鐘。辦起來時還是秋天，故我有詩記之曰：「秋風吹老魚龍意，社約聽傳鸛鶴心。有客揮戈揚大雅，一詩新鑄勝黃金。也知時世須匡濟，敢溺文章自放吟？只為今生都是苦，故邀朋輩散胸襟。」

數載以還，在詩社舒懷抱、散胸襟的朋友很是不少。作詩之外，也去祭弔北京近郊詩人之墓，並因此研習了祭奠之禮。陳興武還把他們客家人鄉間的風俗禮儀考訂了一番，遍諮里中長者，寫成一冊《野禮徵存錄》，供社友參考。

這類歲時喪祭生命禮俗，現代化以來，淪亡殆盡，一般知識人均甚茫然。反而禮失可求諸野，在鄉間偶爾還可看到。故藉此詩會，進而演禮，或亦不失夫子所謂「興於詩，立於禮」之義，而對現今禮崩樂喪之世可能更有提醒之作用。

但陳君別有征程，終於歸去。我以詩送之曰：「囊劍荷雲遂出京，買舟南寄客兒城。中流歌嘯多餘興，壯歲旌旗更一擎。處世莫憐生氣少，讀書當與古人爭。嚶鳴我欲彈同調，秋水蒹葭未忍情。」興武則輯詩社歷年社課等編為《燕社嚶鳴錄》，略誌一時鴻爪。

整本《嚶鳴錄》，其實都可視為秋興。人非宋玉，誰方杜陵？然秋聲秋感，彼此同之。有感輒錄，付諸吟詠，豈不宜哉？出版時，我有識語說：「古人束髮受書，先學韻語，自《急就》以至弦歌雅頌。故可以調情性而暢氣志，易於成童成人。乃今皆棄去，小學大讋，俱無詩教。師生占嗶，但以俚言散語相苦惱而已。余北來，因謂王官失學，學在吾野。燕都流人猥集，曷為不已之雞鳴，以空如晦之風雨？遂起詩社，興大雅，申月泉之遺韻，比江西而俱工。一時燕都俊彥，頗樂相從。……蓋稍誌鴻爪於雪泥，不知已招國魂於筒端也。」

當然這一點秋興，只是小範圍內的一種閑玩藝兒，不成話說。然而古人登高能賦，是因自入學啟蒙以來，即熟於詩教。《急就章》《千字文》本是韻語，再加上《千家詩》等詩詞諷誦讀本，任何幼童於詩都幾乎已習與性成。接著再讀《幼學瓊林》《龍文鞭影》一類書，把文學典故、基本對仗格式又都學會了。稍長一點，臨事應景，自然隨便就能吐屬風雅。何況，其文學感性早已浸潤於一切知識之中，故物色之動，心旌相感，每不期然而然。這，都不是現今知識化分科化教育體制下培養出來的學者專家所能做得到的。

我不敢倡言復古，只是說古代此種教育方式，興於詩，對人的性情陶冶，確有作用，在現今教育體制或社會中，不妨參取一二。

學者們抄材料、用思維，推理與概念，一套又一套，可是不會傷春，於自然之變，兀無所感，則於人事之遷流，能有實感者鮮矣！若能暇時也看看紅葉、聽聽秋聲，也抒情言志，賦詠一二，又有什麼不好呢？

至於現今倡言復古的一些朋友，以令小孩子背誦經典為唯一教育內容，不知從詩教入手才是古代兒童啟蒙教育之正途，我也是深不為然的。

因此我由兩方面來發展這一認識。一是鼓吹蒙學應以詩教發端，輔以習禮，大學教育亦須以詩潤澤之，在都江堰國學院等處都是這樣實踐的。大陸蒙學之大宗，是受王財貴兄影響的「兒童讀經」；我所說，有補偏之意。

二是協助編選整理詩歌文獻、擴大舉辦詩會，以興詩學。替臺灣花木蘭出版社編詩歌研究叢刊、參與王功權先生創辦的中華詩詞研究院、參與發起「持社」、參加籌辦國詩大賽，或我自己在杭州辦傳統詩歌節等等都屬此類。紹續著我過去在臺灣辦的歷屆大專青年詩人聯吟大會，或在金門辦的詩酒節之類事。詩學、詩興、詩教合而為一。

由傳統型文人朝現代學者轉化，故作詩之情日疏而論詩之什漸夥的龔某某，終於又由歧而合，回歸詩人之本懷了。

詩家劉夢芙先生曾有詩狀我之詩與詩學，錄於後，以殿此篇：「風流人物數同光，詩國峰高接宋唐。一種深哀誰可訴，落花滿地弔斜陽」；「少年憂樂夢魂孤，錦瑟彈時獨向隅。千古玉溪心與接，淚傾滄海化明珠」；「風雲變化矚鵬騰，才略人欽備九能。俠氣縱橫消不盡，寶刀如雪耀書燈」；「聖道躬行歷萬難，江湖髮白寸心丹。闌珊星斗沉沉夜，起聽雞聲破霧寒。」

## 九、現代詩聯結

講至此，似當結束了，可是不，還沒談到與現代詩的關係呢！

近百年文學之發展，有個不可逃避的情境問題，即新文學運動。文學開始分出了新舊。提倡白話，指責傳統文學為貴族的、山林的、死的文學，使傳統文學喪失了存在的合理性，並導致整個教育、大眾傳播、政府及社團組織（如大陸的作協、現代文學館、現代當代各種學會）、評價（如各種文學獎）體系，均以新文學是尚。傳統文學除了作為歷史材料以外，早已淡出舞臺。山花自媚，聊存餘馨，與文學的和公眾的領域無涉。

仍喜愛傳統文學或仍以傳統文學體裁來寫作的人，便常抑鬱或憤激。既不滿社會上不重視傳統文學，也對新詩不解、不滿。覺得新詩不是詩，至少不是中國詩。

殊不知新派人也早就否定新詩了。如朱光潛一九三三年〈替詩的音律辯護〉就認為胡適「作詩如說話」之說錯誤已極。

這種新詩抹煞論，在臺灣頗有繼聲。紀弦〈論新詩〉便痛批：從胡適到新月派等，只是把西洋的舊詩當作新鮮事物，搬到中國來；左翼則只是標語和口號。瘂弦也指出：新文學運動時期，白話詩，並不純粹為了創造詩藝，而是從事社會改革。抗戰時期，詩更成為救亡圖存之工具。四〇年代，標榜普羅與進步，詩人成了無產階級的旗手。故須待五〇年代臺灣詩人才開始展開「文學再革命」，迎接西方各種技法，進行詩語言之試煉。

可見新詩與五四雖有血緣關係，但早已從新文學運動反叛了出來。五四以白話為標幟、以大眾化為導向，後來則反是。所以將「新詩」改稱為「現代詩」。

既然新詩失敗了，要重起爐灶，那又該走什麼路子呢？開出的藥方，首先是西方的「新」詩。如一九五三年國府遷臺後的第一個詩刊《現代詩》，就說是要發揚自波特萊爾以降一切新興詩派。又認為新詩乃橫的移植，而非縱的繼承。

但很快就有了轉變。因為當時雖認定整個新詩都是移植之物，然而，一，並非所有西方事物均堪效法，所以反對把西洋舊詩形式拿來用。二，法效西方的目的，乃是要建立我國新詩的形式，創造中國的民族文學。西化只是手段之一。

《創世紀》不久即開始倡議「民族型詩」，強調要「運用中國文學之特異性，以表現東方生活之特殊情趣」。

正因如此，故開始淡化現代詩乃移植之花的印象。認為超現實主義一部分是我們本來就有的，一部分是我們不贊成的，另一部分則是要被我們轉化的。例如現代天人裂解、物我對立的世界，被認為應重新轉成天人合一的型態。

於是，現代詩雖仍與西方有關，但主要是受中國古詩或中國人意識影響下的產物了。脫離了歐洲資本主義現代性的脈絡，表徵著在中國的意義。

葉維廉一九五九年就指出現代詩既是移植的，也是延續的。而移植的部分，發展不良，因為模仿痕跡太重，無論在取材上、意象上及技巧上都未逃出艾略特、奥登、薩特維爾等人的路子；但漢字作為詩歌表現媒介，應有與西洋詩不同之處，可惜詩人未發揮之。

他說：中國文字（以文言文為代表的中國文字體系）含有許多特性，可以讓我們像看到電影似的，透過水銀燈的活動，而不是分析。在燈光一閃中，使我們沖入具體的經驗裡。這種鏡頭意味的活動，自然傾向於短句和精簡，因此便沒有跨句的產生。較長的詩句很易流於解說。中國舊詩裡情境與讀者直接交往，讀者參與了作品的創造，時間的機械性劃分自然便被湮沒。這種直接性，更被中文動詞的缺乏時態變化所加強。避免了人稱代名詞的插入，非但能將情境普遍化，並容許詩人客觀地（不是分析性的）呈現主觀的經驗。

五四文學革命以後，新詩人放棄文言，改以白話，情況就不同了：不少詩人將人稱代名詞、指示時間的文字帶入了詩中。如「曾」、「已經」、「過」指示過去，「將」指示未來，「著」指示進行。還有不少跨句。而古詩極少用連接媒介，卻能產生一種類似水銀燈活動的戲劇性效果，白話的使用者卻在有意無意間插入分析性的文字。因此：「相當諷刺的是，早年的白話詩人都反對側重倒模式的說理味很濃的儒家，而他們的作品竟然是敘述和演繹性的。這和中國舊詩的表達型態和風貌距離最遠。」

改變之道，他認為應重新接合與文言文斷裂了的關係。例如連接媒介近一步的省略、更深一層的與外物合一、儘量不依賴直線追尋的結構，並代之以很多的心境上的（而非語意上的）聯繫、重新納入文言的用字以求精省等等。

在臺灣的中國現代詩，乃因此漸漸轉化了它移植、模仿自西方的身分，成了中國視境及文言傳統詩的現代版。葉維廉〈賦格〉、瘂弦〈深淵〉、洛夫〈石室之死亡〉、商禽〈天河的斜度〉、葉珊、方莘、張默、楚戈、敻虹、管管等都有這傾向。余光中一九六四年〈蓮的聯想〉以後也大量援引古典詩的題材、意象、語彙乃至主題，進行新古典的實踐。洛夫則用禪、唐詩、嚴羽、王國維境界說來討論現代詩應如何擺脫邏輯推理、習慣語法，以追求含蓄、透見真實。葉維廉更從唐詩（特別是王維）上追到道家美學，出版《無言獨化》。

如此這般，一場現代主義的浩蕩波瀾，終歸於老莊與禪、終歸於唐詩之神韻興趣。這一趨向，不但舊體文學界霧裡看花，不明真際；許多新詩研究者也搞不清楚。一般只知道現代就是傳統的對反，唯有打破、打倒了傳統，才能現代。但在臺灣的現代詩，發展下來卻正好相反。

解昆樺〈現代主義風潮下的伏流：六十年代臺灣詩壇對中國古典傳統的重估與表現〉對此不了解，認為六十年代現代主義陷入形式泥沼，許多早期現代主義代表詩人，才向中國古典傳統靠近，藉中國古典傳統符號，滿足他們對大陸文化母體的追尋。不是的！不是現代主義陷入形式泥淖後，現代詩人才轉向尋找傳統。而是其形式探索就得力於對傳統的抉發，或倒過來說；其探索同時也「發明」了古典詩的某些詩特質。

如洛夫對含蓄、性靈、興趣、神韻的掌握，葉維廉對王維、嚴羽、禪、意象並置、無言獨化、道家美學的闡述，余光中對李賀的研究，楊牧對《詩經》的分析，張漢良對唐人傳奇的討論等等，對那個時代的古典文學研究者都是具有導引性的，點明了古典詩文的某些特質。

由於舊體文學界在現代化的城市中失落了話語權，因此只有現代詩人這些對古典詩的意見才能在大眾傳播媒體上流通、產生影響、創造話題。而在大學裡，雖然中文系仍以舊體詩文之傳承與寫作為主，但中文系同樣是社會影響力不足的。六十年代末、七十年代初的臺灣，對古典文學的詮釋主力，其實是外文系以及新文學家。當時新文學作家就多出身於外文系，身兼學者的詩人則在「比較文學」的框架下，以其西學素養進行對中國古典文學的解析。這些解析，對社會之影響甚為巨大，是社會意識發展的重要旗手（與大陸八十年代中期的文學評論相似）；也深刻刺激著中文系年輕的學者。可以說，中文系的文學批評意識覺醒以及對中國古典文學性質的掌握，頗得力於此。

所以七、八十年代成長起來的學者，在新舊詩之間是極寬容的，研究與寫作雖各有偏重，但壁壘與硝煙已然消散，跨界書寫與思考者比比皆是，活動也常能玩在一起，彼此視為同盟軍甚或一夥人。像葉嘉瑩與新詩人周夢蝶，余光中與舊體詩人周棄子，洛夫、瘂弦與舊體詩人張夢機先生的友誼就都甚好。我們這一代，則李瑞騰、渡也、蕭蕭等都研究古典詩而寫現代詩；呂正惠這類同時研究新舊詩的，可就更多了。

因此綜合起來看，由於現代詩已回歸傳統，故其身分事實上業已成為傳統詩之一分支，雖然在詩形上頗有差異。而現代詩人在探討他們該如何前進時，對傳統詩與詩學有許多深入的研析。研析所得，反過來又深刻影響到近時我們對整個古典文學的理解與詮釋。

這其中最典型的論述就是「中國抒情傳統」。抒情傳統，是臺灣七十年代由陳世驤、高友工等人提倡，再經蔡英俊、呂正惠、柯慶明、張淑香等許多人完善地論述，影響深遠。是當代最重要的中國古典文學（文化）論述。近年王德威更將之延伸到現代文學，著意探討「抒情的現代性」。香港陳國球兄筆鋒尤健，《抒情中國論》梳理了現代中國抒情論述的具體脈絡，從周作人、聞一多、朱自清、魯迅、朱光潛、沈從文到宗白華、方東美，再到陳世驤、高友工。

他們的研究，我覺得有與張松建《抒情主義與中國現代詩學》相發之處。張氏強調現代文學充斥著抒情主義。現代詩以抒情為主，其說加上王陳兩先生對抒情現代性的描述，可謂已無疑義。可是這種抒情的現代性是如何形成的呢？

他們的推論都與普實克差不多，認為現代中國的抒情雖然充滿西方和日本浪漫主義與個人主義之特徵，但仍具有中國古典詩學的傳承。所以，中國的抒情主義的面向有二，一是西方浪漫主義所帶來的傳統，另一個是中國古典文學的抒情傳統。

我的理解有些不同。我認為所謂「中國古典文學的抒情傳統」其實是在現代詩的抒情性中被創造出來的。

不要覺得我的講法怪。早先就有個實例：楊鴻烈的《中國詩學大綱》第五章，在闡發「中國詩的組合的原素」之一的「感情」時，就推重男女之愛，並試圖「從根本上來澄清一般人以錯謬的道德觀念妨礙文藝的創造」。他列舉了胡適以來的「現在白話詩的腐敗的情形」，認為根本的病源就是「缺乏真實高尚豐富複雜的想像和情感」，認為唯一補救之道就是「把詩的本質特別闡發，灌輸在一般有志學詩的人的腦裡」。這時，他所謂的詩本質，即是抒情的，且以男女之情為標準或最高。

而這種抒情，是「中國詩的組合的原素」的感情嗎？不是的，它是受當時新詩理論的影響。如聞一多即曾批評俞平伯《冬夜》十之八九都是「二流的情操」，對於最真、最高的男女之愛著墨太少。什麼是二流的情操呢？郁達夫曾參考英國溫徹斯特的理論，把情感分成情緒和情操（有知性、宗教、倫理情操等）兩類，並主張：「詩的實質，全在情感；情感之中，就重情緒。」情緒，特別是男女之情最高，情操當然就只是二流的了。

請問這是中國傳統的觀念嗎？可是這種抒情觀深刻影響了現代古典文學研究，不但楊鴻烈如此說，朱自清以降的「抒情／言志」之分，難道不像郁達夫的「情緒／情操」之分嗎？

中國古代詩論當然也講「發憤以抒情」。但一者情由感來，有《周易》感應的哲學底子和秦漢以來的感物而動的思想，與西方言情，整體哲學內涵就不一樣。再者，「情緒／情操」之分，中國也有，「情／性」是也。可是評價恰好相反，所以古代詩論多不說詩主情或抒情，多是說「詩主性情」。

因此近時講抒情傳統，從普實克、陳世驤以降，其實都不是從中國的情觀發展來的，所說的情乃是西方式的。而其對比框架，則是抒情詩與史詩。史詩是敘事的，故可與抒情詩作對比。以此說中國以抒情詩擅場、西方以史詩為勝；或說中西方都有抒情傳統與敘事傳統，在其內部盤旋爭鋒等等。陳世驤在北大讀書時，即曾參加朱光潛的讀詩會，並致信沈從文，希望《大公報》能設置詩評欄目，推動現代詩學。後來他論抒情傳統，與洛夫關注古典詩一樣，由「興」入手，淵源似乎也不難索解。

也就是說：近時我們講的「中國古代的抒情傳統」其實遠於古典詩而近於現代詩，乃是現代詩人理想中的中國詩，也可以說是現代詩創造的古典傳統（這種弔詭的情況，並不僅見於臺灣。大陸在八十年代以後，不少研究者，如孫玉石先生等，也從技巧化、藝術化的角度看現代詩，揭明古典詩的含蓄性和現代詩的暗示性間存在著的關係，強調「興」「象徵」「意境」等在詩表達中近乎本質的地位，並論證三十年代詩人，如卞之琳等與李賀李商隱等晚唐詩境之關連）。

孫玉石先生是我率團初來北大交流時的東道主，而上文所敘述的洛夫葉維廉等人亦多為我老友。我就學時，同學當然都寫新詩、組新詩社、辦新詩刊。因此現代詩彌漫身畔，不熟悉也不行。我雖只作舊詩，但多新詩友人，即以此故。後來與《現代詩》諸公尤其常一起玩。諸公多才，如辛鬱之民歌、管管之朗誦、張默之裝幀設計、洛夫之書法、羅門之藝思異想，都帶給我許多驚喜。由此關連於楚戈、陳庭詩、李錫奇、劉國松、顧重光諸位之現代藝術。有時合作辦一些大型活動，如金門詩酒節；有時一道玩，如我書法展之雅集。交流頗多，洞知衷情，故以上所述現代詩發展之曲折，自有我生命介入之痕跡，非外人所能知。

在辦佛光大學時，我曾想把張默收集的所有詩刊，納入校藏，闢為專區。張默、杜十三、商禽他們說書已捐走了，乾脆來我這裡，找一山谷，闢為詩人墓園吧。既為特殊景觀，又可老友相伴，與你講的生死學相呼應。寫好了提案，我亦想促成而終於未果。楚戈也想在那兒做一個龍文化園，擘劃略定，且寫成一書，我作了序。鄭愁予則在我去耶魯開會時，拉我與龍應台一起出來，去容閎墓園憑弔，坐在滿山楓葉中吃盒飯。一日在廈門，道逢之，懷中摸出一小瓶金門高粱來，說是李錫奇畫的酒標，送我解渴。

洛夫呢？一九八八年我去長沙度歲，臨走時，護照等皆遺失了。李元洛來安慰我說：「不慌，前幾個月洛夫返鄉探親，也丟了證件。輾轉回臺後，將其經歷寫成散文，刊在臺灣《青年戰士報》上，寄了一份給我。我找出來給你參考，依樣畫瓢吧。」依其所述，要先去拍照、報案、取得臨時證件、乘車到深圳、經海關收押、吃一天牢飯。待大陸、香港與臺灣確認身分後，押上飛機返臺。我大抵仿其步驟，只是證件後竟尋得，免去羈押而已。返臺相逢，談起皆大笑。

他移居溫哥華後，我曾去其雪樓拜訪。去就先睡了一覺。他告訴楊樹清：「龔鵬程溫和多了，沒那麼鋒利。」我醒來則跟樹清說：「詩魔現在看起來像聖誕老公公了」。言及舊遊，洛夫說當時湘中名酒為湘泉，酒廠邀他往遊，嘗率爾題句「酒鬼飲湘泉，一醉數千年」云云。後來酒廠製一新酒，即以酒鬼名之。旅中趣事，他很覺好玩。不料到了加拿大後，即有律師來訪，謂當時酒廠並未付錢購買，不得遽以為商標，慫恿他打官司提告，以此可見華夷文化差異云。一月廿九日，洛夫與樹清等宴請我返臺，他還寫了一幅字要送我。不料暴雪滯途，我沒能趕回。乃與洛夫約二月四日在紀州庵文學森林我妻新書發表會上見面。結果那天風雨交加，他出不了門。而三月，他就過世了。死生契闊，輒如此。

# 第二卷・書

書，最早只指書寫，字形即是人拿著筆寫字的模樣。

這是我最喜歡的活動，「東塗西抹鬢成絲」，人憚其勞，我以為樂。找到紙筆，立刻紬思入玄，進入各種幻域，揮灑出一堆文字遺跡。不用佇神思、待靈感、焚香釃酒、揑妾小腳或擁被捂詩，也不消攤卷獺祭、電腦檢索。持一管筆，便如架上了天線，可遙接那不知何來的訊息，心旌搖蕩，筆即在紙上馳騁了起來。因此林安梧說看我寫稿，類似巫覡起乩，忽然神降，遂爾成篇。

他講得對，我是快樂的文字巫師！寫文章不必起稿、不必查書，也不作計畫、擬大綱。學院中人，寫文章不過是獺祭魚，把書上和網上的材料抄到自己名下。學院的規矩，又老是要報專案、呈計畫，以申請經費和資歷。這是理工科頭腦的科學怪人們幹的事，以為寫文章是按著圖紙施工。不知文之靈機，直如華嚴樓臺，彈指即現。若照計畫來，文情既窒，靈感早逃到爪哇國去了。我落筆前、書寫時，絕不知結論是什麼，會寫成什麼樣。思隨文轉，徑曲通幽，一霎時天光乍現、疑竇洞開，故其樂有醍醐灌頂所不能及者。

早年當然還不能如此，是後來漸次發展而成。但好塗抹、好讀書、多異想是與生俱來的。嘗夢入一山，云是天台，有道人命我作賦。那時根本不懂賦，胡亂就我名字「鵬程」敷衍了幾句。道人大笑，我亦驚醒。又夢中常現一境，有湍流激水，水中石樹森然。臺灣無此景，深以為疑。後來開放可以去大陸了，往遊烏魯木齊，登天山，赫然竟見夢中之景，一模一樣，恍惚以為舊時曾經到此。至於夢中作文，推敲字句，幾乎天天有，故事情節各各不同。凡此，或謂夙慧，書有前世已讀者，記憶尚存，故寫時思與神接，便可默成。其實知之者不如好之者，好之者不如樂之者，我喜歡書寫，樂在其中，故不免譸張為幻，悠謬生於其中。

至今所寫，已數千萬言。文字可親，樂不可支。而習文字、讀書史之過程，也多有可憶者，故雜述如次。

# 第一章 文字逸旅

## 一、歷史語文學

書，作動詞用是書寫，作名詞就是書契，指文字。上古文字留傳於世，則成為後人的書本，故凡書本子都叫做書。

中國書裡最古老而又最有代表性的，是《尚書》。尚，形容那是上古之書，也是最高之書。先秦諸子凡提到「書曰」時，指的都是這一本，所以它似乎也代表一切書，獨占了「書」這個詞。

《尚書》裡都是古代最重要的文章。堯典、舜典、大禹謨等等，整個夏商周三代的歷史，俱可由這些篇章考得。因此近代治《尚書》的人都是為了藉它了解古史。

但因年代久遠，文字難懂，唐代韓愈已覺得「周誥殷盤，詰屈聱牙」了，現在要通讀當然就更困難。所以近人研究《尚書》多由文字考釋入手，以期先通其文字，進而再講明它所闡述的古史。

然而《文心雕龍》宗經徵聖，認為一切文體都出於五經。如論、說、辭、序出於《易》；詔、策、章、奏出於《書》；賦、頌、歌、贊出於《詩》；銘、誄、箴、祝出於《禮》；記、傳、銘、檄出於《春秋》。

把文體如此機械地分附於五經，恐非定論。若一定要說文章淵源，則大體可說韻語多本於《詩》、散體多本於《書》，詩書就是我國文學之源。

可是剛才已經說了，近人絕少由文章這方面來看《尚書》。自清初辨《古文尚書》之真偽以來，研究《尚書》的人總在材料上肆其考證。考的是材料，《書》的語言、文字、事義、傳抄、篇卷、次第等。考這些材料的方法，也仍是材料：紙上的和地底下的。此即王國維所說的「二重證據法」。講考證的朋友奉此語為無上祕要，其實可笑，因為材料不是證據。且「周書論辭，貴乎體要」（文心・敘志篇），此又豈考證所能為哉？

我讀《尚書》時自然還沒能脫離時代風氣，何況初入大學時啥也不懂，能略通文字事義就很不錯了。教《尚書》的是韓耀隆師，乃屈萬里、金祥恆先生弟子，故論釋篇辭，能綜攝古今，且證以甲骨金文，惠我良多。

屈先生乃樸學一路，所撰《古籍導讀》是整個臺灣中文學界之入門津梁。他論《易》亦為名家。反對漢易，撰《漢魏易例述評》，入室操戈，不似清代樸學家那般篤嗜漢易。這便可見其通達且具現代意識。注《詩》《書》也是如此，不墨守漢人師法家法。例如他論賦比興的「興」就採顧頡剛說，以民歌為證；論《尚書》也頗與王國維、陳夢家相近。他又精於目錄版本，編有多種書目，也整理過甲骨，著述宏富，故膺選為中研院院士。

我大一時，他來淡江演講。我提問後，他向王久烈老師誇了我一通，老師們遂不免對我另眼相待。後來我任學生書局總編輯時，策劃過一本三十週年紀念專刊，去訪問劉國瑞先生。劉先生回憶屈先生繼吳相湘先生擔任總編時，不肯支薪；劉先生去拜年，送了兩瓶金門高粱及一個紅包。屈先生不在，事後還差人把紅包封回。先生豪邁善飲，而為人狷介若此。我那時雖自以為廉儉，但書局一點車馬費，我也就笑納了。當面聽到這事，真是好不尷尬。

韓老師則除教我《尚書》外，還教作文課，很鼓勵我。後來他任中文系主任，大力引進人才，氣象一新，而特別愛護我。一次參加古典文學研討會，我發表論劉大杰文學史之論文，遭圍剿。我就看到他在臺下眉目憂蹙，為我擔心不已。待我展開反駁，才喜逐顏開。喜逐顏開那四個字，我也要到那時才真懂了，那是像花開了一般燦爛的。

他卸任後，交我接手系務。大施拳腳，一時稱盛，而其實是本著他的路線。《尚書》多政體國事之談，故擅《書》者往往有治事之才。屈先生主政中央圖書館、臺大中文系、中研院史語所，亦是如此。但我親炙的另一位治《書》名家顯然又不一樣，那就是魯實先先生。

魯先生在師大教《尚書》，另授文字學、《史記》等課。雖也是樸學考證，卻充滿著文人氣。他學無師承，自讀書於杭州文瀾閣，而竟淹通四部。少年以《史記會注考證駁義》成名，受楊樹達知遇，執教復旦大學等處。因論甲骨與董作賓不合，撰《殷曆譜糾譑》而見斥於中研院主流群體。來臺後只在臺中農專任教，後才轉至師大。意氣軒昂，目無餘子，講《史記》如繪如畫，論文字古今源流也瀾翻泉湧，令聽者若癡若狂。文字學，那是甲骨金文大篆小篆，反復考索，多枯燥的課呀！他竟能講得令人癡迷，讓學生對之產生一種魔力式的崇拜，是多難的事！他去世後，弟子皆披麻帶孝，全系學生自發護靈，且在墓前刻一碑曰：「功並史皇」，都是對他崇仰至深的表現。史皇指倉頡，在學生心目中，倉頡造了字，而能說明文字精蘊者，就唯有魯先生了。

然魯先生之本領又豈僅在文字學而已乎？他以《史記》成名，所慕者，蓋太史公也。而他也確實有太史公般的文筆。曾撰《文術玄珠》欲繼《文心雕龍》而未成，故今不能知其論文之詳，然從他所著各書中仍可窺見他文章之美。

例如曆法，那是比文字學還枯燥的學問，本諸推步，略同數學。可是我有一段時間就把他的《曆術卮言甲集》拿來作文章範本讀。學術論文，而且是論曆算之文，怎麼樣才能寫得既有條理又有神采，樹一義、駁一說，進退禦守，串證扣事，如何按轡徐行、如何馳騁奔突，俱有法度可學。楊樹達先生說他：「立說乍視若至可驚，有如雲中天馬，破空而來。及其廣徵博引，枝葉扶疏，又如錢塘江潮，萬頭俱至」，誠然！

他的文章大勝樸學家，有駢文的辭藻與句法、古文的氣脈。如他有本古文字學講義，文末題識，說某年他住在木柵，山洪暴發，積稿大半漂沒，令他感慨不止，因為他已五十啦，「補綴舊稿，邈乎難期，賡益新知，此生無望矣。蓋於舉世泯昏之時、轉徙羈棲之地，乃欲奮其螳臂，以振前代墜緒、發千古之屯蒙，其為造物所忌，固其宜乎？」

發感慨之後，他又說了個故事，謂日本寇華時出土的弋三器，雖于省吾曾予著錄、丁山郭沫若曾作考釋、董作賓又據其月日而編《殷曆譜》，但其實是假的。某次與孔德成先生聊天，孔先生說三器都是古董商尊古齋主人黃濬所偽，孔先生在北平時與黃氏過從甚密，故能知之。此文後半大肆嘲笑郭沫若據偽器而釋文。其實他一直感念郭氏救命之恩，文章指桑罵槐，批評的乃是董作賓。知情人讀之，便覺莞爾。其文章之有趣，常常如此。

那本文字學講稿是他送我的。我進師大後，奉眉叔師之命去拜見他。他屋裡到處都是很厚的灰，髒得要命，只桌面上一小塊是乾淨的。他每天就在那一小塊地方伏案寫作，勤勉不懈。為我指畫心得、臧否人物、狂言罵世，則逸興遄飛。文士疏狂，不類經生。

第一次見面，即訓示我：「見前輩先生，須詩文以為贄」，可是後來卻總是送我書看，對於論劉歆《三統曆》、雷學淇《竹書紀年》等尤為得意。正在寫的《文字析義》，也特允我先睹為快。

我後來有一見解，認為真正好的文字學家，須是詩人。如近代章太炎、黃侃、王國維、陳夢家、郭沫若，誰不是詩人呢？小學工夫，一般人總以為譬積重重，貴在徵實，實則文心奧窔，非神思妙悟，難有所入。若非詩人，就只顯得笨。這個觀點，細說當然很複雜，但引發我如此想的，就是魯先生這活潑潑的實例。

他與眉叔師是湖南老鄉，兩先生也常與談詩。魯先生自己能詩（其〈朱梅〉四絕，據說是在復旦時有某小姐示愛，而魯已有妻兒，乃作詩將她比作紅梅，自己和夫人比作藤蘿，謂紅梅雖豔，藤蘿卻已結為一體。郭沫若、汪東、陳子展等皆有唱和。我曾將它與方東美先生之和詩合論，收入《讀詩隅記》），弟子亦不乏治詩者。眉叔師讀到他弟子杜松柏《禪學與唐宋詩學》時便有一詩柬之，曰：「魚頭裁鑑層冰凜，舌本新回說士甘。肆雅出藍薪不盡，解頤彈指道俱南。風翻月浪千江活，頷摘驪珠一卷探。花影瓶笙夜如水，勝緣初地喜心參。」後來魯先生遽喪，眉叔師為作行狀，亦有詩哭之曰：「遙源追溯抉皇墳，萬軸橫攤秉燭勤。欲起古賢詮定解，微持片語戢群紛。寥寥齒錄成孤往，耿耿心光只自焚。此世此人誰愛惜？矯誣天意喪斯文」「殷誥周盤郁古香，獨來獨往故堂堂。眼青終亦憐餘子，狐白疇為集眾長。無盡燈傳文字海，九升魂定薜蘿裳。戲言曾許徐公劍，一碣鐫功並史皇」。此，二公之文字交也。

魯先生天真爛漫。歿後，我未見其論《尚書》之稿；創見微言，大抵僅存於弟子吳璵《尚書讀本》中，我未得其傳。其曆算推步之學，我也僅窺大略，涯涘難窮。能領會的，唯有文字與文術。

我大學時，文字學由周何、沈秋雄兩師傳授，本來就採魯門說法（林尹老師所傳黃季剛一派，反而要到研究所時期才有更多體認。魯門講六書皆造字之法，黃門講四體二用、無聲字多音），當時曾獲九十八高分。後來訓詁學更得了九十九分，比聲韻學僅八十七分都強多了。事實上這也是魯先生這一派之特徵，雖強調聲義相兼，卻並不如黃侃那般重視聲音。黃氏文字訓詁之學，根子在聲韻上，以音說義，以書證音。魯先生則不擅此，論古音僅依賴曾運乾的音攝表，故以形義之推考為多，特重轉注假借。我喜歡談文字甚於聲韻，或許受此學術傳統之影響。

當時我考釋文字的風格，可以《讀荀子劄記》為例（刊一九七九年《陽新成楚望先生祝壽論文集》，文史哲出版社）。

荀子說要「法後王」，與一般儒者效法先王不同。解者多謂後王即時王，公羊家說當是孔子，王念孫劉臺拱說是周文武。我認為都不對。後即后，兩字古相通，且古以夏商周為三后，所以孟子言必稱堯舜就是法先王，荀子則說：「王者之制，道不過三代，法不二後王」，顯然後王就是指三代。正名篇：「後王之成名，刑名從商、爵名從周、文名從禮、散名之加於萬物者，則從諸夏之成俗曲期」亦可證。

另外，〈正名〉篇：「非而謁、楹有牛、馬非馬也，此惑於用名以亂實者也」，向稱難解，楊注亦僅云：「非而謁、楹有牛，未詳所出。馬非馬是公孫龍白馬之說」而已。我考釋說：

文當作「非而謂盈，有牛馬非馬也」。非而謂盈。非、盈皆名墨語，論物性之相兼與相外也。墨經上：「盈，莫不有也；堅白，不相外也」，說上：「異處不相盈，相非，是相外也」，又、經說下：「撫堅得白，必相盈也」。盈謂兩物性相涵相攝，如石之兼堅與白，堅白不相外也。以堅白為相非者，乃公孫龍離堅白之說。「非」「盈」義反，如指非為盈，則亦以名亂實而已。如「牛馬」一辭，據名相推，牛馬非牛亦非馬，故牛馬相盈不相外；然牛馬畢竟為二物不可相合者，故曰以名亂實。

有牛馬非馬也。經下：「牛馬之非牛，與可之同（疑作「與可未可」），說在兼」，說下：「或不非牛而非牛也，可；則或非牛或牛而牛也，可。故曰：『牛馬非牛也，未可；牛馬牛也，未可』，則或可或不可，而曰『牛馬牛也未可亦不可』。牛馬為兼名，牛、馬為單名，欲論「牛馬非牛」此一命題之成立否，據形式邏輯推之，適有可與不可之矛盾結論。蓋牛馬為牛與馬之組合，故牛馬不等於牛。然牛馬不等於牛，即牛馬等於非牛；馬為牛馬中之非牛，故牛馬等於非牛，然牛馬不等於非牛，豈非牛馬等於牛乎？此為矛盾。故牛馬非馬為實。然倘據名以相推驗，適足以為其所亂，此荀卿所以斥之也。楊注誤以為指公孫龍白馬非馬之說，非是。……。

哈哈，看糊塗了吧！底下還有千把字，就不錄了。總之，訓釋文字容易，以說義理則難，清儒及當世名家，能如此的並不甚多。

## 二、社會語文學

但我後來就很少做古文字的考釋了。我要處理更大層面的事，不僅著眼於一字一句之微。

近年國學復興，有些人因厭惡社會上胡亂掛「國學大師」名號的現象，不但激矯地發表抹煞論，整天嚷著如今已無大師；更把文字聲韻學崇高化，認為是否國學大師之標準，在於是否通小學。不知小學僅是小學，入學之基，通之何難？況國學中更有大人之學乎？

即就小學言之，現今也不應以清代為標準。因為我們已不是清朝的文字學家了。他們所要考釋的，只是古書上的文字。民初以來，增加了一項任務：還要處理新出土材料上的文字問題，如甲骨、敦煌寫卷。近日馬王堆漢簡、郭店楚簡、清華簡、北大簡等等更是可觀，吸引了無數文字學家關注。但總歸是歷史上的文字問題。我統稱為歷史語文學。可是我意識到我畢竟活在一個新的時代，這個時代另有幾個問題，乃是我老師與同行們所沒意識到或未及處理的。

一是新文化運動以後，白話文盛行；社會也因為現代化變遷，而出現了一個迥異於古代的語文環境。這個環境裡的語文問題，根本不是考釋古書古文獻那套本領所能處理。

二、清末以來，中西交衝，遂有漢字改革之議，想模仿西方人採用拼音文字。結果形成了拼音及簡化字。這種文字改革運動又因受政治影響，竟形成民族文化的大分裂。臺灣香港仍守傳統，大陸則改行簡化字。這個問題該如何處理，正考驗著我們這代人的智慧。再加上新科技的發展，漢字有電腦化的困難，急需肆應。古代雖有「字樣學」，規模與內容遠不能跟今日相比。

三、明清時期，華人出洋謀生者已多，近百年來規模越擴越大，海外華文教育的問題乃越來越嚴峻。而全球交流愈形熱絡，外邦人士學習華文的情況也就愈普遍。兩方面的需求，共同促成了一個華文教育新時代。對此時代，我人如何因應？由此延伸的，還有華文文學的發展問題呢！

以上這些，是我們這個時代必須處理的，急迫性更大於考釋古文字、說明歷代語文之變遷。

此外還有文字的哲學問題、文化問題。如《說文解字》，大家都說那是中國第一本字典，可是許慎寫這本書難道只是做編輯嗎？嗨，其體例始一終亥，乃是在表達他的世界觀呀！文字從來不只是工具，還體現著民族的思想、價值、對世界的指涉。使用文字的人，也從不僅是被動地使用，他還會創造新義、變更指涉，以滿足他對人生的詮釋。老子的道、孔子的仁、孟子的義、荀子的類、墨子的兼，都是「強為之名」的，有其特殊哲學意涵。故作哲學探究，在中國，最重要的工作，就是董仲舒說的，要「深察名號」。我們現今論文字，更應由此著手，作哲學文字學的處理。清代文字學家，除戴震《孟子字義疏證》以外，涉足於此者鮮矣，更甭談由此進行中西哲學的對勘比較了。

這些合起來，就是中國語文研究的新天地。我能於此開天闢地嗎？

開端的行動，是創辦《國文天地》月刊。

《國文天地》是近代第一本社會語文學刊物，其創辦原委、意義、過程，我在《四十自述》中已經交代過，不用再談。底下僅說漢字統合、華文發展等事。

漢字統合，有個大的思路或脈絡，不是孤立的反對簡化字而已，是涉及近代思潮之反省的。怎麼說？

我們穿任何衣服，都有得不得體的問題，所謂得體，有三個層面，一是合身體之「體」，指衣裳之大小、長短、厚薄、合不合乎我們的身體。其次是合身體之「身」，指所穿的衣裳合不合乎你的身分。貴人而服傭隸之服、僕役而衣士夫之服，大家都會覺得刺眼。再者，得體還有合身體之「合」的層面，即場合問題。不同場合該有不同的穿著，沒有人會穿晚禮服去踢足球的。

穿衣如此，說話亦然。語言有其身體層面，就是語種、語系、語音等。如果我們講中文而怪腔怪調，彷彿洋人，或不合中文語法，誰都聽了會匿笑，認為語言不得體。同樣，語言也有其身分層面。士大夫、下里巴人、男人、女人、官場、學術圈、黑社會，各有其不同的語彙、語用方式，絕不相同。如不注意，也會鬧出笑話或亂子。再就是語言之場合問題，比穿衣更為講究。有家室之語、有廟堂之言，不得相混。文章中為什麼會有各種文類之區分？不就在處理這個問題嗎？詔、誥、章、奏、行之於廟堂；書、札、哀、啟用之於友朋；傳誌記於身後，餞序發諸離筵，場合不同，內容與口氣就都要隨之調整。

這些都是常識，應該沒什麼可爭議的。

然而不然，近代之白話文運動，就是要打破此種語言常規，逆其本性地進行一趟語言單一化運動。

在語言之身體層面，白話文運動推動著國語化，事實上削弱乃至消滅了方言。在身分層面，以下里巴人語言為正宗，謂引車賣漿者流的語言才是活語言，痛詆士大夫用語為死語言。在場合層面，對上、對下，親疏遠近，功能、目的都不管，只有一套語言。寫信給長官、部下、父母、師友、親人、陌生人，可以都是「某某某你好」或「尊敬的某某某」。這都是使得語言單一化的。白話文運動以來，語言越來越單調直白，即由於此。

之所以要如此單一化，乃是把語言當成強國之手段，因而此事本身也就是語言之政治化。語言政治化了以後，就可將中國之戰敗，解釋成是文化衰弱所致；再把文化衰弱，理解為因語文太差，使得民智無法普及，或文字語言本身就野蠻、落後。

這，一方面是自我循環論證（文化差所以敗，敗了又證明文化果然差；語文差，所以民智不開；民智不開又證明了語文果然差）。一方面別是找錯了答案，把軍事上的弱等同於文化弱。殊不知「秀才遇到兵，有理講不清」，並非秀才之文化就劣於兵，正因兵無文化之故。乃誤以為秀才亦當學兵那樣不講理才好，於是竟一個勁地去學兵。當然，秀才學兵，亦非絕對不可以，畢竟有文事者還需要也有武備。但只當學其強健體魄，而非改造自己的語言文化以同於兵，近代卻又恰好是拚命朝改造自己語文之路鑽。不知改造語文即能強國之例，歷史上也是沒有的。

當時一根筋，只想到語文需予改造，因為老百姓太愚昧了，所以要用最簡單的工具。可是如此一來又陷入語言工具化，忽略了語言不只是工具。

再者，國弱民愚，民愚乃是教育問題，不是因語文太難了才使他愚。白話文運動以來，改革語文者老是批評中文太難，故要簡化、拼音化。不曉得難不難是外國人才會有感覺的。任何民族、任何語言，只要從小在其語言環境中自然習得，什麼語言都不難，都是「少習若天性」的。英文、俄文、西班牙文、拉丁文、中文、日文、吐火羅文、梵文，對該生活場域中人來說，沒有任何差別。成年人、外國人，脫離了語境，又過了語言習得期，要想學會一套新的符號，則學任何語文都是困難的。差別只在於：語言體系若相近些，可以學得較快一些罷了。如果語言體系迥異，像中國人學印歐語、印歐語系人學中文就都會覺得難，久習乏功。

近代語文改革者不知此理，常忘了中國人學洋文也是很難的，競相站在外國人角度說中文實在難學。其次，又常抽離「場合」的語境問題，孤立地比較語言，努力論證中文果然甚難。常見的：「英文才二十六個字母，中文卻要認幾千幾萬個字」云云，即屬於這種謬論。其謬，不僅在於抽離場合，單憑形構斷優劣，更因其比較是虛假的。不是要通過比較來看出差異，而是利用比較的方式來說明中文確實繁難。其比較之基點根本就不一致，英文是字母的組合，中文是筆畫的組合。英文要用許多字母才能拼成其詞彙，中文若也以筆畫的組合單位算，則應該說中文僅有五筆。五筆字型，可以構建有中文字，孰繁孰簡呢？此外，還另有些先生不以字母或字論，他們根本反對字，認為那是野蠻、原始的表現，必須「進化」到拼音才算高級。他們以英文拼音為模型的思路，更是明確。

如此處心積慮，找理由論證中國語文太差，不利學習，目的是什麼呢？從壞處說是漢奸，要亡國滅種。從好處說是好心腸，希望能改善國弱民愚之問題。可是要改善民愚之現象，重點在普及教育。五四以來，許多先生們不花氣力於此，反而在改革語文上耗費氣力，結果折騰來折騰去，普及教育竟還不如實施傳統文化之香港台灣。古人云「臨淵羨魚，不如退而結網」，如今，則是在到底該怎麼改造上改來改去，把一張網弄得破漏不堪，而魚尚不暇捕哩！

本來，「工欲善其事，必先利其器」，故欲善其教育，應先改善工具，這種工具論也非全無道理。但簡化的工具，必然只有簡化的功能。白話文運動，已然將語言簡化了；簡化字之施行，又把文字再簡了一番。語文之繁美精深，竟成了毛病，不復為人所嚮往。社會上人乃至學者專家，文辭皆不講究，簡白潦草。精煉精通者已少，文采斐然則成了奢求。以此等語文表意，實只等於用梳子勺水，聊勝於無而已。

除了單一化、政治化、工具化、簡陋化之外，還有一大問題是科學化。

現今之國語普通話，實質是一套人工語言，參酌北京語、古代官話而造，既不同於古官話也不同於北京話，事實上也不是原先任何省分之自然語言。簡化字同樣也要如此，乃基於「科學性」之要求，人為地造出這樣的簡化字及拼音方案，與原先自然形成的語文，頗有差距。

這種人工語言，乃是近代科學領域中的工作語言。例如數理運算，自然科學所用，大多即是人工語言，非生活語言和自然語言。近代語文改革，就模擬這一狀態，所以也造就了這套人工語言。試檢當年改革文字時的文獻，就可發現「科學性」實為其關鍵詞，故此舉亦可視為科學化之成果。

但人工語言乃濟生活語言之窮而生（例如學術術語、符號、對聯、詩詞格律、駢文以及文體化之各種作為，都是人工語言），現在倒過來代替了生活語言，事實上就排擠了人工語言領域之發展。藝術語言，如駢文、格律詩等都被斥為死語言，社會科學與自然科學領域則挪用外國術語或乾脆直接用英文。

此一態度，與其工具化是相關的。而語言之工具化又使得語言之文化問題深受漠視。這與西方近代語言哲學、符號學之發展可說恰好相反。西方無論談語言與思維、語言與人生、語言與神話、語言與服飾……都是關聯文化的，我們則否。我認為這即是近代我國語言哲學或符號學不發展之內在原因，文化符號學、語義學研究都很差。

改善之道，不只是要恢復文言的活力、恢復傳統漢字、發展漢語中文作為學術語言等等，更應重新反省白話文運動之作法與觀念，讓語文重新「得體」起來。

由這個脈絡看，對於文字被亂簡一通，我當然甚感痛心，故主張統合。統合，不是要放棄簡化字，而是在尊重大陸文字簡化了幾十年的基礎上，回歸傳統、讓文字重新得體起來。這雖考驗著兩岸政治人物的智慧，底子還是學術文化問題，所以需要研究、需要眼界、需要學問。

我做的事，約有五端：一是自一九八九年與臺灣文字學專家竺家寧、黃沛榮、李壽林、朱歧祥、周志文等赴大陸語言文字工作委員會辯論開始，持續關心兩岸文字統合問題。一九九二年我成立中華兩岸文字統合研究會，亦以此為重點，推動了好幾屆海峽兩岸文字研討會。馬英九兄有次還跟我開玩笑，說他在兩岸統合問題上對文字的重視頗受我之影響。而其實他未必知道我於此確有極深的情懷。故有次因在陸委會供職而被限制不能赴大陸，請周志文代我率團討論漢字不宜簡化時，曾感賦一詩曰：「文言錯畫久參差，訛正歧分論益譁。知識狂花生客慧，篇章斷簡墜流沙。但云文化能託命，誰解流離說破家？我自傷心悲禹域，小樓獨坐望天涯。」

二、在陸委會任內，擴大交流，邀請了胡厚宣父子、裘錫圭等許多先生來臺，開啟了兩岸文字學界交流之端。另與科技界合作，推動漢字電腦化的項目，例如正簡字轉換、漢字書寫辨識技術、字型、字碼、字庫等等。

三、一九九三年更與王寧先生合作，在北師大創立漢字研究所。二〇〇五至二〇〇九年我自己也到由該所擴建而成的「民俗典籍文字研究中心」擔任特聘教授，近距離感受王先生的雄才大略，並具體指導文字訓詁專業研究生。

四、二〇〇〇年在臺北市政府任顧問時，還策畫了漢字文化節，迄今越辦越旺。明年開始則會在陝西漢中舉辦世界漢字漢語大會。

五、面對世界華文發展大趨勢，探討華文教育問題、培育華文教學人才。

這其中每一項，做起來都挺複雜，曾得到許多人的協力與幫助。

推動兩岸文字統合方面，最積極的是李壽林，贊助的是呂振南。大體情況，可以二〇一五年我答《光明日報》記者問來說明：

**問、作為使用繁體字的一員，我們能理解您對繁體字的親近感。您能不能把這種感覺有文字表述一下？如果有故事，最好。**

答：對正體字有親切感，當然。但這並不是最主要的。因為大陸人對簡化字也會有親近感。主要是認知上的。

文字改革有兩種型態，一是在文字制度內部改，例如秦始皇的「書同文」；或印尼改用印度字母，後來又改用阿拉伯字母；改變仍在同一種文字系統內進行。另一種卻是制度的變革，例如韓國把漢字廢了，改用諺文（訓民正音）；越南改用拉丁化字，把表意文字轉變為拼音文字。

中國則先是體制內的改變，而逐漸要改變體制，廢除漢字。以簡化為過渡，最終要完成拼音化。所以簡化字不只是個別字體檢省了筆畫而已，它還改變著體系，故有大量同音替代、偏旁推類，一個字代替了好幾個字，以致在認知上十分混亂。自幼學習簡化字的人，並不知道這種混亂與無知是多麼可怕，故不覺得有什麼問題，而其實這才是大問題呢！

各位應該跟我一樣，看過無數文化名人、書法家、甚至我中文系的教授同行把萬曆寫成萬歷、大歷寫成大曆，鍾嶸寫成鐘嶸、岳王廟寫成嶽王廟、生旦淨末丑的丑寫成醜、千里共嬋娟的里寫成裡、范仲淹的范寫成範、發展寫成髮展、影后寫成影後、新淦寫成新干、國之干城寫成幹城、文化復興寫成覆興、孔子云寫成孔子雲、複寫錯成復寫之類的笑話。那不只是錯了個把字，更常是對一段話的文脈語境之誤讀，認知上大成問題。

古代的詩詞歌賦文章典誥、人名地名書名專有名詞，到底原來是什麼樣，看簡化字，更是無從判斷。

至於在書法教育、文字學上，怎麼教沒心的愛、沒見的親、沒生的產、應是厂的廠、被不肖子孫替代的蕭，當然也都是問題。傳統六書造字法和筆順，都很難講。新字大違物情，不符漢字原理，除了讓學童死記之外，無理可說。塵土的塵，簡成了「尘」，結果要查小部，不再能從土字見其義類。辭與亂，均與手有關，現在寫成辞與乱，分居辛部和舌部。聽，從耳，乃是靠耳朵聽；現在則在口部，寫作「听」。對，義類在手；勸，義類在力，今簡成了对、劝，放在又部。可是勸若可放在又部，歡為何竟在欠部？……。

以上這些，就是識字教育專家也常犯糊塗。我看過一本《現代小學識字寫字教學》，教人查部首，舉例時，就把歡字既歸入欠部，又歸入又部；把辭字既歸入舌部，又歸入辛部。專家尚且如此，教師與學生何所適從？更不要說像地靈人傑的傑字，現在簡作杰字，屬於火部，遂使人傑都被火燒了，要孩童如何從部首歸字中去認識漢字？

又須知文字是跟思維合一的，混亂且簡陋的文字體系，自然會使得思想簡陋混亂。故放棄這些不合理的簡化，回歸傳統，是必要的，對大陸只有好處。

**問：從您博客中看到一段：「兩岸文字學界，從十八年前我帶隊去語言文字工作委員會踢館那時的劍拔弩張、火花四射，到現在和衷共濟，其實也不容易。」能否講講這背後的故事與發展？**

答：踢館云云，是開玩笑的，其實學者交流合作多年，共識大於分歧，有貢獻的人很多。我辦過的幾場研討會和參與創辦的漢字所，僅是其中很小的一部分。

目前大家的思路，約略可歸納為以下幾點，都是比較務實的：

一、文字簡化的責任、起因、歷史、功過，可先擱置勿論，因為吵不完。

二、對一簡方案中特別容易弄混致誤的字，如乾隆乾淨幹練干戈江干新淦縣之類，先予處理。也就是儘量縮小或放棄偏旁推類和同音替代的辦法。

三、如不再系統性簡化，則個別簡體，不過五百多個。這些字不乏沿用傳統俗體異體者，臺灣香港社會也這麼用。如臺灣之台、爐竈之灶、體育之体、禮樂之礼等等，是大家可接受的。簡化得特別不成功的，則可放棄。

四、政策上，不再把傳統文字當不規範字打壓；教育上，多讓學生認識些正體字；媒體上，增加正體字的使用率，循序緩進。臺灣所提「識繁寫簡」之說，可以考慮。

五、眼光向前看，聯合海內外，共同關心漢字與科技發展和運用的問題、漢字與英文西班牙文的國際競爭問題、漢字在世界拓展的教學問題等等。

**問：有人認為港臺地區現在仍使用繁體字，所以能夠較好地傳承傳統文化。那麼，您認為漢字跟傳統文化之間存在著一種怎樣的聯繫？**

答：港臺未必就傳承得多麼好，但顯然過去宣傳說用繁體字不利於掃盲、不利於教育推廣、書寫麻煩、不易辨識等等，都只是笑話。反而是簡化字不利於文化傳承的弱點，已越發明顯了。

若說漢字跟傳統文化之間存在什麼關係？唉，漢字本身就是傳統文化呀！它書寫著歷史、描述著世界、刻劃我們的心聲、表達了幾乎所有的思想，而且還可跨越語言的鴻溝、超越時空的障礙，你說它重不重要？拼音文字，只是語言的紀錄，不是獨立的體系。因此使用拼音系統的文化，都偏於語言型。解構批評家德里達說他們都陷「語言中心主義」不能自拔，很有道理。中國文化不同，是文字型的，文化之「文」同時既指文字、也指文學和文化。這個文，甚至被視為是「道」的顯現，所以它還不能說只是文化的一部分，它就是文化。道家《度人經》說世界「無文不生、無文不成、無文不明、無文不光、無文不就、無文不立」，貫通於天文地文人文之間的都是文。中國文化這種核心要義，幾十年來大家都忘記了，只以為文字是工具，如鍋鏟電鋸一般，你說慘不慘？

**問：幾千年來漢字不斷演變和改革，可否談談您心目中漢字未來的發展前景？推動漢字向前發展的力量又是什麼？**

答：歷來文字只有演變而無改革，過去幾十年的悍然改革也已證明了是失敗的。失敗，並不是我個人胡亂給的評價，大陸的「語言文字改革委員會」不是老早悄然改名為「語言文字工作委員會」了嗎？所以，改革漢字云云，不要再談了。未來的工作，應落在觀察新時代漢字的演變、改善文字教育、強化文字使用能力等方面。

推動漢字演變發展的動力，看起來是社會，其實是文字本身自然的動能。文字的體系、構造，在面對新時代新事物時，自然會造出新詞來指稱、調整其文法以呼應。而深化文字、刺激其發展、開發其彈性的則是詩詞文賦。假如我們不再愛詩、不寫詩、不讀詩，或光曉得攞弄出一堆爛詩來，漢字的前途也就走到盡頭了。

**問：繁簡之論，日益引起大家的關注。在您看來，背後的因素是什麼？漢字，作為中國文化的載體，它如何能更好地為世人所知？它面對的挑戰是什麼？**

答：背後的因素是新時代的文化身分焦慮。

過去之所以有無數仁人志士銳意進行漢字改革，甚至要廢漢字、行拼音，乃是受了歐洲中心主義的影響，誤把歐西拼音文字當成典範，要走向「世界文字共同的拼音方向」，發展漢語拉丁化。激烈的，甚至主張乾脆也廢除漢語，全面採用拼音，或逕用「世界語」。

然而，此種思想是在歐洲中心論底下形成的，所謂拉丁化或「採世界通行之字母」，只是對歐洲拼音文字的模擬。因為從來沒有人提倡用阿拉伯字母、斯拉夫字母或印度字母。

現在中國正逐漸走出歐洲中心主義的陰影，尋找自己的文化身分認同。文字是最重要的文化符號，當然格外引發關注。這種心理，其實是健康的。民情須知、民氣可用，我們正應利用這個機會，好好來探索一下我剛才說的：漢字與科技發展和運用、漢字與英文西班牙文的國際競爭、漢字在世界拓展的教學等問題。不要繼續在海峽兩岸兄弟間鬥嘴。

## 三、交流語文學

### （一）翻譯

我如遊山之客，聞跫音而喜，所以也常想知道別的國家學者的想法。一九八七年呂學海主持久大文化公司時，我們就籌擘了一個大型的《世界漢學譯叢》計畫，還把張火慶由臺中請上來，在我家住了一陣。可惜其事未成。

大計畫推不動，就只能自己隨機做些。我學過英文德文，但很糟，沒本事翻譯，只能做點日譯中的工作。書法啦、雅樂啦、禮制啦、武術啦、養生啦，亂譯了一通。並無系統，只是基於研究的需要，相機行事，以期利己利人。

但此處要談的還不是這些。

文字學，要研究歷代的文字變遷、研究現代社會中的文字之外，還有該文字體系擴大、綿延、壓縮等與其他體系互動的相關問題。

例如漢字體系曾經擴展至中亞、日、韓、越南等地，也曾帶生了西夏文、契丹文、日本平假名片假名、韓國諺文、越南喃文等。在我國境內還有水書、女書、東巴文字、道教符籙文字等。近代則一方面英語、法語對漢字體系造成了巨大衝擊，一方面漢語、華文也隨華人之世界擴散而流播寰宇。這都是交流語文學該關注的。

前者影響太大了，所以不需我再來幹什麼；後者才需要我努力，故自一九八九以來頗盡力於海外華文教育。除在政府任職時從事若干政策的推動外，亦直接到馬來西亞等地奔走。一九九九年開辦的佛光大學華語文師資培訓班，也是創舉。此前師大臺大的華語教育雖皆可觀，然皆屬實際教學，非師資培訓，而且那時大家都還沒預料到一個華文新世紀就要到了。

同時，交流語文學還應重視上面談到的翻譯問題。談這問題的人雖不少，但集中於中英文領域。我則另闢蹊徑，於一九八七年創立國際佛學研究中心，辦《國際佛學譯叢》，系統翻譯外國佛學論著。又開設藏文、梵文、巴厘文培訓班。當時這些也都還是創舉。

一九九六年辦南華時，則設法聘萬金川來，想與佛光山合作，漢譯藏文《大藏經》。結果未成。乃與竺家寧先生和老萬另行設想一個開發佛經漢譯語料的研究計畫。因為國際上談佛教，是瞧不起我們漢譯的，以用梵文、巴厘文為高，其次是藏文佛典。認為我們的譯本終究隔了一層，且內中還頗有我們自己造的東西，嗤為偽經偽論。以至於漢譯《大藏經》浩如煙海，竟少被利用。要用，也只用日本人編的《大正藏》《卍字續藏》。我們的各種佛藏，只有鎖在古籍善本庫，或印出來騙信徒高價請回去供養的商業價值，基本沒人看。所以我聯合了中正大學與北大，舉辦漢文佛典的語言學研究。目的是利用這龐大的翻譯語料，做語言學與文學的研究。帶上文學，是因佛經翻譯主要在漢魏南北朝隋唐期間，其語言運用，必與這一階段的文學有關，而這是過去忽略的，特別有開發之價值。

後來竺先生持續推動，辦了許多屆，參與的學校也愈來愈多，成果豐碩。北大朱慶之先生轉到香港教育學院之後，也以這個主題申報了大型計畫。可見其中大可開拓，只是漸漸偏於語言學，文學方面做得少了。我又精力四分，顧不過來，只指導學生做過《吉藏中觀論疏譬喻研究》之類。所以這個話題不消多說，還是談談華文教育吧！

## （二）華文教育

過去，海外華文教育除了馬來西亞自成體系外，各地多採香港《漢語課本》和臺灣教本，近年大陸漢語教本才漸流行。各地也不斷展開自編教材，並發展其中文程度檢測方式。例如美國一九九四年即開始將華語華文納入高中畢業報考大學的學術水準考試，計入外語課程的學分，使中文測試標準化。

所以以往華文教育，以華人與華僑為主，目的在於延續中華文化，強化民族意識。八十年代以後，則不限於華僑華人，對象多元化，許多外國人來學。

五十年代，大陸只編了一本漢語教學教本《漢語教科書》，六十七十年代亦乏善可陳。八十年代後，語言教學理論和教學法研究才不斷深化。可是面對世界華語教學需求日殷，而海外僑教及華語文教學又有大陸競爭壓力之際，臺灣的華語教學竟越來越糟。

原因之一，是本土化熱潮使一部分中文系人力轉入臺灣文學研究，或另辦臺灣文學系；一部分華語文學者投入臺語文研究、臺語話文運動、南島民族語言研究。中華文化、中國語文、華語文教學，越來越沒人關注。原先卓有成效的國語運動，被代之以本土語言教學；編寫鄉土語言教材，熱度也超過研擬華語教學教材。

原因之二，是臺灣教育上熱衷所謂「國際化」，力推小學英語教育。而在提升國人語文水準、明確語文規範、協助民眾語文學習各方面，大家卻不知道教育部做了什麼。

臺大的史丹佛漢語教學中心都已移往大陸了，社會上卻還存在著不少英語租界區，如科技界、醫療界，都是華語文無所施其技之場域。且因電腦普及、資訊發達，每個領域也都逐漸朝以往的舊租界區類化。英語越來越成為第一語文，華文成了重殘障者。在網路上，甚或電腦鍵盤上舉步維艱。

因此臺灣整體中文使用能力不斷下降，華語教學所能獲得的政策支持、經費運用、社會資源、人力配合也都在減少中。

其次，是組織體制不善。大陸對外漢語教學黨、政、學校、學會之整體建制業已編組成型，對外漢語教學人才有培訓機構、有資格審查辦法（雖然組織強大、軍容壯盛、發展到全球去設立孔子學院，但其成果也頗受質疑。只因那是另外的問題，我沒參與，故不討論），臺灣則都是欠缺的。

一九九七年，臺灣師範大學國語中心的教師曾赴教育部抗議。認為他們不受教師法保障，又不適用勞基法，遭國語中心逕行解僱或減少授課鐘點時，教育部亦未能保障其權益。

華語教師不能得到與教外語者相同的待遇，原因是各大學並無華語教學科系，僅附屬於推廣教育中，不是學校正式員工。這正凸顯了華文教育之弊端，以致臺師大國語中心成立了四十多年，教過幾萬名外籍人士，卻使任教者感覺比在補習班執教還不如，只是廉價勞工。華語教師缺乏培訓機構、僅有之教學人員也毫無保障，華文教育怎麼可能辦得好？

以上這些，又顯現了另一個問題，即：無世界華文教學一體化之觀念。

在臺灣，對外國人實施華文教育，權責機關是教育部；在海外對華僑實施教育，則由僑委會統籌。但這兩者其實是一體的。語文研究、人才培訓、教材編印、經費支援、教法創新以及整體華文教育發展策略，海外都無法自行處理，必須仰賴臺灣本身的教育體制。何況現今海外華文教育之對象也已不再只是華僑，而是華人，甚至非華裔。僑委會也無力單獨作業。因此我建議應建構新時代的世界華文教育體系。

而且這個體系要有「全球華文一體化」的精神。華文的命運，在全世界是休戚與共的。過去因歷史因素，使得海外華文教育成為「國共鬥爭」的延伸，臺灣與大陸各自發展其海外華文教育，彼此惡性競爭，如今此風仍不乏殘餘。今後則恐怕要予以修正調整，重建一個合作共榮的格局才是。某地排斥華文、某處華文教育成效不彰，就是全球華文以及中華文化力量的衰減，大家不能坐視不管，認為那是「別人家的事」。所以我希望能在體制上重建世界華文教育體系、思想上建立全球華文一體化之觀念，在技術層面，則教材教法應多元化與深化。

目前世界各地已有自已編的教材。我們均要與之保持聯絡，並積極參與。各類輔助教材、工具書也應大量編製，提供海外教者、學者參考。同時，各層級不同程度學習者所需教本不同，教材應要能滿足不同程度者的需求。商用、醫用、科技用、文史用、交際用教材也應適度分化出來。現有教材多元性不足，深度也不夠。大抵以初級華語文能力為學習考量，對華語文所涉及之文化問題，也只從生活層面去介紹，例如食、衣、住、行、節慶、禮俗之類。可是對中國人的價值觀（如孝、義）、自然觀（如天人合一、萬物與我並生）以及宗教、哲學等比較深刻而根本的東西，則很少介紹。以致海外中文學校學生學了半天，對中華文化之內涵仍是毫無所知；對處在異文化環境中的華人應如何處理或接受兩種異質文化，也缺乏建議。

總之，新時代來了，可是我們無力應對。我曾在政府內部提過不少建議，但效果不彰，因此只好自己來。華語教學師資培訓，就是我在佛光大學試辦的。

前此臺灣的華語教學，主要是實際教學。臺大史丹佛中心和師大語言教學中心兩大體系演化出來的各式華語班；國民黨海工會、僑委會、中華語文研習所等社會華語補教業者所開發的教材教法，也以實際教學為主。如何教人去教華語，各界研析不足，亦尚無人專力從事於此。兼且市場萎縮，東西洋人多捨臺灣而直接去大陸學習漢語，海外社會亦生態不變，舊日以臺灣為主要華語教學根據地之環境已不復存在，故當時根本料不到有現今這樣全球華語學習熱的榮景，自然也就不太顧得上要積極培養華語教學師資了。我既講未來學，略有些遠見，所以率先開辦，請翁玲玲來主持。

十年以後，華語師資培訓這一領域，終於成為學術新潮。

只不過，現在的華語教學，多是從詞與詞組開始講的。由詞的語系詞、詞組；句子的語法成分、句法結構分析、句型結構、句型功能分類和基本句型表一路講下來。這是一種類似英語教學的辦法，對洋人或許可令其熟悉，中國語文的一些特性便未必容易理解。例如漢語的聲、調、韻，用語素、詞、詞組來分析，反而複雜，不如仍用針對漢語特點的聲韻學簡便明晰。又如以詞開始講，字到底該怎麼看？其實漢語文真正的基礎不是詞而是字，例如「學漢語」，學是一個詞、漢語又是一個詞。漢語這個詞，就是兩個漢字組合而成的。所以一般人學漢語文，都是識認一個個的字，再用這些字去拼組成各種詞，而不太是倒過來，先了解詞、詞組，再去分析詞如何構成句子。何況，若以詞為基礎講下來，漢字教學在這個體系中該如何實施，一時似也不易明了。字不是詞，不能作語素分析，只能分析字形及字理。教華語的人，不可能不教學習者認識漢字，可是在語言學的框架中如何實施漢字教學，卻是個疑難。所以我覺得還是要整個扭轉過來才好。

### （三）華文文學

亡友德國漢學家馬漢茂一九九六年即於德國萊聖斯堡辦過「現代華文文學的大同世界」研討會。把大英共和聯邦（British Commonwealth）中的共和聯邦一詞漢化成為「大同世界」。因為許多曾為殖民地的國家，用英文創作的文學，稱為共和聯邦文學。同理，世界各國使用華文創作的文學作品，如馬來西亞、新加坡、香港、印尼、菲律賓、泰國、歐美各國，也可以稱為「華文共和聯邦文學」。一九六四年，臺灣即已成立亞洲華文作家協會。其後組織越來越大，亞華二十個分會外，北美、大洋洲、南美洲、非洲、歐洲、中美洲等七個洲際分會，至二〇〇一年均已組成。這世界性的華文作家組合，事實上正體現著「散居中國」的新特徵。

也就是說，世界華文文學這種世界性「聯邦」的發展，長達五十年，早已完成它全球化的格局。

本來在這個格局中還缺了一大塊，那就是大陸。大陸要到改革開放後，才開始注意大陸以外的華文文學現象。

二〇〇一年，大陸成立了世界華文文學學會，代表在這個領域之人力集結、學科建置均已成熟，要邁入一個新階段。同時也擺脫了把「中國文學」和「海外華文文學」對舉分立的心態，願意從世界格局上來研討華文文學在世界的發展。

對世界華文文學，早期把它解釋為中國人向海外移民後形成的移民文學。由於是移民，故不論是第一代第二第三代，作品都表現為移民懷鄉，並把原居地的文學風格帶到了新居地。

這種解釋，我把它稱為「散離認同」的解釋模型。

所謂散離的認同（identity of diaspora），diaspora這字，本來描述的是分離的猶太族群基於其共有經驗，在文化及宗教上持續的連結；後來此詞又被擴大來指那些跨越國境的移民或離居者在文化上（類似於猶太裔）的聯繫或溯源。

目前世界上，許多人都有這種離散的認同問題。中國人也不例外。凡移民或流亡者，跨出邊界時，也即一腳踩進了另一個「歷史」，面臨一個新的認同；但原來那一邊仍頻頻向他招手，令他左右為難。他彷彿是個旅人，流動，使其身分難以定位。

再者，客觀的環境也造成遊子的困境，因為客居異鄉，對當地人來說總是外來者。長相、口音、飲食、生活習慣，都與當地人不同，常被目為「異類」或「非我族類」。故移居者想要和當地人徹底融合是不可能的，他再努力，別人也仍將他視為異類。這是另一種「差異化」。就像在西方知識體系的支配下，加勒比海黑人被建構成異類及他者（different and other）。他者永遠不能等於西方人。同時，離散者總具有鄉愁感（nostalgia）。面對當地主流族群，他們只有認同位於遠處的「祖國」時，才會得到快樂、尊嚴以及（替代性的）歸屬感。固然那樣的歸屬感多半只是想像的。

然而對想像中的祖國產生認同，卻又往往是他們在居留地被邊緣化的一種徵兆。如馬來西亞建國後，馬來人主導的政府即獨尊馬來語文與文化，又在不少政商文教領域保護馬來民族特權，將其他族群共用國家社會資源的權利排開，形成馬來西亞式的種族隔離（mapartheid）。先後開除許多華社領袖，如林連玉、沈慕羽等人的公民身分。因這些人希望將華語列為官方語言，被當局視為破壞國家和諧者。一九六九年吉隆坡的五一三流血暴動，更將華巫之間的語文、教育政策的衝突擴展到極點。使此後華社推展文化的事無法深入，若想做，就得顧慮當局的態度。一九七〇年代馬來政府甚至禁止華人在公開場合展示中國傳統文化（包括文學、戲劇、舞蹈、音樂、繪畫、書法、雕刻等），努力將華人語文及文化邊緣化，疑懼華人因認同中國而會對馬來西亞不忠。

在這種情況下，華人必須不斷表示效忠馬來西亞。但對文化根源的認同，仍有許多人不願放棄。他們一方面體認到「離」，是移栽於異域的花朵；一方面則感受到「聚」，應以文字、文學、文化來凝聚自己這個族裔。

這類事例，俯拾即是。六〇年代白先勇筆下的吳漢魂〈芝加哥之死〉以死抗拒在異域的異質化命運，依萍〈安樂鄉之一日〉在跟女兒屢起衝突中備嘗異域「安樂鄉」生活的苦果，都是。美華文學中有一類「香蕉人」形象，形容華人失落了東方文化而又無法完全被西方文化接受。東南亞華文文學也常會寫一種「馬鈴薯」的悲哀（如菲華作家佩瓊小說〈油紙傘〉中菲混血少女李珍妮從父親那裡繼承了中國文學修養，卻因從母親遺傳的膚色而被戀人的華族家庭拒之門外，甚至不被整個菲華社會理解。她由此悲嘆自己是馬鈴薯，不管內裡怎樣黃了，外表仍是褐色的）。

但移民第一代和第二代並不相同。上一代有鄉愁、認同祖國，下一代未必。因此，散離認同在某些情況下頗不適用。

陳賢茂一九九二年同幾位海外華文作家對話時曾問：「你們教育子女時，要他們認定自己是中國人呢還是外國人？」蓉子（新加坡籍）答：「新加坡人。」而趙淑俠（瑞士籍，現居美國）、趙淑莊（美國籍）則異口同聲道：「中國人。」

這顯示散離認同不僅在解釋某些新移民或某些移民第二三代時不適用，在某些地區也未必適用。像蓉子就不能用散離認同來描述。

當然，問這個問題而答案不同，也肇因於「中國人」這個概念本身就具有歧義。中國人，本來就是個文化概念。因此趙淑俠她們固然早已入籍為美國人、瑞士人，在文化及心理上依然可以自稱是個中國人。但「中國人」這個詞的中國，也常指具體的國家，所以說自己是個中國人時，往往會與發言者的國籍相混淆。蓉子或許就是在這種情況下，才說要教子女認定自己是新加坡人而非中國人。當然，也可能蓉子指的就是無論在國籍或文化認同上都要教子女成為新加坡人，揚棄中國性、建構當地性。

這，一種是分裂認同，既認同所居地為其政治身分所屬，應對它效忠，又認同文化母國為其精神依託。另一種，是直把異鄉作故鄉，不再繫戀母土原鄉，而說現在所居之地就是故鄉，本土的文化就是自己文化上的依憑。

分裂認同的例子很多，在海外主持或推動華文、華教的人士，不少人採取這種態度。這些人，他們已不想「落葉歸根」，也不認為自己是飄零離散的遊子，他們知道他們屬於他們所住的國家。他們創作華文文學，只是因為要保存自己作為華人的文化特徵或滿足其文化感情。

這樣的人，便不再自認是個流亡者、移居者、過境者。或者說，他們同意早先華人及中華文化是離根而散布在各地的；但既已散布於各地，各地之華人文化或文學便不再是中國的了。

這時，散離就只是離而不是聚。因為流離了、與中國分散了，所以才有馬華文學、泰華文學、菲華、美華等等。但什麼華文學，仍不免被「誤會」為那是海外的中國文學，因此有些人建議落實為「新興華文文學」。這個稱謂，既表明了與中國的決裂，海外華人不是中國人；也要與中國文學決裂，要去尋找出和當代中國文學語言決裂的言說方式。

在此態勢下，他們反對那些心懷中國的作品，認為那只能稱為某地的中國文學，而非馬來西亞的（或香港的、美國的……）華文文學，更非新興華文。中國性，更會令馬華文學等等失掉主體性，成為在馬來西亞的中國文學的附屬、大中國文學中心的邊緣點綴。

總之，決裂就是要去中國性（De-Chineseness）。在這種論述中，中國文化的深厚悠久、中國文學的博大精深，都被重新解釋為一種文化霸權，會對本土的文學形成斲害。

於是，早先被推崇說是散播文學火種去南洋的，如郁達夫等人，一反而成為壓迫當地文學及文化發展之霸權或殖民者。

無論在新馬或臺灣、香港，採取這種本土論述模型者，內容都差不多。臺灣也多的是援引後殖民理論，反對「在臺灣的中國文學」；認為臺灣人由唐山過臺灣，渡過黑水溝後，就與中國決裂了。故在臺之人乃由華人及各種族共構而成之多元複合新興民族，其文化亦為多元複合之新興文化，臺灣文學更不是中國文學。認同中國或具僑居移民心態的文學則不屬臺灣文學；來臺播種耕耘或形成影響的中國作家，亦應視為壓抑本土文學傳統的殖民者……等等（所以，海外華文文學跟我們自認為是在本國內的人仍然是息息相關的。詳情可看我《臺灣文學在臺灣》一書。我也因這本書，得罪了臺灣本土派）。

然而，本土論述雖聲勢洶洶，同樣無法普遍適用。因為本土論述者固然亟思去中國性，不願再被稱為華僑，可是仍有許多人是擁抱中國性、仍要堅稱自己是華僑的。固然有不願再做中國人的人，卻也仍有一大批仍固執認為自己是中國人、或既是中國人也是ㄨㄨ（臺灣、新加坡、馬來西亞、美國……）人的人。

由理論上說，援引後現代、後殖民以張說本土者，均努力將本土形容成一個多元文化的場域，以降低中國在此的地位（例如說臺灣亦曾接受荷蘭、西班牙、日本文化；臺灣人除了漢人外，亦多其他種族，漢人且多與平埔族通婚；臺灣文學則與日本文學淵源也極深之類。或說馬來西亞華人也有與土著通婚者，馬來西亞華人文化亦有接受印度、馬來文化者……等等）。

但無論怎麼說，中國畢竟是這多元中最大一元，而且大得多。要想藉多元論去否定、稀釋、替換中國性，非常困難。刻意為之，只會添亂。縱能杜人之口，亦不足以服眾人之心，反而激發了無窮爭辯、製造了無數憎恨。

何況，若欲以多元論打破中國性一元獨霸之局面，以追求多元文化新境，為何又不能容忍多元社會中有人仍願獨尊中國性或仍願認同中國呢？

再就鬥爭的策略說。本土論述雖廣泛援引後現代、後殖民，但其理論目標可能反而是保守或反動的。因為它以後現代、後殖民為說，可是某些時候竟會因要批判中國是殖民者而美化了另外真正的殖民者，例如英國、日本。它以後現代、後殖民為說，許多時候它又回頭擁抱了國族論述。例如講臺灣本土文學時，把它與臺灣獨立建國、建立國家文學混為一談；講馬華文學時，又期待它能成為馬來西亞（國家）文學等等。

我認為新世紀的華文文學多元論述，應擺脫這種國族主義。這倒不是說國家已不存在或我們可以不必理會國家，而是說自居一國而與另一國（中國）對抗式的思維，可不必沿用了。

現代社會政治歸屬的根本原則，一向以國家認同和民族主義認同方式，主張人的單一民族國家之公民身分。但現在這種忠誠正日益削弱，既浮現出擴大了的公民概念（因歐盟出現而形成的文化共同體，以及相關的整體歐洲公民新概念），又浮現出有限範圍的公民概念（指地方、地區、省際）。人們正從這個「全球—地方關係」裡鍛造出新的結合、從屬、包容形式。

在一個新的「全球—地方關係」架構中，世界華文社會公民概念和有限範圍公民概念其實是相容的，因為大量華人移民，早已使傳統國籍與疆界難以界定。馬來西亞作家俄而移居臺灣，俄而臺灣作家入籍北美、俄而香港作家移散於臺灣、美國、加拿大、英國，或中國作家旅居歐澳。還有許多非華裔的優秀華文作家，他們屬於哪一國不易確定，也不重要。華文作家唯一的身分，只是他的華文寫作。

因著華文的書寫，使得現在世上已出現一種新型的空間—地域關係，華文文學有能力越過疆界、打亂疆域，所以它們捲入到非領土化與再領土化的複雜互動中，造成邊界與空間的關係發生改變。人們不再像過去那樣容易以其邊界、國籍或疆域來界定、區分事物，因此對國籍與疆界就不能看得如以往那樣重。流動的作家，既允許對他流居的各個地方有感情、有忠誠，也必然會因他參與了整個華文書寫體系而有屬於世界華文文學社會的意識。

而且，就像企業傳播網已經塑造了一個全球電子資訊流空間那樣，新媒介集團正在創建一個全球圖像空間，也是一個傳輸空間。它作為一個有自己主權的新地理存在，無視權力地理、社會生活地理，而自行界定了它自己的國籍空間或是文化空間。目前華文文學也可說已經建立了一個全球的華文書寫空間，形成了一個有自主性的領域，在這個領域中正傳播著新的空間感與體驗。

講這麼多，並非要反對民族國家或要去國族主義。我主張的或許是：民族國家在全球與資訊社會中的重建。特別是在區域整合的具體空間，如歐盟或華文文學世界這種符號領域中。這個重建方向，就體現著一種新社會秩序的產生。

它希望將民族國家原有的單一中心或少數中心形式轉為多元中心。民族國家，從前強調的是一種共同的同一（identity）。民族國家內部所產生的差異（difference）傾向於可以統一。但是我現今所說的差異卻徘徊在可統一與不統一之間。它是一種「既是……也是……」的邏輯，矛盾或對立的同存。因此，秩序的新概念，就需要包括矛盾，而不是一味排除矛盾，趨於同一。

也就是說，在世界華文文學社會中，不但在國家內部存在著矛盾與差異，國家與國家、區域與區域，也可以存在著差異的秩序。一如在經濟區域化的動力之下，APEC或歐盟，那種區域互動已形成了一個既不屬於國內法律秩序、也不是國際的自然秩序之空間。在這個空間，允許多樣性存在，並且是一種不需要統一在單一國家法令制度之下的多樣性，是透過跨國組織與資訊網路所表現的新秩序。華文文學，以文字符號及文學作品組構而成的這種「超國家社會」，亦具有同樣的性質。

我覺得這種符號社會，甚至比歐盟等政治經濟組合更具有全球符號互動論（global symbolic interactionism）的特點。

所謂全球符號互動，是說在高度複雜的全球資訊社會中，一些超國家與次國家的秩序或制度正在形成，它們是在符號的網絡中漸次展現的。

本來，社會行動或社會關係之合法秩序就不一定要建立在法律秩序上。在有國家制度以前，感情、價值理性、宗教、文化或者習慣約定也可以是社會關係之正當性的基礎。國家建立後，獨尊國家律法，這些遂都遭到了壓抑或屈從於國家律法之下。

同理，在國家之前，宗族、職業、地域組合也是社會關係的正當基礎；國家建立後，一樣遭到壓抑或附從於國家律法之下。

但是，現今國家之上逐漸有了一種不同於國家的互動和法律形式。感情、宗教、價值、文化、宗族、職業、地域組合等等，依憑著這個國家之上的網絡卻獲得了新的生命、新的發展。世界性宗親組織、世界性鄉親組織、世界性宗教組織（如世界客屬聯誼會、世界潮屬聯誼會、世界舜裔聯合會、國際扶輪社、國際獅子會、國際紅十字會……），其性質已迥異於從前隸屬於國家內部的鄉親會館、宗教團體，在全世界建構了一個超國家的秩序。全球社會越發達，這些符號網絡就會越暢旺，反之亦然。

由符號網絡構建出來的全球網絡，形成一個不具體的跨國界社會。這個社會中的秩序，是由其中個體依符號互動而形成的，因此它不是一種凝固的、僵硬的秩序，誰一定是老大、誰一定是中心。個體與個體之間，具有相互主體性（inter-subjective）。互動越好，這個全球化社會就越有活力，其秩序也越多樣，每個個體也越能表現其主體性及特色。

過去，我們說「文學界」時，這個界，只是國家內部的一小塊疆域，是烽火外一處小小的、讓人心靈暫時棲憩的桃花源。現在，這個文學世界卻已形成了超越國界的「世界華文文學」新世界。在這個新世紀、新世界中，新的秩序當然還有待建立。因此我建議採用這個新的架構和思維來正視華文文學書寫已然全球化的現象，擺脫近年本土論述和散離認同之間的緊張對立關係，動態地建立我們共有的華文世界新秩序。

我的基本意見如此，其他可參見我〈二十一世紀華文文學的新動向〉等文，內中也可看出我的政治觀。

我在這個領域的啟蒙者是李瑞騰。他受柏楊先生的影響作了東南亞文學研究，我好奇，遂與他商量在淡江開這類課、辦這類會議。然後於一九八八年開始訪學新馬，推動其華文教育。東馬西馬，口說指畫，蕉風椰雨，僕僕風塵。或燒豬、或吃蝙蝠，或扶乩、或聽南音，一州一州便都走遍了。九十年代又往歐洲，與歐洲華人學者學會、歐洲華文作家協會在巴黎、漢堡、柏林辦各種學術會。或騎射於莊園，或觀光於藝町，又是一國一國都遊歷了。二十年間，花了我無數精力。

辦佛光時，從新加坡請楊松年先生來主持課程、開設網站、組織會議、編輯叢書，更是玩得不亦樂乎。後來創辦南洋學會，繼續辦與遊學結合的會議，出版了《二十一世紀臺灣、東南亞的文化與文學》

等許多書。自己遊蕩個不了，還帶著師生大遊特遊。

在馬來西亞的合作者，主要是林水檺與王琛發。琛發主持孝恩基金會，以殯葬業為主，故又多論宗教事，提供了我另一面相的南洋社會消息，對我頗有幫助。後來還與他們合作辦學，不只辦歐亞大學，還幫華人政黨馬華公會辦起中央黨校。可謂入乎其內，不再是客觀的研究者了。

北美方面，楊樹清在加拿大時，我去聯繫了陳捷先先生、洛夫、梁錫華等，還被溫哥華政府授予榮譽市民金鑰。美國華文文學，則主要是韓秀、莊信正、夏志清先生等。夏公不用介紹，韓秀則是比我還具傳奇性的人。澳洲另有張至璋、夏祖麗夫婦……

若不研究世界華文文學，我哪會跟這麼多奇特或有趣的人來往呢？交流語言學，其內核，其實正是人的交流啊！

我交遊漸廣、論述漸精之後，世界華文作家協會祕書長符兆祥就來遊說我接任會長。工作主要是找錢，並邀集各國作家來臺灣參加世界華文作家大會。他則願把所有檔案資料提供給我世界華文研究中心作研究。不料國民黨垮了，政黨輪替，陳水扁上臺。他覺得新的故宮博物院長杜正勝更有資源，乃臨時變卦，去運作讓杜當會長了。

我來大陸後，仍常與劉登翰先生等精嫻此一領域者相往還。北大出版社亦曾邀我編一本世界華文文學教本。我當即找學生黃煌華合作。不料煌華猝死，令人心理上難以接受，事情也就按下了。世華文學之開拓，將來有機緣再說。

## 四、哲學文字學與文化語文學

以上這些事，辦得辛苦，那是不用說的了。但更糟的是很少人能理解。因為它們好像與傳統意義上的文字學無關。事實上，確實很少人知道我是文字學家，文字學界也很少視我為同行。除了因我在文學方面的名聲較大，以及學界狹窄的地盤觀念外，我的路數，也確實跟文字學界的朋友迥異，和屈先生魯先生他們那一代亦不同。

宋人許尹〈黃陳詩注序〉曾說黃山谷作詩是：「本於老杜而不為」，謂其本於杜甫卻不再做跟杜甫同樣的事。我雖尊仰屈先生魯先生，卻並不想再走他們的路，如前所說，原因是我體察到了一種新的時代氣息。

屈先生代表或傳承的，是五四以後用改造過的乾嘉樸學方法「整理國故」之路；魯先生或林尹先生代表的章黃一脈，方法相同而更講究傳統學力。兩路雖不浹洽，在審音、釋字、考古、定曆等具體問題上頗多齟齬，背議面誚，已非一日。但兩者相扶而長，重考據、以小學為門徑的風氣遂彌漫一時。寖饋《說文》《廣韻》、窮究古籍，彷彿是每個學生都應做的事。

我們大學時期就圈點過段玉裁《說文解字注》，做過《廣韻》的反切字繫聯，讀《尚書》《左傳》《詩經》《禮記》，規定也都要圈點。進研究所，更須把《十三經注疏》全部點完才能拿到博士文憑。這些基本功課外，敏慧者更會自己加作業去用功，例如臺大龍宇純先生在大學時代就作了《韻鏡校注》，後來這本書便成了我們上課的教材。可見風氣所染，學生已功力可觀。陳新雄師在大四時就去東吳大學代林尹先生教書，亦是如此。

在深厚的小學經學考據風氣底下，造就了不少陳先生龍先生這樣的人才。經學小學的基本工，對爾後我們的工作也打下了扎實的基礎。這都很可貴，但受憋屈者卻也不少。樸學之樸質繁瑣，畢竟非人人所喜。於是反質尚文者轉趨於文學、貴道賤器者祈嚮於義理，漸就起而抗爭了。

本來章太炎的學問就兼含義理、辭章、考據；黃侃略狹隘些，但於義理亦有《漢唐玄學論》〈莊子逍遙遊略說〉等作。林尹、高明、潘重規諸先生也儘量依循著這種規模，林先生能詩，高先生填詞，潘先生也抄輯黃氏義山詩、阮籍詩評等甚多。另有華仲麐、李曰剛先生講《文心雕龍》《文選》，都循黃門文學辭章之舊蹊。

不過開課或自作詩是一回事，風氣及學術訓練又是一回事。諸先生功力所積，畢竟仍在小學。談義理，但略說學術源流而已。蓋儒學之奧，性與天道，乃宋人之所長；清儒反宋，遂於此了無所得。太炎先生之後學，依本乾嘉，以為訓詁明而後義理明。然訓詁之業既永無止境，義理乃不暇講求。偶欲講說，則夫子之文章可得而聞，夫子之言性與天道不可知也。他們又不像章太炎、劉師培有西方思想及佛道之解悟。於西學宋學皆無工夫，於佛老更乏了解，以致徵實有餘，難以談玄，未盡能饜當時好學深思的學生之脾胃。

何況，整理國故一路，重點本不在思想，誤以為拼湊資料其義自顯；故除了講其科學方法之外，如何治思想義理之學，本無方法。章黃則本身雖有其義理，但不善教學，所教僅是死工夫，徒示勤苦而已。

像黃侃自己是主張精讀的，一本書反覆讀之批之校之，日記云：「平生手加點識書如《文選》蓋已十遍、《漢書》亦三遍，《注疏》圈點，丹黃爛然。《新唐書》先讀，後以朱點，復以墨點，亦是三遍。《說文》《爾雅》《廣韻》三書，殆不能計遍數」。所以教學生也就這麼讀。殊不知熟讀只能讓人熟其文字，想發現什麼問題、想對之發表點意見，光這樣下死工夫苦讀有用嗎？黃先生自己的詩詞、對《說文》等書義例的開發、對訓詁原理的構思，都不是如此這般便能生出來的，更不要說玄學眇思了。

可惜先生自悟之法，未能自明，亦不能舉示後昆，致令章黃門下皆僅知傳述先生所悟之理，終不能如章黃那樣創悟。你若問他們治學之法，其法依然只是文字訓詁而已，在章黃哲思方面俱無傳承。

所以當時在臺灣，小學經訓之風越盛，對其治學方法之疑惑便越甚，急於另尋義理之途的心情也越急迫。

文學方面也是如此。整理國故的科學方法本來就難以施用於審美，故整理文學之結果只能是史事之考證，詩人生平考、詩集考、交遊考、流傳考、字詞異同考、本事考等等，考來考去，不知文學之所以為文學者為何。

章黃語文訓詁之法，同樣不知該如何應用於文學。像林尹先生教詩，辦法跟作《廣韻》反切上下字繫聯相同，先是抄詩，再輯同韻詩；或是誦，繼而唱，再則背。此法能作詩家用韻考、能集句，但絕不能作詩，林公之詩思亦絕不由此法來。過去蔣心餘曾譏翁方綱：「注疏流弊事考證，鼷鼠入角成蹊徑」，袁枚也說翁：「錯把抄書當作詩」。今則以抄書、考證為治詩之法，豈能不引起反彈？

臺灣的中文系又與大陸不同。大陸早就把義理移出了中文系，讓哲學系去做了。且不但不講義理，語文與辭章也兩分。然後治語言的與治文字的再兩分，文學辭章的古典與現代又兩分，或再細分為古代、近代、現代及文藝學四塊。各占地盤，各得其樂，不必溝通，同時也就避免了衝突。臺灣不行：中文系義理辭章考據的傳統格局沒打破，享受著同體互惠的好處，但亦彼此掣肘，同床異夢。猶如《醒世姻緣傳．引起》形容：「那夫妻之中，就如脖項上癭袋一樣，去了愈要傷命，留著大是苦人」。歷來屢有分組之議，而又分不開，也大類乎此。

義理辭章考據合爐的體制，又由於歷史因素，考據獨大，是我們的現實，但也是我們的機遇。因為義理與辭章在那時正碰上了發揚之機，勢必要與考據競爭了。

發揚之機是什麼呢？辭章方面，是七十年代比較文學之興起，帶動了方法意識及方法之革新，文學研究也開始有了全球視野。過去，詩詞歌賦無非是中文系自吟自賞，如今要與外國文學相比較了，中國文學到底有何優長、有何特點，不該講明嗎？可是如何講呢？仍是考來考去嗎？這些考證，誰生於哪年、卒於哪年、哪年作了哪首詩、詩的某字該作某、該如何訓詁，就能說明這詩人重要或這詩好不好嗎？中文系向來以詮解古典自負，但現在外文系教授甚至老外都來解詩了，而且解得耳目一新，中文系該如何自處？不僅如此，人家還說了：你們那種考據，只是歷史主義，妄想回歸原本原作者之原貌乃至原意，根本就是荒唐的，屬於「追求原意之謬誤」。你怎麼辦？

面對挑戰，中文系自然就會有一批年輕人欲起而回應，一面反省舊方法是否有所不足，一面探索中國還有沒有值得開發的資源，再就是想師夷長技以制夷。這便使得辭章之研究空前活絡，充滿了生機。

反省舊方法，主要是對考據與小學之批判；探索舊資源，主要是整理傳統詩話和文論（臺大編出《百種詩話類編》、《中國文學批評資料彙編》，師大大談《文心雕龍》均屬於此）；師夷長技以制夷，則是比較文學在中文系開始廣泛傳播，用西方理論解析古典主義文學蔚為風潮，而卻仍有點中國本位文化主體的堅持，常欲表明洋人或外文系教授們的解析並不準確。三者之合力，遂創造了一個沈謙先生所說「期待批評時代來臨」的時代。

義理方面，情況不同，主要不是外來的挑戰，而是傳統內部發酵起來的競爭。

清代樸學本因反對宋學而生，故號稱漢學。然自漢學之旗號張立起來以後，宋學便一直與之抗衡。除方東樹《漢學商兌》之類理論上的爭辯外，士大夫之修身，亦多如曾國藩那般仍以宋明理學為依歸。民國以後，整理國故者，標舉乾嘉；章黃又以樸學為世倡；新文化運動，如魯迅者流，更以程朱理學為「吃人禮教」之代表，宋學之勢力才漸衰。可是，宋明理學雖在社會及意識形態領域吃了虧，在學術上仍是強勁有力的，不斷挑戰乾嘉、挑戰五四、質疑新文化動向。

熊十力、馬一浮、梁漱溟、張君勱、錢穆等人，思想之根均在理學。而且這時的新理學也學會了五四新文化運動者的策略。

新文化諸賢援引西學，把乾嘉樸學比附為科學方法，又高揚民主科學之大纛以改造中國；新理學也同樣援引西學，用康德、黑格爾、柏格森等等來說明中國義理不僅可與西方會通，且有殊勝之處，非西方所能及。

新文化諸賢高揚民主科學之大纛以改造中國，新理學則宣稱中國傳統本不礙民主科學，自己也致力於科學民主之現代建設。近代第一部憲法之草案，就出自張君勱。徐復觀在香港也辦有《民主評論》，著名的〈中國文化敬告世界人士宣言〉即發表在該刊上。故在民主立憲方面，新理學之表現一點兒也不遜於新文化運動者，甚且猶有過之。

在吸收消化西學方面更是如此。胡適、魯迅等人之西學，均甚稀鬆，遠不能跟方東美、唐君毅、牟宗三等相比。李澤厚嘗描述新儒家是：「在辛亥、五四以來的二十世紀中國現實和學術土壤上，強調繼承發揚孔孟程朱陸王，以之為中國哲學或中國思想的根本精神，並以它為主體來吸引接受和改造西方近代思想（如民主與科學）和西方哲學（如柏格森、羅素、康德、懷海德等人），以尋求中國社會、政治文化等方面的現實出路」，講得很準確。

因此，新儒家與五四運動以來的所謂自由主義，分歧不在自由民主科學這部分，而在彼此對待中國傳統的態度：自由主義反傳統、批孔孟、斥理學、以乾嘉漢學比附西方科學方法，均是新儒家所反對的。

在臺灣逐步現代化的社會現實中，新儒家的傳統氣息當然顯得太保守，不如自由主義有現代感。現代大學及科研體制也掌握在五四後的現代學人手中，新儒家缺乏陣地與舞臺，僅能藉報刊傳播理念，希望在空氣中感受到回聲。再不然就是參與論戰，讓社會上聽到他們的抗辯。

這原本微弱的力量，卻因復興中華文化運動、退出聯合國、保衛釣魚臺等一連串事件而逐漸在青年心中激化澎湃起來。覺得中國人該走自己的路、該重視自己的文化根源，現代化固然值得追求，但對中國文化無知，實是可恥的。

這種心情與需求，在業已現代化的大學科研體制中，卻又難以饜足。因為包括哲學系歷史系都早已西化了，中國哲學、中國史學方法，在其中均屬邊緣。哲學系主要講西方哲學，歷史系則借鑑西方之社會及行為科學，在作社會科學方法轉型，因而此種需求似乎僅能讓仍在講著中國文化的中文系來提供。中文系這時依舊賣弄其乾嘉考據、圈點批校，碎義逃難，說文解字，當然就要大大引起反感了。

七十年代初，師大開始有香港來的僑生，原即受教或聞風興起於新亞書院者，與本地學生結合，起而提倡唐君毅、牟宗三、徐復觀諸先生之學。時錢穆先生亦已返臺，安住於其素書樓，邕講儒學，撰《朱子新學案》。熊十力、馬一浮、梁漱溟諸先生之書則一時盡出，風氣遂有沛然之勢。

我大一時就感受此風，把《復性書院講錄》《爾雅臺答問》《十力語要》《讀經示要》《新唯識論》等讀了個遍，漸及唐、牟、徐、錢諸先生書。視域、景觀自然大異於由小學經學那條路所能看到的。對於此類人之所以反漢學、反五四，深感同情。

同時，我的文學感性那時也正滋長著，畢竟才十幾歲，審美活動頗令我沉溺。作詩、填詞、寫古文、臨碑帖，這些活動也似乎都用不上漢學考據工夫，與《十三經注疏》《說文解字》不甚相干。

這就是我遭逢的新時代之機。然而，當此時會，我並沒有像同時許多儕輩那樣選擇抗爭或棄去小學。他們或潦草應付、或陽奉陰違、或決然捨斷、或諷怨譏嘲之，漸漸轉入了詞章或義理之途。我卻是原就愛好小學經學，因而想到的，不是捨棄，而是由小學考據如何融攝或通貫於辭章與義理的新格局新方法，或重新回到漢學考據方法的原點，思考戴震、錢大昕等人所說的「訓詁明而後義理明」到底能不能成立。

戴震曾舉讀《尚書》為例說：誦〈堯典〉，不知恆星七政所以運行，則掩卷不能卒讀；不知古今地名沿革，則〈禹貢〉〈職方〉失其處所。又與是仲明論學說：「所以明道者，其詞也。所以成詞者，字也。由字以通詞，由詞以通其道，必有漸。」錢大昕惠棟等人也講過類似的話。謂我們用語言文字來表達意思，若語言文字都聽不懂、認不明白，意思怎麼可能懂呢？做學問、讀古書，先弄清楚字詞，豈非必要之法？小學作為治學鎖鑰之意義與功能即在此。

這當然看起來無可辯駁，符合常識。但我們也許還有另一些不同的常識和經驗。例如六祖慧能不識字，是個歷史事實，他理解佛理也是事實，那麼他是如何理解佛經義理的？既是事實，必有其理。不能說這只是例外。九方皋相馬，賞於牝牡驪黃之外，不也是遺形貌而契神理嗎？何必因言乃能明道？

若說此均非常人所能，則我們每個人細想一下：小時候讀書，誰又是把每個字、每個詞、每個典故、每件天文地理鳥獸草木蟲魚相關知識都先考據明白了才讀下一句、下一個字的？誰不是含糊籠統地先如陶淵明那般「不求甚解」地讀了，遇著不懂的句詞事義，俗所謂攔路虎，就自然跳了過去。待掌握其大體意思後，那原本不認得的字詞、不明白的事類也就約略可知了？

故由認識論的角度說，戴震等漢學家所主張之法以外，至少還有言語道斷的一種，目擊道存，不必言筌。或另一種：先得大體，知其義而後再明其字詞。這與戴震他們採取的由字而詞而句而篇，從部分到全體的進路全然不同，不是訓詁明而後義理明。恰相反，乃是義理（語義脈絡）明、訓詁才能明的。

不只此也，惠棟說：「經之義存乎訓。識字審音，乃知其義」，想由文字聲音的考證訓詁來求義。顯然也忽略了語意脈絡的問題。我們打開字典就知道：每個字詞都有多個含義，甚或截然相反之義。如落，既是結束，如落花；也是開始，如大廈落成。《楚辭》的「餐秋菊之落英」，《桃花源記》的「落英繽紛」，落究竟該解為花謝了還是指春天桃花剛開始綻放，僅就字詞能判斷嗎？此類字詞之解讀，大抵仍需仰賴語意脈絡，戴震惠棟他們卻以為考音識字即能知文義，實在不通之甚！

戴震等人恐怕也不會那麼笨，連這個道理也不懂。他們說由訓詁去了解義理，因文以明道時，講的只是循文解義的大原則，以相對於他們所以為的宋儒之法。據他們看，宋人採取的乃是師心自用，不顧文詞客觀性的辦法，故特意如此強調。矯枉過正，遂失中行，話當然講得不夠周延，但語意脈絡之問題也並非未予注意。

像戴震所說的訓詁，就不只是文字音聲，還包括文理、名物、典章制度以及對天理人情的體察，故他說：「治經先考文字，次通文理」；又說：「聖人於之理義非他，存乎典章制度者是也」；還說：「古人曰理解者，即尋其腠理而析之也。曰天理者，如莊周言依乎天理。……古聖賢以體民之情，遂人之欲為得理，今人以己之意見不出於私為理，是以意見殺人，咸自信為理矣。此猶捨字義、制度、名物，去語言訓詁而欲得聖人之道於遺經也。」可見其理解乃是字義、名物、制度及對天理人情的綜合所得，彼此轉注融會而成，絕不能僅以考文識音為已足。把這套方法窄化、絕對化，成為一種字詞聲讀的考釋，乃其末流之弊。比附為科學方法，甚或變成「上窮碧落下黃泉，動手動腳找材料」的材料主義，就更無足論了。

對此類清人漢學方法的反省，花費了我不少氣力；因為若在這裡不能突破，便難以展開新的方法探索。為此我先後寫了〈訓詁與義理〉，刊《鵝湖月刊》；〈語文意義的詮釋〉收入《文化符號學》；〈中國小說研究的方法問題〉收入《中國小說史論》等文。《大俠》一書論俠客崇拜，也有一章專論歷史研究方法。這些方法論的思考，可說都環繞著上述問題而發。就連《四十自述》，也在第一章引了一則章太炎〈膏蘭室劄記〉論朋友恩重於族人的考證，來說明考證並不是孤立、客觀的。而且非訓詁明而後義理明，乃是義理已明才能發現有待解決的字句問題，然後再施以訓詁手段，使符合原先已有之理解。

如此摧陷廓清，漸使得我遠離了屈先生魯先生等師友，走上一條新路。師友們看我這些奇談怪論，每謂我入了歧途。也有些人雖覺得我的批評不無道理，但譏斥太過，流於偏激，且破而不立，特惹人嫌。

他們不曉得：若無所立，則根本什麼也破不了。而且我的新路數，也不僅是對漢學方法之反省；那只是方法論思考的起點。由此出發，我還要自文字層面的考索，融貫到義理與辭章方面的。

如何融貫？我在〈漢語文化學的歷程〉一文中已有說明，請讀友參看，此不贅，僅由思考方法上略說幾句。

我在許多地方講過，我的思考方式常是不捨兩端而又不住兩端的中道之法，超越而辯證之。例如：假設考據是一端（A），義理辭章或許就是與之相對的另一端（非A），兩者相斥相非相詬，已非一日。現在我既摧破考據之法，認為它有種種問題，那我是不是就要轉入義理辭章呢？不，我雖不以考據為然，但亦不捨之；雖從事義理辭章，但也不限於非A。因此，我的處境就是既非A又非非A，可是同時也不離之，既是A，又是非A。

如此談玄，或許你要迷惑了，但不要緊，具體落到現在談的這個問題上看：

剛剛不是說了嗎？漢學考據勢力籠罩一時之際，恰好就是有人要來挑戰打倒之際。打倒也不必如我這般作刻苦的方法論思考，只須望望然而去，考據之門庭便漸次寥落了。由博碩士論文題目的分布就可以看出：語文考證與經學，在二十世紀六十年代占臺灣博士論文總數之六十三%，八十年代就只占二十九%了。反之，文學類上升驚人，六十年代僅十九%，八十年代就高達四十六%了，同樣的，諸子學，六十年代僅三篇，七十年代則有廿三篇。碩士論文的消長情況更嚴重，文學最多，經學小學考證均下降。至九十年代，各大學想聘人教文字聲韻訓詁的課已經覓才困難，而經學課更不再容易像我讀書時那樣五經俱全地開設了。

小學經學之衰，意味著漢學再也沒有作為中文系基礎方法訓練之地位了。從事文學研究者，對此類方法，或厭鄙或頭痛或不了了之，罕能兼擅。若要用方法，則多取徑西方，用西方理論或方法來處理中國文學。以我剛才A與非A之喻來說，可謂由一端盪到了另一端，A已被捨棄了。能精擅文字聲韻訓詁而又深於中西文論者，據我所知，僅中央大學岑溢成而已，餘均僅偏於一端。

我的希望，則是就A而言，能不捨A又要超越A；就A與非A之關係說，則要既A又非A，能由文字訓詁發展出綜攝文字文學與文化的方法與理論來。

文字文學與文化，原來是于大成先生一本書的書名。我於一九八八年出版《文化文學與美學》時已略有此意。到九二年出版《文化符號學》時才詳細展開「中國社會文化是文字—文學—文化一體化結構」這個講法。

一九八八年我首次赴福州參加文學理論研討會，所提論文就是：《說「文」解「字」：中國文學藝術發展的結構》，把《說文解字》的文字學意涵轉而用在文學史的理解上，謂中國音樂、舞蹈、戲曲、繪畫諸藝術均朝詩類化。而詩雖早期是歌，後來卻完全成了文字藝術，其他藝術發展之規律亦不外是，所以清末劉熙載《藝概》所論才會僅有文字藝術一種（詩、賦、詞、曲、文、經義、書法）。此乃中國之特色，亦為談藝者所應掌握之大脈絡。

該文的直接因緣是反對錢鍾書〈中國詩與中國畫〉中用「出位之思」來作為中國詩畫發展之規律，說畫逐漸似詩，詩則逐漸似畫。其實畫漸似詩是對的，宋元以後文人畫當道即是明證；詩卻不可能出位去思畫，宋詩就比唐詩更遠於畫。徐復觀先生以為畫之地位高於書法，在傳統社會或文化中也是絕不可能的。該文批評此類誤說甚多，而內在更深的理由，就是要把中國文化釐定為一個文字的傳統。

但這所謂文字並不僅是文字而已。文字的藝術，那不就是書法與文學嗎？而文學最好的表達，中國人又認為應是符合道的，因為文貫通天地人。文若分說，就是天文、地文、人文。因此文之最高標準，由天文地文說，須契道、體道、明道，須要合乎自然；由人文說，則須能化成人文，道濟天下，才稱得上是經國之大業、不朽之盛事。文字—文學—文化一體化的結構云云，基本指此。

《文化符號學》初版三卷，上卷論文字、文學與文人。先論我國文人傳統的形成、文學創作者的出現，以及文學批評的基本路向。再論文學與諸藝術間分合起伏之發展歷程，說明我國各種藝術如何文字化與文學化。而文字藝術（書法）本身，卻也存在著究竟要不要脫離文字而獨立發展其線條藝術的疑難，最後則以一種辯證的方式處理之。前兩部分以理論綜述為主，後一部分以唐朝張懷瓘的書法理論為例，由事見理。

第二卷則以文字為中心，觀察我國哲學、宗教等各方面的文化表現。包括〈哲學文字學——中國哲學之主要方法與基本形態〉〈有字天書——中國宗教（道教）的性質與方法〉〈文史通義——中國史學對歷史寫作活動的思考〉諸文。

在哲學方面，我認為中國人的思考，係以字為單位；解釋字，乃我國哲學的主要方法與基本形態，與西方大異其趣。西洋哲學是以分析句子為主的，把句子弄清楚，也就把哲學問題解決了。近代語言分析哲學所強調的：「沒有哲學問題，只有語言問題」，即徹底揭露了這個意義與奧祕。當然不是所有人都贊成分析哲學或邏輯經驗論，然而，分析語句仍可視為彼此共通的方法運作。其分析的對象主要是命題，一個句子，作為一類屬於相同論題之句子的代表，可以通過另一個句子的構成而得到說明。這在中國便絕不如此。如王陽明論格物致知，絕不會把格物致知視為一命題，且以分析句子的辦法來說明其含義。他只會解釋：何謂格物？格者，正也。這就是說文解字、深察名號的方法了。

對文字進行深入的省察，以明白萬事萬物的道理，既為中國哲學之基本型態與方法，中國人當然就相信文字與真理是相關的。文字可以見道、道即在文字或道與文字相關連，這是所有文學家都深信不疑的，但最深刻極致的表現，則在宗教。

中國人特有的道教，事實上正是一種文字教。相傳醫術，有所謂「祝由科」者，云係黃帝所傳，故稱為軒轅黃帝祝由科。乃黃帝仰觀俯察，利用文字，造為祕字元章，「以尚字為將，食字為兵，各字為先鋒」，以作治病驅邪之用。這是道教符字妙用之一端，也最能顯示我們對文字神奇力量的信仰。與道教靈寶派所謂「無文不光，無文不明」云云相似，文字被視為一切生成變化的樞紐和力量。故書寫文章，可以同時是一種文學活動也是宗教行為。

文學書寫活動不但關連於道，關連於宇宙秩序與終極真理，也關連著歷史的開展。中國史學，主要是對歷史寫作活動的表現與思考，因此它與文學本質上是一致的。章實齋撰《文史通義》，欲依此特性，建構一套文史學的規模，最能揭明這個奧祕。因此我即以該書為例，由重新了解實齋文史學之體系與特色，來說明中國史學的精義。民國以來，論實齋已成顯學，相關研究汗牛充棟，但幾乎全是錯的，都說他是史學，對不準焦距。

第三卷繼續探索中國這個文字化的社會。第一章以唐代為例，描述我國社會中文學崇拜的現象。這個社會生活文學化、社會階層文士化、文學權威神祕化的朝代，就是一個「文學社會」。在這一社會中，整個人文世界被理解為一以文字及文學所點染與規定的世界。文字與文學這一名言系統，既上通於道，又平鋪展示為一社會名教系統，結構了社會的組織與人群關係、行為和價值體系。這種社會之出現，當然凸顯了中國文化的特點與精采，但這其中也蘊存了不少問題，第二章論儒學轉為吏學並出現文書政治，即略述此中之問題。第三章則由五四新文化運動對中國文化的衝擊，來看這種文學社會如何瓦解、變遷。

該書論文字，不但範圍上通諸社會宗教文史藝術各領域，文字學也因而上聯於古之「名學」、旁通於西方近代之符號學，開文字學未有之奇局（如何上聯名學、旁通符號學，怕讀者看著費勁，就不說了，有興趣的人可檢書來讀）。

到二〇〇〇年我又補了一卷，論文化的符號與意義；二〇〇八年出大陸版時則以存目的方式補了第五卷，主要是論社會文字學。二〇〇四年湯一介先生邀我擔任北大蔡元培、湯用彤講座，我又在語言文字之外補論了象形的符號學，出版《文化符號學導論》。既而因湯一介先生之介，又為東方出版社主編了《中國文化符號學導論》。

其間，一九九六年我辦南華管理學院時，還邀請在大陸推動符號學最早的李幼蒸先生來校任研究員，趁便也就與林信華等人成立了中國符號學學會，我任會長。並與李先生商量在世界符號學大會中推動設立一個中國符號學圓桌會議。因為依我之見，西方人談符號學，是以語言學為模型展開其符號認知的，對文字便頗有貶抑與誤解。西方人受其語言傳統所限，事實上也不可能建立真正的文字學。德里達雖說想提倡文字學以扭轉數千年來的語言中心主義，然徒存壯志於簡端而已，重開符號學之新局，終須待中國人之努力。可惜國人治文字學者，多拘於乾嘉之故墟，未能與世界符號學界對話，因而促成此類會議實有必要。

二〇一〇年我在北大，又邀李先生來與我會講。李先生壯心不已，仍準備繼續推動這個計畫。可是二〇〇四年我在四川大學舉辦符號學研討會，後來趙毅衡先生擴大為傳播與符號研究，形成了巨大影響，而他與李先生齟齬。所以我也漸懶得在符號學界立旗號，只自己玩玩便罷。

我的文字學，走到這一步，便完全逸離傳統文字學之範疇，另開疆宇，自逸於寥天闊地之間了。

臺灣貓頭鷹出版社曾邀我寫一本《文字學》，我擬想的內容，就是歷史文字學、社會文字學、交流文字學、文化文字學、哲學文字學五大塊。這才是文字學的全貌，現在的文字學，嗯，太窄了，也太淺了！

# 第二章 書文書藝

## 一、敷文：文字藝術

自晚清以來，文學主要是乘著大眾傳播之風火輪鼓盪起來的通俗文學，以及受西方浪漫主義影響而成的「純文學」。

大眾通俗，流行的，只是新老各派鴛鴦蝴蝶、羅曼史、偵探、武打、羶色腥、小情調小呢喃，與政道治化、王制典章，遙若天壤。浪漫主義純文學，則強調抒情、自我，不涉政教、無關心的美感，與《尚書》影響下的中國文學傳統更是儼若死敵。

講文學史的朋友們，《詩經》還略講講（雖然要把漢儒以降的詩經學笑罵了個夠），《尚書》基本上卻是不談的。論文章，歷代典制誥誓之類淵源於《尚書》之文體，更是提都不會提。

例如晚明，現在哪一本文學史不是大談公安派竟陵派如何獨抒性靈、反對摹古呢？哪一本不是亂扯資本主義萌芽、小市民階級勃興、王學左派如何狂肆以致人欲橫流、主情慕色之文大盛呢？

其實晚明文人結社之盛，莫過東林、復社。東林反閹黨，直聲震天下；復社幾社大會時動輒「以舟車至者數千人」。而他們就是講程朱理學，痛厭王學末流的。所以陳子龍編《皇明經世文編》、張溥編《歷代名臣奏議刪正》、陳仁錫編《經世八編》。這些，不就是上承《尚書》的嗎？曹丕〈典論・論文〉講：「文章者，經國之大業，不朽之盛事」，晚明這些，宗旨正是要恢復這種文章，而血脈直溯於《尚書》。

士之用世，有志於天下，此為何等大事？復社諸君，倡此風於邦國淪胥之頃，又為何等胸襟？文章經濟，不徒為耳目之玩，又為何等宗趣？乃近人茫無所知，僅講一二畸人逸行，如徐渭、李卓吾之類；一二小品，如陳眉公、張岱之類；再講點市人小說、情色戲曲，便快然已足。這不是要笑死人嗎？其不能知《尚書》，不亦宜乎？

我向來與俗殊趣，在文字訓詁方面不和人家同路，在文學方面也是。一九八六年我編的《國史鏡原》，就是遠循《尚書》這個傳統，近參《皇明經世文編》、魏源《皇朝經世文編》之作。

編此書，是周浩正先生慫恿的。後來由時報出版公司陳恆嘉兄協助編務。有天，他開車載我到淡水河關渡的山上去，在一家旅店「楓丹白露」的咖啡座上，沒半個遊客，我們坐對夕陽，遠眺觀音山，拿出紙筆，條分理析，就把綱要訂了。回來後，招兵買馬操辦起來，半年左右書即面世矣。

書名《國史鏡原：改變中國的劃時代文獻》。二〇〇九年出大陸版時改稱《改變中國歷史的文獻》，工人出版社。名叫文獻，頗不得已，因它事實上就是文學，所以我在序文中表明它是一本文選同時也是一冊歷史讀本（編這本書還有個思想用意，想藉此闡明思想才是改變歷史的動力，而不是生產關係和生產力）。

歷來都說中國的選本總集，始於《昭明文選》，我雖也常隨俗如此說，實則並不以為然。選文總集，應始《尚書》。

我自己寫文章，也本於《尚書》。這個文章正脈，秦漢以後漸變，六朝如蕭繹《金樓子・立言篇》便說：「不便為詩如閻纂、善文章奏如伯松，若此之流，泛謂之筆。吟詠風謠，流連哀思者謂之文」，可知六朝人是把這種詩意之文看成文，而把不具詩意的文章稱為筆的。唐朝古文運動，才重新界定詩是詩、文是文，讓文章重新回到《書》《易》《春秋》辭令褒貶的傳統去。

近代文風，雖大罵「選學妖孽」，不喜駢偶，但對文章的觀念，卻近六朝而遠於古文運動。這當然也有西方的影響因素，特別是浪漫主義文學觀和周作人林語堂等人所理解的小品文。使得民國以來論文章，不是上推魏晉，就是下崇晚明小品，強調自抒性靈，適志言情，把〈文賦〉對詩的審美要求：「緣情而綺靡」當成了一切文學的標準。對古文運動「文以載道」則備致譏嘲，甚至詆為「非人的文學」，認為唯有打倒它才能發出自己的聲音，出現「人的文學」。

五四諸君認為該打倒的，我多以為該恢復。因此論文章，主脈自應依柳宗元所說，源本《書》《易》《春秋》以辭令褒貶著述為事：「其要在於高壯廣厚，詞正而理備，謂宜藏於簡冊也。」這樣的文章才能明道、才能經世。

但我也不贊成古文家嚴分詩文、反對駢儷的態度。事實上除了少數人（如蘇洵、曾鞏、方苞），文家多仍是詩文兼擅的。文章在詞正理備之外，亦能搖盪性靈，流連哀思的人也很多。

此理同樣也適用於西方文學。西方詩文本亦二路，詩自荷馬以降，以敘事為主；文自西塞羅以降，以說理為主。十六世紀的蒙田、培根，仍以說理見長，十七世紀才增加人物描寫，吸取了原本在敘事詩及戲劇中的辦法；接著又因報刊之出現，報上的文章不能太詞正理備，須有點閒適、趣味、個人脾性以應通俗之需，故亦因而產生了變化，如考萊即是。但十八世紀文家，其文多在《評論報》《守護報》《旁觀報》《品評報》《蜜蜂報》《鏡報》上，可見筆調雖或以閑適有趣為調濟，內容大部分仍是討論政治、倫理、社會問題，跟周作人林語堂等人所理解的閑適幽默迥然不同。十九世紀以後，文家兼體相資，說理與抒情相兼，如蘭姆等才成為趨勢。

依此以論文章，則一、中國文章之主脈仍應以褒貶著述為事，須詞正而理備。二、搖盪性靈，如詩那般，也是必要的，文與詩必須相兼。

如此說，看起來也沒有什麼，不過是一說而已。實則這令我兩邊都不討好。

我雖曾被列入二〇〇八年臺灣九歌出版社《臺灣文學三〇年菁英選・散文三〇家》，二〇一〇年又獲大陸首屆朱自清散文雙年獎。但站在新文學的立場，上述第一項主張便讓我遠隔於這個新傳統之外，與一般散文家異趣，以致常有人疑我寫的只是「雜文」或「論文」。相較於雜文論文，他們認為自己比較高，是純文學。學生張輝誠論我之散文，拈出「知性發揚」一詞來替我打圓場，說我散文有理性精神。講的，事實上就是我有一般人沒有的詞正理備之風。在我，則以為這才是正宗，別人都走岔了。

但我也不僅是詞正理備而已。我的文章，論學最多，乃明道之文，柳宗元之所謂著述也。其次經世，如歷年所撰報紙社論，任職官署時所為章表書奏、計畫典制等，遠宗《尚書》、近附《經世文編》，有補實用，不徒文勝。古文家明道之文多，經世之文少，我略不同。再者是適志之文，我亦不少，流連哀思，頗受六朝文之影響。與一般學者、散文家們也都不同。

不過，自負雖然如此，其實頗不稱意。因文章以諭俗為主，不可能追求藝術美。忙成這樣，更不可能鍛鍊，信手塗抹，未經錘爐。為求理解，也不免自汙，灑狗血、跑野馬、綴贅詞（因為、就是、所以說，然而、不過、的了嗎呢等等）、簡辭彙、用熟語、談俗事、避眇思，等於畫了三花臉上戲，以博讀者一粲。這當然是我的軟弱不能堅持，也是大眾文化時代的不得已。央視製播人員曾告訴我：他們設定的「百家講壇」觀眾，僅是中學生。我寫文章，意識中也有這樣的讀者群，久而久之，不免與之沆瀣，甚者積重難返。

在大學畢業以前，除非去作文比賽，我從不寫白話文。但寫古文亦乏訓練，只是雜讀雜擬罷了。在豐原高中時很受一些老師鼓舞，如楊樂水先生教我誦念，因聲求氣。他退休後還專程到臺北來找到我，送我一部他鄉賢張惠言的線裝文集。

入大學後，淡江的情況與他校略有不同。其他學校，有些耆宿是傳承桐城義法的，如中興的王禮卿先生。國立編譯館所出《古文通論》等相關著作亦甚多，可見傳吳汝綸父子、姚永樸兄弟之緒者，社會上多有其人。可是淡江並無古文家。雖有臺大史次耘先生來開講韓柳文，但先生近視深，學生頑劣，大一時隔壁班編班刊，便畫先生講書而學生在臺下看《花花公子》的漫畫自嘲。如此學習，效果可知。

不過從課程設計上，還是能體會出是有意讓學生打好古文基礎的。故大一除「韓柳文」之外，我們的國文課就是講林雲銘《古文析義》。

《古文析義》現在名氣遠不如吳楚材《古文觀止》，實則其歷史地位及作用都較好。林氏乃清初大評書家，有《莊子因》《楚辭燈》《韓文起》《四書講義》等。《紅樓夢》曾假借黛玉題詩，攻擊他：「無端弄筆是何人，作踐南華莊子因」，可見《莊子因》在當時的影響之大。黛玉刻薄，不以林氏解莊為然，但事實上這些文章家句法筆意之分析甚便初學。

此種文章家解莊之法，也是《莊子》解釋學裡的重要一派，開自宋代林希逸。清代以林雲銘、宣穎為最著，對義理的理解也很有幫助，更不要說文學了。錢穆《莊子纂箋》謂林氏「頗能辨其真偽。上承歐歸，下開惜抱，亦治莊之一途」，講得就比黛玉中肯。《莊子因》《楚辭燈》《古文析義》均由廣文書局影印出版，顯示臺灣那時社會上講習古文仍具勢力或市場，跟大陸至今雖大倡國學而此類書俱未傳播、僅知排印《古文觀止》者截然不同。

李爽秋師選用《古文析義》為教本，殆亦與此風氣有關，因為他自己並不是古文派。當時師大一系傳自章太炎、黃侃，乃是反對桐城的，所以後來李師在師大研究所開的就是「文選學」。他在淡江反而講古文義法，應該是隨順風氣。

《古文析義》是歸有光到姚鼐的過渡；《古文觀止》則大概是《古文析義》的一個節本。選文標準及批評觀點，林氏自序謂：「古文篇法不一，皆有神理，有結穴、有關鍵、有竅卻。或提起或脫卸、或埋伏或照應，或收或縱，或散或整，或突然而起，或咄然而止，或拉雜重複，或變換錯綜，亦莫不有一段脈絡貫行其間。……逐句逐字分析揣摩，反覆涵泳，遂覺古人當年落筆神情呼之欲出」。

我後來在《六經皆文》中對此書有專章剖析，多歷來論桐城文派所不知者。但此處不必講那麼多，我當時剛上大學，也不可能懂得那些。只覺得它打開了一個跟高中國文課全然不同的視域，非常具體地教我如何讀文章寫文章，不似從前的國文教學多浪費在字詞解釋及名物記誦上。文章之美，皆可由其說解之中獲得指授。

這種經驗不是孤立的。當時沈亮先生講《史記》，亦採用明代凌稚隆《史記評林》為教材。一年只講項羽本紀、伯夷列傳、信陵君列傳等三兩篇。他身量短小，但氣盛聲宏，極飛揚跋扈之觀，叱吒嗚咽，若不勝其情。《評林》更是《古文析義》那套評文之法的前身。歸有光以後，講古文者多祧《尚書》而宗《左傳》《史記》，故林氏評文之法與這一大堆評《史記》的文家可謂桴鼓相通。

如項羽本紀開頭一段：「項籍者，下相人也。字羽，初起時，年二十四。其季父項梁。梁父即楚將項燕，為秦將王翦所戮者也。項氏世世為楚將，封於項，故姓項氏」，唐順之說開端：「不籍年月，一滾敘去，絕佳」。接著，李維楨說：「即敘世系，無一迂語」。但真不迂嗎？又不然，茅坤說：「籍紀中攬入項梁兩人事，錯綜而敘」。講項梁為何又扯上項燕？鍾惺曰：「此語亦見秦項世仇」。你看，光這開頭一小段，細細體會，文法就可有如此多講究，研摩揣度之，當然大有益於文心啦！

大一學文章，就沐浴在這種略帶古文家氣息的氛圍中，具體從文學字句間體會文章該怎麼寫。許多篇章，中小學早已讀過，但經如此一讀一講，感覺便絕不相同。

後來我做文學批評，比一般只從詩入手或由西方文學入手的學者占便宜，即在於熟悉這一段文章評點之學的來龍去脈。熟悉這一段，好處很多：

一、有益於自己寫文章。方今學者皆不善屬文，以呆板見長，不曉得即使學術論文也是文，應把它當作文學作品寫，古文家明道敘事之筆法便很可參考。我的論文，長處有時不在理據，而在說理之方式，文氣與文勢略勝。

二、知文章評點之淵源流變，才能明白中國人的文章學。吾國文章之學，主要是文體論，盛自漢魏，至明吳訥《文章辨體》、徐師曾《文體明辨》集其大成。其次就是以評點批識為主，興自宋元，明清大盛。且由論文衍至戲曲小說，讀一切書均採其法。

近世講文學批評史者，於此皆甚睽隔，對文體論已不重視，遑論評點！偶須談及，只能拿幾本小說，如金批《水滸》、毛宗崗批《三國》、脂硯齋批《紅樓》等來搪塞。甚至還有許多教授以為評點是論小說戲曲獨有的方法。某年我在北大，出博士生入學考題，就發現所有人都只知小說評點而不知其他。

評點之學出於經學條例，《春秋》所謂屬辭比事、《尚書》所謂辭尚體要，經宋代經義考試之助緣，漸形成為一套評文方法，至明而廣為運用，用到小說戲曲上就要到明末了。這個淵源，從來沒有人搞懂過，我於一九八九年作〈細部批評導論〉才講明之。而我之所以懂這些，就跟廣讀《史記評林》《漢書評林》《古文析義》之類書有關。

三、因文章評點之法本於經學條例，故觀察明清文章批評，可以發現它與經學的複雜關係。一方面，文家學習效法經典；另一方面，透過對經典的文學性解讀，文家也把六經文學化了。我二〇〇八年出版《六經皆文：經學史／文學史》就要講這一問題。過去研究經學史文學史兩方面的學者，均因不熟悉這一段，把明清經學和文學的發展地圖全畫錯了。

四、研究桐城派的人很多，但絕少人把桐城放入一個大的文評脈絡中觀察，故由歸有光到林雲銘再到方苞的流衍，也絕少人抉發。不知此，則由方苞到姚鼐之變，亦罕有人明白。

五、大陸八十年代才開始注意小說評點，臺灣七十年代已因提倡「新批評」而注意到了，認為類似形構批評（Formalist Criticism）。但此乃不熟悉中國文章批評之誤說，妄加比附，到我寫〈細部批評導論〉才分清了彼此之不同。這種分判能力，由西方理論或比較文學入手者就不容易有。因此大一這些課程，雖然尚未令我成為一位古文家，對爾後的幫助卻甚大。

六、因讀古文、讀《史記》，所以蒐羅到不少林紓、姚永樸、姚永概、吳闓生等民初古文家論文之書來讀，對桐城古文晚期發展，因而也略有所知。當時還跟同學書國符專門跑去商務印書館找林譯小說來看，是令人懷念的一段閱讀經驗。此外也讀了孫德謙《太史公書義法》等書。但孫氏和林紓等不同，他與張爾田較近，屬另一路，講劉向、章學誠的目錄之學。孫《古書讀法略例》、張《史微》《玉溪生年譜會箋》這一派學問，便是我因學古文而旁及到的。

大二又不一樣，由唐宋明清上溯六朝，主講《昭明文選》。用胡克家仿宋刻本，附孫月峰眉批。孫氏乃明末大批書家，故讀其眉批與大一時看《史記評林》《古文析義》自多相濬相發之處，但《文選》宗旨迥異於古文家，文章本身也很不同。

《文選》選文，詩賦獨重。六十卷中，詩賦騷七，其數逾半。其餘諸體亦咸以麗詞視之，謂：「陶匏異器，並為入聲之娛；黼黻不同，俱為悅目之玩」。故旨不在明道，尤不在經世，義只歸乎翰藻，也就是美文。

而六朝時認為文章要如何才能美，跟《史記評林》《古文析義》所說完全不同。你看昭明太子把文章之美跟音樂、服飾相提並論，就知道他重視的乃是入耳之娛和悅目之玩，故聲調要美、文采要麗，不像《古文析義》那樣講文意曲折，來龍結穴。那時的好文章，如謝惠連〈雪賦〉、謝莊〈月賦〉，可說根本沒啥深意可供推求。不過假託梁王遊宴時降了雪，或曹植看見月亮升了東，就命司馬相如賦之、命王粲賦之而已。為文造情，託古為戲。整個賦的宗旨不過是：「抽子祕思、騁子妍辭，侔色揣稱，為寡人賦之」，以巧構形似見長。

但巧構形似者善於摹寫物象；著意聲調者，善辨宮商；而形文欲麗，亦遂令文章多行排比。如此美文，縱使沒啥深意，亦能讓人喜歡，何況其中畢竟還蘊含了六朝時人一種流連哀思的情調呢？由古文義法的世界，忽而轉換到此，令人心眼為之一豁。

當時系裡，于大成先生的書齋就叫理選樓，但給我們講《文選》的是申慶璧師。除聽課外，尚須習作，仿諸體體勢。我發現仿擬很能鍛煉筆性，又特地去買了本葛洪《抱朴子》回來一篇篇擬。

擬葛洪，除了鍛鍊辭藻外，讓我發現了另一個問題：前面一直以六朝文跟古文對比著說。古文家是明道的，長處當然在於敘事說理。如韓愈〈原道〉〈原毀〉〈師說〉那一類，固然是議論，其碑傳墓誌亦多夾敘夾議或以議論帶動敘事，有柳宗元所說的辭正理備之風。六朝則或近於詩，緣情綺靡；或近於陶匏黼黻，以聲色悅人。可是真正深入看，就又會發現魏晉以降的文采浮豔之中其實另有一種說理傳統，如陳琳阮瑀的章表、徐幹的《中論》、曹丕的《典論》都是。

《文心》說：「蘭石之才性、仲宣之去代、叔夜之辨聲、太初之本玄、輔嗣之兩例、平叔之二論，並師心獨見，鋒穎精密」，即指此言。既可以立意為宗，又頗以能文為本，陸機《文賦》即屬此類，後來《抱朴子》、劉勰《文心》皆不例外。無怪乎章太炎推崇魏晉文章，認為它特長於名理了。

由此看，便知六朝非不說理，但說理之法不同於古文家。我在二〇〇九年出版的《中國文學史》中說道：「一般人見六朝辭賦之麗，均以為只是辭藻的堆積、對仗的安排、典故的穿插、聲音的流宕，內容也盡是吟風弄月、嘆逝傷春，殊不知六朝辭賦之價值不在此。要訣端在潛氣內轉。對仗推動著思理、擬喻幫助了說明，抒情的底子夾著議論與記事，不斷滾動發展。後世公文書、判牘等，直到晚清民初都還採用儷體，就是這個道理，它在析理敘事上有特殊的長處」。所說即本於我之體會。我的文字，得力未必不在於此。

因學六朝，頗讀孫德謙《六朝麗指》等書（上述潛氣內轉一語即出於孫氏，某年北大碩士生入學考試時我曾舉以問諸生，也無人會答），偶自作，輒自喜。眉叔師見我如此，又好氣又好笑，覺得太雜太野，根本沒系統地學過，因此特為我開「六朝文」一課，用《六朝文絜》為教本。

師與惕軒師都是駢文大家。惕軒師的《楚望樓文集》更是臺灣作駢文的人主要學習範本，因為六朝體段如何用以寫現今事況，光學六朝或清人是不行的。眉叔師的文章則未刊刻，去世前自己把詩文稿都燒了，所以我無法在這兒舉例。可是他教我六朝文時，倒還常拿他為人作的壽序、傳志等給我看，現身說法，告訴我如何化用六朝（春間找到他兩篇遺稿，抄了拿去我書法展上展示，讀者皆驚）。

他比惕軒師更近宋四六。若仍以詩文來比擬，則六朝偏於詩多，宋四六偏於文多，可說是六朝文與古文兼體相資之結果，而我則以為這正是宋人善學六朝所致。經由眉叔師指授，我對六朝文章也才有進一步的理解。

後來我當然不像他們那一代，有許多機會仍去寫辭賦駢文等等。因而藝業久荒，只有像出版《書藝叢談》《飲饌叢談》這類書時自己用儷體作序玩玩；或像杭州政府運河申遺成功了找我寫〈運河賦〉；敦煌政府找我寫〈敦煌賦〉；朋友辦書院建碑林邀我作〈翰林書院記〉〈慶陽沁園春碑林記〉〈湖湘文化出版品展示館序〉之類。

今世文衰，如此這般，識者已云是黃鐘大呂，幸文脈之未斷矣。至於如古人般書碑作誌，則，唉，我在南華大學時曾作〈藐姑射記〉〈成均館碑記〉〈無盡藏圖書館落成記〉等；離職後，或被棄不用，或已刻了石而被磨掉。學人招待所「藐姑射」，更被改名為「雲水居」，彷彿僧寮。文章壽世，不知該從何談起。

至於那些為報社寫的社論時評、在政府做官時寫的奏議條陳，九疇三策、金匱龍韜，不下數百萬言，更是連投石激水的效果都沒有，只如好夢消散於晨霧之間，夜，兀自去了。這時，想起眉叔師晚年自焚其稿的事，不勝悲涼。

## 二、染翰：書法墨戲

**問：您創作所涉及的藝術類別？具體的風格派別？**

答：我主要從事文字藝術，而文字藝術在中國是最高、最重要的。西方雖無文字藝術，但特重詩，認為高於其他，方向也相似。像希臘人就認為雕塑、繪畫、建築等跟詩不是同一回事，不是藝術（今人談起西方藝術，卻老以建築雕塑來做最高典型，可笑）。翻翻我國劉熙載《藝概》一類書，你也可發現清末人觀念中的藝術，專指文字藝術。從事其他藝術門類的朋友，可能對這說法不服氣，無奈事實就是如此。文字藝術最複雜，需要的能力也較多。我當然也玩過許多其他的，包括音樂、建築和園林設計，但最終還是喜歡做難一點的事。

因詩文早已蔚為大宗，另立門戶，所以現在藝術界講的文字藝術，主要是書法。我有書論、也有創作。真、行、篆、隸、草都寫，並不拘於碑派或帖派。

**問：您寫字的經歷如何？**

答：主要是父親教，後來就胡亂臨寫古今書家。執管、用筆、結體、章法、行氣、落款、使轉等等，多靠自己揣摩。另外，從我的師長輩遊，頗受薰染，受益良多。

**問：您的體悟是什麼？**

答：沒什麼，就是人必須好好寫字，並不斷寫著而已。

書法的基礎是文字，而文字是我們人類最重要的符號。現今仍有許多民族僅有語言而無文字，另有一些還沒能自己創造出文字，是別人造了字給他們用的。我國蒙古、女真、西夏、契丹之造字史，雲南等地少數民族被西方傳教士造字之歷史等，皆可令我們對於文字和文明發展之關連有更深切的理解。

相對於周邊各少數民族，中原華夏族群最長於使用文字這一符號。而此能力，不僅優於周邊少數民族，在全世界也是一支獨秀。

過去我們採用歐洲觀點，以為我國文字是埃及那一類圖像型的，並認為文字進化是由圖畫而象形而繼續抽象化，以達到記音符號為止。其實這是歐洲人無法造出純粹文字符號而安慰自己的一套講法。其書面語只是記音，是語言的附屬，從來沒有真正的地位，故僅有語言學而無文字學。中國的文字則是結合形音義的一套綜合符號。相對於聲音和圖像，自有其獨立性，體系嚴謹，跟日本之平假名片假名、韓國之訓民正音、歐印拼音符號不可同日而語。這才是真正的名，其他所謂的書面語僅是「假名」而已。

正因如此，中國才有獨特的文字藝術：書法與文學。其他各種語言符號體系，也有花樣字體、美術字、字母藝術，但性質迥異，不是同一回事。這是不懂文字學的胡說八道現代書法家所應首先看清的一點。

現代書法，整來整去，關鍵無非要脫離文字與意義，在脫離上動腦筋。故拼貼啦、墨塊啦、線條啦、構圖啦、書非書啦、天書啦、抽象啦，視覺藝術啦，解散字形，模糊字義，自謂新潮。

可惜這是徒勞。例如文學，也是文字的藝術，但你能想像放棄文字的文學作品嗎？每種藝術均有其本性，琴是要彈的、棋是要下的，踢的是足球，只准用手投籃的是籃球。一切技藝，都是在這個本性上做出來的，非離此另求，架空而為。

所以我的路數不是脫離文字，而是要更深地進入文字體系。真草隸篆，只是最基本的，古代書體何止於此？唐人歸納便有五十六種，懸針倒薤、雲篆玉章、殳書、鳥蟲書等，現在寫的人都少了。其實還可有發展。道家複文、符籙，戰國古文奇字等，也仍有許多空間，不應率爾放棄。即使是琴譜，也是由文字簡化而來，亦可寫來博其趣的。日本的假名，同樣屬於這種文字簡化之符號，他們歷來之創作，已成傳統，亦不能不承認它是書法。故由這個角度去看，天地實甚寬闊，書家在文字體系中的探索仍無涯涘，何須捨本遠求？我在濟南辦的「雲篆龍章」書法展，不就是復興雲篆而令人眼界豁然嗎？

但文字只是個基本，要讓文字藝術化，則還須講究筆法。

筆法分點畫、字法、章法。點畫，古人總結為永字八法；字法，古人也總結為九十二法，講其間架結構；章法又另有種種描述，廣喻博證，不難索案。另大字有大字之法，小字有小字之法。書法之法，大體就此而言。

近代美院體系的書家又加上了許多西方構圖、設計的觀念，在這方面本該大有建樹，可惜不然。部分書家，筆法尚少工夫。橫平豎直都還不會呢，就亂抖亂扭了起來，猖狂舞蹈，自以為神。

當然，古代之筆法規則雖趙孟頫有「筆法千古不易」之說，卻也不盡只能墨守。像臺灣袁守謙先生的字，就一反成法，該粗的地方細了，該重的地方輕了，該藏頭竟出鋒，該露尾卻斂鍔。但自成邏輯，便可另蘊奇趣。換言之，此間亦仍是可開拓的。

能掌握文字、嫻熟筆法了，才能談氣韻、神理。文學之華、文士之氣，使書寫由實用、工技層面往上走，可成就為道、藝術。而這一步，卻非臨池之工，要讀書、養氣、作詩、寫文章、親近大人先生善知識。

我的見解，大體如此，也如此實踐著。每次辦展，真草隸篆之外，也寫雲篆符圖、古文奇字，甚至還寫漆書。亦曾出版《學書九十二法》字帖，並由此發展出一大套書法訓練教材，初輯三十種，由文物出版社出版，並準備持續編下去。又創辦「瞭如指掌書院」，與趙安悱在大陸各省開辦書法培訓班、書法專業本科課程。法度層面之上的文采氣韻問題，更是不殫其煩，每次展覽、演講、撰文時，都要不斷呼籲。

有人認為我的論調其實就是一種自我標榜。當代書壇，老輩凋零，能詩文、懂文字學、筆法又淵源有自的，還有幾人？說書法應該如此，不是以自己為標準來繩度天下英雄嗎？也有些人說時代變了，再想出古代那種文人與書法家已不可能了；就算有，也是鳳毛麟角。故我之主張，非眾人應行能行之坦途。

其實志道遊藝，本來就很難；古今書藝，真有成就者，不過幾人。一個時代，億萬萬人都會寫字，但藝術的標準還得另說。那，本來就不是千軍萬馬都過去得的絕頂孤峰。

而這個標準，又不是我立的，我只是由理論上再把它講清楚些罷了。我自己就達到了這個標準嗎？呀，那也還早得很呢！

**問：近年您舉辦了一系列的書法展，為什麼？您的展覽和時下的書法展覽有何區別？**

答：現代化的特徵之一就是生活領域的公眾化。許多原先屬於私人的、生活性的事務或活動，漸被拉出來，放在公眾視域中，由大眾檢視；或設立若干規則與法律來處理此等事，造成哈貝馬斯所說「對生活世界的殖民」現象。例如父母管教小孩，本是生活性私事，可是現在有了許多法律規範之，隨時可以監督或直接插手、介入。夫妻相處，更是私密性極高的事，但現在彼此以法律攻防，亦成了常態。

書法展示也是如此。過去，只在自家書齋中寫字，在廳堂裡掛示一二。其他的，大抵置諸衍篋、藏於箱櫝。二三好友來訪時，取出共賞。欣賞的地方，仍在齋室之中。因此書法之創作及展示，本是私人性生活性的。方今不然，書家或被組織或自願當眾揮毫，寫字成了表演。展示的場所，則可能是廣場，也可能是畫廊、茶座、藝術館。總之，絕不會在家裡。此書法之公眾化也。

公眾化的結果，乃是可以驚俗目、娛廣筵而不可以適獨坐。所以空間的改變直接影響了書法的性質。現代書法之表演性、大眾化、庸俗化、形式化、雜技化，都與這點有關。

因為在廣場、現代藝廊、美術館這類人為隔離的非自然空間，書法很自然地就要適應它，而走向大幅，或形式上具有視覺衝擊力的型態，內容更不必講求。因為聚眾圍觀者已不是與書法家同懷的師友文侶，而是近乎文盲半文盲的俗人，再寫那些詩文，何能引發共鳴？最多寫點「天道酬勤」「難得糊塗」「龍」「虎」「禪」「佛」「道」就很夠了。

我一向批判現代化，故不能認同這種創作型態，當然也就不會參加各種展覽。我亦不參與任何社團、協會，所以從沒人來逼我展覽，孤鸞自舞，樂得逍遙。

五十歲以後，忽覺批判現代性的人不能只避開它，更應迎上前去，戲搦其鋒，所以開始自己辦展。

形式上，我發展書法本有的個人性、生活性、私密性，延伸原先書齋和雅集的型態，在臺北「時空藝廊」辦。空間極小，又只週三下午和週六週日開放，基本屬於我旅居大陸以後跟師友報告近況的見面會，只是拿書法展做個話題罷了。但它畢竟又不只是書齋那樣的純個人空間，所以我要對傳統再做些拓展。拓展分兩方面，一是形式上增加演講、座談以及寫春聯的活動。這些都具有公眾性，但又仍是傳統的師友講習和歲時聚會。二是內容上，強調書法應是「文士書」，反對現代專業書家之說，回歸古代書法之本性，認為文字、文學與文化，三者仍應結合為一。

這種形態，後來成為我辦書法展的雛型。地方不一定在現代展場，也在圖書館、寺廟、書店、書院等處；內容則批判流俗，獨樹一幟。認為現今許多名家只是技工、只是雜耍、只是胡搞，沒文化、不能詩文，甚且不識字。

近幾年我較多進入現代美術展場去展了。在巴黎羅浮宮、浙江美術館、南昌書法院、北京榮寶齋、濟南銀座美術館等處辦，也很成功，今後打算繼續。

這是向現代藝術觀妥協了嗎？不！我向來主張「貞不絕俗」或「不離世而超脫」。觀世音要度化凡愚，不可能不下降臨凡。反現代性者，若不能進入現代而轉化之，別人恐怕也不會信服，只會嗤諷你古貌古心，對現代適應不良。所以我離俗之後，還要即俗，在世俗的場域中表現超越世俗的性質。

我的展覽圖錄就與一般書家不同，結合創作與理論，正式出書。展示形式也是傳統裝裱的發展，有現代感而又有本有源。其中甚至還包含了裝置、演講、視頻及書論，更是繼續深化文士書的觀念，要打破今日俗見俗說俗書，再立新的審美標準。

**問：您宣導「文士書」，如何看待書法的現狀與未來？**

答：過去我以為他們是匠，只有技巧，沒文化。如今我才知道他們技法多半還沒入門，或根本走岔了路。所以這兩年我出字帖、編教材，重新教書法之「法」。希望大家從頭來過。

再者，「文」在中國是最高的價值。古代帝王與大臣，最高的謚號即是文。子曰：「文王既歿，文不在茲乎？」文士書，也是我為中華文化招魂的一種講法和舉動。

**問：我聽到過這樣的說法：如果本身的高度達不到唐詩宋詞，還不如書寫前人的詩句，您怎麼看？**

答：懶人都有張勤快的嘴。既要當書法家，卻不能詩文，還懶得學，豈非笑話？

**問：您具體的個人成就、藝術主張、感悟、理念等。**

答：東坡詩曾云：「我雖不善書，曉書莫若我，若能知其意，嘗謂不學可」，我不敢如此誇口。我只是有點研究、有點主張、有點感悟、有點理念，出版過《書藝叢談》《墨海微瀾》《墨林雲葉》等書，又還得過一些獎而已。

當今論書者，老宿名家，固多真知灼見，但野狐禪實亦不少。裨販知識、矜炫收藏、描摹姿貌、形容點畫、虛說風格、而修飾以掌故，自以為可以論書；書學理論之內部理論問題，則無多解析能力。我則認為理論跟創作應是一體的。理論上，我主張文士書。認為中國傳統社會中「文字—文學—文化」是合一的，書藝創作之關鍵則在於「人書俱老」，作者與其藝術表現是同一事。書藝文事，若欲有成，必須作者先是文人。

文人並不只是學者，須有文士氣、有文化關懷，還得有詩文寫作的本領。當代書壇，具此條件者屈指可數。二〇一三年大陸國家圖書館曾替我辦過一次個展。那是該館第一次辦這種展，大約也就是認可我這一點吧！

**問：您的的作品與當代人和古人的同類作品相比，氣勢、筆觸、手法有什麼創新或傳承？**

答：古人何敢比肩？跟當代人卻沒什麼好比。我的筆法技術都來自古代，所謂「用筆千古不易」；但寫字的是我，我心與人不同，字當然也就與他人異趣。今人不懂此理，倒過來，從筆觸、氣勢、手法上去求新求變，當然捨本逐末，謬以千里。

**問：您對大陸改革開放的印象？對大陸藝術家、藝術界的印象？與其大陸藝術家或藝術機構等交流時的事件、故事等。**

答：開放，自然比封閉好，但浮躁也甚可驚。藝術界門檻低、官風盛，藝術家腦袋中想著的錢多、面前經眼的書少，都是問題。

故事嘛，我不喜應酬，不太與人或藝術機構打交道，所以沒啥故事可說。只有二三友朋縱酒肆筆的狂態，聊可記憶。例如某年在大連開研討會，忽然天降大雪，閉門不得出。於是大家聯吟雅集，玩了一通。事後張本義先生把作品輯起來，出了個小冊子，名為《連海堂雅集記》。我寫了一則小引說：「夫石鼎聯句、歌動河梁，文士風會，豈僅見諸往古耶？乙丑歲暮，以羅雪堂書學研討會之餘晷，集於連海堂。諸君奮筆白戰，得句爭先。潘鏡在懷，無須斗酒；時晴快雪，浣我花箋。兼且瀹茗鼓琴，談諧間作。其樂也，彷彿無涯。張公松齋以為墨戲可喜，遂匯而刊之，用為遊藝之大觀。余亦樂之，遂為序引云」。這類事，我倒是常有的。

**問：藝術評論家對您作品的評論如何？**

答：除了說好、奇蹟、天才、別人學不來之外，沒什麼特別的。批評我的人，只敢在背後罵，我也聽不到。倒是蕭文立先生有首詩說我，錄於後：「北溟雲起篆龍章，書藝正宗今墨皇，林葉海瀾餘事耳，學山高寒大旗黃」。

## 三、定篇：文獻整理

讀書人，讀書寫書之外，常不免還要編書，日常也都會整理點文獻。編輯、整理、刪選文獻，是一整套相關的事，祖師爺是孔子。它還涉及一些基本治學方法，如版本、目錄、校勘、訓詁等。清人所謂漢學，實即指此。以文獻之收集為開端，以文獻整理出來為成果。

我的文獻學，苦乏師承，主要靠愛好。具體從事時，大抵是跟著出版界前輩做。如剛考上碩士班時，學海出版社李善馨先生就透過汪中老師命我做《說文解字》的檢索，後來又做了《中原音韻》《錢牧齋李商隱詩批校本》的校訂。

那時我許多同學參與了陳新雄、李殿魁諸先生在華岡主持的《中文大辭典》編輯工作，另一些師長則去三民書局編《大辭典》。我沒參與這兩大工程，但後來替故鄉出版社主編了《續修成語辭典》及另幾個出版社的辭典校訂工作。

最近我還找到一頁高陽先生壬申正月廿六日給我的信，說：「敝友李錫敏先生所經營之旺文社，以出版大型工具書為主，實為有功士林。近與大陸合作，印行《中國歷代名人勝跡大辭典》一種，鎔史地文藝為一爐，殊為實用。擬懇吾兄題詞推介，至為感盼。」可見當時我參與辭書編務，在業界還略知名！

辭書之外，是史料的徵集整理。如學生書局的《史學叢書》，早期由吳相湘、屈萬里編，後來劉兆祐先生繼續。原書皆由中央圖書館等處借出影印，每書做完提要後影印出版，士林稱便。但某年不知何故劉先生沒做完，書局找我救火，遂續編之，並撰《直隸河渠書》《嘉靖徐州志》《兩浙海防類考》等提要三十種。

說到提要，話就長了。提要，須有作者作時作地之考證，並對書之內容撮要鈎玄，略申議論，其典範是《四庫全書總目提要》。

我曾以無上勝緣，讀完了現存文淵、文津、文瀾閣四庫，因此發現各閣本內容頗異，提要也不一致。所以後來發願做諸閣本與諸刊本之匯校，亦曾申請到大陸教育部之重點項目，邀了陳仕華兄等合作。可惜工程浩大、人手不齊，至今還在奮鬥中。

四庫全書編成後分抄七部，照道理，乃是一式七份。《四庫全書總目提要》單獨刊行，理應也只是一書。但很少人知道：現存殿本、浙本、粵本多有不同；跟寫在各閣本書前的提要，理論上應一致，實也很不一樣。例如《史記》的提要，文津閣本一八七字，刊本八四〇字，內容差異甚大。

我作《四庫全書總目提要校證》，就是一方面清校各本之異同，一方面把余嘉錫、胡玉縉等各家的考辨繫入各條提要之下，提供一個新而且較完整的本子。

校勘以《四庫全書總目》殿本為底本，對校摛藻堂欽定四庫全書薈要書前提要、《武英殿聚珍版叢書》書前提要、文淵閣、文溯閣、文津閣、文瀾閣本書前提要，以及《四庫全書總目》浙本粵本等。其中差異大的，全篇皆不相同。如《周忠湣奏疏》的提要，文淵、文津、文溯三本一樣，浙本、粵本一樣，而殿本又自一樣。竟是三種寫法。《古今列女傳》也是三種，但是殿本一種、文淵本一種、文津文溯又一種。《卓異記》《敬鄉錄》《浦陽人物志》《欽定八旗滿洲氏族通譜》這類，則是兩種，殿本自為一種、文淵文溯文津一種。

全篇不同，等於是另行起稿，或在原稿上改作。今存翁方綱四庫提要稿本最能看出這類情況。如《讀史記十表》，殿本提要約三百六十字，僅前面二十字與翁稿同，餘皆另作。翁氏建議此書列入存目，也未獲採納，仍置於正編。《革除逸史》二卷，翁稿也建議放在存目中，今提要亦不用其言，復另撰提要。且不僅文字不同，考證亦異。翁言《明史・藝文志》只有《遜國記》二卷，無此書，故此書雖未必即為信史，不妨存目。今《總目提要》則謂：「明史藝文志載睦契《遜國記》二卷，不載此名。然不容同記一事乃分著兩書，卷數又復相合，殆即此書之別名也」。文淵本作：「明史藝文志載睦楔《遜國記》二卷，當即此書，蓋其後所改名也」，更為簡潔。

局部差異更複雜，首先是篇卷。如《欽定明臣奏議》，文淵文津文溯本均與殿本同，四十卷；但浙本粵本作二十卷。

此類差異較為普遍，如《華陽國志》十二卷，附錄一卷；文淵文津文溯本就都無「附錄一卷」字樣。《寶祐四年登科錄》一卷，文淵文津文溯均作四卷。《朝鮮史略》六卷，文淵文津文溯本均作十二卷。這都是閣本系統與《總目提要》系統不同的。但閣本也不統一，如《楊文忠三錄》七卷，文淵獨云八卷。《安南志略》十九卷，文淵文津作二十卷。

這，一部分是舛訛，要以四庫所收原書定是非；一部分屬於計算方式的差別；還有一部分，是因編輯過程中抽換了版本；再就是撰寫提要者重新考證而提出了不同見解。

例如《吳越春秋》十卷，文淵文津文溯乃至《四庫會要》都作六卷，《總目提要》才改題十卷。為何？殿本有諸閣本都沒有的一段文字說：「《漢魏叢書》所載，合十卷為六卷。而削去此序並注，亦不題撰人，彌失其初」，引用的是該書書前舊序。諸閣本提要也引了這篇序，但未注意此序講到：「今存者十卷」，故依《漢魏叢書》題為六卷。殿本《提要》反對《漢魏叢書》的作法，因此重予說明，仍定為十卷。

由於這是對閣本提要的改訂，因此對該書的評價也不一樣了。諸閣本皆說此書徐天祐注「於事蹟異同頗有考證，其中季孫史越、子期私與吳為市之類，猶未詳辨也」，認為它考證未詳。《總目提要》改寫成：「雖猶有未及詳辨者，而原書失實之處，能糾正者為多。其旁核眾說，不徇本書，猶有劉孝標注《世說新語》之遺意焉」，評價就整個扭轉過來了。

撰寫提要，在著錄篇卷之後，尚須針對該書狀況作一番敘述與考證。這部分，文字差異也頗大，

《總目提要》看來自成一系，與閣本多異。如《慶元黨禁》，《總目》譏其所錄偽黨五十九人，去取之故頗為難解。底下，文淵文津文溯本卻都有「然其中《宋史》有傳者不及十之三四，其他姓名官籍，史所失載者，多藉此以考見大略，於論古亦為有裨」等語，持論較能不沒其長。

以上這些，非常複雜，不好細講。過去評補《四庫提要》的先生們，雖然學問都很好，但因無參校諸本之條件或認識，以致疑與辨常白費了不少氣力。

如《殿閣詞林記》，《總目》說：「卷九以下，標題皆作國子監祭酒黃佐、侍講學士廖道南同編，蓋道南採掇黃佐《翰林記》之文，不沒所自」。胡玉縉《四庫提要補正》因此批評說卷九以下應是道南、黃佐同編，而非採掇。可是你若看文津本文溯本的書前提要就很清楚了：「案，道南自序稱與泰泉黃佐纂《翰林雜記》六冊，《明史．藝文志》亦載黃佐《翰林記》二十卷。蓋道南既成是編，又取佐書以足之。今佐書別有傳本，與此參校，其前後次序及文之詳略互有異同，疑道南又已有所刪掇。今故並存之，以備考云。」

又，楊武泉《辯誤》，曾考《汝南遺事》，謂提要云該書元王鶚撰。鶚字伯翼，誤。考《元史》《新元史》本傳，俱作百一。蓋館臣總纂均不知其名字取義於鄒陽〈上書吳王〉：「鷙鳥累百，不如一鶚」。其實若檢文淵文津文溯諸閣本就知道閣本本來就都寫作百一，是刻本《總目》弄錯了，非館臣與總纂都不懂鶚鷙百一之義。

所以關於提要，未來還有許多事要做。但這都是後話，當年還未料及此。

當時我就住在學生書局左近，因此替書局整理出版了《史學叢書》三編以後，參與該社編務日深，印了《唐君毅全集》等數不清的書。有一年，我去日本慶應義塾大學訪問，要求參觀其「斯道文庫」。學校接待，禮貌當然很周到，但顯然是對一位大學校長式的禮貌。後來在書庫中見著許多學生書局的書，知道我就是這個書局的總編，那神情體貌，立刻就不一樣了。彼時大陸出版還不甚面對世界，學生書局便是臺灣古籍整理與文史哲研究面向世界漢學的窗口。這總編輯，人家之禮重，當然在尋常大學校長之上。

除一般圖書外，我還主編過《書目季刊》。這是臺灣唯一一本文獻學月刊，口碑也甚好，屢獲雜誌類金鼎獎。在出版界，這是極難得的，因早期的《書評書目》《愛書人》等都早已倒閉了，而那些都還不如《書目季刊》專業學術化呢！

當年文獻學名家甚多，楊家駱、屈萬里、倡彼得諸先生導之於前，劉兆祐、喬衍琯、潘美月、林慶彰、吳哲夫、高志彬、秦賢次、陳仕華等等倡之於後，海外柳存仁、陳祚龍等亦常來協助。我多與之相熟，文酒相從，頗多可憶。後來邀我編《經典叢刊》的是亡友周安托，協助我在淡江授課的是周彥文，幫我編《中華續道藏》的是陳廖安，主持我佛光大學出版事務的是杜潔祥，收集武俠文獻助我辦武俠會的是林保淳、在佛光建立現代文學書庫的是陳信元，都助我良多。學生書局鮑家驊父子、新文豐出版社高本釗父子等出版家對我更有厚誼。來大陸後，與盧仁龍合作印《文津閣四庫》、建各省文獻館（他又在揚州推展國書計畫，我寫序的《茶典》，獲得萊比錫二〇一八世界最美圖書獎）；隨張志清館長談古籍保護；與蔣致遠合作編《臺灣大陸同鄉會文獻》及資料庫（約六億字，獲得大陸第十屆新聞出版互聯網優秀內容資源平臺獎）；與彭明哲戰略出版合作等等，都深覺其樂融融。老書蟲不藏書，只讀書或編書給人讀，一直樂在其中。

感慨呢？當然也甚多。

葉恭綽《矩園餘墨》曾說一九一九年準備印四庫時，選了文津閣本做底本。但那時「主管部門的職員們不知有何企圖，似不贊成，其態度極為奇怪」，連冊數頁數都不肯清查。印書而不知冊數頁數，成本如何估算？葉恭綽、陳援庵只好組織了六個人去故宮，花了兩個月才點完。

但《四庫》仍沒印成。據葉氏說第二三四次要印也有不少笑話，商務印書館曾準備把那些故事編成一本書，「其阻力皆生於微末，可證黑暗時代，故無事不形其黑暗也」。

我的情況也相似。臺灣當年印了文淵閣四庫，主事者仍是商務。但書旋售罄，天主教羅光總主教想要一部都沒書了，託我問總經理張連生先生，張先生把他自己那一套讓了出來。待我主持佛光時，王雲五先生的藏書，好意託我代管，所以我也準備繼續商務的事業，刊印四庫。且佛光是新學校，若能再印四庫，則全世界文教機構及人士皆當知名，廣告效益就很可觀，更不用說市場上確實需求甚殷了。當時大家商量，準備去跟台北故宮談條件。但因我讀過文津閣本，知文津閣本頗與文淵閣本不同，縱不必如陳垣葉恭綽說是最好，僅其不同，就很值得印出以供學界參考，故主張印文津閣本。

當時與盧仁龍、北京國家圖書館長任繼愈先生、商務印書館談妥後，返臺募資，準備編印。因學校本身沒錢，故詢諸星雲法師，向佛光山借支二千萬臺幣，印出後璧還，再贈若干套給佛光山。賺的錢，皆歸學校，倘或賠蝕，則由我負責歸還，還找了銀行作保。他同意了。不料開董事會時，他沒出席；由依空、慧開等你一言我一語，譏訕並作，推翻了承諾。弄得我失信於北圖和北京商務。好不容易才辛苦彌縫了。

後來，在盧仁龍努力下，文津閣四庫終於印出。其後浙江文瀾閣本之印行，我和傅璇琮先生也貢獻過微力。撫今追昔，彌深感慨！

說此故事，不是要怪誰，因為做文獻整理，這是常態。文獻的擁有者、整理者、出版者、資金方，都在博弈。要四美具足，千難萬難，所以無論編成或不成，都有一段複雜的故事。

書編成了，也並不就完。如季羨林先生編《四庫全書存目叢書》，有一千兩百冊，卷帙浩繁，當然編得辛苦。可是這麼大一套書，怎麼賣？老先生也不能不考慮。有次還特來找我商量，另託我轉幾封信給一些大佬，看看能不能協銷。

同樣，高本釗先生待我甚厚，他們豐沛老鄉年終聚餐時總拉上我。因他出過《正統道藏》《莊林續道藏》，故命我繼編《中華續道藏》。我請廖安協助，奮鬥了六年，終於一九九九年印出，初輯二十大冊。預計要出二十輯，也就是四百冊，道教文獻，網羅略遍。我《題中華續道藏》詩嘗嘆曰：「蕭史麻姑事久荒，壺天道業嘆微茫。莫從太古思雲篆，且集龍章作續藏。修繕叢殘徵符籙，網羅文獻貯縹緗。功成當問西王母，共醉神山幾萬場？」「從來道術隱無名，今日鉤稽出窅冥。經傳符圖紛燦眼，花枝根葉散儀型。未從舊例稱七略，小以天機賦象形。堪說成編昭絕學，多君辛苦夜囊螢。」

可惜出版後才發現寺院雖也不看書，但仍會買各種大藏經去供奉，道教宮廟卻是不買書的，即使買，也只買法術科儀書。教典教義、宮觀史志、高道傳記等皆不感興趣。因此銷售不佳，也就遲滯了持續再出的計畫。以致二十年後，大陸道協才又要倡議編《中華續道藏》。

高先生曾印《敦煌寶藏》《石刻史料》《叢書集成》及各種文獻甚多，功德無量。我也介紹過柳存仁先生等人的書稿在那兒出版。但他面對同行之盜版，深感苦惱。某次為了打官司，找我幫忙。因古籍影印彷彿沒有著作權問題，人人可以印。但若我已重新製作，編印出版，你即不能直接拿我的本子去印，這叫製版權。猶如我有肖像權，但攝影師拍我，那照片的權力便在他，即使我要用照片，也須徵求他同意。故我由此法律角度撰文解決了這個困擾出版業者的問題。那時我創辦了華人世界第一家出版學研究所，此類事乃我分內當做的，不徒為了與他的私誼。

《敦煌寶藏》則是黃永武先生編的。先生歷任高師大國文研究所所長、中興大學文學院長、成功大學文學院長等。在文學批評風潮興起時，他是中文學界大舵手，先由傳統修辭學發展出足以與西方新批評相頡頏的批評體系，由設計到鑑賞，成《中國詩學》四大卷。再組織同道，建立中國古典文學研究會，任首任會長，邁出了中文學界的現代化轉型之路。後續再由王熙元師、張夢機師及我與李瑞騰接棒。而經學小學才是他學問的根本。文字學方面著有《形聲字多兼會意考》；《詩經》《易經》亦各有專著，詩主毛詩，易則會通。當時《詩經》多受五四以來風氣之影響，大談民間歌謠、男女戀愛，如他那樣能原原本本講好《毛詩》者，稀如星鳳（中興大學另有王禮卿先生作《四家詩旨會歸》，亦極難得）。

他為人平淡，不大聲色，遂成大事。居然一個人編成了《敦煌寶藏》，把散布在全世界的敦煌卷子基本收齊了，考校其內容而出版之。這是多偉大的事！現在我們做敦煌研究，都在這基礎上做。然後他又編成了《全宋詩》。這是當年北大承擔的一項大陸國家項目，可他領著張高評兄就做完了，也是令人驚羨的大工程。

我說過，他個性平淡，後期甚至僅讀書於海隅以自娛，又遠颺於加拿大溫哥華隱居適志。但他編成的《全宋詩》，卷帙龐大，到處找出版社，都沒人敢承接。後來黎明出版公司果斷出版了第一冊，發現大陸也推出其輯本，擔心兩岸書價差距太大，將來市場衝擊，影響銷路，遂反悔了。反告黃老師未充分提供北大正在編《全宋詩》之訊息，造成書局損失。其實黃本編成早在北大之前，兩岸當時訊息不暢，本來也是各做各的。亦正因各做各的，所以也各有優劣，不可互相替代。以此提告，頗不合適。黃老師也為此深感困擾，所以來找我商量。我那時正在做官，黎明本身也是國防部的單位，故通過協調，並由我補寫了一篇比較黃編本與北大本不同的文章，黎明才不再出，也不告了。黃老師很欣慰，但其實是吃了虧，迄今其編終不能見天日，惜哉！

所編不能見天日的，我自己也不少。杜潔祥兄離開佛光大學自己創立花木蘭出版社時，我因正在北師大文字典籍中心供職，所以就編了一套文字學叢刊給他。但他考慮到市場，讓我另編《古典文學叢刊》，而文字學方面就改請許錟輝先生做了。後來我與陳廖安商量，擬編《易藏》，網羅古今所有易學著作。剛好劉國輝兄去河南安陽掛職當副市長，乃結合市政府、北京榮寶齋與我們合作，開始編輯。不料事與願違。國輝回北京後，我們又找了北師大易學研究院合作，亦終未成。其他《臺港澳學術叢刊》《全真道藏》《女丹集成》《佛家詩文集彙編》等亦皆此類似。

但不管事情能不能成，我們都不能止於這些「事」的層面，還應究其「理」。因為文獻整理之作用並不僅止於此。古人很少獨立做文獻整理，而是把它當成做學問的方法，與語言、文字、訓詁之性質相同。

近代小學獨立，有許多專業語言學家、文字學家，其他文史哲學者就反而不嫻此道了，視語言文字為專門之學。目錄、版本亦然。中文系輒闢語言文學教研室、文獻學教研室以安置此類專業。其實目錄、版本、語言、文字、訓詁均為治學之基，誰都應該懂的。尤其是目錄學，乃「辨章學術、考鏡源流」之事，非僅校讎文字、排列書目而已。熟於目錄，自然養成一種辨別各門派、各理論，並知其源流本末的習慣，可運用到任何問題的處理上。其中辨章學術可通於哲學、考鏡源流又通於史學，一鑰啟關，學者之屠龍刀也。章學誠以降，近世鴻儒多挾此以逐鹿中原。我親近過的柳存仁、饒宗頤，看起來學問皆如千手觀音，而少林七十二絕技，實多以此小無相功催動。

這裡用武俠小說典故作喻，是因柳先生就精嫻武俠文學。又，某次在新加坡，還中夜傳衣，命我到他屋裡，密授了一套丹法。他寫信起稿，字極細弱斜小，彷彿氣力不加，實則精神內閎。身量矒小，但登臺能唱竇爾敦《連環套》，聲若鴻鐘，中有物也。於學問亦然。饒公則以編《潮州藝文志》《全清詞鈔》起家，也是大家都知道的。

若不熟目錄，往往就會昧於大勢。例如現在大家總認為漢代是講經學的，魏晉南北朝則反之，侈談玄學與老莊，然後找了一大堆理由來解釋這種現象。人的自覺啦、審美的發現啦、漢晉學風的轉變啦、魏晉破除禮法啦，論文、著作一大堆。其實都是沒常識的！

你只要看看《隋書・經籍志》就明白，經學哪裡衰了？有書九五〇部，七二九〇卷呢！其中《禮》一三六部，一六二二卷；《春秋》九十七部，九八三卷；《論語》七十三部，七八一卷；《易》六十九部，五五一卷；《樂》，四十二部，一四二卷；《詩》三十九部，四四二卷；《書》三十二部，二四七卷；《孝經》十八部，六十三卷。可見禮學最盛，春秋學次之。如《易》，雖與老莊合稱「三玄」，著作量卻還在《論語》之下，可見風氣絕不能以玄學和破除禮法來理解。

另外，史部有八七四部，一六五五八卷，於四部中為獨大。而史部，本來就是春秋家之支流，是因研究的書太多才獨立出來的。

子部，則《隋志》收儒家六〇九卷，也多於道家的五二五卷。

這才是漢魏南北朝學術大勢。不知大勢，管中窺豹，就不免把豹子想像成一頭墨豬。

唯有精熟目錄，才能胸有全域。譬如談兵，現在講來講去，不過抓著一本《孫子兵法》，以為兵機盡在此矣，「兵以詐立」就是祕訣。不知孫武只是權謀家，其他尚有兵形勢、兵技巧、兵陰陽。家數不同，著眼點便異。拘限於一家一派者，不能擁有全域式的理解，如此談兵談醫談藝談什麼都不能見大體。老輩論先秦，常令人先去讀《莊子．天下篇》或《漢書．藝文志》就是這個道理。而不是上來就專治老子孫子白子墨子等。

我之學，得力於此甚多，所以很多論述都可歸入「思想流變史」。凡說一事、一門學問，往往先判教，區分出幾個脈絡或流派，然後闡明其源流變化，各自之重點為何。

這種區分，用在流變史、詮釋史之梳理方面，最為有效。蓋道術既為天下裂，真理即在歧途間。墨分為三、儒分為八，經有今古之爭，學有漢宋之別，其流變之故，是歷史因緣所成，還是義理不得不分？李白李商隱之詩、《道德》《黃庭》諸經，歷來如何解？理學如何分派、王學如何分支？丹道主順主逆之法如何下手、紅學主情主悟之路如何不同？唯識南北何以別、行禪頓漸何以異？三教合一、五教圓融，其合而不可合，融又何所融者安在？凡此等等，結合西方詮釋學以言之，輒能如庖丁解牛，怡然理順。

除了做此「大判斷」之外，目錄還可以幫我們知道許多細節。例如今年我領電視臺去莫斯科拍紀錄片，談中學西漸。其中要到托爾斯泰莊園。「到那兒談什麼呢，總不能談托翁對中國的影響吧？」導演組問。「不，他翻譯過《大學》和《道德經》呢，你知道嗎？」

又去了梵蒂岡，教廷請我參觀其圖書。我說：「一九二〇年貴館曾請法國漢學家伯希和來協助編了《梵蒂岡圖書館所藏漢文寫本和印本書籍簡明目錄》，成為全球了解貴館漢文文獻之依據。可是其中有些錯誤。如《麟之趾》，他以為是介紹麒麟腳的書，其實不。這是《詩經・周南》中一首詩的題目，是形容貴公子之威儀的。諸如此類，應當修訂。」聞者又皆大驚。

繼而到山東萊州。時方擬重建海神廟。父老告訴我此廟歷代崇祀之盛，在南海神廟之上。是的！但以《寰宇訪碑錄》看，南海神廟崇祀之碑有十幾二十通，東海神廟碑不過幾件，趙之謙《補錄》的兩通漢代東海神廟碑則在海州。這就提供了可再考勘的線索。

又，歷代畫家甚多，而吳道子之畫刻石最夥；歷代名人甚眾，而比干夷齊之祀甚顯。曝書有臺、妒神有碑，細看目錄，你就會發現一大堆這類事例。你會說這都是些很瑣細的事，屬於「小結裹」。但細節要看在什麼脈絡裡用，用得好、用得巧就可能有巨大的效果，產生「大判斷」。平時閱讀，終不能不予留意。

# 第三卷·禮

禮，是近代被汙名化最嚴重的一個字。大環境，是整個現代社會「撒旦的歸撒旦」，正是以欲望之發展為內在邏輯的。先是拋棄了神，接著就要拋棄現世社會中的禮。小環境則是五四以來的「打倒吃人的禮教」風潮。

禮教怎麼就吃人呢？一方面大家不太讀書，一方面有人刻意曲解，所以找了許多例子，把禮說得猙獰萬狀。例如大家都痛罵「未嫁從父，既嫁從夫，夫死從子」，講得好像三從四德有什麼大罪過、怎樣束縛了女人似的。

實則「四德」指婦德、婦言、婦容、婦工，現在女人不需要嗎？有什麼錯嗎？「三從」之說則沒人知道它出於《儀禮．喪服．子夏傳》，是解釋喪服制度的。

這是說父親死了，未出嫁的女孩要為父親服斬衰（把粗麻布斬裁做成上衰下裳）；若已嫁，夫死，妻為丈夫服斬衰，三年。假如夫死後，女人改嫁，兒子跟著她。等繼父死時，兒子要為他服喪一年；此時妻子也同樣服喪一年。這就叫做「未嫁從父，既嫁從夫，夫死從子。」是女人服喪的三種狀況。

為什麼女人的孩子要替繼父服喪一年呢？《傳》說：丈夫死了，妻子還年輕，孩子年幼，隨著母親嫁人。繼父撫養小孩，讓他可以祭祀父祖，顯現了做繼父的恩義。這孩子當然要服齊衰一期。而由於妻子不是原配，這時妻子便跟孩子同樣只服喪一年即可。

道理就這麼簡單，而且通情達理。結果竟被汙名化、潑髒水，真不知從何說起。

不但這句話不歧視女性、不束縛女性，整篇《儀禮．喪服》還明確主張可以改嫁，而且強調夫妻一體：「何以期也？與尊者一體也。父子一體也，夫妻一體也，昆弟一體也。」

大罵「三從」的人，看重的只是那個「從」字。以為這個字就顯示了古代要求女人順從、服從的男權暴力。不知道「妻」字從來都解釋為「齊」，妻子之地位與人格是與夫等齊的，所以說「夫妻一體」。《儀禮．喪服》還有一句話說「夫妻牉合」，指夫妻兩人合起來才成為一個整體。

類似這樣的誤解，充斥在我周遭。我的個性飛揚跳脫，不中繩墨，先天反束縛，但我更討厭什麼都不懂就亂罵亂栽贓的人。所以人家罵得越凶，我就越想弄明白古代所說的禮是怎麼回事。

# 第一章

## 一、學禮

在臺灣，講到禮學，當然首推孔德成（達生）先生。先生隨政府遷臺，任孔子奉祀官，即俗稱之衍聖公。人們常說他是民國後唯一的奉祀官，其實不，一同擔任奉祀官的，還有曾、顏、孟三家後裔及龍虎山張天師，佛教方面則是章嘉活佛（康熙曾封二世章嘉為灌頂普善廣慈大國師，西藏以外所有地區格魯派，都由他管理。國師這一尊號，即使達賴、班禪都沒有。雍正更下諭確定章嘉活佛「在達賴喇嘛、班禪額爾德尼之上」。七世章嘉活佛移居臺灣後，弘法利生，鞠躬盡瘁，一九五七年逝世。印順導師〈護國淨覺輔教大師章嘉呼圖克圖舍利塔碑記〉曰：唯唐之玄奘差堪比擬）。但社會上最關注的，畢竟仍是衍聖公，乃道統正朔之所繫也。

先生生於一九二〇年，來臺時還不足三十歲。但在任何場合、任何老宿都尊重他，奉居魁首。他也就老腔老調，當起大佬來。這也難怪，他去韓國琉球等處訪問時，接機人見他步出機艙，可都是立即跪了下去（一九八八年金門縣府邀我去演講。因還在戒嚴，海底電纜通話聽不清，說是龔鵬程要去，結果金門方面聽作孔德成。金門防衛司令部見到電話紀錄，大吃一驚，陸海空幾位司令全數趕到機場迎接。

待接到我這毛頭小伙子時，真是面面相覷。卻又不好發作，只得將錯就錯，降重款待。我受寵若驚，愧不敢當，只好在後來傾力相報，為金門的文教發展盡心盡力。事後許久才知原來是烏龍一場，成就了一樁美麗的誤會）。

先生時在臺大中文系及人類學系講三禮、金文、殷周青銅彝器研究，學殖深厚，原原本本。課餘喜號召師生餐敘。嗜魯菜，能提調，故於飲膳界亦稱大佬。縱酒談諧，風度嘉美，流傳掌故甚多，有聖人氣象。與梁實秋、唐魯孫諸公之風格不同。他又擅長書法，來臺後，與臺靜農、王靜芝、王北岳、吳平等成立「六修書畫會」，市面上請他題額題匾的也甚多。

先生之禮學，原本家教，以清人為基礎，而兼及古文字及古器物。我曾聽他說當年商家造假玉時，要殺一條黑狗，把玉塞進肚子裡，縫起來再埋上幾年。起出後，玉色血沁便天然入古了。與真古玉不同之處，僅在把入掌心呵氣玩嗅時，略有腥味而已。偽古銅器古陶器亦各有訣竅。講這些，便可見先生治學很重視技術上的細節。後來他曾組織學生拍攝了一部「士昏禮」影片，還指導學生針對輿服禮制各做了若干專著，皆本於這種重儀制的態度。

歷來講禮學，路數頗分。重《周禮》者，志在經世；重《禮記》者，觀玩大義；重《儀禮》者，詳於名物度數、具體儀節。一般人較偏於前者，認為《儀禮》瑣碎，且僅及於技術層面，故不免輕視之。實際上《儀禮》是經，《禮記》只是傳，乃解釋《儀禮》者。《周禮》則爭議極大，今文家斥為偽書，其所談體國經野之制度，社會一般也用不上。因此一般人雖最重視《禮記》，禮家卻須對《儀禮》真下過工夫才行。我認為孔先生就是由《儀禮》入手的，其所講也最能復見三代禮儀之美。

當時政治大學另有王夢鷗先生，精研文藝美學，能綜攝康德、克羅齊以來語言美學一路，以與中國藝文思想相發，是當代極少數真能自成一家之言的人。亦善創作，曾出版《生命之花》等劇本甚多，並參與製作中央電影公司影片。而同時精於《禮記》，考釋詳析、明銳過人，有《鄭注引述別本禮記考釋》《禮記月令斠理及演變之考察》《禮記今注今譯》等書。兼治陰陽五行之說，亦極深入，著有《鄒衍遺說考》。宜古宜今，會通中西，則是另一種典型，與孔公不同。

孔公門下，裁成者眾。曾永義、黃章明為酒豪，別組酒黨，以「三民主義、五拳憲法」橫行一世。周鳳五、陳瑞庚等則通嫻書畫文物，坊間孔公題識，多由陳氏代筆。鳳五才高，清妙多能，在我之上。而王夢鷗先生之禮學，則傳承者較寡，影響只在文學批評方面。

我讀的淡江大學，當時無專治禮學的先生。但師大戴培之先生來教我們《荀子》，卻頗涉及禮論。先生頎臞，著大褂，書法勁雅。他手寫的講義，我都是當字帖看的。論荀子，與政大熊公哲先生略似，而文章淵懿。每一講都是一篇好文章，我們這一代人是做不到的。

荀子乃傳經之儒，漢人禮論、樂論多本之荀。故欲治《禮記》、《大戴記》，必溯源於荀卿；荀學亦是通禮學之祕徑，可惜此理絕少人明白。戴先生之學，似乎也沒有傳人。

我作《讀荀子劄記》即是有見於此。該文考證荀子說「學，始乎誦經、終乎讀禮」的讀禮，不當如楊倞說是典禮，也不當如盧抱經說是《曲禮》，更不是誦讀，而是督。謂讀書之功，最終須能以禮來條理社會人生。

又考證說荀子「禮者，法之大分，類之綱紀」的類字，本是祭名，故凡依禮而行、法禮而行就稱為類。

又，荀子云「隆禮義而殺詩書」，諸家均解殺為殺滅，謂荀卿重禮而輕詩書；王念孫郝懿行梁啟雄認為儒者不可能輕視詩書，故把殺讀為敦。我則認為殺字本來就有治理的意思，如劉向別錄云：「殺青者，直治竹作簡書之耳」，所以不必改字為訓。

凡此，都是想由荀子來談禮學。後來我也在淡江教過幾年荀子課，可惜於戴先生之學無多紹述。

師大另外還有周何先生來淡江教我們《禮記》。規定要點讀經注，另授我文字學。他是孔公王公之後新一代的禮學名家。博士論文《春秋吉禮考辨》，便是通貫地講禮制的。

周老師治禮，又治《春秋》，後來也在師大研究所教過我春秋三傳。既為「周公」，又治禮，故人頗憚其方嚴。但倜儻能詞，風神搖曳。曾任師大國研所所長，後擢升為國家考試院委員，士林仰望。不幸庭帷多變，妻既離異，情人復劫其財物房產以去，更且取其日記，摘其中閨房媟狎細節，公諸媒體。輿論為之大譁，遂狼狽去官，落拓避居鄉野。欲著述，而忽中風。掙扎復健，仍擬講學，卻終不起，實極人世之慘。所撰日記，周安托曾讀之並擬出版，云彼以自身經歷為小說，哀感頑豔，文采遠勝《肉蒲團》《迷樓記》。此，禮學之外篇，閨門之哀史也。

## 二、制度

周老師專研吉禮。吉禮指郊天、大雩、大享明堂、祭日月、大臘、祭社稷、祭山川、籍田、先蠶、祭天子宗廟、祫禘、功臣配享、上陵、釋奠、祀先代帝王、祀孔子、巡狩封禪、祭高禖等。我後來較著力的也在此。不唯推動祭孔，各地祭黃帝、祭伏羲、祭神農、祭西王母、祭山、祭海、祭天也常來問我。

我《宗廟制度論略》一文，即是一九八一年上周老師課時的報告，後來刊在《中國學術年刊》上，討論的是最棘手的宗廟制度。

為什麼棘手？因《周禮》非周公制禮之實錄，與後世典制亦無直接關係，後世制度，大體皆由《儀禮》往上推。

《儀禮》主要是士禮，有士冠、士婚、士相見、士喪、士虞等等（所以清朝藏書家黃丕烈買到了一部宋版《儀禮》，高興得把自己書齋稱為士禮居）。古者禮不下庶人，可是春秋之後既已禮崩樂壞，一般人若要效法君子，則除了內在德行上要進修，外在容止服飾上也就須效法古之君子貴族。儒家在當時推廣儒冠儒服儒行，也即是這個目的。因此對太過繁重的公卿王侯之禮，並不太傳授，因為一般人根本用不上。庶民能略效士禮、整齊風俗就很好了。此儒家傳禮之微意也。然而亦因為如此，士以上之禮，大半廢缺，難以稽考。

如天子諸侯宗廟之祭，乃古代頭等大事，可是立廟之制，後世禮家就為之聚訟，昭穆啦、明堂啦、祔主啦、祭法啦、宗子啦，無不紛紜莫辨。

其次，禮學名家，在文獻上考來考去，固然功力深厚，但一來缺乏歷史觀，把歷史上不同時期不同情況的東西和想法混在一起，自是越說越令人糊塗。

再次又缺乏社會觀，常是孤立地說禮制，不知宗廟及其相關禮制與整個社會的關連性為何。為何封建政體須要有宗廟制度？為何後世政體已經改成郡縣制了卻仍與宗廟制度有關？宗廟制度與一般老百姓又有什麼關係？這些問題若不清理，宗廟云云就絕對講不明白，歷來聚訟，也就無解。

我的宗廟研究，因此與前賢頗不相同，比較清晰地說明了歷代廟制的變遷、為何要有此制度的原因、此制度與整個國家政治道德秩序有何關係、廟制內部各種禮儀的安排等等。因此後來常被收入一些上古史論集中，令人以為我是老前輩。

我之不同，不止於此，還在於我是研究「制度」。一般史家研究的僅是史事，禮家則只是講禮儀。禮是個很大的概念，大可指典章制度，小可指風俗習慣諸禮儀。古人常把前者稱為禮、後者稱為儀。例如《左傳》昭五年晉侯謂女叔齊曰：「魯侯不亦善於禮乎?!」對曰：「魯侯焉知禮？」公曰：「何為？自郊勞至於贈賄，禮無違者，何故不知？」對曰：「是儀也，不可謂禮。禮所以守其國，行其政令，無失其民者也」。用以守其國、行其政令的，是這個國家的典章制度；至於一般的揖讓進退，則只是儀節而已。

同理，《論語・子罕篇》載：子曰：「麻冕，禮也，今也純儉，吾從眾。拜下，禮也。今拜乎上，泰也。雖違眾，吾從下」。麻冕之禮只是儀文，所以可以隨順時俗。拜下則是禮，因為涉及秩序之表現問題，拜上就失序了。所以孔子說即使大家都這樣做，我也仍只拜下。兩個禮字，內涵與指涉皆不同。

由這個區分看，婚、賓、朝儀、賜宴、大射、視學等，都只是一種儀節，附屬於制度之中。如婚附屬於親屬制度；大射、視學等附屬於賓禮，以對兵制或學制做更明確的表現。它和制度雖也是種內在結合的關係，卻須根據制度來表現。至於宴會、賜食、勞軍等儀，與制度的關係，則僅如人之著衣。

每一制度，都有一套基本組織框架，也有各種依附儀節與之結合，以指向某一目的。這些附質，可以隨時變更，如黑髮之於人、廟樂之於宗廟。禘祫、時饗、薦新、徒享、配祀、祔祭俱屬宗廟制度之一環，道理即在於此。各朝代對禘祫廟數等禮，雖迭有更易，但皆不能沒有宗廟制度，猶如各社會婚葬之禮互異，卻不能沒有親屬制度。我們觀察一個社會的婚禮，不能只注意它迎親、設宴、餽贈、歌舞、拜敬等儀俗，而不從親屬制度去掌握。

過去，胡適說儒，認為儒家出於替人家辦喪事的那種禮生，其實就是在這裡搞錯了。相禮的禮生，處理的只是儀節儀式；儒家講的禮，是還要安邦定國、為人間立法的。

我欲以學問經世，故覺得一般說禮者都只糾繚於儀節考證中，不能掌握制度義，不惟層次低，其實也愈說愈不清楚。清儒之考宗廟，即是如此。我由制度往下講儀節度數，才把問題講明白了。

講清楚以後，這種研究就又有超乎宗廟本身的意義和價值，可以推拓到哲學與政治社會研究去。

例如宗廟制度的骨幹，在於宗法，宗法又繫於氏族。周代那樣的封建宗法，當然後世難以維持，但宗法與氏族仍在，只是宗法之規定與氏族之形態不同罷了。宋代以後主要是小宗法，家族宗祠以開基祖為祖，不尊其朔。其族譜、祀典均隨之而變。後來我寫《唐宋族譜之變遷》《宋代族譜與理學》《族譜中的政治問題》等等，都是對此之延伸討論，乃是摸清楚中國社會變化的關鍵。

而這種變化，又涉及封建制與郡縣制之爭，是中國政治思想史上絕大的爭議。像近時牟宗三先生批評中國古代政治思想的重大缺陷，是只關心治道而忽視政道；只討論治國方式，不知道改造政體云云，便是因為牟先生不知或沒重視到封建與郡縣之爭。

另據學棣蔡孟翰《從宗族到民族：東亞民族主義的形成與原理》之研究：宋以後，郡縣與小宗為一組，封建井田與大宗為一組，爭論不斷，但整體來看，郡縣論畢竟占上風。到顧炎武〈郡縣論〉提出「寓封建之意於郡縣之中」時，便宣告這個爭論已結束了，支持封建的人只能思考如何在郡縣制中推動符合三代封建的理念與政策而已。

但是，宋代以來大宗制的宗族論，卻跨洋過海，在十七世紀的琉球全面落實，也在日本江戶開始發展起來。到文政年間，也就是清道光年間，一種由天下大宗宗法制發展來的東亞民族主義與民族想像的理論輪廓，已勾勒而出；接著再從明治的日本，經由滯日之東亞各國士人，流向中國、朝鮮、越南，引發現代東亞史上的巨大思潮。

也就是說，宗廟、封建、宗法之問題不是那麼簡單的，在分析東亞政治社會時，這真個是「禪是詩家切玉刀」。無此刀，便不能如庖丁解牛，「手之所觸、肩之所倚、足之所履、膝之所踦，奏刀騞然，莫不中音。」

再就方法學的意義說。一般人常以為是先有內在的哀敬之情，才藉外在的禮文表飾之。我卻認為是倒過來的，禮文形式在先，心情感受後之。荀子說：「宇中萬物生人之屬，待聖人然後分也」（禮論）「先王案為之制禮義以分之」（榮辱）「先王惡其亂也，故制禮義以分之，使有貧富貴賤之等」（王制），都說明了形式不待內容而先驗存在於聖王思慮中；聖王制此形制之後，貧富貴賤、哀敬戚歡等內容才能安排於此一定的關係中展示出來，所以說：「禮義者，聖人之所生也」「聖人積思慮，習為故，以生禮義而起法度」（性惡）。

荀子這個講法，曾被牟先生及其後學痛批，他們根據一種孟子學式的思路，追問：聖人憑什麼就能創制呢？荀子只講禮義生於聖人，卻不知聖人要生禮義，須有能生禮義之心，故荀子之說缺乏聖人生禮義的超越依據。

可是，依荀子說，根本不須講超越的善性，虛靜清明的心就可以生出禮義了。而且，此說之重點並不在心性上，而在於制度。以婚制為例，上古民不知有父母夫婦，婚嫁之制形成後，才有父母夫婦之義；不同的婚制，就會產生迥異的道德觀。

喪禮、祭禮也都如此。墨子曰：「越之東有輆沐之國者，其長子生，則解而食之。其大父死，負其大母而棄之。楚之南有炎人國者，其親戚死，朽其肉而棄之，然後埋其骨。秦之西有儀渠國者，其親戚死，聚柴薪而焚之。」喪法不同，倫理自異。

所以，說「宗廟，親親也」，不是說宗廟制度是為親親這種感覺經驗而建立的，而是宗廟可以使人群親親尊尊，有宗廟制度才有親親為其內容（現代沒了這種制度，所以人也不能親親）。

因為形式必然指向某一目標，以形成一有秩序的結構；內容即是伴隨著形式本身的指向或目的而產生的。由其目的性原理看，無論是制度本身欲達成之目的，或只是它自然的傾向，都可演繹地由本質獲得證明，而不必靠經驗來證實。例如說宗廟的意義在維繫封建、收族統宗等等，這都是由制度本身推演而得的。若從經驗上看，則射王中肩者有之、問鼎輕重者有之，大宗正統之義又奚存焉？

當然，我這也只是一偏之說，為了哲學地說明制度及其意義，不得不如此講。但不論如何，制度既已形成，其目的性必與人群組織息息相關，它在人群社會中所造成的具體影響即不容漠視，且可視為制度所造成的社會性意義（即孔子所謂人文化成的意義）來處理。

要明白這一點，才能論禮。過去儒者多學告子，仁內義外，然後強調內在的仁、心性，卻不知禮義不能把它看成是外在的。且離了禮，仁義性命之教即無所附麗、無法開展，甚至根本不能生起。因此

「教民不倍，必自喪祭之禮始」。空談仁義性命而不探本於孝悌所依存的宗廟喪祭制度，則禮樂性命云云，僅是虛說而已。

這個認識，具有方法學意涵，足以扭轉當代新儒家重仁輕禮、攝禮歸仁之弊。我後來論孟子、朱子、王陽明的禮學，並長期採用「形式與意義」的分析視野看文化史，都與這個態度有關。

再者，制度又不能僅視為一種外在的政教之「跡」，而是與思想格局有關的。思想格局是什麼呢？例如「孝悌也者其為仁之本歟」，孝悌與仁的關係，須先有「本—末」才能表現出來；又如「誠於中形於外」，「中—外」便是思想格局。中外之分是預先設立的，它不因誠始有中外，乃是先有中外始能把誠顯現出來。聖王之「創制」，須如此說才有意義。

本末、主從、上下、先後、中外、順逆、原委，源流，屬於同一類思想格局。《大學》上：「一是皆以修身為本」的本末，就是用於說明齊家治國順序的格局，謂一切有關秩序的組織，皆總攝於一本。宗法、君臣如此，相對於其他制度及組織，宗廟制度亦復如此，所謂「大宗者，人之本也、尊之統也」（通典卷九六范汪祭典）、「為宗子者，雖在凡才，猶當佐之佑之，而奉以為主」（全晉文卷八八賀循宗議）、「君者，民之原也」（荀子．君道）。本、統、主、原、先，就是君民聯翩相屬的中心。天統萬物、宗廟統朝廷社會、君統百姓，以上附於天，合於宗廟。宗子統族人而奉君與宗廟，宗廟又涵邦國君臣，成為一切政治社會之本，與天相配。所以孔子才說：「明乎郊社之禮，禘嘗之禮，治天下其如示諸掌」（大學）！

當然，依荀子，禮可有三本：天地先祖是一本、君是一本、師又是一本。但這仍是本末思維，且三本又終究歸於一本：君師總攝一切政治文化，又總繫於宗廟之下，宗廟遂成為禮之真正本源。馬一浮《復性書院講錄》中曾用佛家四悉檀的理論來說明儒家禮樂之教，其中祭禘禮又稱為第一義悉檀，一切悉檀俱歸於此，也充分地展示了宗廟在所有禮制和儒家文化理念中的根源性意義。

宗廟制度的倫理目的性，在這種情況下，即勢必延伸至政治社會各層面去展現。例如文人作詩而有江西詩社宗派圖、史家論史而談正統論、理學家論聖門事業而編《伊洛淵源錄》、畫家論畫而有《文湖州竹派》、書家論書而作《法帖譜系》、禪宗仿宗廟制度以建立其傳燈譜系、道家全真教也編其《金蓮正宗記》、青幫漕運水手或天地會黨更要模擬宗族廟祀等等。

這些都是過去談宗廟的人沒注意到的。豈止論宗廟的人不曉得，就是論宋明理學、談江西宗派、說禪宗史、考祕密社會，乃至講書法史繪畫史的，又有誰知道？饒宗頤趙令揚諸先生爭談史學正統論，便於此失之眉睫。講理學的人，說理學家模仿禪宗傳燈法脈建立其宗派意識，更講得跟真的一樣。至於江西派，在我之前，都以為是一派，且是模仿禪宗，以山谷為初祖，沒注意到詩社宗派的「宗派」義……。

我博士畢業後，有次學校命我回去做報告，談自己的論文，請于大成先生來講評。聽我說了江西詩社宗派、法帖譜系、文湖州竹派等等的關係，他爽然若失，說：「哎呀，這些我都讀過，怎麼就沒想到它們與宗派圖的關係！」是的，沒人想到，因為沒人從宗廟制度的源頭上想下來，也沒想到宗廟制度會延伸至社會文化各領域去。

做宗廟制度研究，自然也會延伸探討宗族譜系。因為古之宗廟，後來即衍為各宗各族之祠堂。而族內親疏血緣關係，也就是家族的制度狀況，則顯示於家譜。

近代譜學衰微，一厄於現代化，社會結構大變，宗族多成為核心家庭或直系家庭。且族人四散，流入城市，彼此親緣不固，漸成陌路。二厄於反傳統思潮，以家庭為桎梏、視禮樂為寇讎，宗祠族譜等統宗收族之道，遂廢而不講。三厄於史學理學之微。新時代教育不貴文史，即或傳習，亦以西方史學哲學為矩範，徒能考史，而不能修史撰譜。譜法譜例，皆不講究。故人才荒闕，不勝憫嘆。於宋朝儒者託惇倫大義於譜志之中的微意，尤罕嗣音。

我碩士畢業，即隨申慶璧、白惇仁老師替張建邦校長修其族譜，漸注意到這些問題。後來陳捷先老師主持聯合報國學文獻館，辦了許多年亞洲族譜學會議，我也都積極參與，另還參與編《花蓮縣誌》等。其中我的作用，一是綜合方志與譜系，二是注意族譜變遷與時代社會的關連，三是吸取歐陽修他們藉修譜來達成「化民成俗」等倫理功能的經驗，後來轉化為我朝向社會生活層面的儒學經世運動，興禮樂、倡修譜。

## 三、社會

宗族是社會組織最核心的部分，我由此出發，當然目的還在於想解析社會。

古代本無「社會」一詞，這是近代日本新造的漢字語彙，與經濟、政治、國學等詞彙一同在晚清傳入。它是把中國古代人群組合的兩個類似字拼合成的。社，指宗社血緣團體或地域里社團體。會，指人群因職業、興趣、互助、宗教或其他原因而會聚成的團體。與幫、黨、團、夥約略同義，也彼此可以互用，但歷來不曾結合成「社會」一詞。

原因是：社、團、會、幫、夥或國家等等是具體的，社會卻是抽象的。近來也有人用「想像的共同體」來說明這種抽象的社會性質。不過，抽象的社會倒也不盡由想像構成，因為它並不都像夢。比如華人居住生存之具體家庭、宗族、鄉里、城市、社團、州地乃至國家雖不一樣，可是跟其他民族、其他文化群體比起來，它們還是具有若干特性是共通共有的。面貌近似，具有維根斯坦說的「家族相似性」。

對於這種共通共有之特性，有些研究者由國民性、民族文化基因上去找答案。有些則注意到它們人群組織的原理、方法。前一種是哲學式的研究，後一種便是社會學式的了。魯迅以來，許多人喜歡講國民性，臺灣有楊國樞李亦園諸先生在學院中做此類大型研究，社會上有柏楊李敖在宣傳。我卻不走這一路，偏向後者。企圖透過對社會各種團體、組織之分析，由其組織原理方面，去觀察各不同群體是否可以尋找出一種抽象的組合原則，再以此原則去統貫地解釋該社會不同階層、不同地域、不同具體社團幫會內在的一致或差異。

如此，整個研究自難免有些循環互證的嫌疑，提出的各種社會原理，其實也多只是假說。但這又何妨？人居山中，於其山勢全形，真個是雲深不知處，橫看成嶺側成峰，難窺全貌；只是誰又能阻擋我們了解整座山形的渴望？

而且，山有筋骨脈絡，可以觀來龍、察結穴。社會也一樣有它們的筋骨脈絡，那就是它的典章制度。整個社會，你可以說它是個抽象的存在，典章制度卻甚實在。華人家庭，不論它在何處，其組建之方式和維持其運作之制度一樣，它面貌就會十分類似。脫離典章制度，當然也可以談國民性、民族文化心理，哲學思想等等，但那是另一種談法，架空以申愛憎，故社會學式的研究終不可少。

我們這個時代，最具影響力的社會理論，一是現代化，二是馬克思。兩者又都不只是解釋性的，更有指導社會發展方向的實踐功能。我在讀大學時期，因不契此二說，故都避開，僅由哲學思想一面去討論文化。

可是這個問題乃至方向是避不過的，我的生活機緣也使我愈來愈緊密地接觸到這方面。碩士畢業後，追隨張建邦先生學習「後工業社會」理論，探討未來學，更深刻影響到了我的歷史文化研究。

張先生是華人世界最早提倡後工業社會研究的，「知識爆炸」「資訊社會」等詞都是他創的。講說研究外，還開課程、購設備、組織會議、聘用專家、編譯稿、辦期刊、成立出版社去推動未來學、資訊學。而他又是校長，精研世界教育發展與管理模式，理論與實踐並重，我當他不稱職的祕書多年，從之學習甚多。後來他從政，任臺北市議會議長、交通部部長等職；我也因此總需要在極短的時間內了解都市建設、城市發展、行政管理等具體事務，找中外相關資料來研讀，並立刻提出自己的見解來。可謂人生難得的淬煉。後來我辦管理學院，成立未來學所，都有他的影子在（五月杪忽聞先生逝世，甚為感傷。先生辦學，待學生最厚。友人徐秀榮考上淡江後，因家貧，雖輟學打工，仍無力續讀。無奈，冒昧致函先生求助。先生即自費代交其四年學費、四年免費自助餐，還給一份不必工作之工讀職務，並可優先申請獎學金，以令其安心學業。先生愛才，助濟貧寒學子者輒類此。今日言之，不啻天方夜譚）。

在追隨後現代諸家理論去研究未來與趨勢之同時，對古代中國文化史，我也須同時做幾項工作：

一是由理論上，整合思想文化的討論與社會學式的討論，發展出一種心物合一，既重文化理念、價值意義，又重視物質形式、社會組織的思路。一九八四年寫《中國文化史論綱》時特闢一章論〈觀乎人文：文化的形式與意義〉，就是處理這個方法學上的難題。

二是由具體的社會組織及制度上做分析。由替張先生編其家譜入手，討論歷代宗廟制度及宗族組織。寫了不少文章。詳情前面說過了。

另外，則由我國俠義傳統入手，分析俠義精神，而逐漸發展到俠客組織、反社會人格、越軌社會學等方面。許多人都知道我嗜武論俠，曾創辦中華武俠文學會，卻不知我略有獨出機軸之處。因海內外諸君皆由文學入，較少社會學面向；史學界的朋友當然較能考論俠客的會、黨、幫、派性質，但其實也少人做，對文學及武術又大抵不甚了了。

三，後來我又擴大了這個研究取向，把它當一種文化運動來做，提倡研究社會文化變遷。先後呼朋引伴，爭取資源，辦了漢末、晚唐、晚明、晚清與五四的文化變遷，以及戰爭帶來的社會變遷等研討會。文化及社會變遷，成為我個人學術早期研究的主軸。這在八十年代的臺灣文史哲學界，乃是極其特殊的。通過對社會文化變遷之研究，我不但要說明我國歷史的歷史性，更想找出應對當前文化變遷的策略。

九十年代以後，我從事兩岸文教交流事務，社會工作與時事評論越發成了生活重心，辦雜誌、做官、擔任報社喉舌等。直到我移居大陸後仍有陳曉林兄督促我每週發稿，評析時事。

在古代文化方面，我亦不敢懈怠，主要開拓有三，一是宗教社會學，二是中國父系母權的社會性質研究，三是文人階層史研究，四是人文管理學。

宗教研究，我早期較偏重教義教派，後則因參與佛道內部活動較多，逐漸打開了宗教社會學的面向，辦了中華道教學院、國際佛學中心。對宗教管理，宗教之社會工作及慈善事業等論述漸多，還開創了生死學、生命學、殯葬管理等新學科。

由宗教研究，我發現中國女神信仰特別發達，甚至有女性至上神，與佛教基督教迥異。由社會看，中國家庭亦非西方父權制所能解釋。因此重新釐定中國社會為「父系母權」，而對目前受西方女性主義思潮影響的各種中國女性史、家庭史、女性文學論述都不以為然。

文人階層史，則是我在早期論俠義傳統之外另闢的領域，是對我國文學理論與文人生活史的一個補充；「文人階層」的提出與確定，在學界也是新鮮事。只由西方社會學角度看，是看不到的。

正因這樣，我辦的南華與佛光兩所大學，遂以人文和社會兩大學群為主，我自己還擔任過出版學、未來學、傳播管理學等科系的主任，主持過藝術行政學會，開創藝術管理學科，對社會的投入與關注，花去我許多精力。

藝術管理、殯葬管理、非營利事業管理、出版學、環境管理、旅遊事業管理等等，我把它們視為一個新的學群，稱為人文管理。乃人文與社會融合的學科，我則是這些學科在整個華人世界的創始人。

例如我辦的資訊管理系、資訊社會學系，即不同於其他學校的資管系，只談些資訊工程與技術規範之類，而是想討論在資訊充斥的社會中，人如何管理資訊、如何處理資訊帶來的社會變遷。此前，學界論到管理學，只有工商企業管理、政府管理兩大塊。到我，才打開這個領域，並在華人世界推廣。

我關注的「社會」，這時便也已由臺灣而兩岸而東南亞而擴及整個華人群體了。

具體研究，則常參會文化人類學之方法。

文化人類學，乃人類學之一分支。此一學術體系，原是因西方人殖民了亞非各地，故學者隨著商人探險家深入榛莽，進到那些西方人視為原始蠻荒的地區去，研究活在那兒的種族。民族學、人類學、人種學這些稱呼，指的遂不是所有的人類，而只是「未開化的」「原始的」人。他們都住在歐洲之外、都有奇風異俗，等著歐洲已開化的人類學家去調查去研究。

由於我國境內民族眾多，因此運用西方已發展出來的調查方法去了解各少數民族，似乎也有現實的需要。所以一九三〇年，中國社會學社成立於上海，蔡元培先生之報告題目就是：社會學與民族學。接著，一九三四年成立了中國民族學會。正式引進了這個學科。

歷史研究也開始熱衷此學，因為上古一段需要人類學家對「原始社會」的研究或假說來提供推擬的憑藉。如泰勒（Tylor）的精靈信仰說、局部外婚制說、表兄弟姐妹婚制說、父母依子女命名習慣說，摩爾根（Morgan）家族血緣與親緣制度說，涂爾幹的初民心理說、集體表象說，霍歷豪斯的道德起源說，乃至圖騰說、母系說等各式各樣推論，都曾被廣泛應用於古史研究中。

但由於人類學起於歐洲人對亞非澳美及大洋洲諸「未開化」民族的調研，故其研究結果本身就不易脫離居高臨下的心態；當時又彌漫著進化論的氣息，所以早期多是在討論文化的起源與進化變遷的模式。

這種思維方式及進路，自然也影響到了對我國古代社會的研究。雖不太有種族優劣論，但有關進化的假說卻十分普遍，關於民族文化的傳播，也深受人類學中播化派的影響。

播化學派本是反對進化論者而生的。進化論者認為文化發展的模式是由低到高、由原始到開化，而且這模式是各民族都一樣的。反對者則主張人類歷史未必是一條相同軌道上的大進化，而是由不同中心、不同原因形成的各個文化起源點，相互傳播、影響，交互作用。其中，民族遷移之作用也十分明顯。因此這類學者較重視文化圈、文化中心以及文化遷移的概念。

這些理論及研究方法，在文化史研究上頗見影響。例如英國史密斯的埃及論，至今就仍深具活力。它說全世界文明均源於埃及，然後傳至美索不達米亞、土耳其斯坦、印度、敘利亞、中國、日本；印度那一支則再傳至麥克羅尼西亞與美拉尼西亞，進而傳入玻里尼西亞和美洲。

這講法，後來有許多變形，如說不是由埃及傳來，而是由兩河流域。古史研究中，統稱此類為中國文明西來說，清末民初風行一時，迄今師長中蘇雪林、黃永武諸先生就仍如此主張。伴隨著這個說法的，還有體質人類學方面的人種非洲起源說等（近年呼應臺獨思想的還有一種「南島民族」說，謂臺灣不屬漢族而屬於南島民族，且世界上南島民族皆起源於臺灣）。

我做文化史研究，在分析社會制度與組織、了解文化發展與傳播、尋找模式時，也均不能不考慮人類學各種成果。對歷史學派之方法有些會心，進化論各派則多不能契合。

在方向及領域方面，我希望把文化人類學當做一種方法或視野來使用。不僅用來觀察少數民族，也用以研究漢人社會；不僅施諸古代，也可藉以理解當代。因此我既論彝族、維吾爾族、客家族群、臺灣原住民、哈薩克地區和伊斯蘭文化圈，也談東南亞華人社會、現代城市建設。

而討論這些時，我都不只是文獻式的，或只依理論模型去懸擬推揣，皆有涉身入乎其中的人類學式田野工夫。所以才能把握其族群組織之肌理，了解該文化區中人物之人生觀、價值觀。

但說到此，你可別在腦子裡出現那些深入蠻荒的呆苦人類學教授形象。我所謂田野調察，其實就是玩，上山下海地玩。玩著玩著，就把學問做了、把書寫了。

玩怎麼做學問？有次我在揚州平山堂玩，發現廊柱下鑲一石條，上有鄧石如一聯云：「豈有文章驚海內，更攜書劍客天涯」。大生感會，乃拓了回來。因為此聯亦不妨為我之自況。因我雖好遊，卻非漫遊，亦非浪遊，遊輒與田野調查方法相結合，故遊皆不枉。曾有記遊之書，名《書到玩時方恨少》，其實玩時誰帶著書呀？更攜書劍客天涯，書都攜在腦子裡呢！早有書本子上的知識儲備，再加上一點人類學的方法與眼光相濬發。這樣，玩得越多，學問就越好。以我二〇〇六年遊衢州的日記為例：

想起郁達夫在〈爛柯記夢〉一文中曾說衢州西安門外，新河沿下的浮橋邊，有江干的「花市」。乃其實就是船妓。雖據他考察所得，比蘭溪的江山船要遜色得多，可畢竟是一景，不知今尚存否。乃於會議期間，自攜一囊，獨自江干尋去。找了半天，才知浮橋早已拆除，今沿河闢為綠地。林蔭下，老人聚眾唱戲曲的還有幾處，花船卻成了歷史。

花事既不可見，便想起《聊齋》上又有「衢州三怪」之說，云衢州在清朝時，鐘樓上有鬼，頭上長角，貌像獰惡，聞人聲即出，見者輒病。又城中一塘，夜出白練一匹，過者拾之，即捲入水。又有鴨鬼。夜靜，作鴨聲，人聞之亦病。我反正無事，何妨便去找這三怪。於是覓人問了路，先去鐘樓。

樓在城北，但早已坍圮，只剩臺基，高四五米，跨街而立。樓下門洞及其周邊，全是攤鋪，打燒餅、賣肉、煮麵、蒸糕、販雜貨，應有盡有，一派市井煙塵氣味，獨角鬼似乎早已遷走或與市民沆瀣一氣了。基座旁有一趙抃祠，卻甚雅潔，祠宋代趙靖獻公，參觀還不用門票。

由鐘樓往西，縣學街中有一塘，即白布塘，今改名縣學塘，池波數畝，中立一亭，想是尚非夜中，白布之鬼還沒出來。鴨鬼塘則未見，詢之路人，多不知，只好罷了。獨去找天妃宮、周靈王廟、神農殿。

郁達夫還說城裡有幾處是非去看不可的，一是豆腐鋪作坊後面的天王塔，二是城東北的祥符寺，我都沒找著。衢州本應有婺劇可看，去天后宮問，云不恰好，近日演的乃是越劇。道情呢？那種盲人拍打著蛇皮毛竹筒說唱的技藝，也難見了，街上淨是流行熱門音樂。

讀《聊齋》、讀郁達夫，讀時不當一回事，可是不知什麼時候到了衢州，忽就用上了。這就是知識儲備之工夫。

人類學的工夫，一部分來自觀察，另一部分來自系統的調查。觀察要靠心態上的敏感和訓練過的眼睛，調查須仰賴組織、思路與方法。組織和方法，可由教育來；思路和眼力仰賴經驗，須見多識廣才能看得出門道。但這些都不難，難在心態。心態是什麼，主要是好奇。好奇，猶如詩之「興」。好奇才能生疑情、想探究竟，好奇才能敏感。此與眼力恰好相反，眼力靠熟，此則靠生。彷彿乍見，乃有驚奇，久了，習慣了，感覺就鈍了。

可是生鮮新奇，只能是一種感覺，可找到問題點。能知這是個問題，還能聯想起若干相關相似相反的事例，與相印證，則又需眼力。看過的人與事、讀過的書，與之合成，才能產生意義，或形成產生意義的欲望，覺得：「耶，這有意思！」這時，一個模糊的答案，其實便已出現於我們心中了。

只是，若想將此模糊者穩定清晰之，則還需再做些系統的調查和研究。故調查不是中性客觀的，也不是第一級的方法，更不是無知的小白兔揣著專案經費就去老鷹窩裡採訪錄音。那只會讓人聽見兔子的慘叫，如我們現今在各學術期刊上看見的調查報告那樣。

我遊屐半天下。自己遊，也常拉了人、組了團去遊。在赴陸委會供職以前，已廣遊大陸、東南亞、歐洲、日、韓。出來辦學以後，往遊歐美加澳主要大學、博物館、圖書館益多，參酌損益，所以創立了許多新制度新學科，能開新格局。

嗣後我又在校內推廣遊學制度。認為每學期一門課，不過十二三講，不到三十課時。但隔週一次，一曝七寒，未必比得上隨老師出遊一週。朝夕相處，耳濡目染，日觀古蹟書畫、訪問學人，夜談答疑、相與討論。一日不只十課時，效果當遠勝於枯坐教室中聽受也，某些課更當如此開設。所以在佛光辦了許多次這類遊學，許多教授也喜歡隨我去玩。遊學時，還常配合辦研討會，擇定主題，舉行跨國巡訪及會議。

校長卸任後，我在大陸辦的幾十次遊學營和研討會，基本也採取這個遊玩、講學、調查、研討會合一的模式。佛光教授楊松年、謝正一主推的南洋學會、華人信仰研究中心，趙孝萱在深圳辦的元培學院，也都發揚此風，做得有聲有色。大陸目前文化旅遊也已頗有由教授專家帶團出遊並附課程者，但性質仍與我所開創的這個模式不同，非文化人類學調查，更不能結合研討會來做。

其中不乏很有趣的，例如我於二〇一一年，整體踏勘了江西三清山、靈山、葛仙山、龍虎山、麻姑山、閣皂山各處道教勝地，寫過《江西道教的風采》。其中談到：「早期道教某些教派是不見屍、不臨喪、不與祭的，修養生氣，忌諱碰觸死穢，但靈寶道相反，長於協助喪家超薦亡魂。許遜信仰提倡孝道，也薦亡祭祖。只不過它們的做法本來也只是上章拜表、齋醮經誦而已，可是一九八五年撫州臨川境內出土了一尊手抱羅盤的道士俑以及地券。地券是孝子替亡人購買墳地後封入墓中的。這份地券及手把羅盤的道士俑，就生動地說明了當時道士已習慣替喪家看風水了」。當時在靈山，我也恰好發掘了一通地券，是買陰地而以白鶴童子為證的，所以文中附帶談及這種民間葬俗。後來又寫了《告地策、鎮墓文、買地券所見之地主信仰》作為補充。

這類挖墳考古的事很好玩，是田野調查之正宗，我常去挖。但一般人或忌諱或不感興趣，還是講些略帶粉色的吧。

高行健得了諾貝爾文學獎後，為了支持我，全世界哪裡給他榮譽都不應，只應我之聘，來佛光大學任講座教授。佛光在宜蘭礁溪辦。因工商業不發達，還頗保留舊習。一日，鄉間父老請我們去餐敘，飯後趕回來開講。嘿，車行村落間，忽逢喪禮做場，有半裸女郎的電子花車歌舞。他大感驚奇，認為是絕佳的活動劇場。事實上，婚喪禮俗中有色情表演，雖廣受現代輿論抨擊，卻是民俗人類學中常見的劇目，自古以來，遍及各地區各民族。我們駐足諦觀那一陣，腦袋裡都盤旋演出著無數相關事例。

礁溪乃著名溫泉鄉，亦溫柔鄉也，自日據以來已然。我又透過鎮長等地方人士協助，調查過小姐、媽媽桑、老闆、那卡西樂師等等，也組織辦過座談會。酒國滄桑，多有未嘗披露者。後來我寫《文人階層史論》，談文人品花、憐花、與娼妓優伶等事，下及臺灣風月餘習，記酒家、茶店、那卡西、ＫＴＶ之興衰，即頗受此觸動。佛光謝劍、陳玉璽、周春堤諸先生，皆社會學名家，卻都沒想過竟能參與這樣的調查（大陸，我只知道人民大學社會系潘綏銘教授團隊也做過紅燈區調查）。

在礁溪，當然不只看這些。我也調查過碧霞宮岳王廟、協天宮關帝廟等等，均有論文，還做過宜蘭縣所有武館的研究。

在大陸，我成立的中國非物質文化遺產推廣中心，本來也就涉及非遺相關風俗手藝之調查。有不少人誤以為我能左右非遺項目之評選，所以也常來拉我去看看。我皆不辭遐邇，欣然規往。遊酒窖、看醋場、藝花、裁布、貼金箔、燒陶瓷、煮馬奶、作漆畫，什麼奇石館、廢鐵廠、彩棉棚、老戲樓、古道觀，這遺址、那園區，看個不了。總之，見了不少祕藏，結了不少交遊，喝了不少酒，生了不少事。

各地方的考古或規畫，我也常去參與。如衢州要恢復開化紙啦，涇川佛像及舍利出土啦，鄒城孟廟修整啦，環縣、靈臺縣、三清山、龍虎山、大黑山、張家界等等要做發展規畫啦。這些，又都能與我這些年從事的文化旅遊主題景區規畫、城市建設、古蹟維護等工作相結合。由於有較好的歷史文化及社會調查基礎，因此這些年我的規畫會比一般建築規畫院、旅遊設計公司做得好些。那些，多半缺乏社會肌理之研究與歷史縱深，只用些建築、景觀、旅遊的概念與模版去套。

而凡我做的，也一定在其中植入研討會、遊學講習內容，以貫徹和生活結合的宗旨，遊而學，學而遊。

遊當然也頗有風險。有時人情牽攬，奔波萬里，不只一次撞翻了車；有時穿山越嶺、涉水攀岩，還曾摔破了頭；有時則被警方拘留。

一九九八年四月我與南華大學馬森、曹順慶等十四位同仁去嘉義鋪朴子溪和外傘頂洲考察，結果回來時被拘留偵訊，說是違反了國安法。現行犯，要拘送地檢署。外傘頂洲，乃是溪口堆積成的沙丘，並非境外，又非管制區，憑什麼要事先申請，又把我們當偷渡犯來辦？去澎湖、七美、蘭嶼等離島也都要事先申請？把我們一批教授隨意攔截下來偵訊恫嚇，真是莫名其妙。何況，別的法我不清楚，國安法卻是當年我修過的，好拿來嚇我嗎？

二〇一〇年去承德。則凍雲四合，雪愈下愈大，由灑鹽而漸如柳絮，再轉為鵝毛。乃匆匆趕回。不料高速公路業已封閉，只好走國道。

才出十餘里，山路坡斜，又雪天地滑，煞車困難，眼看竟要撞到前面的車子。司機連忙拐彎。誰知雪中根本控制不住，車一偏，居然滑進了對面的車道。對方大卡車正迎面而來，雙方都大驚，努力錯閃。說時遲那時快，我車剛衝向對方邊坡山壁，便聽得對方大車從耳畔轟轟而過。我車則一連擦撞過幾株松樹，震得松上雪塊撲撲落散，然後翻滾摔入路側山溝中。散落的雪塊，掉下來，恰好把車封住。

天旋地轉，我從翻倒的車裡正準備爬出，忽然手機響起。原來是青城派掌門劉綏濱打來，說他正在泉州黃海德兄處，問我在幹啥。我哈哈大笑，說：「正在翻了的車裡呢，翻落雪溝裡啦！」兩君皆大驚，說吉人自有天相，必有後福云云。

其實死生一線，好不僥倖！

二〇一二年七月。我由北京飛衢州，轉至江西上饒三清山，去商議籌建道教文化園區的事。然飛機誤點，抵衢州後，再一路盤紆而至三清山，已過了午夜。六點卻又早起出發，上山去踏勘。

我歷年跋山涉水，探勘林莽，經驗可真是太多了。在南華、在佛光、在湖北弘道大學，以及無數擬辦學校、園區之地，莫不深涉榛蕪，擘劃未來。因此這次也絲毫不覺有何異樣。

三清山遊客不到之處，林深蒨密、泉洌溪歡，早晨又露水濕重，走來雖覺艱險，卻也有深得山林清氣之感。

誰知下山時，為滿地的落葉所瞞，竟一腳踩空，身子往下墜去。急切中，右手一把扯住了崖邊草樹。不料霖雨方過，土石鬆軟，樹竟脫土而出，隨我一起掉落山崖去了。

幸而你讀過武俠小說，知道俠客男主角掉落懸崖時，崖底定有個水潭。是的，那崖底恰好就有一汪水。

我落水後，四肢著不了地，張眼望去，彷彿在一個碩大的透明水箱裡。可我根本不會游泳，好不容易才盡力翻浮起來，靠往岸邊。用手一抹，居然滿頭滿手是血。原來頭撞上潭中石塊，裂了一個大洞。

一同上山的幾位朋友慌忙衝下來扶持。一位嚮導脫了上衣，扯成布條，將我的頭裹住，再大夥兒一塊掖持著我下山。

這些嚮導腰後都像綁腰帶似的繫著一方木板，板子中間挖了個洞，把鐮刀插在板裡。逢著枝幹藤蔓礙阻時，就抽出刀來披荊斬棘。遇溪水太深，無法濟涉時，也要設法疊石架梁。但此時匆忙下山，都顧不得了，逕自涉水穿林而過。我近視一千五百度，而左眼隱形眼鏡落水後脫去，所以視綫模糊，只能瞇著一隻眼，踉蹌奪路。頭血且涔涔下，益形狼狽。

由溪谷爬出來，大家將我送往山頂衛生所，稍事清洗，縫了九針，然後趕緊下山，轉到玉山縣醫院。

照了CT後，醫師們都面色凝重，說外傷倒也罷了，頭骨撞裂了，凹陷一大塊，急須住院觀察治療。乃住院。

數日後，醫者對於是否要再做手術，且是否即在此僻小縣城中做，議論不定。遂移往三清山修養，仍由衛生所醫師供藥。說是稍好了再回北京修補腦殼。

這些年，我從沒在一處如此靜居十天過，故感覺別樣新奇。平生伎倆，皆在這顆腦袋上。如今頭破腦殘，悠然絕聖棄智，遂無所用思矣。

其間體會甚多，本欲作詩。破頭顱正是好詩題也。然而，病人其實也是很忙的，輸液就要耗去大半天，另半天則須與探病友朋相周旋，幾乎沒什麼閑。據說病人需要進補，所以友人又慌忙張羅山豬、野麂、土鱉、番鴨、石雞、烏魚、地龍等燉、煮、熬、炒了過來，益發增忙。

我又不只是頭的問題。落水後，一直覺得氣悶，手足亦有多處挫傷。拍了X光片，說脊柱、胸腔均無恙，只是肌肉拉傷。可事實上疼痛難當，有幾天根本不能動彈，起臥都要人扶持。

擅長中醫的友人說，此乃跌落碧水寒潭，寒氣入體使然。哇，碧水寒潭？那不是跟紫衫龍王黛綺絲入碧水寒潭與韓千葉決戰而染上寒症一樣嗎？也是個好詩題呀。但經拔罐、走罐、刮痧、推拿、針灸、分筋錯骨、火炙水蒸等等一番整治之後，只能坐著喘氣，啥也寫不出來。

如此養靜，最後才取道杭州，返回落雨的北京。而北京連番暴雨，死者已數十人。在北京，醫生檢查說，不必再動刀啦，頂多將來可能會有些癲癇罷了。聽之釋然，曰：我癲狂久矣，何妨更癲？

可見這樣遊，其實也不見得要講得多神聖、多高遠、多有意義，有時也挺搞笑的。但即使常常涉險卻還樂此不疲者，主要是好玩，可以暢娛生命或揮霍生命。其次才是可以周知瑣屑，上焉者詮經注史，下焉者搜神誌怪。我有未刊筆記《逍遙遊錄》專記怪力亂神，便得益於這些旅途知見。錄兩條，以見一斑，順便吊吊你胃口：

一、河南林州，古趙國地也。或云趙都中牟即在此，後始遷至邯鄲。今尚存趙長城遺址。其間有黃華山，當地最勝景也。

魏劉邵《趙都賦》已曰：「置酒黃華之館」，可知久為州人遊賞之區。《水經注》云：「縣有黃華水，出于神囷山，黃華北崖上，山高十七里，水出木門帶，帶即山之第三級也。去地七里，懸水東南注壑，直瀉巖下，狀若雞翅，蓋亦天台、赤城之流也」。今人闢其地為黃華神苑，而神囷山不在其中。實則太行諸峰之具形勢者莫神囷若，危巖孤立，四無倚傍，磊落砢峭，無可與京。

頂有廟，乃村民自建。導覽者，前文物局長也。告我曰：當時村民欲塑女媧以配鴻鈞老祖，苦勸不聽，遂下山。俄而雷雲四合，霹靂大作，震死三人、傷四人。村人大懼，乃止，今但祀鴻鈞老祖云。

夫國人有娘娘信仰，而娘娘豈可輕易得罪？《封神演義》云殷紂王往拜女媧，潛生愛慕，竟致國破身亡，可為殷鑑。林州土民欲祀鴻鈞老祖，是受《封神》影響者也，乃不知女媧之厲害，實堪矜憫。

二、遼南有大黑山，又名大赫山，明時稱也。或曰《山海經．海外東經》所謂青丘者即指此。青即黑，故青絲即黑髮。丘乃小山。大黑山才六百餘米，聳峙海濱，故顯其高，實即丘也。青丘古以狐稱，《山海經》云其地有九尾狐，迄今當地仍有狐仙洞、多狐仙故事。道士王智廣告我曰：村民有命小兒入山拾柴者，於山前見群兒嬉戲，遂與共耍；群兒並邀至宅中共飯，食畢乃返。家中已哭泣數日，謂此子走失，或為虎狼所噬矣。語經過，皆不信。乃導其父兄尋曩之童子家。至則不見青磚小屋，唯狐仙洞耳。又嘗見狐仙煉丹。一狐吐丹、一狐接之。丹赤赫如熾炭，約小兒拳大，劃空往來。墨夜漆黑中見之，魅異絕倫。其師張松齋先生則曰嘗夜見銀狐，小兒取石擊之，倏忽不見，而其母懷中所抱米袋之米皆散出，袋底似為狐爪所裂矣。昔者，禹娶塗山女，「綏綏白狐，龐龐九尾」，松齋所見，毋乃類此？先生弟子秦偉又為我說雕事。謂其地非僅有狐，且多大雕、海東青。山間捨身崖下即神雕洞。人或捨身縱下，雕常負載之，活人無數。雕巨大，每日輒出，盤旋鷹揚，仰視若龐雲，頃不知所終矣。夫世亂而鳳凰隱，若狐若雕，今固當隱也。

哈哈，這類怪力亂神，我知道得可多了。宗教界愛講神通，什麼騰空、放光、遁土、前知、虹化、穿牆、大佛轉身、舍利靈異，我都願意去聽聽去看看。信不信呢？嘿，你猜！

此間友人亦甚多。我性格亢上而柔下，故與上位、高層、顯達者無緣。就是有接觸，關係也不好。不伺候人、不求人，因此人家也懶得理我、不跟我親近、瞧我不順眼。因我老是擰著，又比較喜歡親近底層。嗤諷我的，說我總是跟不如我的混，好用雞鳴狗盜之徒。我則認為人各有本領，皆當欣賞；術業專攻，則吾不如老農、吾不如老圃。況且三教九流各有豪傑，性情之美，間也有超過所謂社會高階人士的。明曹學佺有聯曰：「仗義每從屠狗輩，負心多是讀書人」，絕非無的放矢。因此也仍與三教九流的朋友混著，消磨了許多時間，也惹得一身泥水氣，對我之成聖成賢頗有妨礙。但遊世獵奇、田野考察，也不能不有點這種人脈資本。領學生去不管什麼山巓水涯，學生都會驚訝那些地方總要跑出一些人來，說：啊，龔先生，是我幾十年的老友了！

學界裡的師友也同樣很多。如何耀華、謝劍、鄭志明、翁玲玲、鄧啟耀、徐新建、陳進國等，不可殫數。其中游建西已逝，故此處先說他。他是苗人，寫過苗疆的武俠小說，又做道教研究，本人精嫻道法，也喜做田野調查。我曾邀他參加「太湖論道」，倘佯於湖上；又邀他參加世界周易大會，遨遊於天山。某次我由珠海坐船去深圳找他，他大樂，竟取紙作詩，寫成一幅書法給我。我帶學生去貴州考察時，他也專赴貴陽替我打好前站。這都說明了他的熱情與學術能量。我的人類學知識和經驗，在中文學界甚少知音，只有這類朋友可相共語。不幸忽焉羽化矣，傷哉！

## 四、管理

既談社會，不能不談管理。

我涉入管理學領域甚早，因為張建邦先生博士論文就是談大學的管理模式，我教戰略思想的課多年，又親身進入官場，自然也會涉及政府管理。但真正進入這領域去耕耘其學術，卻完全是偶然的。

一九九三年佛光開始在臺灣東北部宜蘭縣籌設，可是山地建校，困難太大，進度非常遲緩。鼓動支持者捐款，已進行得很熱烈了，學校卻老不見蹤影，不免有人疑是打幌子吸金。正苦惱間，原淡江大學友人黃天中已在南部嘉義縣大林鎮建南華管理學院了。一九九五年房子剛開始蓋，想藉著與佛教界合作的方式，辦觀世音與管理學論壇來增闢財源，所以找我想辦法。我協助他召開了會議，但覺得這可能還不行，乃慫恿星雲法師接手。法師跟我去校地看了幾次，在竹林野地裡煮麵吃。後來決定買下，天中兄便轉去美國辦阿姆斯壯大學了。

可是我們要辦的是人文社會學院，天中兄申請辦的是管理學院。現在倉促接手，沒幾個月就要開學了，只好繼續開辦管理學科。我先申請辦資訊管理系、傳播管理系，接著陸續發展非營利事業管理、旅遊事業管理、藝術管理、環境管理、生死學、出版學等等。計畫書都是我寫的，在各校管理科系之外獨闢蹊徑，自己也兼了傳播管理系主任，同時還趕在開學時出版了《人文與管理》及老友李利國編的幾種傳播學新聞學書籍。一副要熱情投身於管理學的架勢。

但我的管理學與他人不同。是要反省、質疑、尋求新出路的。因為如果仍走老路，既辦不過臺大、政大、成大，也根本不需我辦。

管理學乃二十世紀之顯學，大家趨之若鶩。可是，它有這麼神奇嗎？米可斯維特、伍爾德禮奇《企業巫醫》一書，即有意戳穿這個神話。指出現今企管理論至少有四大缺點：它本身沒有自我批判的機制；它使用的詞彙用語，不但不能澄清概念，反而使人更為混淆；它其實只是常識的堆砌；它只是趕流行的玩意兒，理論中到處充滿矛盾，是其他比較嚴謹的學科絕對不容許的。

管理學也許並不那麼不堪，只是它還在發展中。

其發展，略分三段。第一階段，有科學管理學派、管理程式學派、科層組織理論學派。第二階段修正時期，有行為科學學派、管理科學學派。第三階段則為系統觀念學派。

這些學派，都有問題。原因：（一）學科發展時日太短，理論鑽研及實證分析均嫌不足。（二）偏重實務應用，很少思考其中蘊涵之問題。（三）學科在興起時，借用了其他學科之觀念、架構及理論來建立自己的體系。例如傳統學派中泰勒（FTaylor）之科學管理，是根據所謂「科學方法」來構思組織中增加效率之道；官僚理論學派，則直接挪用韋伯（Max Webor）的科層組織理論；行為科學學派，亦逕自將「社會及行為科學」用於管理理論。但其吸收、理解與運用，皆甚膚淺。

不但如此，學科本身的發展進程迄未被提出來自我反省。例如從傳統學理論到系統觀念學派的修正理論，只是批評了早期僅從組織內部討論其結構、任務、管理程式，而主張更從組織與社會環境那一面來觀察；卻未注意到這個組織本身、管理技術本身也須予質疑。

以約翰．基恩（John Keane）《公共生活與晚期資本主義》一書的論證來看，當代文化發展最嚴重的問題就在於：「科層主義的支配和服從關係，正盛行於當代生活一切領域。大多數現代先進的工廠和辦公室，如何變得像學校、醫院和監獄一樣。管理及專業人員力求規範、監督、控制生活衛生與死亡。……傳統的威脅與控制手段已漸遭淘汰，權力的行使，越來越倚賴各種管理方法、專業化及科學技術。……日常生活受到等級制機構網絡的普遍影響，這些機構都由領導人、專業人員及專家顧問來管理。」可是他認為此種形態並不正常，因為「並非所有的活動和事情都能通過科層主義的辦法來規定與控制，抽象的和精打細算的科層主義機構，會壓制各種特殊的需要和活動」。換言之，管理學越深化、越普及運用於社會各領域，依他看來，正是一大文化危機。

我這樣說，並不想瓦解管理學之殿堂，而是想藉以說明我研究管理學的立場。正如前述，管理學之建立，原本就是「拿來用」的，屬於一種跨學科的整合型學問，目前也還有待深化。因此，我運用各種人文學知識來增益豐饒之、批判反省之。不唯合法，抑且必須。另外，我那本書涉及宗教等非營利事業及政府之管理，也涉及小說閱讀、社團運作、經典管理、人生觀價值觀等，擴大了管理學的探討領域，照顧到管理已普及至當代生活公共領域甚或私人領域之事實，亦與一般只談企業管理者大不相同。

早期的管理科學，結合了許多不同學科的理性化的計量工具，如數學、統計學、工業工程、作業研究、電腦科學等等。但如此借用，並未解決管理之需要。為什麼呢？因為只知道員工是經濟人，認為員工會從早到晚不停地工作，帶更多的錢回家。因此獎金制度對這些人非常重要。但他們無法明白，為何員工不肯利用機會來賺更多的錢。而且，人不是機器，人也無法完全依科學化之生產方式來工作。

後來管理科學並未改善這一點，反而更「目中無人」。其科學技術雖然能夠幫助管理者進行規畫、分析與診斷，但在組織、協調、領導等方面，並不能有效地發揮。組織的許多活動難以定量化，如服務品質、員工士氣、作業程式的變化、資源的品質，都具有不穩定性，也缺乏衡量基準。開始考慮人的問題而形成的，是管理程式學派（或稱行政學派、官僚理論、組織理論）。韋伯（Weber）的科層理論開始被引入。

科層組織最早見於政府，所以又稱為官僚組織（上下為官員與下屬之關係，左右為同僚之關係）。因管理學開始關注組織管理，故由政治學，特別是人事行政學中借來了這套理論。

企業體中之決策行為、分權、管理調度、命令等皆屬於權力之運作。但企業中管理者與被管理者之關係，與政治領域中治人者與被治者之關係，並不相同。在政治學中，我們常問：管理者之權力由何而得？歷來處理此一問題，或云神賜，所謂君權神授；或云由於高貴之血統；或云來自武力征服；或云因特殊領袖之魅力；或謂被管之民眾將自己的主權轉讓出來，以契約之方式交託給管理者。

可是誰會追究企業主之管理權力由何而得？進入企業中工作的人，都承認此一權力，很少問管理者權力之來源。也因為不問此一問題，故亦不會探討被治者是否有革命權（亦即被治者不願繼續被治，能否起而革命，取得經營管理之權）。目前一切企業管理思想中均未涉及於此，也排除了這個思路。

不唯如此，被治者是否所有行為均屬於國家所統治（亦即個人自由與公共事務之分），久為論者所關注。大部分人都承認國家不能管理民眾所有的行為，某些個人行動、言論、思想之自由，不唯不應被管理，更應由國家來保障。這種國家內部公私領域的區分，甚為重要；如何劃分，更有許多理論。可是企管思想罕有涉及。

至於行為的部分，究竟政治行為的目的何在，爭論也不少。主政者是以權力擴張、保障生存為政治目的，還是以民眾幸福為宗旨？這類問題，現代管理思想也少考慮。

故現代管理思想雖然喜歡做企業經營與政治學的類比，但遠較政治學窄，只關心「組織如何運作」及「管理者如何行使權力」以達成企業目標。其關懷層面與面對之問題，都較簡單。

管理學運用行政學部分，其實也很淺，大約只是行政學之基本常識。在借用韋伯的組織理論部分，管理學予以淺化，甚或扭曲其義的現象，也很明顯。

韋伯對科層制其實是批判的。依他看，集權（concertration）是科層制和急遽理性化的行政系統的典型特徵。所以他說：「到處都一樣，工廠、政府、軍隊、大學中的操作方式，均以科層構造的部門為媒介，而集中到那些控制著這些部門的人手中。」後來基恩的講法，其實正衍韋伯之遺緒。

此外，官僚制度還是個隔絕層。他們照章辦事，自成規律，有其相對獨立性。法律和輿論也保障這種獨立性，會強調文官體制不隨主管或政黨更替而變動，以保持機構的穩定性。這當然是對的，也必須如此。但正因如此，它亦可能成為上下不通的隔絕層。歷史上批判官僚欺上瞞下、胥吏把持衙門之弊，即由此而來（二〇〇〇年大選，連戰、宋楚瑜、陳水扁競爭炙烈，宋之聲勢尤高。可是選前馬英九兄忽邀我一同召開記者會，號召泛藍群眾支持連戰。我很奇怪，說：「宋的民調遠高於連先生呀！」他說：「不，你不知道，宋已經出局了！」我大詫：「怎麼可能？」他說：「真的！我們國民黨裡有內部機密民調，顯示宋已經出局了，絕對可信，外面民調都是炒作的。所以我們要出來號召大家把票集中投給連先生。」我極懷疑，但拗不過。第二天他代表政界、我代表學界、嚴凱泰代表商界，於臺大校友會館開了記者會。這是選舉前一天，下午新聞出來，輿論大譁，但接著就停止選舉活動了。宋先生方面措手不及，自然無法應對。次日投票，果然以極些微之票數輸給了陳水扁。以馬英九當時的人氣，影響的泛藍群眾當然極多；且就算只百分之一，一來一去，也多於宋輸給陳的票數。因此宋先生引為恨事，後來屢次出來批馬製造假民調，欠他一個公道。其實馬沒製造假民調，是被騙了。我問過他，他也直呼沒想到黨內這麼腐敗。那一刻，我才懂了一樁史事：天寶十三年發兵七萬擊南詔，玄宗問楊國忠情況如何，楊以大捷報之。而其實是全軍覆沒。次年玄宗逃到馬嵬坡，六軍不發，非逼玄宗殺掉楊家兄妹不可，不殺不足以洩憤。為什麼？不就因楊家欺上壓下，久成了隔絕層嗎？從前讀史，不能想像玄宗何以就會被蒙蔽到這等地步，現在則都明白了）。

因此，將韋伯學說運用於管理學中，只是一種淺俗化的借用，同時也削去了它的批判性。

而且，組織理論，談的只是組織中人與人的關係，重點在於群體，且是從組織的性質上說，對組織中之個體關注不足。因此，另一類理論乃應運而生。例如人際關係理論或行為科學理論，都把焦點集中到被管理者之心理狀態、行為模式上。

認為管理應以「人」為主，並注意動機、團體動力、個別傾向、人際關係等。借鑑的乃是社會心理學及人類學。它集中於人的因素，一方面想了解工作環境對工作人員內在與相互間關係的影響；另一方面，以人類學文化組合的觀點來觀察工作團體。

梅奧（EMayo）開始認為生產效率之高低並不單純決定於物質環境、設備、工作條件（包括報酬），而是受工人之心理反應、態度與人際關係之左右。其後麥格里（John E Megley）又發展出X理論、Y理論，從對不同員工心理的掌握，區分出兩種管理模式。後又有所謂超Y理論（權變理論）、Z理論、M理論等，名目繁多，但基本思路相同，是心理學的延伸。討論員工「人性」「行為動機」時，則借用馬斯洛的心理需求說甚多。

其實馬斯洛之說只是心理動機及人格特質的假說之一。因它可借用來說明員工心理，並有助於管理者掌控員工，故獲青睞而遭挪用。其他的一些理論，如佛洛伊德、榮格的講法，就不受管理學界垂青了。

這樣，歷經以自然科學為典範、以行政學為典範、以心理學為典範之後的管理學，終於又發現了過去無論是討論生產、決策、組織、協調、人際關係，都只偏重在企業體內部，把企業視為一個封閉系統。可是一般企業機構其實屬於開放系統，因為受到消費者、競爭同業、工會、政府政策及各種外在因素之影響。

若注意到企業與社會的互動，自然會引入社會學之相關理論；要培養領導人具有整體層次的觀念性哲學思想，則當然也需借用於哲學及文化學。而強調企業文化，也勢必導引工作成員的思想和行為。這其間便衍生出「文化的管理」之問題，要求經營者了解企業文化、分析企業文化，並建立企業文化，並使此一文化體現在行政功能、勞資關係、人力訓練、人才運用、經營管理、技術水準、生產方法、設備利用、能源效益等各個方面。

故彼得．德魯克在《新現實》認為管理學應是一門人文科學。因為「管理所關切的是行動和應用，而成果正是對管理的考驗；就這一點來看，管理算是一種科學。可是，管理也關心人，人的價值、人的成長與發展。就這一點而言，管理又算是人文科學。另外，管理對社會結構和社區的關切與影響，也使管理算得上是人文科學。」

管理學確實是個由科學向人文轉化的學科。我之所以要花費這麼多篇幅來講管理思想史，就是要說明這個歷程；之所以要出版《人文與管理》、要辦一大堆新科系、要發展人文管理學域，也即由這個見解來。我所開發的，當時只是管理學中的一小塊新領域，當時也沒人重視這個領域，可是它其實就是整個管理學的未來。

對於我這種論點及趨勢分析，同聲者少。現在各大學中仍有大量自稱為「管理科學」的科系或學會，他們恐怕也不會立刻改名。甚至於像社會責任、非營利事業這類觀念，也仍有不少人是反對的（當年我南華同僚就也有不認同的，以為我是外行惡搞。所以後來董事會找了我淡江同事、管理科學所所長陳淼勝來接任校長，回到老路上）。

可是，管理學之人文化，既如此明顯，不接受已毫無意義。一個人文的、倫理的、生態的新管理學典範，已經引領我們邁進廿一世紀了。

## 五、方法

### （一）非科學方法

以上談了不少禮制與社會之問題，我之禮學，脈絡已大體可見。但這都還是外在的禮，禮還有內在的部分，例如誠、敬等等更是重要，不可忽略。不過，本書論學，而近代把誠敬等都視為個人道德修養問題，與學術無關，所以我先還暫不能談此，只能談談如何在做學問時「立於禮」之問題。

做學問的禮，指此事本身的理則秩序。找到它的理則，才能看見答案。因此，立於禮，是說你已讀書得法了。

遺山詩云：「鴛鴦繡出從教看，莫把金針度與人。」學者多讚嘆刺繡鴛鴦之巧，我則知巧不在鴛鴦而在針法。許多事，覺得難、做不成，是因不曉其法；若知之，不唯點石可以成金，甚且可以見道悟道。方法之重要性，於焉可見。

不過，古人講方法，老是神祕兮兮，或曰法不傳六耳，或曰傳子不傳女，或夜半傳衣、或三更授記，非人不傳、非時不傳、非地不傳。傳時還要用隱語歌訣，撚指咒誓等方式來增飾其神奇與莊重。以致書法家的筆法訣要，竟要如鍾繇那般去盜蔡邕的墓才能獲得，而佛教道教的公案歌訣更如天書，學者懸揣萬端，莫名其妙。

反對這般神祕其說的人，則認為治學哪有什麼祕訣，所謂方法，不過就是老老實實地讀書罷了。盈科而後進、學不躐等、一書不讀畢不讀他書、剛日讀經柔日讀史等等就是方法。「讀書百遍，其義自見」，事實上也不需要什麼方法。

但這講的不是方法，而是「功力」。以為只要把書翻來覆去讀熟了，學問便已成就，殊不知死讀書的呆子實在比比皆是啊！

清末學制改革以後，教育與西方接軌，形成全新的格局、出現許多新學科。這些新知識領域到底要如何進入，是新式學子的集體困惑。

胡適提倡「科學方法」，給了這個集體困惑一個突破口。科學方法，本來是針對「整理國故」而發的，但隨即形成了普遍的方法熱，所有學科都開始探究方法的問題，產生了方法意識。

因為胡適既強調方法在治學過程中居關鍵地位，又言明其運用之步驟與程式，還有許多舉例示範，表現了研究社會人文問題也可以如自然科學一般清晰、客觀、準確。自然大受歡迎，風靡一時。

不過，胡適的講法，從思想史上看，只是一種過渡式的。其所謂科學方法即西洋十九世紀以來之自然科學方法，但找了一位中國親戚，說清代的樸學考據也用此法。

這種論述，乃是想在中國講西學的一個傳統策略。早在明末徐光啟譯《幾何原本》時，就說中國上古本有此學，只是後來失傳了，西方的幾何學正與上古之學相似。同治中興大倡西學以降，此類論述更是層出不窮，目的就是消除人們對西學的敵意，強化學習西法的正當性。

其次，科學方法，既是由研究自然科學而來，則將它運用於「整理國故」這種人文學術上，適用嗎？拉上乾嘉樸學的本國文史考據傳統來做西洋近代自然科學的親戚，自然就解決了這個問題。清代考據家既與西方自然科學家用著同一套方法，咱們現在當然亦可放心使用。

這同時也虛化了自然科學方法的內涵，不談實驗、數學模型、概念分析、推理邏輯、抽象思維等，僅將之概括為「尊重證據」和「大膽假設，小心求證」，以利於在人文學科的應用。

可是這其實是個悖論：若清朝已採用了科學方法，現在還需你提倡嗎？悖論之出現，顯示了胡適想要從傳統治學方法過渡到西洋自然科學方法的用心，旨不在恢復清儒之緒，而是要讓大家接上西學之統。

一旦接上，清儒這位舊親戚，其實便可拋去了。故此後論方法，大家都逕自從西方自然科學取徑，不必仍由清儒講下來，胡適乃因此終究只是個過渡。

其說另有一盲點：他直接把自然科學方法視為西洋自然學科和中國文史考證所共有的普遍方法，未考慮到人文學與自然科學之材料與旨趣均有差異。

在〈治學的方法與材料〉一文中，他已反省到：「同樣的方法，用在不同的材料上，成績也就有絕大的不同」。但他不去探討人文學可能要有另一種方法、另一套與自然科學不同的邏輯。而是倒過來說：你看，同樣的方法，我們只用在文獻材料上，考來考去；人家西方人卻用在科學實驗室裡，自然界的實物上，所以成果大不相同。並以此奉勸年輕人勿再鑽故紙堆，趕快去「多學一點自然科學的知識與技術，那是條活路」。這，豈不是用自然科學來徹底否定人文學的價值了嗎？

胡適以後，學術的發展當然超越了胡適。一方面，大家都明白了治學要重方法，方法意識業已普遍醒覺。另一方面，不只以科學方法整理國故，更廣泛運用自然科學之法去建設各個人文與社會學科。人文學稱為人文科學、社會學稱為社會科學，均以自然科學為仿擬對象。

至今學界對於這樣科學化已稍有反省，但尚不普遍。連我自己辦南華大學社會學院時，同仁們都非要改成社會科學院不可。覺得用「科學」一詞才顯得較有學問，我也只好聽之。兩岸間，臺灣的國家科學委員會總理自然、人文、社會之學術發展事務，大陸也以社科基金等為之。科學院之外，人文社會學科則均置於社科院內，可見此一格局至今猶未能破。

因此，諸家論治學方法，第一個特點就是自然科學化，有科學主義的氣味。

這當然是西化使然。但西化也可分兩部分說。一是人文與社會「科學」在西方也是十九世紀以後才逐漸仿自然科學建立的，所以法律學之脫離玄學時代，成為科學的一支，時間其實遲至一九〇三年狄驥（Duguit）《國家論》刊行以後。民俗學，一八四六年才由英國人頓姆斯（W. J. Thams）創立，更是新興學科了。這類學科，當時引進，都是要與西方接軌。

另外一些學科，雖是研究中國事物，但亦要移植西方，包括整個學科模型和方法。如馮友蘭論〈怎樣研究中國哲學〉，不但說：「西洋哲學之形式上的系統，實是整理中國哲學之模範」，更謂研究中國哲學之方法有六，而第一項就是須鑽研西洋哲學。具體操作，更常以西方經驗論和理性論兩大系統來論。

現在批評當年西化太過，誠非難事；然新學科之建立，主要憑藉在此。再說，許多學術領域確實古代無有，不由西方引進又怎麼辦呢？例如幼兒教育，古代只有家庭式幼教，現在這種幼稚園、托兒所型態，乃現代化變遷以後才出現的；在西方也是十九世紀之產物，因應現代家庭教育功能之喪失而生。又如圖書館學，中國古代亦只有藏書樓而無圖書館，故無論圖書館之組織與管理、圖書之分類與使用，或圖書館之社教功能，均為新領域新問題，只能借鑑西方。

但這樣論方法，就有個方法論本身的問題。

任二北〈研究詞集之辦法〉中引了況周頤《蕙風詞話》一段話說：「讀詞之法，取前人名句，意境絕佳者，將此意境締構於吾想望中。然後澄思眇慮，以吾身入乎其中，而涵泳玩索之。吾性靈相浹而俱化，乃真實為吾有，而外物不能奪」。這種讀詞法，其實便是傳統的，科學方法絕不如此。科學式研究法，可由確定材料、分文類、分文體、分主題地做研究，或編年表、或製目錄，或做卡片，或考察作者之遺傳、師友、生活交遊、環境等，總之都屬於主體不涉入的一種客觀性研究。反之，況蕙風提倡的研究法，卻是主體涉入，與研究對象相浹俱化，於是詞中境界入我心靈，我之人格與精神狀態為之轉化，把自己成就為一詞人。

前者無實踐性，也無此義務，研究詞並不需成為詞人，也不必作詞。後者則有實踐性。例如讀倫理學，前者知道倫理學有各派主張，由理論上論其是非即可，乃是知識性的，並不要求他本人倫理行為高尚。後者卻是要人在讀了倫理學之後，能在倫理抉擇上做出是非之判斷、在行為上體現出對倫理學有所認知之結果，因此它知行合一。

在人文學科裡，後者是不可避免的。一個人光會演算邏輯式子，而腦子毫無邏輯，就是笑話。一個人詩云子曰知道了一大堆，而貪財好貨、行己無恥，亦令人感到荒謬。因此即使是在科學主義氣氛如此濃厚的那個時代，仍有人會回顧況蕙風的說法。

## （二）心法

我對方法的反思，即由此開始，要尋找一種不同於科學方法的人文社會學方法。繼而往上檢討清儒的所謂樸學方法，最終參會於後現代思潮與科學哲學之發展。而貫穿其間的，則是方法意識。以形成一套自己的方法論。

二十至三十歲，可說是我建立自己一套方法論的摸索期。許多文章，都為檢討方法而做；也以方法論角度去批評別人方法拙劣、問題意識不清。解牛捉鬼，幾乎得罪了所有同行。

批評我的人都責我好勝。是的，誰不好勝呢？龔定庵嘗言：「傷生之事二，一曰好勝、一曰好色。好勝之事三，曰學問、曰憎怨、曰榮利。」又說：「心無力者，謂之庸人。」庸人心無力也肌無力，故不好勝、不好色。凡自以為不是庸人的，就都好色好勝。

而兩者又其實只是一，如男人好色，娶豔婦、多姬妾，自己受用快活嗎？不然，徒自受累耳。但為何樂此不彼？以驕人而已。女人塗飾妝扮、削骨整形、妖麗色相以媚富男靚仔，其門道也全在「爭奇鬥豔」四個字上。這不都是好勝嗎？因此好勝才是根本，兼貪、嗔、癡、色。做學問即是好勝之表現，或以好勝之心為底子。這一點，定庵說得很對。做學問，最傷生，他也看得很明白。

不過，他另以憎怨榮利與之並列，則無必要。治學就會起憎怨、就會生榮利、就是好色。怎麼說？陳後山詩曰：「不惜捲簾通一顧，怕君著眼未分明。」黃山谷謂其顧影徘徊，炫耀太甚。學者之炫耀知識，與才士炫文采、富豪炫錢財、女子炫妖麗，有何不同？

而學問做得好了，榮利便來。或別人給你獎項獎金名銜，或生起榮利之心，自己去爭取。黃金屋啦、千鍾粟啦、顏如玉啦，盼個不了。政府也藉你這一點欲心，來推動所謂學術，如《漢志》所說：「祿利之途使然」。

做不好，則被人憎、被人罵、被人恥笑，自己又憎怨那些恥笑我憎嫌我的人，往復相煎，遂若寇仇。某次，我過杭州，逢江弱水。他甫由臺灣返，說：「呀，沒去臺灣，還真不知你老兄影響這麼大！」我遜謝。他說：「不，我講的是你離開十幾年了，現在還有許多人談起來仍然咬牙切齒呢。」這就是怨毒。刻骨相思，比情人還惦念我吶！

學界本是讀書人的組合，似應最純皓、最具理想性，而其實到處都爭來鬥去，爭地盤、搶位子，黑函蜚語橫行。就因其中憎怨與榮利攪成一團，所以是最大的名利場與是非圈（當然，這也不是不好。政治圈、文人學者圈、影視名媛圈，是我們社會三大八卦圈。沒這些恩怨，就沒啥八卦可說了呀！故此中恩怨憎榮不了，正是：梧桐西風，喜添人間閒話無數）。日居其間，其不傷生者稀。就算你能免於自傷，自然會有人來傷你。

因此，談到做學問，我首先就要勸人莫做。因為顏之推早已說過：「若乏天才，勿強操筆」，絕大部分號稱做學問的人，只是徒勞。若真有點有天資，可以做學問，則再要問能否戒色、戒憎怨、戒榮利，轉學問傷生為「學以養心」。做不到或不願做，則幹啥都好，千萬不要治學。

我炫學爭勝，毛病最甚。幸而還有點自知之明，所以能由此反省起，漸漸轉出學以養心這一境。

學如何才能養心？一是不「做」學問。做是製造、生產、勞動，如工匠做出個杯子。但人有腦子，自然會想；有眼睛，自然會看，何須造作？是鳥就該飛，故孔子曰：「學而時習之，不亦樂乎！」習就是不斷地飛，盡其本能本分。大鵬鳥扶搖而上九萬里，鳩雀騰躍於榆枋，各盡其能，故亦各適其天，自樂其樂。不為什麼。既不為榮利，也不為往聖繼絕學、為生民立命、為天地立心、為萬世開太平。

由這些話頭帶出來的念頭，正是生憎怨、求榮利之根。因為「為往聖繼絕學」等等，乃學之終境而非始境。還沒學呢，如何便知絕學是啥？名墨兵農諸聖之學，絕者久矣，都要繼或選什麼繼？既已曠絕，又如何繼？此類好言語，非從學者所能藉口，徒成膚闊心、驕矜氣而已。

從學之際，但知眼能看便盡情看、腦能想便盡情想，遊知識海、乘智慧舟，有無關心之美感，生盡情盡興之愉悅，如此生命自得滋養。如小孩子摶沙戲水，誰不是這樣長養成人的？為何漸漸就失了這種本能，造作起來？

其次，治學之途，一是繼續上述盡興的辦法，我稱為「循性為學」。就像現今大學裡到處都是憎男怨女，因為讀的科系都不是自己才性適合或喜歡的，被父母及社會風氣強扭著來學，焉能學得好？只能勸他們解放出來，找到自己才性所適，然後循性為學。

但治學還有一種，是要反過來「矯性成聖」的。宋明理學家說為學在「變化氣質」即指此。先天才性氣質各有所偏，所謂學，就是補偏救弊，讓人能漸漸合乎中道的過程。故善詠荊軻的人，淡泊起來才會成為陶淵明；性情寧靜的人，治事才能變成諸葛亮。這是正反合的超越自我之路，所以「學問深時意氣平」，可以離苦得樂，得靜定大自在。

這樣做，顯然治學就不是知識啦、理論啦什麼的，工夫作用首先在於治己、養心、成就自己而不傷生。孔子說「古之學者為己」，道理在此。這一點做不到，所謂學問，都將如定庵所批評、如我所聞見。

我二十幾歲努力建立自己一套方法論時，太執著於法，還遠遠達不到這種靜定大自在。在寫博士論文期間，探討宋人說的「活法」問題，漸漸明白法活不活的關鍵在心，心活則法活；法活了，生命也才能圓成。然後才漸漸學可以養心。

但不執法還不夠，我畢竟還甚執相。因為我最初返校教書就教「讀書指導」課，喜談方法是與我職業黏合的。弄得寫文章總一副指導人家如何讀書的面孔，老是批評別人走錯了路：方法不對，用吸管吃肉餅。然後再對於該如何吃肉餅指點一二良方。在我，自以為金針度予，別人都該感謝我。別人卻覺得是汙辱。於是結怨四方，被批的人也不服氣，老說我只破不立（也就是成天罵人，不自己去好好寫書）。

後來我漸漸熟於世故，才明白論學不應如此。治學方法，有可推廣的，有不能也不必推廣的。比如表演學，每個電影學院的學生都修過，所以誰都有演技。但誰能有章子怡的境遇呢？上來就當女主角、就得獎。說章子怡演技好，誠然。可是更多人只能由根本不適才不適性的角色慢慢摸爬打滾上來，好不容易熬到有大導演為他說戲、有好劇本為他量身訂做、有所謂演技可以發揮。然後才能把一種角色樹立了，然後人家才承認你是個「角兒」。這種成學成角之路，顯然就跟章子怡周冬雨不一樣。推而廣之，亦可說人人都不同。這種方法，便非表演學那種通套可以涵括；光講表演學，也不能替代這舞臺路上具體的表演方法。那是情境與之相生，具體演繹並摶成之法。要靠這，才能凝定一個人的角色和實際為學內容。

因此我現在雖仍講方法方法論，但已不再自認為能給人什麼指導了，喝湯吃餅的方法，只能自己去找。包括我現在寫這本書，也沒有指導人治學之意，只是自述我的舞臺與角色如何生成，我在其中因的機、應的緣而已。

## （三）即傳統即現代

我如何因機、應緣呢？

近代思想，大家都知道，乃是以反傳統為主的。要洗心革面，向西方學習。故從政治體制、經濟結構到衣食住行生活方式都在變。思想上的流派與爭論，大抵只是學什麼西方（歐、美或俄）、學西方什麼、怎麼學、速度快或慢，以及傳統哪些部分還可保留或調整以適應於西方式現代社會而已。

我的想法作法，若說有什麼特別，就在於跟大家不太一樣。

我根本懷疑這樣一套現代社會意識形態，認為這是「以理限事」，用一套臆想出來的框架在脅持著真實社會走。它所描述的「傳統」與「現代」，無論是Toennies的社區與社會、Durkheim的有機與機械、Cooley的初級與次級、Maine的地位與契約、Redfield的鄉土與城市、Becker神聖性與世俗性、馬克思說的封建社會與資產階級社會，乃至新與舊、農業社會與工商社會等等，都不是真事，只是一些理論模型、思想框架。而這些模型，一來都還有不少理論問題，不僅不能用以解釋社會，更不宜用來指導社會變遷之方向。二來它又都是依西方社會由中世紀變到現在的情況做的描述，套用在我國社會上，並不合適。

本來，在我求學時，這個模式已然鬆動了。一是他們自己互相批評，暴露了彼此理論的漏洞；二是本來強調傳統與現代不相容的二元對立模式，已逐漸調整為動態連續模式，從「傳統與現代」轉成「從傳統到現代」。傳統從阻礙現代之物，變成可以轉換以適應於現代，甚至可以是有助於現代發展之元素。前者是五四到文革時期之思路，後者是日本及「東亞四小龍」以傳統儒家文化來發展現代化的情況。這時，就也出現了另一種鬆動原有論述模型的講法，那就是將「現代」複數化。認為現代雖最早出現於西方，但亞非拉美不一定都得跟西方走或變成西方那樣的；可以如日本，形成一種「亞洲型資本主義社會」，也就是融合了非西方的本地文化而形成之現代社會。

還有另一種思潮，稱為後工業化社會理論。入室操戈，說工業社會發展好幾百年了，疲態盡露，問題叢生。且科技不斷更新，原有之工業原料、生產方法及生產關係又都在改變中。因此它就要過去了，眼前已出現一種工業社會之後的社會。

原先馬克思其實就已講過資本主義即將消亡，但主要是從勞工角度說，認為會出現工人階級甚或無產階級之革命，建立新社會。現在這理論卻不從這裡說，而是著眼於生態惡化、人之物化與機械化等，說現代工業社會的運作方式，將使得這一生產形態發展不下去。

而在工業科技已然形成困境之際，生態新技術又將具體改變我們的社會與生活方式。這種新社會將如何出現於我們未來，或我們希望它是怎麼樣的未來，就凝結成一種統名為「未來學」的召喚。烏雲既布，巫師於茲求雨焉！

至於依賴理論，則認為西方這幾百年之發達，乃是侵略剝削亞非拉美地區而得。結果不但不自反省，反而肆意批評這些被殖民被侵略者文化及社會落後，要求他們改從西方之道路，以走上金光大道。被侵略者卻也不明究竟，自慚形穢，渴望富強，遂努力推進現代社會體系，邯鄲學步。可是實際上他們之所謂現代化，不過是更深的被剝削關係，是依附於已現代化的國家來求「發展」，做其代工，或原料、勞力、自然資源之供應者。要想打破這種依附關係，唯有革命或自己站起來，否則永遠不能脫離低下、落後、貧窮、發展中或未發展之處境。此說乃是馬克思思路之另一發展。

我受這些思路之影響或啟發，形成了一種反現代的基本態度。反，不是反對，更確切地說應該是「非」。不過我一般仍說是反，因為一切都仍要由反思反省來，先省思我們為什麼要現代化，現代化各種理論站得住腳嗎？現代社會就是我們要的目標嗎，百年來現代化追求之過程及手段有什麼問題呢……等等。

工業與科技部分我不能深究，但我可以研究科學的人生觀、以科學方法整理國故是不是講得通，啟蒙運動以來的理性主義有什麼問題、民主與自由的人性論基礎是否牢靠等等，試試看撬不撬得動現代化思潮的地基。

我那時的師友有兩類，一種是反對現代化，對五四以來之風潮極其不滿而矢志保存傳統的。他們多半舊學深厚而對現代社會適應不良，覺得胡適魯迅等新派人物淺薄，而對其背後的西學及現代社會之結構與肌理則不甚了解。所以談新舊、論中西，愈為傳統文化張目，就愈容易如錢穆先生那樣，被余光中譏為「儒家文化之鴕鳥」。僅能效法孤臣孽子，懷抱遺編以繼絕存亡，明夷待訪。

另一類，也講傳統文化，但底裡其實是西學，或參酌會通著西學在講中國學問。如方東美、張君勱、唐君毅、牟宗三諸先生，西學功力，即使在西方也不可多得。疏通論證中國哲學足以與西方會通，而確有同於或優於西方之處，貢獻更大。但方向仍是理性、民主、科學，其建立之儒學亦不免有西方人文主義或自由主義色彩。故其論傳統文化，乃是現代保存型的。說傳統在現代社會仍有其價值，應予保存，但要開展就需要改造。例如以「良知自我坎陷」之方式才能開出民主科學；或說傳統僅知治道而不知政道，我們現在要籌思政治如何從神話轉為理性，開出政道等等。

我學習他們，也不同於他們。講傳統，並不是復古存古的；講現代，又不是化傳統為現代的。我後來發展出一種方法論，雙是而雙遣，追求中和、中庸。中庸不是和稀泥，乃是調適而上遂。如孔子說太文不好，太質也不夠好，文質彬彬才好。文質彬彬，是既有文又有質，但不落文質任何一邊。這才是中和，中和不是文也不是質，卻並不廢文或廢質，是要綜合而往上超越之，翻上去。此理，我稱為「超越辯證」。此法，牟先生在《理則學》裡解釋辯證法時講得十分透徹，古人向來應用於身心修養與藝術修煉等各方面，我發展之，也用在治學上。

放在這裡說，就是：在傳統方面，我銳意習學，入木不止三分，看起來也復古存古得厲害。因為詩詞歌賦、書畫遊藝等文人才子之伎倆，或經史考證、名理哲思等漢宋儒者之本領，乃至佛道俠武，我幾乎都學全了。古貌古心，可以作為傳統的代言人。

可是我的傳統是現代的。其中有現代意識、理性化思維、工具性操作、資本主義工業社會之邏輯等，與一般治傳統學問的先生們在論述內容和表達方式上都很不同。它使得我談的傳統文化，在這社會中較容易被接受，我也比其他人有更多切合現代社會的傳播手法。同時，我還常常可以此來批判傳統陣營，謂其迂古不化。早年批評中文系教育博士論文研究方法陳舊，並提倡論文規範，建立研討會模式等，即屬於這類作為。這很令我傳統陣營師友痛憤，而現代化陣營卻頗引為同志，謂有白袍小將廓清摧陷之勢。

然而，中和者不住兩邊。我的理論不是傳統也不是現代、不是傳統與現代，亦不是由傳統到現代，而是「即傳統即現代」。

因為人不活在過去，是活在這個正現代化或已現代的社會中。這種存在是具體的，也是有限定的，人只能在這樣的時空中去感受、去理解。因此，我們所理解之傳統，無論如何都有現今存在之印記，不是感現世之淺俗無聊而抗志希古，就可能是感覺傳統令我們在現實中不舒服、受束縛而思改造之、揚棄之。其所謂古、所謂傳統，和現世存在處境和感受必相關連。故沒有本質化的、凝固化、真空狀態的傳統，每個時代人說和理解的傳統均不會一樣。就此言之，可說傳統其實在現世之中，不同的現在便會有不同的傳統。

同樣的，存在意識本身也是歷史意識。因為現世不是孤立的，它由原先什麼狀況衍來，又將朝什麼方向發展去，「過去、現在、未來」是關連著的。人的存在感受和理解，也必與他對過去和未來怎麼看、怎麼體會相連結，都是具有「歷史性」的。詮釋學認為每個人對事物乃至世界之理解，都必然帶著「先見」，沒有先見，其實就根本見不到什麼。同樣看一棵樹，有植物學知識背景的人，所見自然不同於只有文學背景的人。同理，社會中人，對眼前事、現時世之了解，也必不同於另一社會中。何則？傳統不同故也。秋風起兮，中國人要養肺防燥、過秋分與中秋，西方人便無這一套。依此言之，現代又在傳統之中，是傳統形塑著我們的存在。

我的歷史研究，特別注意觀察文學作者及思想家的存在感受，並努力做處境分析，即基於上述這種認識論立場。這與傳統的「知人論世」不一樣，那只是研究者向一個歷史對象設法靠近，探察心跡，揭露隱衷，我則是兩相穿透式的。因為我之所以如此看、如此解，自有我的存在感受及處境在。我分析著他，同時也就解析著我。研究歷史、剖釋傳統，乃因此同時也是向內探索並釋放自我的過程，不是客觀的知識遊戲或技術操作工程，「道問學」與「尊德性」遂以此逐漸合一了。

這當然不符合科學、理性、客觀之現代性要求。批評我的人常以此為口實，說我太主觀，物物皆著我之色彩。但實際上是批評者太老士，自陷於舊格局。於此，我上溯狄爾泰、凱西勒，區分人文學科自有不同於科學的邏輯，下接後現代史學，並參考科學哲學最新的發展來辯論這些方法論認識論問題，其中援引詮釋學尤多。

當然這還是不夠的，A與非A要真能綜合，仍須有超越辯證之道。當時臺灣有胡秋原先生辦《中華雜誌》，主張要超越美化與俄化之路來發展，影響不小。我之所謂超越辯證與之不同，向上一路是順著上述幾種反省現代化之路而發展的：一方面觀察現代化理論的局限和破綻，一方面考察現代化之後人的存在感受，是更快樂了，還是更疏離、更沮喪、更容易自殺抑鬱？另一方面則由後工業社會、未來學、應用哲學中探索出路。

應用哲學談的不是傳統的形上學、知識論、道德哲學，而是研究當代環境中具體的、會遭遇到的倫理難題。例如複製人、安樂死、轉基因、監視器鏡頭遍布的生活空間、人工智慧發展、互聯網交際之下人之新倫理處境，自由、正義、誠信該如何理解，如何抉擇等等。後來在南華與佛光，戚國雄兄主持哲學所即發展這個方向。

資訊管理，討論的不是資訊工程，而是在資訊社會中人與人、人與機器、人與社會的新關係，思維、語言、審美、人際交流能力的變化。後來南華社會學系翟本瑞兄他們開發的資訊社會學、資訊教育等也是這方向，頗有成績。

之所以由未來學再開發出這些學科來，是因為未來學有較濃厚的科技導向。後工業其實是新工業，電腦技術一日千里，新能源、新技術、新材料、新媒體也方興未艾，足以令人揣想一個幾乎全新的未來。當時與張校長、賴金男先生、陳瑞貴兄等所談，大約跟科幻小說差不多。所以我跟科幻小說家張系國、呂應鐘、黃海等還有些交往。應鐘兄且隨我赴南華辦學，當過主任祕書。可是世相隨化，四十年前揣測的未來，如今多已成為現實，甚或還遠遠超過了當年的擬議，元稹詩云：「昔日戲言身後事，今朝都到眼前來」，令人不勝低迴！

然而這就是我們希望的未來嗎？看來也不是。由工業發展思考未來仍是有盲點的，從《第三波》《大未來》到羅馬俱樂部提出的《成長的極限》，已顯示未來學對科技發展的悲觀。人類將迎接的，可能是「寂靜的春天」。生態運動、環保意識乃由此繼之而興。

當時張校長曾領我們翻譯了《即將來臨的繁榮》，保持積極樂觀。可是這些科技帶來的問題終究還是難以解決的。

其實最早提出後工業社會理論的丹尼·貝爾，即著有《資本社會的文化矛盾》，認為資本主義工業社會之所以會瓦解，並非技術不行了，而是其文化發生了內部矛盾，使得這個體制運作不下去。若想運作，即須更新。其說甚為繁瑣，但大體是說它的經濟驅動力吞噬了宗教與審美。新馬克思學派的馬庫色也提到了工業社會造成「單向度的人」，希望從審美上來拯救。這些方向，正是可以補充未來學與趨勢研究的。

在貝爾談資本主義社會出現信仰危機，人為物役，背離了原先形成資本主義社會的內在基督教倫理，而冀望重振時，我想到的，當然不是基督教，而是中國傳統的儒道佛和各種民間宗教。

現代化理論強調西方之崛起是科技發展、理性精神伸張、政治與宗教分離的結果。可是資本主義興起與基督新教倫理之關係，早經韋伯等人揭出。越是現代化的社會，宗教復甦也更蓬勃，美國日本都是明證，臺灣之現代化亦然。被判定「上帝已死」的西方，既然重新呼喚宗教的救贖，我為什麼不能由自己的宗教文化傳統中去開發資源，以面對資本主義現代社會的危機呢？

宗教如此，審美也同樣。對一個只有理性與技術，並活在商品拜物教社會中的人來說，審美感性之開發確實是必要的。在這方面，傳統的資源可太多了呀！

於是這就導入了我的傳統文化研究了。我大學時期鑽研傳統，只能說是第一階段的，以興復古學為己任，大三寫的那本大書就叫《古學微論》。古學指的還不是漢宋以降的儒道佛，乃是古先聖王之學，史官所傳、孔子所承的那種。研究所階段，由源而流，考經學之流變，並開始探討現代學問，梳理西學脈絡，學習未來學等，乃是第二階段。大約在做博士論文時，才逐漸綜合成這種思路，以傳統文化為資源，重予開發，以面對現代社會的文化危機。齊一變至於魯，魯一變而至於道，甘苦備嘗。千折百轉，非一日之功也。

## 六、遊方

### （一）遊子

怎樣以傳統文化為資源，重予開發，以面對現代社會的文化危機？底下還會接著談，這裡先岔出去講我寫過的一幅對聯。聯曰：「曾為博士、經生、官僚、教授，人天師範；無非酒徒、劍客、才子、仙家，南北遊方。」聯寫得不好，也不窮盡，或許還要加上浪子、畸人、狂生、居士、羅漢、行者……等等。不過，「遊方」是不錯的，既遊於方之內，也遊於方之外，這就是我。

遊方時，要觀察的，除了各色人等，還要看每個人背後隱然存在的網。人在社會上，其實都不是個體，而是線串起來的，猶如傀儡身上總繫著線。血源、鄉誼、姻戚、同學、同僚、同業、同好，各種脈絡串組著一群一群的人。看一個人、一種行為，若看不清，把這群人合在一起打量，或看同夥的另一撥人，往往就明白了，此孔子所謂：「不知其人，視其友」也。

中國古代說社或會，講的就是這種人群組織。早期有宗社，指血緣族群；有里社，指地緣族群，又稱鄉黨；另有同業的行會，同門的師友，同好的遊藝社團，如詩社書會弓箭社蹴鞠社等等。同信仰者則結為法社邑社，女性結為女人社，出外打工者加入互助救濟之社，入群自媚，自相笑言。

注意這種組織的社會學家和不注意的，當然頗不相同。如費孝通先生，雖也研究地方宗族，但他看到的主要是「地方」。若談及宗族，他看到的也只是長老統治之類權力關係，而不是族群之「群」。要看到群，才能注意群的組合原理其實不只是血緣地緣，還有契約。所以族必有族規族訓，有事則須開祠堂、行公議，權力關係並不都由血緣來。再者，由宗族這種群體通出去看，就還會看到鄉社、里社、邑社、法社、會社、女人社等各種人群結社，可綜合地理解之。而不是如他這樣，把鄉里邑社與血緣宗社混為一談，而後又無視社會各種非鄉土非血緣之人群社集，逕自把傳統社會定性為「鄉土中國」。

我既研究宗族、詩社、行會，由此掌握傳統中國社會的脈絡，自然就漸漸不滿於費先生之類的分析。所以一方面努力勾勒人群組合的契約性質，一方面關注其流動性。

契約性，是說無論什麼群體，要組合起來，都須有契約關係。這關係，受西方影響的社會學家都從商業社會現代性去看，其實不僅如此，因為它有時是以宗教方式體現的。

例如一個家族，血緣生成，看來只是天然的，不需另訂什麼契約。其實不然，否則為啥還需有冠禮呢？男子二十而冠，行過冠禮才成「丁」，被宗族接納成為其成員。典禮時，主人、大賓、受冠者都著大禮服，加冠祝祭於宗廟，正式取字。禮畢，主人還要送大賓至廟門外，敬酒、送束帛牲肉才結束。若父親已歿，受冠者則須向父親神主牌祭祀才成。同樣，新娘嫁到夫家，形成性關係並不是最重要的，所以第一晚就洞房了；可是婚姻關係必須等到三月「廟見」以後才算數。若新娘未廟見就死了，只能回葬女方祖墳，因為「未成婦」。

可見雖是血親姻眷，正式納入這個群體仍有個進入的宗教性儀式。後世入社者也都沿襲著這樣的儀式，要擺酒請客、拜行業神地方神等等，連江湖俠盜團體也同樣。故諸侯有盟會、詩人有壇坫、幫有幫規、黨有黨章，就連想加入別的國家國籍，也都還要你宣誓念約。所有團體都有約，也都有宗教性。其運作原理及活動方式具有共通性，可以互相參稽理解。

流動性，是契約組合的配合原理，但具有對約的消解作用。人是流動的，屬這一組織，也同時屬於另一組織，不可能有一種社具有壟斷性（雖然社團常希望能壟斷其成員，要他只單一效忠自己）。就血緣說，屬於宗族者，同時又可就地緣說，屬於里社。而他同時又可能加入彌勒會、詩社、唱賺社、紡織同業公會，還可能自己起一個大家來湊會錢的會等等。

社也是流動的。宗社都會瓦解，令人有黍離之悲呢，其他就更不用說了！你看金聖嘆本《水滸》，在梁山聚義之夜，盧俊義就夢到所有的人都被逮了。聚義廳前大旗才剛剛樹起來，團體便已瓦解。一切人群組合皆如此，漚聚漚散，旋起旋滅。況其組合之人，又皆如水來注聚乎？

是的，人群是因移動才形成組合，不因固著，不能把人想像成植物。宗族就流散無恆，所以才有始祖與開基祖不同的奉祀，所以才有姓氏的分化。如歐陽變成歐與陽、尉遲變成尉與遲、拓拔變成元與拓、姬分出周、吳、鄭、魯、魏、蔡、韓、管、毛、衛、蔣、曹等四百多個，姜分出呂、許、謝、紀、丘、盧、淳于、東郭、公牛、雍門、子雅、高堂等也幾百個。其他群體，也多是流浪者組合起來自衛或取暖，扯開的旗號、宣揚的名義、內部的活動固然不同，組合之理由基本一致。

這是水。流著流著，就積成了沙、聚成了堆，然後不久又要流散開去，否則就會成為荒漠戈壁，再無生機。水與土的關係，構成了社會的流變史。正如流民創造了帝國，居民漸又在帝國中成為流民。或因理想未能實現而流離出去，或因生活困頓而棄其土地名籍出亡，或因想再創理想情境而遊走四方。總之，遊士、遊商、遊學、遊俠、遊女、遊旅、遊方僧道，流來蕩去，乃成社會實況。我《遊的精神文化史論》要介紹的就是這種景況與原理。

我不否認闡發此種遊的精神與我自己的人格狀態有關。心有天遊，人亦遊世，故遂有此書也，他人必不能有之。但客觀地看，這種社會分析才真切合中國傳統社會，不能如現今社會學界般只會生吞活剝硬套西方理論模型。

重「群」，乃荀子禮學之精義；論遊則為莊子所擅場。我如此好遊，當然是受了莊子的影響，大一就注解《莊子》，後來則遊興深入骨髓。但莊生之遊，蔽於天而不知人，未論及群的問題，到我手上才把遊導入群學（群學本就是社會學的老譯名，出於嚴復，而源頭在荀子），豈不快哉！

## （二）文士

然而只如此說群仍是不夠的。中國人講群重合；講禮則重分。只不過這個分是尊卑等差之分際，與西方不同。西方講群重分的分，指上下階層。而尊卑卻不是階層，例如尊卑老幼之尊，可能只是家中的老人、群中的社長團頭會首，與家人和社員並不是不同階層的人。而西方或印度所云「階層」便是上下，而且還不只是社會學的概念，更本諸「種姓」。

印度的種姓制度就不用說了，希臘也一樣。蘇格拉底即說過神造人時，或用金、或用銀、或用銅。金子人就該做統治者，銀子人可做輔佐，銅和鐵質人只配當農夫與手藝人。若銅子人掌了權，國家便要完蛋。這是貴族生成論，而且世襲罔替，社會的階層區分具有神性之根源。

儒家呢？孔孟荀皆生於貴族陵夷之時代，本來就無此想法，《春秋》大義更以「退天子、貶諸侯、譏世卿、討大夫」為號召，反對貴族世襲。因此儒家總體是不重階層的，途之人皆可為禹、人皆可為堯舜、將相本無種，階層固然現實存在，但人不可被限制住才是其學說之重點。

所以西方式社會分析，階層正是其聚焦之所在，馬克思尤以階級分析為特色、以階級鬥爭為社會變遷之要素。我不採馬氏觀點，故論社會變遷另覓了其他原因；論社會結構，亦不說階級而說階層。階層間，我的關注點亦不在鬥爭而在互動、流動。

我國的社會階層流動，主要來自社會結構本身的變化。例如周之封建，本身就蘊含了分化瓦解之因素，即所謂貴族陵夷。貴族或降為平民，平民則可憑其本身之才、德、財、力、武而上升為新貴。漢朝以後，世襲式貴族，如分封之諸侯王，乃權與貴分化了的，貴而無權。魏晉之世家大族，看起來是再度世襲化，但世襲之基礎，仍有一大部分在「才」而不能僅恃血統地望等先天因素（即蘇格拉底說的金銀銅鐵問題）。故論人，要兼談才與地；論世族，也須兼有累代官宦和經學禮法傳家之條件。經學禮法傳家固然屬於後天習學，累代官宦也須靠本身之經營，非盡由先天、坐享人爵，與種姓體制不可同日而語。唐代以後，才學集中表現於科舉，科舉遂亦成為造成社會流動之大動脈。

因此我國社會流動，除社會結構本身之變化造成外，最重要的乃是人自己的本事。是人才，在哪都能發光，非居地、階層所能限，可以脫穎而出，往上流動。人墮落了、淪落了，則會下降，或沉淪下僚、或落拓不偶、或溷跡風塵，風飄萬點正愁人。

當然，每個時代對人才的期待、需求及判斷標準都不一樣，所以也導致了每個時代的階層化標準不同。六朝以姓氏分別高門第和寒門細族，到唐代就漸漸行不通了；漢代重孝廉，晉以後則漸漸沒了這一選拔人才的名目；隋唐科舉，本是開設各科舉士，故科目多至五十餘種，明經、明法、明算、明字、秀才、俊士、進士、道舉、學究、史科、開元禮等都是。但後來獨重進士，進士又重詩賦，於是科舉變成文士之選拔。宋王安石改試經義，欲轉文士為經生，謂大臣當通經術。而嗣後經義文盛行，又化經生為文人。這類階層化標準之變遷，事實上既體現著社會變動之景況，也說明了變遷的原因。

我對這些的研究，是從族譜延伸過來的。當時毛漢光、雷家驥等在臺北有個中古史的讀書會，我常與會，同時又常與宋德熹兄相切磋。六朝至唐代族譜階層化標準的變動，即那時留意到的。後來再由階層化標準之變化去研究唐代科舉、經學意義的古文、宋代經義文的出現以及元明清之流衍等。

因此我論唐史性質、論科舉、論古文運動、論宋明經義八股，都與並世賢達不同，詳見《六經皆文》及《文化符號學》卷五唐代的文學與社會。是把文學發展和社會結構、社會變遷、社會流動合起來說的。

汪洙神童詩曰：「天子重英豪，文章教爾曹，萬般皆下品，唯有讀書高。少小須勤學，文章可立身，滿朝朱紫貴，盡是讀書人。」文章，總體替代了讀書。讀書人的表現就是文章，能文章就能拾青紫如草芥——這首俗得不能再俗的詩，講的就是這種文學與社會階層化標準、社會流動結合的狀況。

因此後來我就延伸下來做文人階層研究。一九九九年我要離開南華大學了，吳慧敏、齊力、鄒川雄等社會所同仁為我辦一專題演講以代惜別。我就介紹了近代社會學界對中國社會的分析如何忽略了文人階層，忽略了這個階層有何後果等等。

其實沒什麼後果，只是隔靴搔癢，摸不著中國社會的肌理罷了。西方無此階層，因此在新的學科範式下培養出來的社會學家根本看不見這個階層及其作用；文學研究界又普遍無社會學素養，同樣也看不清這個階層及其動態。

二〇〇一年我寫的《才》及爾後輯成的《中國文人階層史論》，就是我勾勒的文人階層大樣。其中除了上述文人向上流動的情況，文人與經生、文吏、道德家的分合、文學與經學的關係之外，還涉及不少文人向下流動和文人心態的問題。

文人成為社會上的人格典範之後，許多社會其他流品便朝文人類化。商人附庸風雅、帝王把自己變成文人、娼妓和方外僧道也一樣，這稱為類化。其互動關係，可歸入文人階層內部的事看，也可看成文人與其他社會階層之互動。但互動其實主要只是朝文人類化，使整個社會變成文學化社會。這種動態及文學社會之性質，過去很少人分析過，故為我社會學之所長。但過分強調這一面，而較少討論其他階層對文人階層的拒斥、貶抑、批評則是缺點。

例如帝王固然歆慕文人、效法文人，但羨慕、嫉妒、恨是一體的，他們用官爵權勢拉攏、摧折文人階層也不遺餘力，用文字獄讓文人進監獄，與用科舉令文人「入我彀中」，意義正相等同。這些將來仍待補充，再做分析。

此外，娼妓憐才，文人慕色，形成異階層之同層互動也是奇異的事，對文人心態和行為產生了複雜的作用。審美、色欲、才華糾葛不清，一時金粉銷英氣，卿須憐我我憐卿，其得失也仍可深究。

再者，文人拙於治生。孔雀耀其文羽，固然甚美，可是若怠於飲啄，便只能餓死。文人文戰不利、仕途不順、遇合不偶，輒如餓殍，乞食依人。故說起來都是先天下之憂而憂，總先享受著窮苦；卻後天下之樂而樂，全家都在秋風裡，九月衣裳未剪裁。自命文隱，實為棄民。脊梁骨不覺軟了，哀時命、嘆窮途，干謁獻媚，俳優人畜。對人不覺苛嫉了，瞧不起人，又怕被人瞧不起。看人時常眼熱，行止遂或令人齒冷，毛病實在甚多。以致批評者常說「士應先器識而後文章」，又說「一為文人便無足觀」。

傳統社會中，文人乃最重要之階層，與文官團體、學者群、讀書識字人，往往重疊，而其精神狀態與藝業伎倆不過爾爾。此其足供緬懷歆向，而亦不免令人缺望者也。

這些分析，還可另詳我《中國文學史》。我的文學史，前已說過，非僅是作家列傳與一二作品之空洞描述，還有些文人處境分析及作品之社會關係說明，故也會涉及文人階層之形成、擴大、分化與消沉的討論。過去寫文學史的人，特別是馬派，也不乏社會性質的說明、生產力及生產關係的敘述，但談的常是專制帝王、封建宗族、資產階級小市民、莊園經濟主人、奴隸主、江南市鎮小地主等等，而不是文人階層。文人可能是那些，也可能是田夫野老、是遊俠狗屠，是皎然陶潛傅青主。不針對這個階層說其文學觀及文學創作，而去扯地主資產階級，毋乃文不對題乎？

## （三）遊俠

這裡談到了遊俠。是的，人的遊，有方所、有規則，唯遊俠遊於正邪之間、方內方外之際。可以如朱家郭解之徒，掘塚鑄幣，交友借軀報仇，攻剽不休；也可以如祖逖之屬，偶或南塘一出，終能擊楫渡江，規復中原；亦可以如郭元振，掠販人口而能賦寶劍之篇。既有李太白之釣鼇倚天，便也可能有他之十步殺一人，千里不留行。俠的生命既在擁有，能挾氣勢以立權力；也在失去，可以壯士一去兮不復返，輕擲生死。不計利害，苟同是非。故或為國為民，大張俠義；又或意氣感激，不軌於正。唐宋以前，偏於豪、逸於盜，宋明以後，漸毗於忠孝氣節。流變萬殊，不可一概而論。所以我的社會學又頗注意及此。詳見《俠的精神文化史論》。

該書最早是新未來出版社的《大俠》（我投入該社甚深，一九八八年還聯繫了社科院外文所，準備兩岸同步發行《世界文學》，開一創舉。不料社忽倒閉，其事與我一本《阮籍詠懷詩集釋》均成泡影）。旨在廓清晚清民國俠客崇拜之迷霧，用詮釋學的方法進行歷史還原。還原，不是想重回歷史現場、再現歷史真相原貌，而是說明其流變。例如俠在近代為何又如何被詮釋為儒俠、墨俠、主持正義者、反抗政府壓迫者，與社會其他流品之人群又如何互動，各在歷史上形成什麼作用等。

我之氣質本不端正，生命中頗有俠情，故行在正邪之間，遊於方內方外之際，以此論俠，自多冥契。機緣湊泊，又與俠道中人頗有交往，因此談俠說劍，輒多感會。〈陳曉林處夜談歸來作〉云：「燈前兀坐可憐宵，春雨無言倍寂寥。憶過要離談洗劍，默知文海泛新潮。風波刪略英雄氣，花樣裁成美人綃。如此生涯如此事，苦聽君唱舊時謠」，即其一也。

製作古龍《楚留香》電子遊戲時，我曾參與其事，那也許是第一部武俠電玩呢（我也是第一位討論金庸作品轉換為遊戲的人）！古龍既逝，相關版本，多賴林保淳收拾考校；身後是非及版權糾紛等，多虧陳曉林兄盡心盡勞。可見俠義不匱，足以風世。因而二〇〇〇年我又創立中華武俠文學會，以張俠風。

後來大陸的中國武俠文學會與我們同氣連枝，更是越辦越好玩。當時他們因編金庸小說的點評本，與金庸不太愉快。我與曉林、周平等去北京與之相聚。中秋夜竟然一夥人跑去潭柘寺宿了。清宵月明，皎然如晝。我還趁著酒興，走了一趟拳。但也有朋友說乃是舞了一回刀，另有人說不不不，是耍了一套劍。醉中迷離，想來都是錯的。西山不見一窟鬼，唯見月下松影歷亂，遂謂龔某人舞刀弄劍走拳耳。拳，我當然也是會的，少年浪蕩，多於此中安身。博採眾長，還練過柔道、空手道、拳擊。雖大學以後漸漸就不打了，但江湖緣深，依然切割不斷。

先是海基會同仁李慶平兄牽線，我組織了一個「中華少林禪武協會」，發揚少林武學。同時又和學棣林明昌做臺灣宜蘭武館之調查研究。到大陸以後，少林主持釋永信邀我籌建少林大學。因他率徒眾首次赴臺表演即是我在陸委會任內批准的，後來他也參訪過我的國際佛學研究中心和佛光大學，想也辦這樣的學校。可惜因緣不具足，事久無成，我們遂又於北京薊縣盤山復建北少林。劉衛民兄奔走其事數載，而亦終未能成。至於洪門，雖亦同樣找我辦學，可也未成，亦未能延伸到大陸去。因大陸洪門僅存致公黨，已非俠武江湖性質矣。

俠武合冶的情況反而表現於武俠文學會中。二〇一一年在山東萊蕪雪野湖舉辦俠文化節時，我邀請了少林、武當、青城、峨眉、崆峒、崑崙、梅花螳螂各派掌門人攜徒參加，演示絕學，並與陳曉林、柳殘陽、雲中岳、龍人、楊叛、方白羽、甯宗一、陳墨、林保淳、江上鷗、孔慶東等作家、研究者對話。因之前我在珠海ＵＩＣ協助郭少棠兄辦學時，便主持中國武術文化的專題課，每月邀一門派掌門來講論並演示，與各派又均有交誼，所以大家還肯賞我薄面。

目前武術與書法一樣，一言以蔽之，叫做「沒文化」。因為武術歸體育部門管，跟體操舞蹈沒啥兩樣，文化內涵全丟失了。學生進武校，練這種體操，比賽、表演，得了獎，將來便可進體育院校，畢業則或去當體育教師教練，或去當保安公安特警。四十以後，耍不動了，即等於廢人。或去打商業擂臺，同樣是表演，在比基尼女郎舉著牌的間隙，鼻青臉腫地鬥雞鬥牛一番。能有什麼前景？中國博大精深的武俠文化，淪落至此，甚可悲也！

我改造課程，把學校的體育課改成文化課，又結合各地政府辦這些「俠文化節」，效果均很顯著，漸成一品牌，內容與一般省市辦的武術匯演截然不同。包含武俠文學論壇、武校校長高峰會、武俠文化產業論壇、中華俠女選拔大賽等等。俠義道的精神，也由好勇鬥狠轉為交友報恩及對各武術門派傳承發展之關注。

對武術文化之關懷與研究，文章還曾輯為《武藝叢談》。編輯韓猛也嗜此道，還曾拉我訪過一個特殊門派「夜門」，又去李恩久道場看過。我旅行各地，輒如此，訪耆舊，或談掌故或講手，引以為樂。該書則除了介紹武術基本派流之外，還涉及琉球、日本、馬來西亞、臺灣諸事，考論與視野，迄今尚無同類書籍可比。

說劍論俠，關注點當然就會與一般社會學家不同。俠武之人通常存處於社會底層，有時彰顯的只是原始生命力，好勇鬥狠以爭生存；但氣義有時也會合乎正義。且氣義既是性氣之發，本身即不受階層所限。因而關注者一方面要因此注目於社會之底層，一方面也要觀察此氣義顯現在不同階層間的狀況。

前者，我要了解幫會；後者，我要討論俠與文人。

幫會，泛說甚多，但主要是清幫與天地會，亦即俗稱之青紅幫。我與洪門的關係，上文說了。清幫則一般都說是安清，輔翼清朝，故與洪門之反清復明不同。我收羅兩者文獻甚多，略有異見。早年與高陽先生論及此，曾舉清幫杭州家朝祀潘錢洪三祖及顧亭林事為說，謂清幫助清僅是飾辭，實乃顧炎武之謀畫。後論清幫，則較著重其宗教背景。清幫漕船，上頭都置一棍，稱為神棍。因它事實上就是一種宗教組織，乃明朝發展起來的羅教。此教以《五部六冊》弘法，講無生老母、虛空家鄉，召喚流浪兒返家，影響巨大，分化出無數民間宗教，均以度劫收圓為說。

過去學者不熟悉這些，故不但談青紅幫不能深入底裡，只能做做史事史考、說說儀式規矩，對其他江湖幫派亦輒霧裡看花。例如武俠小說裡面常會說什麼總舵分舵、什麼堂主香主、什麼江洋大盜。這是指什麼呢？對政府來說，江即青幫，洋即洪門，皆反政府者或至少不是良民。總舵分舵者，水碼頭也。

香堂者，分香分靈，皆宗教也。清朝民間教派就有聞香教、一炷香教等，其他教派也無不敬香。這就可看出武俠門派與民間宗教間的淵源，更不用說還有白蓮教、青蓮教、明教這一類了。少林屬佛，武當屬道，崑崙峨眉青城崆峒等等亦皆各有教屬，明教則是摩尼之法嗣。其他練金鐘罩、鐵布衫、義和拳、八卦掌的也都各有宗教內涵，練氣、行拳、施咒、信教，須合而觀之。

如此合觀，不僅對讀武俠小說有用，對其他小說或整個傳統社會的理解也會大有裨益。例如《西遊記》，明清有許多教派視之為練丹祕笈，依之修煉，至今猶然。這不是胡適魯迅式的考證，說書乃吳承恩所作就可以抹煞的歷史及社會事實。而書中講唐僧西天取經，取的經名及經序，又難道是佛教的嗎？我在《中國文學史》中詳細考證了它與羅教寶卷的關係，才是揭開《西遊》謎底的線索。

大抵我國宋以前歷史，須注意儒道佛三教分立與競爭之關係。宋以後則要注意三教融合之關係。但融合，有合於儒、合於佛、合於道之不同，故雖趨勢在合，實際上分歧愈甚。分之又分，遂又有各種不同之民間宗教，千精萬靈，一時俱起，名目猥多。明清政府禁止邪教的檔案中被指名的就有好幾百個，現在大陸也還有「反動會道門」的稱呼，可見在民間分布之多之廣。

## （四）巫師

我家世儒道，性喜幽玄，故亦喜歡尋覓究天人之際的夥伴，與各教的關係皆極親和，跟軒轅教、天德教、天帝教、崑崙仙宗、慈惠堂、一貫道乃至基督教、天主教、伊斯蘭教都有來往。大學畢業後，林明峪作《臺灣民間禁忌》、《義俠廖添丁》、《媽祖傳說》。我們每天在一塊玩，故我亦頗預其事，對臺灣豐富的地方信仰體系，又感親切又覺好奇。

臺灣那時對宗教仍如對政黨一樣，有禁忌，也有正教邪教之分。但事實上這種區分只是政治局勢或氣氛之反映而已，時移世異，情況便自不同。地方淫祠巫俗，有時被朝廷認可了，賜匾賜封號，就成了正教。有時忤惱了政權，便又成了邪教。如媽祖、臨水夫人、保生大帝等等屬於前者；摩尼教、祆教本來傳得好好的，唐武宗滅佛，受了株連，僅能藏跡於民間，便屬於後者。

就連佛教道教也興廢靡常。太平道起事，被稱為黃巾賊；天師道主政漢中，就政教合一了。北魏孝武，奉新天師道而年號太平真君，合二者為一；李唐更尊老子為祖，開道舉以選士，政教也是合一的。宋代因之，帝稱道君，觀有祠祿。元則全真正一皆領管山海。可是某些道派，如先天道、黃天道、金幢教及若干講三教合一、仙佛合宗的，就被列入另冊，謂有反亂之嫌疑。佛教中的白雲宗、彌勒會也是如此。

此外，宗教界與學術界一樣，雖說都在追求真理、祈慕和平，但教派之爭，更勝學派。為了愛人救世，是會努力殺人、把別人視為妖魔的。因而能如我一般，平情看待各宗教、皆願與之深交者，其實少之又少。而且宗教界為其「界」所限，也不太能領會宗教與文學、宗教與幫會、宗教與武術之類關係，所以我的經驗與所知，可對宗教研究有些貢獻。跨宗教之理解，尤其如此。例如基督教之解經學、倫理學研究、辦學理念及歷史，就都對我幫助甚大，持與佛道義理相對勘，自可發現許多東西。佛道合參，亦復如此。

早年當然還沒那麼複雜，僅是隨緣親近各教罷了。跟鄭志明一起幫靈乩協會辦尋根文化研究中心推廣傳統文化；參與天帝教中國哲學研究社，幫它辦華山講堂；又幫靈鷲山辦了國際佛學研究中心，有譯叢、有學報、有研討會，也有梵文藏文巴厘文之班；再就是幫道教總會辦中華道教學院；協助洪富連辦星元大學，傳授山、醫、命、相、卜五術，辦中華易學研究院。緣愈結愈大，還助佛光山星雲法師辦了南華與佛光兩大學。

辦這些，現在說說，不過紙上一兩句話。但替宗教團體辦這辦那，其中實有無量難、無盡苦，比幫一般團體可難多了。別的不說，當時一同籌備辦校的尚有法鼓山、一貫道等，但等我辦了南華又辦佛光，辦到卸任離臺了，他們的大學都還沒建起來呢。可見宗教界雖有錢有人氣，但講到學術與教育，那就還得另說。並不像他們教徒信眾弟子們所以為的，有了它的資源或蹭上了它們「大師」的光環就行。

我國宗教大勢，早期與政治合。上古巫史紛若，邦國俱依天命、奉宗廟，士夫民庶也同樣尊天命、守宗廟。國以此立、教以此行、民由此長養生息。這結構，直至明清，基本相同。孔子崛起後，介乎天與君之間的師道，也獲得巫史之地位，故孔廟遂與天命、宗廟並尊。東漢，太平道天師道也起而爭師權，因此都自命其領袖曰天師。可惜爭而不成，太平道垮了，天師道僅在漢中短暫成立政權，隨即被曹操所滅。但這種起新教以改天命的意圖沒滅，未來會有太平帝君來拯救大家的彌賽亞（Messiah，天主教譯作默西亞）或未來佛，一直到現在都有。出現了無數的「反亂」團體，令主政者頭痛，斥為邪教。

後來道教就改變了策略，一種仍力圖建國；一種就與政教妥協，採取儒教之方式，成為帝王師。如成漢的青城山范長生、北魏的寇謙之、唐代宋代明代諸國師都是。政府以道教為國教，帝王即道君，天師輔之。第三種則看破了，退回到自煉成仙的形態，跳出紅塵，以服食鍊養為主。

佛教進入中土以後，本來也屬於這種自我修養體證之方式，超世自尊，沙門不敬王者。可是此路不能大昌，只能依國主而獲得師權，輔國相國護國安國靖國的寺院因而遍布天下，也出現過梁武帝、武則天這類「皇帝菩薩」。元朝清朝皇帝與佛教之關係尤其緊密。

正因如此，儒道佛三教才會那麼緊張：都在爭師權呢！

漢魏南北朝隋唐千餘年爭衡之結果，是誰也吃不了誰、誰也不能獨大。而且在爭抗中互相學習，融合之處不少。例如佛教的法事、科儀、禮樂、服飾，印度與中亞哪有這些？乃是大量吸收儒家章服禮樂所致。道教之文書化、體制化、齋醮章表，也同樣如此。義理呢？大家只知佛教中人士，曾以老莊「格義」；卻還不太知道六朝以佛理去解《易經》早已蔚為風氣。而《老子化胡經》之類對抗性檔，內中其實也隱含著融合的心態，把佛陀視為老子學生，意思正是用同源關係來解釋儒道佛。

這種狀態，到宋代以後越發明顯。三教同源、萬善同歸，類似班固形容諸子百家那樣：一致而百慮，殊途而同歸，漸成社會共識。雖然儒者還常「攘斥佛老」，可是攘斥佛老的宋明理學家就常被人說是思想來源於佛老、最終也歸宿於佛老。模糊三教差異的人，常籠統地說：「宗教都是勸人為善的嘛！」或索性就樹起三教歸一、萬法合宗的旗子，創出三一教、羅教、混元教之類。即使是少林寺，門口也大立一石碑，曰「混元三教九流同歸圖」。

這種混合，當然不是真能融通，內中混雜混亂甚多，這就需要仔細辨別。近代宗教的發展也仍在繼續揉合中，不但三教合一，把耶穌、穆罕默德都拉來講五教合一的也很多。佛教合禪淨、混漢藏更是大趨勢，越講越囫圇。

學界呢？近代學界之宗教研究，皆以基督教為模型，斥上古巫史為巫術；謂儒家乃至依天命、奉宗廟者均非宗教；指佛道教為偶像崇拜、風水迷信；謂民間信仰為愚妄，僅有人類學社會學價值。他們不能理解中國宗教，甚至不能理解中國，乃是必然的。

前輩先生，除了劉師培讀過《道藏》、陳垣輯過道家金石、湯用彤治過中古佛教史等少數人之外，大抵對宗教毫無認識。魯迅一本道經也沒看過。胡適研究禪宗史而居然不知禪家有清規，誤以為呵佛罵祖便可擺脫一切規矩；治《西遊記》更是以打破幾百年來被和尚道士誤解了的謎團自詡。馮友蘭《哲學史》佛教部分已極簡陋，道教則幾無片言隻語。陳寅恪於佛學，僅有簡單的比附；論道教，則於道派道法都不甚了了。其他多類此，不好縷述。

我曾親炙者，如錢穆先生，於宗教也甚粗。牟宗三先生體大思精，但於道家僅知王弼，於佛僅及隋唐，其他未能用心，只是在其哲學形態上追求三教歸極於「圓教」，恰與宋明以來宗教思想的趨向相合而已。基督教、道教、佛教教內的一些大德，相較之下，會比較專門點。但也僅止於專門，且大抵屬於「護教學」式，難得見到真能兼通各教教史教義，並與政治民情結合討論的例子。有實際宗教體驗或參與教團生活的學者，更是稀罕。

因此，清末以來，宗教是既斷且隔的。斷，是整個大脈絡已斷。現今的宗教發展，或舊爐出新火，或已另起爐灶，須要仔細分疏。隔，是指現代知識人對傳統宗教之理解頗為隔膜。

## （五）真人

針對此，我的任務自然就不難明白。一是通其隔閡，重新把傳統的脈絡梳理說明清楚。二是理其新路，對當代宗教發展，關懷理解之，並提供方向及作法之建議。三是接續教化。傳統宗教以教化政俗為念，自居師道；目前雖頗有斲傷，但至少臺港教界仍是以此為念的。我亦自覺參與其間。

八十年代中期開始，就幫靈乩學會辦尋根文化中心，接著與靈鷲山教團合作。靈乩學會是講通靈扶乩的，由賴宗賢負責，後來在兩岸交流初期出過許多力。靈鷲山心道法師，則由緬甸入臺，在佛光山出家，接著離開自修頭陀行，常居岩穴壙場中。一日淡江大學佛學社團的同學們去宜蘭尋訪一位據說身體會放光的和尚，失途在野地偶逢他，談得投緣，遂奉禮。淡江一批教師隨後即協助他經管教團，因此迅速崛起，成一大山頭。我經同事蔡信夫、陳瑞貴介紹，為之辦國際佛學研究中心。

後又幫惟覺法師規畫佛學院。那時老法師在萬里海邊禪修，身畔僅有徒弟兩三人，但志向遠大。後來果然建成宏偉的中台禪寺及龐大教團。我在宜蘭辦佛光大學時，憶念舊遊，曾去訪他。知客僧「兒童相見不相識，笑問客從何處來」，推說不在；而他聽聞我至，立刻親來迎接，並全山導覽了一通。

同時結識者，尚有明復法師，乃教界少見之學問僧。出身河南大相國寺，宏博通脫，歿後著作由其弟子杜潔祥編出。

學問僧出身者，另有法鼓山聖嚴法師，以中華佛學院為基地。我論析佛學的朋友如藍吉富等多在彼處。

佛光山倒是最後才接觸到的。乃是我去陸委會後，李瑞騰主持古典文學會，與之合辦佛教與文學研討會而接上的緣。後來，建大學、興文教，合作十年。其制度，法師由開士、和尚至大師若干級；居士也有若干級，施主功德主分為九品；有學識、能講佛法者別為檀講師，最高為檀教師。我就被聘為檀教師，須如歐陽竟無一樣，向出家眾宣講。

道教方面，我更是當成家裡的事來辦。因老天師過世後，王寒生創軒轅教、李玉階創天帝教，地方道壇神祠又各自為政，道教發展非常不暢。與金庸《倚天屠龍記》描述明教教主陽頂天過世，教中不和，白眉鷹王殷天正出創天鷹教略似。我哥期榮與祕書長張檉則認為仍需由培育人才、宏闡教義下手，故拉我來，在臺北木柵指南宮辦中華道教學院。

指南宮主神是呂洞賓，但其底子是龍華會，三教合一的。山上既有呂祖殿，也有大雄寶殿、孔子廟。當時主持高忠信先生兼中華道教總會會長，因而畢竟偏道教多些。他聯合了香港青松觀侯爺侯寶垣，在山上靈霄寶殿把學院辦了起來，由我負責教務，後又擔任副院長。

這是幾千年來道教的正式開講。之前僅靠祕傳，父子或師徒相傳。呂祖以降之內丹各派尤其強調口授，法不傳六耳，縱使寫下經文，亦必假語村言、譎曲隱諱。我則認為道教之衰主要原因即在此，故應改弦更張，明白闡述。所以由張檉講解道教法務及科儀文疏，期榮哥自教符籙，我教《黃庭》《陰符》《周易參同契》《太平經》等。另又聘了梁湘潤、馬炳文、徐冠雄、李豐楙、陳廖安、林安梧、鄭志明等來講。蔚為道界盛事，香港青松觀、玄圓學院、蓬瀛仙館及大陸道協均來參訪，並相繼開辦類似課程，也常請廖安等去香港講。

這不是虛熱鬧而已。法派繼絕，非同小可。例如梁湘潤先生精研子平術，著有《五行大義今注》《大衍易數索隱》《滴天髓、子平真詮今注》數十種及《現代大藏經》二十卷等。於臺港發揚傳統命理之學，近年並回傳大陸。馬炳文則是西派第七代宗師，在臺弟子，主要都在道教學院，爾後亦再回傳大陸。該派丹法隱訣，我曾在張利民編《道家西派丹法文獻集成》的序文中闡說過。我之所以能知其底蘊，多由道教學院一段因緣來。

期鑅哥在教界亦極孚人望。我在大陸道教界遊走，人家對我還算客氣，常是因著他的面子。他久侍天師，故深得符法真傳。大家都曉得道士善於畫符，卻不知符籙本是上古文字，非精通書道與文字學者不能為之。後世道士亂塗亂抹，不僅文墨不通，亦輒有窮氣、鬼氣，不能高古華贍。且天師作為道界領袖，別有祕傳三十六道符，類如武術門派某些掌門人專有的武功，用筆用印及口訣罡步別有講究，外間哪得知？老天師晚年登壇或作符，頗由期鑅哥代行，所以才能傳出。二〇一〇年《華夏地理雜誌》艾紹強與我去江西葛仙山考察，我告訴他大殿四周布列的就是期鑅哥所繪天師符，他卻怎麼都拍照不下來。相機在那一刻硬是卡死了，無論如何修不好。無奈下山，離開大殿才又好了。其神奇，往往如此。

後來我在成都與鄒慧心結拜，歃血為盟。他出身精武會世家，為日本剛柔流空手道六段師範。有心弘道，在四川眉山復建五斗觀、瓦屋山上清宮。我也曾把手上的天師符給他，並介紹他來臺，皈依張檉，並從張智雄道長深造符法。希望此絕學在我們手上可以傳開去。

去年在山東辦書法展時，我還以「雲篆龍章」為題，正式把符篆寫作引入書法界。近代書法，吳昌碩復興了石鼓文，我之復興雲篆，則不僅希望能有吳缶老復興石鼓般的效果，還奢想讓人回到王羲之。王羲之他們就是天師道世家而擅長書法的呀！他們畫符所用竹筆，現在僅存於日本了，我近年也頗用之。

其他我與佛教道教界的交往就不絮說了。

因為講這些，不是要憶舊，而是要論學。花如此大氣力，為人作嫁，雖是功德，但「功德法」一直不是我走的路，我是「智慧法」。總要在理上、心地上求個明白。深入經藏是一種途徑，身歷其境是另一途。抽象的思辨與具體的感受相合，才能體會各宗教想追探的人生究竟到底是什麼。因對人的設想與理解不同，故各教之神與成就之道也不相同。統而觀之，則人之可能性實在不可思議，而由此獲得的天界神界異界消息，雖不甚牢靠，但對我等久居塵寰的遊子來說，也仍是親切的故鄉音訊。在「眾鳥高飛盡，孤雲獨去閑」之際，值得我去佇思。

這才是我由宗教親歷和研究中獲得的心得。司馬相如說賦有「賦之心」與「賦之跡」，遊於宗教間，我所獲亦有心得、有事跡。上述皆事跡之一部分，另一部分是研究著述。

老子云「善行無轍跡」，文章即轍跡，與行蹤相似。我在道教方面，主要是對教史的梳理、對經典的解讀、對教理的掌握、對儒道佛關係的探討。佛教方面，主要是它與文學關係之詮說、與儒道之交涉、現代佛教發展問題之研究等。民間信仰、新興宗教則帶入其間。

對道教史之梳理。是說從前講道教，總以為是老子哲學的宗教化，故奉太上老君為教主，以老莊哲學為內核。其實不然！

早期「道」是通名，儒道、墨道、諸子百家皆各道其道，有道之士即為道士。漢初別謂黃老為道家，以區別於儒、墨、名、法、陰陽，見司馬談《論六家要旨》。但那道家其實是綜合體：「因陰陽之大順、採儒墨之善、撮名法之要。」類似班固所說的雜家。

後來奉「大道」而興起的太平道、天師道又與之不同。太平道自成體系，要統合善言以消除群言淆亂之局面，屬於大綜合大統一的思路，欲以此重開太平。故有《太平經》，自稱天師，代天傳道。天師道則破邪顯正，號稱真正唯一之教。託聖改制，以《老子想爾注》為說，反對一切鬼神附身、殺牲祭祀等「邪偽技」。嗣後還有李家道帛家道等，仍然是各道其道。

到陸修靜時代，才用「三洞四輔十二類」的架構，把各道經典統合起來；到陶宏景《真靈位業圖》才把各道之祖師神靈歸併到一個體系（神分七等，老子和太上老君非一人。老子在第三級，太上老君則為第四級主神）。這樣，才有「一個道教」的形態，與佛教可以相對。

可是這道教仍是教中有教，各道其道的。例如元代就是全真教、正一道、真大道教、玄教、太一道並立。六朝則是上清、靈寶、三皇文、金丹、天師、太平諸道並存，而都是道教。它們不是佛教那樣的教派之分。派是指水之分流。一個源頭、一位教主底下各派分流，佛教、基督教、伊斯蘭教等都是如此，但道教不！是交光互攝、分流並進式的，與中華文明的總體發展相符，自具特色，可惜過去連教界都講錯了。

對經典的解讀。是說過去道經既少學人研析，各教詮釋又各有立場，或故神其說、或曲意附會、或未能深究，我才比較能準確地掌握之。

經典詮釋，近人所輕。老是強調要有獨立之創見，嗤諷注經是中古經院式哲學，還未走入現代。其實每一個時代之洞見新解即在其解經中，詮釋經文與自我說明兩者合為一體，難以分析。今人詮釋古典不行，乃是因自己思想就淺薄固陋，看道經尤其不能得其肌理。我示例解過《太平經》、《黃庭經》、《老子想爾注》、成玄英《莊子疏》等（《陰符經集釋》則未寫成。內丹各派義理另穿插在其他綜述文字中）。事忙，不能所有經典都細講，好學深思者可以循之自得。道教的義理很複雜，說解尤其混亂，須要仔細勘究。我的詮釋，是這個時代較可靠的聲音。

對教理的掌握，與上一部分相關，但需是由這部經那部經中提煉、總括之。或倒過來，由於對教理有根本性的識察，才能理解每部經典在其中之位置與作用。

大凡宗教為何立教，必有一主要關切點，例如基督教是說人如何才能獲得拯救，佛教是說人如何才能解脫。道教呢？我之前，有人概括說是追求不死、是長生的欲望。不是的！道教是說人如何才能成真，真正成就為人。與儒家同樣是成人之學。

為什麼他們都是成人之學？原因很簡單，都是在中國文化的這個大淵源上發展出來的嘛，故主要關懷相同。

但儒家之思路，是透過人與禽獸之不同來講如何成人。禽獸弱肉強食、適者生存；人卻相反，要互相關懷、互相兼濟。禽獸以齒牙氣力相爭，人則須以禮義相聯維繫。如此，才能跳出禽獸境地，成就為善人，進而成就為善世界。

道教的思路，各道不同，但共同點在於成真，以真人為目標。故以去染汙去邪見去妄心為主。去偽存真，以與外物相合相洽。既合，則能破人與物、人與世界、人與自然乃至人自身之各種局限。例如是非、死生等形與心之睽隔，道通為一。

其過程，是自我之轉化提升。故真人又稱僊人，䙴是變化、升高的意思。神僊之僊從䙴，講的就是神仙具有這種提升轉化性質。後以神仙多半居山，所以僊又通為仙。仙人就是形神超舉，不同流俗之人，此等人才有資格稱為真人。

其方法，不是拜神祈福，以求解脫或拯救，而是靠自己努力。努力之道，一是類似儒家之積善成德，後世所謂積善派、忠孝淨明等屬之，多與儒家合。二是克己復禮式的，也像儒家。如天師道之上章、拜表、悔罪、三官手書、懺法科儀之類均屬之。三是在這一般的努力之外，還要尋找訣竅。猶如讀書除了下死工夫用功外，尚須得法。法是什麼呢？六朝有本道經名為《登真隱訣》，就很貼切地顯示了道士都在找這個祕密。人人尋得者不同，但大體有個方向，中唐之前以天地運化之原理為祕訣，中唐之後以人體生命運化之原理為祕訣。

天地運化之原理為何？曰陰陽相交，氣運成文。能得此文，即能登真成仙，超越生死塵網，進而普度一切天人。人體生命運化之原理為何？曰心腎相交，水火既濟，性命雙修，超凡入聖。這同樣也是陰陽相交，但集中到自己內部說。其道理基本如此，但衍生出無數法門，因為實際修煉之下手功夫畢竟千差萬別！

你會說，啊，不，道教不是還要煉丹，還有許多祈禱法事嗎？是的，但那都是旁枝末葉或輔助性的，或由上述方法中流衍變化而出。

例如原先只說自己寫了悔過書去放在山上、沉入水裡、埋到土裡，向天地水三官懺悔。後來流俗就只知拜三官大帝以求保佑，並訛三官為一人，以為他就叫三官大帝。原先齋醮都是悔罪齋心之法，後就成為消災祈福，儀式化、庸俗化、外向信仰化了。原先說氣化成文、始生天地萬物，後來就說此為元始天尊開闢世界，開闢之法即是文字元籙。至於煉丹和房中術，本與醫術、服氣相配合，是養我自然之身體以與天地合相的方法之一，後乃專事燒煉，或專門去性交，採陰補陽，以為這樣就可以度化成仙。

凡學說，都有流傳而生流弊的規律。世俗心眼，徒求富貴榮華，每每如此。如佛教原先是說知十二因緣以成佛，後來磕頭拜佛的人卻不知什麼三法印四聖諦十二因緣，只是燒香不已、磕頭不已、念佛不已、枯坐不已、吃苦受罪不已，以為這樣佛就可以招我到極樂世界去了。結果講神通、拜偶像、念佛號、吃青草之佛教徒遍天下，而佛之本旨晦矣。什麼龍肝鳳膽，到了一幫俗人手裡，都會變成臭狗屎。這就是我至今仍遲疑不敢創教的緣故。

但你怎能因天下滔滔均為俗念所汩滅，便以為佛意只是如此、道教又只是如彼？何況，那些講外力的，如吃丹藥，後來亦轉為內丹，仍從自己說，要「我命在我不在天」。

所以道教在各種宗教中形態最特殊，乃是自律自力型的，也不期望去到另一世界，與佛教說彼岸淨土、基督教說天堂樂園迴異。它又反對巫俗式的降神、通靈、報酬交換。要把自己修煉成一種「不離世而超脫」的真人仙人。這種人，與儒家所說聖人，其實甚似。

修煉之法，上文已說，也與儒家基本相同：克己復禮、積善成德。較不同者，或者說比儒家更強烈的，乃是「主文」這一面。

儒家也重文，但以人文化成為主，以禮為文。道教是對天文地文人文的整體把握，以文為天地人運化之原理，故曰無文不生、無文不成、無文不光、無文不明。這種真文信仰及其運用，我在許多地方闡述過，是一個我比較鮮明的觀點。中國文化是文字性的。西方文化，則德里達已分析過是語言性的邏各斯中心主義，印度佛教另以聲音崇拜為中心，真言密咒獅子吼，均與中國不同。道教在這一點上尤其明顯，故才有符籙和章表青詞之類。

由這些地方看儒道佛三教關係，也才看得清楚。在我之前，多是含混牽扯。或混道教於巫，不知道教是對巫的改革者。或等道教於老莊，不知太平、上清、靈寶、淨明、丹鼎等均不言老莊。或指道教多剿襲佛教，不知其有根本之殊，而佛入中土，吸收儒道才不可勝數呢！至於後世三教合一、仙佛合宗，金銀銅鐵如何搗鼓成一器，亦須具體分疏，不能以囫圇為通達。我針對這些，寫過不少文章，輯刊為《道教新論》一、二集。名為新，就表示了與現今道教研究界頗有些差異。幸而新說不是誤說，故值得大家聽受。

## （六）佛家

佛教方面，大學時，廖鍾慶先生來授《中國思想史》時專講南北朝隋唐佛學，導我途徑。他上課，自帶一瓶可樂吸啜著對黑板講，名相甚繁。我乃另購熊十力《佛家名相通識》來參考。由此不但稍稍了解了中古一段佛學，也對近世熊十力與支那內學院的爭論等儒佛關係大感興趣，更養成了讀佛教辭典類書的習慣。室友林明峪讀《禪宗集成》，我就讀丁福保《佛學大辭典》，拚場以為樂。後來也想編輯熊先生與內學院論爭的資料集，但林安梧先編出了，我乃想再擴大來編近代佛學發展中的爭論文獻，卻終未果。只在安梧寫博士論文時，得王守常兄之助，由北京攜回熊先生在北大第一年教唯識學的講義送他；另與杜潔祥找蕭振士來新撰了一種佛學辭典。我想跟潔祥合作的佛學論文叢編、佛寺志集成、僧人詩文集成等，卻迄今都還沒弄成。

潔祥長於佛教目錄學。安梧他們新儒家則因唐先生牟先生均精研佛學之故，於佛學無不究心，是當代很重要的佛學研究團體。如萬金川之中觀、林鎮國之唯識，香港之陳榮灼、吳汝鈞、霍韜晦等等都是此中豪傑。佛教界，印順導師巍然高峰，各地佛學院也頗有龍象，各具傳統；但又與學界多所往來，如聖嚴法師那兒便結集了藍吉富等不少學界人才。聖嚴自己是日本佛學的訓練（臺灣去日本的僧人，多還俗了，唯他能堅持，故為世重），其他與日本佛學關係較密切者也很多，為另一大群體。方東美先生晚年在臺大、輔仁大學也培養了一些人。其他寺廟裡的講席，或南懷瑾的十方叢林、李炳南在臺中的蓮社等等，則為宗教性的居士講堂，雖影響深巨，但與學界關係不大。

我辦佛研中心時，與上述各方面都廣有交結。後來辦佛光，就結合得更寬了，把陳玉璽、傅偉勳諸先生也都從美國請回來。陳先生本經濟學名家，後來致力佛教心理學，非常深闢。傅先生則佚盪恢奇，以西洋哲學成名，宏闡詮釋學、治中日佛學亦皆極有成績，晚年大講生死學、文化中國，震動一時。我請他回來辦生死學研究所，不料開學前遽逝。我另有文章哭之，不具述。其他青年學人，助我者甚多，也不及一一。

我自己則是由禪宗文獻之熏習入。文士談禪，早期不免也多模糊影響之說。但稍後我就由自己反省起，觀察文士談禪有什麼毛病、詩與禪合與不合者安在等問題。對「學詩如參禪」的話頭，王維「詩佛」的名號，袁中郎習禪的歷程等，一一考察之。

這種考察，不但能破解世人在詩與禪之間種種胡攪蠻纏之迷霧，亦能因此關連於佛教其他宗派之義理。例如由論學詩如參禪而牽引到唯識學，以遍計執、依他起、圓成實三性來解釋詩人的生命狀態；由論王維而談到如來禪祖師禪之不同，並詮釋「安禪制毒龍」之禪乃小乘禪；論袁中郎入禪出禪而分析他與華嚴、淨土之關係；由論弘一法師非禪而解釋法師弘揚之戒律實為小乘律等。都是以禪宗為軸，去關連於其他宗派，與我論道教那樣縱橫貫通地說不同。

佛學研究在近代變遷甚大。清末民初大講唯識。僧界覺醒後，印光弘淨土、弘一弘律、虛雲弘禪，還有一些弘密、一些講因明，學界則史學與哲學分途。湯用彤、陳寅恪是史的，馬一浮、熊十力、唐君毅、牟宗三是哲的，另有一批是介乎文史之間說禪的。天台、華嚴，則與唯識俱衰。我小時習靜坐，當時最流行的是由天台止觀法門衍來的因是子靜坐法，如今則天下紛紛說禪坐禪修矣！華嚴亦無名僧及專修寺院，僅臺灣有華嚴專宗佛學院、僅方東美有專門講述，與天台僅牟先生強調相似。二〇〇五年我在南京，曾與傳真法師商量在玄奘寺建佛學院，專闡唯識。策畫書都草好了，房舍也安排略定，卻終不果。可見諸宗皆寥落，以致弘一訂律忙了一輩子，而現在紀念他的人居然都說他是禪，可不可悲？

可是大家談的又是什麼禪呢？禪家雲門、法眼今皆已絕，臨濟、曹洞號稱遍天下。但臨濟背牆坐、曹洞面牆坐，法門不同，今皆胡亂坐。臨濟是看話禪、曹洞是默照禪，今皆胡亂禪，甚至還有搞笑的「太極禪」之類。叢林制度又都已廢，連茶席也沒一處會擺，何況機鋒公案、義理法乳？牟先生不說禪，說者，胡蘭成伎扮觀音、南懷瑾野狐指月，吳經熊神父言佛、饒宗頤如教坊雷大使之舞，皆非本色，其他就更不用談了。近來還頗有「生活美學」式的說法，把禪描述為風花雪月、逍遙放鬆的生活，作為中式小資情調，穿禪服、吃禪食、要禪意棲居、享禪家風月，故禪風愈盛而禪愈亡，「佛系」男女愈多而男女愈亂。

我看不慣這一切，故辦研究中心、辦班、辦刊物和寫論文多有矯激之心，希望能打破此等偽熱之局。某年香港浸會大學辦宗教研討會，請孫昌武先生主題演講，我就寫一篇論文專講孫先生如何錯謬不通，弄得大家尷尬萬分。後來因佛教界整天糾結於吃不吃素等儀規上，我又刻意寫了〈縱欲以證菩提〉，而終於引來教徒之大反撲，罵我是大魔王，想要殺了我，也可算咎由自取了。其實佛教發展正不正、教義明不明，干我甚事？現在，我就懂得學笑彌勒，笑笑說你好我好大家好了。

當時老婆心切，故除了批評，還擬替佛教之發展提示新軫，所以只寫了不少討論當前佛教的文章。這與考史說義理不同，是從事上做檢討、做擘劃。那時正辦學，故亦常將佛教力量往教育、非營利事業管理、企業運用、社會工作、社會福利等方面拉，結合到我辦的生死學、生命學、非營利事業管理等科系中，希望由此經世濟民。

## （七）信俗

來大陸以後，本來也很想在這方面繼續貢獻點力量，可是漸漸發現體制不同，這些多無從談起，更莫說佛教社會主義之類社會改革的思路了。因此都只能暫擱，有機會就只聊聊佛教的歷史文學與藝術以破悶。

不過由於我這些年還常替各地政府和企業做文化規畫和產業發展，所以便設法把論壇帶入其中，或將宗教文化落實到文化及旅遊產業，算是一種新型的推展研究之法。

例如在江西宜春辦兩岸禪學高峰會、在三清山辦道教文化園、在煙臺牟平辦全真教研討會、在甘肅涇川辦兩岸西王母研討會等。去涇川，本來是去處理其大雲寺的文化園，後來該地發現舍利，我乃為之在北京開了研討會。接著更號召兩岸政商學界名流去涇川祭西王母，還想確立西王母降生日為「華夏母親節」。

王母娘娘是民間信仰的核心，但近年研究不足。雖然新疆天池管委會《西王母文獻集成》有十幾大卷；青海也在做大型文獻集成並辦論壇，且成立了崑崙文化研究院。但缺失仍很明顯：

一、重古輕近。目前之研究集中在古神話、古史、古地理、古文化考辨上。先秦到漢代最多，南北朝隋唐就少見了，更不要說宋元明清。但事實上西王母信仰是越來越普及、越來越提高的，後面遠比前面重要。而如今放棄江湖河海不談，只在濫觴細源上考來辨去。

或許正因那些上古端源文獻有缺，根本不可能有什麼定論，所以學者們才樂此不疲地爭相為說，馳騁其想像。唐宋以後材料太多、問題太複雜，便誰也懶得涉足。

同時，因大陸曾禁止「反動會道門」活動，故學界對明清間羅教、白陽教、先天教、天理教、青蓮教、龍華會等拜瑤池金母、無生老母、無極老母的情況皆極陌生，罕能措手。明清即已如此，那就更不要說對現今之西王母信仰無力關注了。

二、少數關注現今西王母信仰的，主要也只是是民俗調查式的。其缺點，一是範圍頗有局限，大抵集中於西北，不知西王母信仰是全國性的。例如東邊沿海地區，山東淄博有淄川王母山，福建政和、福清也有西王母山，浙江湖州安吉也有。就是北京，過去東便門內亦有太平宮，又稱蟠桃宮，拜王母，每年三月三為蟠桃會，故《北京竹枝詞》有〈都門雜詠〉云：「三月三日春正長，蟠桃宮裡看燒香，沿河一帶風微起，十丈紅塵匝地颺。」而泰山的王母信仰也很重要，碧霞元君（泰山老奶奶）即與王母有關，山上還有著名的王母池，此池便又稱為瑤池。延伸至昆崙山、煙臺、萊州一帶，我去調查，也發現了不少王母會。王母信仰遍布全國，目前研究與調查都還太少。

其次是海外之西王母信仰，遠熱於內地。僅臺灣慈惠堂體系，即有庵廟千座以上，東南亞也一樣。而此活態的存在狀況，大陸學者多半不知道。

缺點之二，是對西王母信仰之內容缺乏整體掌握，民俗調查多僅注意其祭典活動而已。從前屈大均《廣東新語．西王母條》曾記載廣東人祭西王母時，王母兩旁其實還有三對夫人，兩送子、兩催生、兩治痘疹。王母為人「註壽，註福，註祿。諸弟子以保嬰為事」。我們做西王母的學者，史學的大抵只關心其與帝王之關連，民俗的則多注重民俗活動。可是信俗並不僅存在於活動中，更存在觀念中。

中國人向西王母求壽、求財、求福、求婚戀、求子，有子之後又向之求保嬰、除痘疹、保平安。這些信仰內容，整合於西王母，分化為福祿壽三星、財神、月老、注生娘娘、送子觀音、痘花娘娘等。

包括沿海所祭拜之海上保護神媽祖，事實上也生於這種分化。因為漢代焦延壽《易林》就記載：「稷為堯使，西見王母，拜請百福，賜我善子。引船牽頭，觸物無憂。王母善祿，福不成災」。其中，

「引船牽頭，觸物無憂」者，正與媽祖之神性無二。做現今民俗研究者不能只是記錄現象、報導活動，還應多針對這些問題進行考索。

再者，我所說「對現今王母信仰關注不足」者，又在於對現在王母信仰在小說、戲劇之中表現缺少研究。有關或涉及王母的現代小說戲曲不計其數，但民俗學者無力參研，現代文學學者又不關注，實在非常可惜。至於西王母信仰與文化產業如何結合，論文就幾乎是零。

三、孤立研究。西王母是個體系。以神系來說，它代表的是整個崑崙山的神仙體系。這，目前青海已經注意到了。但崑崙神系所云崑崙山，並不就只是現今的青海新疆間的那座崑崙山。它一方面涉及者廣，包括天山、阿爾泰山、崑崙山等均屬之；另一方面它還是還是仙山，或觀念裡的神山，並非現實世界某一座山。此外，西王母又代表整個女神體系，杜光庭《墉城集仙祿》所顯示的就是這個體系。轄下女仙眾多，有許飛瓊、杜蘭香、萼綠華等。擴而大之，還有我上文所說的廣泛的娘娘崇拜。這樣的西王母，自然應有綜合的視野才能掌握。

無奈大陸學界是分科分領域的。做歷史學的，無神話思維，老要把神話傳說鑿實地講成史地。做民俗學的又與史學、文學學者分成另一大攤，基本上是各玩各，且只會從小傳統的角度看問題。道教學者也跟史學系、民俗學的人不搭界，獨自講其《上清元始變化寶真上經九靈太妙龜山玄錄》等等。佛教界呢，自說其觀世音而不知與西王母有關。甚至還有許多人懷疑西王母怎麼會跟佛教有關呢？

實則怎能無關？明清寶卷中就有《王母降下佛壇經》《王母消劫救世經》等等一大堆。那些拜西王母的教派，都是三教合一的，故吸收了佛教的「劫」與彌勒降生傳說，以講母娘嗅子、真空家鄉。能不注意嗎？

此外，西王母信仰可能也與伊朗、高加索、中亞之文化交流有關，必須有更大的視野去做綜合的考察才行，孤立的、單一的視角研究已經不行了。

這只是一個例子，其他宗教研究問題多類此，所以應結合地方政策及產業發展來做點事。近年各地新建的各種宗教園區，類皆商俗獰惡、陋劣難名；我無力扭轉，只能在滔滔濁流中自己這樣做做而已。

幸而臺灣南洋文化學會又成立了世界華人民間信仰文化研究中心。由楊松年、謝正一、陳隆昊、劉家軍、陳煒舜、王琛發、鄧文龍等和我協力推動，結合了日本、越南、印尼、馬來西亞的許多學者。每年舉辦一至二次國際學術會議，在不同地區召開；定期出版民間信仰文化研究學報，半年刊，一年兩期；出版民間信仰文化研究叢書，每年四本；同時還積極聯絡民間寺廟，達成研究與寺廟的聯繫。這支生猛的勁旅，未來應該還可賡續這個事業吧！

此事非僅考古，其實關係現今人的基本人文素養。面對如今薩滿復興與電子樂時代的後嬉皮文化，有此基本素養，尚恐與時代脫節呢，何況沒有？

# 第四卷・樂

# 第一章　復興樂教

## 一、樂與樂教

由祭西王母講下來。這些年我參與祭天、祭海神、祭伏羲、祭女媧、祭黃帝、祭孔、祭孟，真是太多了。加上之前在臺灣做喪葬禮儀改革，可說恢復禮樂祭祀，沒有人比我更勤快啦。

想在當今社會中重建禮樂文化，必須在兩方面同時進行，一是實際去製作禮樂，並通過政治體系與社會組成之運作而予以落實；二是由理論層面，對禮樂文化做更精確的闡釋，說明重建禮樂文化的正當性及必要性，並揭示重建之方向。

前者「見於事實」，後者「託諸空言」，我兩方面都做。

目前，大陸臺灣香港新加坡，西樂都占絕對優勢。學校教育只有西樂，市井間傳唱的更是。傳統音樂只在京劇、豫劇、崑曲、越劇等戲曲中，有興趣的人要自己去尋覓。

先父酷嗜京劇，善操京胡，暇日輒邀票友到家裡唱娛一番。因此我入學後也很想探探傳統戲曲之窔奧。可惜中小學沒這些，大學才有機會到國樂社、國劇社去領略一二。

我可以唱點老生戲，但僅是演演〈大登殿〉、〈四郎探母〉、〈四五花洞〉之類。音樂嘛？吹奏拉彈都很笨拙，只因喜歡那氣氛，故常在社團裡混。混久了，也不免疑惑，覺得國樂除了樂器與西樂略有不同外，觀念、精神、曲式、演出方式差異不大，甚至也用大提琴。我那時當然還不甚清楚國樂交響樂化的趨勢，可是已有探尋國樂真相真精神的想法。

當時除了京戲崑曲大鼓書等傳統戲曲外，可參考的，還有傳統詩詞吟唱。

臺灣的詩社，起於明鄭。入清以後，比大陸一般省都還盛，雖經日本統治而不衰。因為日本人也是作漢詩的。各地雅集多帶吟唱，有些還有自己的腔調，如流行於鹿港的稱為鹿港調，天籟吟社的稱為天籟調等。大學裡，講授古典詩詞時多半也吟唱。當時成功大學李勉先生號稱能唱宋詞，我們都很驚奇。張夢機師也就找了一份錄音帶，是姜白石自度曲〈鬲西梅令〉的復原，女聲配笛，拎著錄音機來我們班上放，師生環坐聽之。

這種吟或唱，並非習作詩詞的點綴，反而常是主業。師大邱燮友、王更生幾位教授即曾錄製了一批錄音帶，在市面流通，也供中小學教學時參考。我讀博士班時，林尹老師教詩學研究，也還是拎一大錄音機來，讓我們對之吟哦，然後放出來大家聽，看哪裡唱得不對。故吟唱一道，由小學到碩儒，大抵均視為習詩填詞之必要工夫。

但京戲崑曲等乃是明清音樂，詩詞吟唱則只是彷彿唐宋，而唐宋之曲實已不可知。中國音樂之堪探究者，僅此而已乎？

教我《戰國策》的白惇仁老師遂拿了他寫的《詩經音樂文學之研究》給我，讓我仔細研讀。

《詩經》古代是歌曲集。後來古樂淪亡，不復可歌，才成為一本文學性的詩選。這種古雅樂，到底是什麼樣？白老師利用唐人所定的《開元十二譜》、朱載堉《風雅十二詩譜》、張蔚然《三百篇聲譜》、乾隆《詩經樂譜》、陳澧《十二詩譜考》、《律音彙考聲字譜》等參稽考證，用力甚勤。但也只能說是音理已明而已，尚不能唱奏。

後來我兼了中國古典文學會會長，便想到了以推廣來帶動研究。於是與陳逢源文教基金會合作，每年舉辦大專青年詩人聯吟大會。年輕人作品付評時，即舉行吟唱比賽。待吟唱結束，左詞宗、右詞宗也就把詩歌作品評選出來了。隨即頒獎，皆大歡喜。許多青年喜好詩詞，但創作才華較差，也可以在吟唱方面獲得肯定，無形中亦鼓勵了參與。

為了競賽，各校訪求古譜、搜求唱腔不遺餘力。這就推動了研究，每有令人驚喜之舉。記得有次中興大學演唱《詩經．蓼莪》，我正在安排會務。遙望舞臺，距離太遠了，人影均已迷離。但詩聲一出，心頭一震，眼淚竟不覺奪眶而出。原來這正是一首孝子思親的詩呀，樂之感人，竟至於斯！我後來找到他們，問譜從何而來、何以居然能唱？答曰民間仍存。近年來我在各地考察，也知道大陸民間仍有於喪禮時唱〈蓼莪〉的。禮失求諸野，果然不謬。古樂之考證，除文獻外，尚須佐以此類調查（包括海外），否則殊不足以知中國音樂曲度節奏之韻趣與精神。

我自己做過輓歌的研究。心想喪祭之頃，既然最能動人，〈蓼莪〉之外，古之輓歌當然也可以複製出來試試。因此找了周純一兄排出〈招魂〉。招魂無譜，但樂理可知，故不難唱奏出來。

我還有道教方面的因緣，常有機會參與齋醮傳戒典禮，玩索《雲中音誦新科經戒》《玉音法事》《大明玄教樂章》《鈞天妙樂》《古韻成規》《霓裳雅韻》等等，遙想薛濤〈試新服裁制初成〉「長裾本是上清儀，曾逐群仙把玉芝；每到宮中歌舞會，折腰齊唱步虛詞」之句，知其多本於宮廷樂章，亦不勝嚮往。

南華大學一九九六年開辦時，我又注意到現今大學世俗化以後均不再舉行開學典禮了，學期結束時也沒個儀式。學生來了，上課；學生走了，放假。毫無節度，完全不能顯示來此讀書成德、師友講習的意義。因此便設計了一個開校啟教典禮。

典禮開始時，先以北管音樂前奏，再擊鼓靜場，然後請創辦人星雲法師及貴賓入席。待大家入座已定，即奏佛號，請創辦人致辭，闡述建校緣起與經過，並致送校長聘書給我。此時，奏〈殿前吹樂〉。然後由校長說明辦校理念，再介紹貴賓，請貴賓致詞，勉勵來學。這是「開校禮」，表建校之因緣、示未來之軌轍。

其後則舉行「啟教禮」。由校長上香、上果、祭獻先師；學生代表奉戒尺，尺上寫著「戒若繩尺」。校長則授簡，把竹簡刻成的一卷經書交給學生，奏〈和鳴樂〉，禮成。

根據《禮記・學記》：「大學始教，皮弁祭菜，示敬道也。小雅肄三，官其始也。入學鼓篋，遜其業也。夏楚二物，收其威也」。並說這些都是「教之大倫」。可見開學時應行「釋菜」禮，學生穿著禮服，以萍藻之菜，祭祀先師，表示尊敬道術。肄業練習演唱《詩經・小雅》中〈鹿鳴〉〈四牡〉〈皇皇者華〉三首詩歌，代表學習開始了。上課前，則要擊鼓，召集學生，然後才打開書篋，表示對學問很遜敬。與西方大學，因為是由教會修院發展而來，故上課以鐘聲為號令者相類似。夏，是苦茶的枝子。楚是荊條。都是用來鞭策學生，以整肅威儀的。以上這些禮度儀節，均極重要，蘊涵深意，所以說是教之大倫。

典禮開始時，擊鼓靜場，衍「入學鼓篋」之意。啟教禮，獻果上香，存「皮弁祭菜」之儀。學生奉戒尺，以示受教；教者授簡付經，以表傳承，亦為古禮「開篋」「施楚夏」之遺風。

這樣的儀制，後來經媒體報導，甚獲好評。但都以為是恢復古禮。其實不是，這是我根據古禮之儀節與精神而重新創造的新神聖空間。讓所有參加的學生、家長、教師以及一萬多名來賓重新體驗並含咀教育的意義。

這證明了許多文化意義及價值體認仍是可以在現化社會中獲得的，不須讓學生去死背硬記〈學記〉〈樂記〉。所以第一學期結束時我們又設計了一套結業式，結合成年禮來辦。把古代冠禮的精神，以新的方式來體現。學生們上山下鄉，唱歌仔戲、泡茶、靜坐、打拳，也禁語禁食，享受與自然、與他人以及與自己的內在對話。同時，古冠禮「棄爾幼志、順爾成德」「敬爾威儀，淑慎爾德」的精神，也因此而得到體會。

此等典禮，當然只是學校之一項小活動，但它有超出校園的意義。

現代社會的基本特徵，就是世俗化及形式化。不再如從前那樣重視倫理、道德、宗教、意識形態等實質理性，只重視形式理性。民主政治及法律，都以程式的合理性為優先考慮。這兩個傾向，社會學家帕森思（Talcott Parsons）認為表現出了一種普遍意義的權利制度。他說現代資本主義社會法律制度特徵有四：（一）法律的形式理性觀念、（二）一般普遍的法律標準、（三）程式的合理性、（四）司法及法律團體的獨立。

也就是說：工業革命後的現代社會，與古代有截然的變異。「禮文化」變成了「法文化」，本是講禮的社會，逐漸以法律來規範並認知人的行為了。生活中的具體性，變成了法律形式的抽象性存在。一個人行為是否正當，非依其是否合乎道德、倫理、禮俗，而是依其是否合乎法律條文及行事程式而定。一個人，即使劣跡昭著，若係法律所未規定，仍然只能判其無罪。同時，人與人相處，不再以其位置來發展人對自我的關系，乃是依一套獨立自主、且自具內在邏輯的法律體系來運作。老師與學生、父執與晚輩，和漠不相干的人之間，用的是同一套普遍性的法律標準，權利義務關係並無不同。因此「義者，宜也」，亦即在禮文化中，凡事講究適當合宜的態度，現在都已改為法律規範下的權益觀念。

此類「禮／法」「義／權利」「實質理性／形式理性」之對比，即是現代社會不同於古代之處。故現代社會中，師儒禮生日少，律師司法人員日夥。

伴隨著這些的，則是契約、財產、職業，在我們生涯中的分量日益增加；情義、價值、生活，則越來越不重要。生活的品質、生活裡的閒情逸趣、生活本身的價值，漸漸依附於契約、財產和職業之上。

權利意識及價格觀念，掩蓋了價值的意義，或者代替了它。因此，財貨的爭取，遂取代了美感的追求。

面對這樣的現代社會，重建禮樂文化，就需要在反形式化方面著力。

反形式化，是說人生不是抽象的形式理性邏輯系統所能限定，人生是一場場具體場景中存在的境況、一個個具體生命間的照面。沒有普遍的權利標準，只有相對的權利義務關係。因此不能只強調形式理性甚或工具理性。

其次，抽象的形式，排斥了具體的形式，使得現代社會中一切用以表達人際親和及禮儀效果的形式都逐漸減少了。見人不必打招呼、遇尊長不必敬禮、飲食無禮節、會聚無禮秩、說話沒大沒小，書函用語不辨親疏輕重。大家都不喜歡儀式，批評它形式化。其實這是具體的形式。具體的形式，其中有倫理、道德、宗教、美感、意識內涵等實質的東西在。抽象的形式，則僅是抽象命題與邏輯推理的體系。故若不能重新讓人體驗儀式與典禮，人文美感世界便不可能再現，人與人的疏離感便會不斷增強。

疏離，是現代社會的病癥之一。文學上的現代主義，對此已有無數篇章予以探討，藝術上反省或反映現代疏離之病者尤多。對於這樣的病態社會，禮樂文化之重建豈能以「復古」鄙視之？

現代社會的另一大特徵，就是世俗化。工業革命以降，新的世界與文明，往往被理解為是因擺脫神權迷信而得。Maine形容這是自「身分」到「契約」，Redfield稱此為「鄉土」到「城市」，Becker則謂此乃「神聖的」與「世俗的」之分別。

世俗的現代社會中，人所關心的，是世俗社會的活動與價值，例如高度參與、社會成就取向等等。對於神聖性的價值與生活，則不感興趣，也少參與，甚至會經常覺得陌生，難以理解，心生排斥。

當然，在許多場合中，神聖性並未完全消失。例如醫院。人在醫院中，態度自然會敬謹起來，面對醫師，立刻表現出敬畏與期待的情緒。醫院中也常保持有祈禱與祭祀的空間及設施，安排宗教人員參與「安寧照護」或「臨終關懷」之工作，以撫慰患者及家屬的心情。因此，這便成為現代社會中的一種神聖空間。

可是社會上大部分機構都不具有神聖性了，學校即是其中最明顯的一種。西方的大學，係由宗教的修道院發展而來。除了有鐘樓與教堂，神學及神學院也是彼等整體架構中的核心。在中國，則古代的大學「辟雍」向來與宗廟「明堂」合在一塊。州府所辦學校，亦必鏈接著孔廟。私人書院，建築中則一定包含著先師殿、先賢祠、奎星閣之類。因此它是教育場所，同時也是一處神聖中心。春秋兩季舉行釋奠禮，或供奉先賢，兼祠土地，均充分體現了它的神聖性。故其教育本身，也是具有神聖性的。民國二十八年創辦復性書院的馬一浮先生即曾說道：

古者射饗之禮於辟雍行之，因有燕樂歌辭燕饗之禮，所以仁賓客也。故歌〈鹿鳴〉以相宴樂，歌〈四牡〉〈皇皇者華〉以相勞苦，厚之至也。食三老五更於大學，必先釋奠於先師。今皆無之。

他所感慨的「今皆無之」，就是說新學堂已久無此等禮了。現代學校，在建築上放棄了文廟、先賢祠之類祭祀系統，改以行政體系為建築中心，還常以政治人物代替了先師先賢的地位，塑了一大堆銅像。建築也與一般世俗功能之辦公大樓、商社、工廠無異。其行政方式，則亦與一般行政機構無異。在禮儀上則放棄了燕歌燕饗釋奠釋菜這一套，而改之以唱國歌、升國旗、向領袖致敬等等。服制方面，既無青衿，亦非皮弁，盡是一般街市中所御之日常服裝，如T恤、牛仔褲、露膝、露腿、露背、露臍、露臂、拖鞋球鞋等。世俗化如此之徹底，學校教育工作所蘊含的神聖莊嚴之感，遂蕩然不存。教師以教書為一般職業，學生也不以為來校上課是什麼應該莊遜誠敬的事，以輕率為瀟灑、以懶散為自由，對學校、教師及知識均乏敬意。

這種情況，比許多現代社會中的專業領域還糟。例如法院裡的法官、律師，在執行其業務時，必然披上法袍，甚至載上象徵司法傳統的假髮。醫師、牧師、法師，乃至廚師亦然。

那是因為要在世俗的現實社會中創造出神聖性來，就不得不從幾個方面去做，一是從時間上，區隔出某些時段，予以特殊化，認為那幾個日子具有特別的意義，可以成為具神聖性的節日。二是從空間上區隔或建構出神聖性的場域，如紀念碑、某某公園。三則是利用反世俗、違異世俗生活一般樣態的服飾、飲食、動作、語言、儀式來表現神聖性。醫師律師等披上法袍醫袍，即屬於這種。唯獨同被稱為「師」的教師，授業仍只著一般世俗日用服裝，甚至穿短褲趿拖鞋就上了講臺，上下課也常沒什麼儀式，其世俗化遠甚於其他專業領域。

由此神聖性淪喪及世俗化傾向講下法，我們就會發現當今教育發展的許多問題均與此有關。因為神聖性所蘊含的是一種價值的觀念，對某項職務、某種工作，覺得非常特殊，具有與眾不同的意義與價值，值得或應該敬謹從事之，才能形成神聖感。所以許多時候我們要借助儀式，來表示這件不尋常的事務，由現在開始，得專心誠謹、以敬請事神明般的心情來行事了。電影開拍前、工地動工時，為什麼需要拈香祝禱？不就是這個道理嗎？一旦神聖性喪失，對工作便也喪失了專誠敬慎之心，不能體會出正在進行的事具有什麼價值。以教育來說，教者與學者就都會相率嬉惰、苟且散漫下去。

不但如此。倘若我們對於教育本身缺乏神聖性的體會，則亦將常以其他的世俗化目的替代了教育的意義。許多人去擠大學、去讀書，哪裡是由於感到知識有價值、教育很重要？只不過是為了混張文憑，以便謀取金錢與地位等世俗目的罷了。教育變成了工具，其本身便不再被視為神聖之事。

可是，人生其實仍應擁有許多超越世俗與現實的東西。例如我們讀《三國演義》而欽仰關公，讀〈正氣歌〉而讚佩文天祥，誦〈出師表〉而嘆服諸葛亮。這些人物，從世俗現實觀點來看，都是失敗者。所志不遂，徒存悵憾，他們的事業並未成功。但它所提供給歷史或人類的，卻是偉大的忠義正直等典型，獲得廣大民眾的敬仰與膜拜，或尊之為神、或稱其為聖。對他們的敬愛，遠超過那些在歷史上一時成功的人。為什麼？因為人生畢竟不只需要世俗性的東西，更要尋找永恆的價值、探索真善美的世界。現實俗世，也唯有依憑著正氣、忠義、仁愛、因果等具有神聖性的價值，才能引領我們，鼓舞我們繼續走下去。或者，在現世的不義和屈辱中，撫慰我們的靈魂。

因此，假若在教育中不能讓人體會到這些神聖價值，人就不可能有超越性的嚮往。於是，社會便如我們今天所看到的：科技不斷進步，人人熱衷社會參與，具有社會成就取向，可是忠義、仁愛、正直、孝順等精神卻日趨澌滅。

所以我們要讓受教者重新獲得一種神聖空間的體驗，在具體的情境中體驗神聖性的價值。這就像現代社會中仍有許多人有宗教性的神聖信仰。具此信仰者，有些是因對宗教的教義已有理解及認同，接受了這些神聖性的價值。但大部分人則是因為親身參與宗教儀典，而在其中感應或體會到那些精神，乃因此而生起信心，形成信仰。對於古代文化精神，我們也當如此，方能使現代人重新獲得認同。

開校啟教外，我又請顏崑陽設計了改良的明式課桌椅，清雅迥出所有學校桌椅之上，並在校內闢一「通藝堂」。通藝，本來指的是希望學生能身通六藝。但六藝之教，禮樂居先。古之大學，名為成均。均即韻字，可見古時教育實以聲樂為核心。我把學校興建的第一棟主樓取名「成均館」，表明了是要紹繼這個中國教育的傳統，成均館中又豈能無禮樂之教？「通藝堂」就是具體實施禮樂教化之處。

當時規定所有學生都要參加「通藝堂」的課程，屬於通識教育之一環。並想方設法，讓教育部修改技術人員聘用辦法，聘了林谷芳、周純一兩兄來主持，同時也就成立了雅樂團。

雅樂淪亡已久，何以竟能恢復？方法一是考文獻；二是查民間，旁稽日本韓國越南琉球；三是依音理推斷復原。音理除了中國音樂該有的曲式節度特徵外，還有許多講究。例如隔月用律，十一月用黃鐘宮，十二月用大呂，正月用太簇，一年選用七個宮調。再者還需考慮季節。春用角調，夏用徵調，秋用商調，冬用羽調。奏者春衣青、夏衣紅、秋衣白、冬衣黑。四季可用之調，唯有宮，衣黃。不明此理，就是給你譜，你也演不出、奏不成。而且譜上所載，例如佾舞，乃是宗廟祭祀用樂。故一字一音，一音四拍，無裝飾音，以顯示莊嚴，卻並不是所有古樂都如此。凡此均應細辨。

整個通藝堂「樂教」之內容，其實不只雅樂，也教鼓樂，也製琵琶，也斲古琴，洋洋乎盈耳，好不熱鬧。我有文章略述其要，如：

〈通藝堂製琵琶記〉：昔者黃帝張樂於洞庭，鍾期知音於流水，焦木斫琴，冰弦寫心，雅奏不嫌幽賞，古調何妨獨彈。今則禮樂道廢，流風委絕，鳳尾霓裳之曲久罷，石槽鐵撥之譜勿傳，後生覽古低迴，曷勝悵觸！丙子秋，佛光大學開校啟教於嘉義大林，欲黜俗從雅，撥亂返正。林君谷芳與周君純一乃為立通藝堂，敷禮演樂，以存墜緒而振逸響焉。故黌舍之中，講貫之頃，弦歌不輟，洋洋乎若盡善且盡美也。又鑿木製器，為琵琶若干，曰覺有情、思無涯、一江月、獻仙音、千秋樂、春鶯囀、繞殿雷、雲自在、可銷魂、水月鏡、默默、散花、大和、太一、春波、秋水、聲禪、破魔、綠腰、幽蘭云云。夫琵琶乃古樂器，魏晉而後，改稱阮咸，別以為西方傳入者為琵琶。其五弦者傳自天竺，四弦者傳自波斯。然出塞明妃之曲，江州司馬之淚，銅琶鐵板，或喻坡翁之詞；古調新腔，尚存敦煌之譜。故亦邦人舊物，足徵典型者也。二君析律辨疑，製器尚象，遂使漢唐音旨，乃至三代風徽，皆彷彿若見。余甚感念之，謹為之記。丙子歲杪。

〈通藝堂古琴記〉：漢陽有琴臺，為鍾期鼓琴處。道光間，宋湘嘗書草曰：「萬古高山，千秋流水，壁上題詩吾去矣。」蓋清韻久杳，徒留想望，故僅能悵悵然而去。漢晉以下，廣陵散絕；隋唐音旨，幽蘭獨存。至於白石道者之歌、勾曲山人之律，尚考其技，疑義仍多，甚矣琴道之忽邈難蹤也。然而，七弦十三徽，一唱三歎，吟猱注綽，豈無其人？戊寅仲夏，吳文光先生來校，率諸生操嫚撫弦，從容指授。南風之薰兮，水仙之操兮，歌附朱絲，居然雅奏，足覘夙昔。周君純一復刳桐調律，教製古琴數十張，環佩生於九霄，遺音徵諸太古，欲制器而尚象，非得意遂致忘言。故雕鑿大樸，協和七聲，旋陰陽以轉調，叩寂寞而求音。余嘗佇思聽之，彷彿若登彼琴臺，妙響接跡於前修，弦歌如復見於武城。因漫誌之，以抒感焉。

這樣的文字，不難看出我們當年對於音樂的熱情，音樂在整個大學中的地位也可以概見。近百年教育史上，相信沒有哪個普通大學能夠如此。後來我們陸續辦的冠禮、射禮、鄉飲酒禮、殯葬管理培訓等等，也都是禮樂結合而見古風的，在社會上產生了不小的反響。

我們也推廣古琴。臺灣的古琴界，最早有胡瑩堂、章志蓀、朱雲組織的「海天琴社」。胡先生教授容天圻、梁銘越、張清治等。吳宗漢則傳呂培原、唐建垣、李楓、王海燕等。孫毓芹傳莊秀珍、陳雯、張瓊雲等之外，還有斫琴弟子葉世強、唐建垣、林立正。幽人雅奏，不盡寂寞。但諸君或教授於私門，或僅駐席藝術學院，影響未彰。我首先引進於正式教育體系，每個學生都要學。其次，擴大師資結構，引入大陸古琴家（吳文光、成公亮、吳釗、丁承運等眾多名家先後都到南華執教過）。再則改變教學法，從到木材廠斫木製琴、調漆繃弦，理解琴文化開始。這都是前無古人的（在大陸辦國際古琴音樂會、大學生古琴會、設琴社等則是後話）。

而我們所重視的音樂，卻又不是一般社會流俗音樂或各現代學校教的西方音樂。為什麼？

其實考古復古，令其可以奏演，並不是我最主要的想法，我想恢復的不是音樂，而是樂教。

前已說過，古代教育以音樂為中心。《尚書·堯典》說舜命典樂以「教胄子」。到周朝時，小孩子十三歲即「學誦詩舞勺成童舞象」。又有大司樂「掌成均之法，以樂德教國子：中和、祗庸、孝友。以樂語教國子：興道、諷誦、言語。以樂舞教國子：舞雲門、大卷、大咸、大磬、大夏、大茫、大武」。

這時，樂並不只是樂音演奏，乃是以音樂為中心，發展成一個完整的教育體系。所以音樂配合儀式禮制，而有樂舞（如舞勺、舞象之類）。配合歌詠誦念，而有樂語，如言語、諷誦的部分。音樂蘊含倫理精神，亦足以教化青少年，使其改善氣質，如《禮記・經解》所云：「廣博易良，樂教也」。孟子談到子貢問樂，有「聞其樂而知其德」之說，講的也是這個道理。《周禮》說教國子以中和孝友等樂德，即樂教之目的。

音樂在上古生活中即是如此居於關鍵或核心之地位，祭、喪、征、伐、歡慶、燕飲、嫁娶、豐收、感恩、辭別，無不以音樂來表現。後來儒家講到樂，總是把它跟「禮」併在一塊談，即顯示音樂常是與典禮、制度有關的。墨子論樂，把樂視為一切藝術的代名詞，包括「刻鏤文章之色」「芻豢煎炙之味」「高臺厚榭邃野之居」，所有雕刻、烹調、建築都可用樂來概括。也表明了樂除了具有禮制的意義外，還可以包括或涵蓋所有藝術。音樂也就是一切藝術的原型或核心。

但周室微而禮樂廢，樂章、樂儀、樂容，乃至樂器，已都無法保存。《論語・微子篇》記載周朝的樂師帶著樂器流散出走的情況，就鮮明地記錄了這一頁音樂淪亡史。

禮崩樂壞的關鍵，在於禮樂的意義及其社會地位已發生了改變。禮在西周，不僅是一套典儀制度，更是一種倫理價值與生活規範。樂也一樣，包含禮制舞容，又具有中和祇庸孝友等倫理意義。但這種樂，逐漸與其他文化內涵分離，變成只是音樂、只是聲音組合的「一種」藝術了，既不具有高度的倫理價值意涵，也不再能統攝其他文化表現。

從樂的角度說，這其實是音樂獨立了，也發達了。音樂不再是與禮制等各種政治社會等結合而成的「文化叢」，它可以只是一些聲音。是由聲音組織成為有韻律節奏迴旋變化，且足以使人聞之快樂的樂音。

樂一旦只以音律為節時，它自然就會不斷朝聲音組織之精密化發展，儘量使聲音能窮盡其組合、呼應、搭配、徐疾、馳驟、揚抑、起伏、變化之美。這個發展，與那早期較為古樸，且與儀式、典制相結合的音樂相比，當然就益顯其「文」了。

然而，繁巧華美，文飾太過，即不免嫌其淫麗佞巧。所以孔子說：「鄭聲淫」（衛靈公篇）「惡鄭聲之亂雅樂也」（陽貨篇）。淫是過度的意思，指聲音太過繁雜，表現太多。

從音樂的發展史來說，本來這乃是萬物由簡單趨於繁複的普遍狀況。但從更高一層來看，音樂越趨流美複雜、越來越好聽之後，同時也就越會使得人流連忘返於其間，足以「慆堙心耳」。情緒受音樂鼓盪，亦不再能中正和平。於是樂德之中和祗庸孝友，不復存在；樂教廣博易良之旨，亦難落實。聽樂者逐物不返，流湎無歸，其實等於玩物喪志而已。此乃孔子及其後學之所憂也（道、墨、法、雜各家也同樣）。

因此，從大趨勢上看，音樂作為中國藝術中心的地位，已然消失了。古代的樂教、或作為一個士人所需要的音樂修養，漢代以後，顯然並不在意。以致周朝那麼豐富的音樂文化，逐漸發展到後來便完全無法與胡樂抗衡了。看起來音樂更盛更美之結果，其實卻是失去了音樂，也失去了以音樂主導文化的地位與作用，音樂只是百工技藝之一而已。這才是古樂淪亡的真相。

近代，這種音樂專技化的趨勢，愈演愈烈。一般國民皆無音樂素養也不以為該有，只由一小部分人當專技去學便罷。教育上也是如此，一般學校都不重視，只闢音樂系、音樂班以培養專門人才，或另設音樂專科學校。音樂不但不再是文化主導力量，連社會上人文教養之一環都談不上。

不僅一般青年對傳統音樂一竅不通，近日弘揚傳統文化的人，辦起典禮來也一樣荒腔走板。例如有一年我在衢州看祭孔，只敬獻了五穀、花籃，念了一篇不太通的祭文，鞠了幾個躬，然後就是大人小孩出來背誦和朗誦幾篇《論語》，唱《禮運・大同章》而已。一切傳統的祭儀、祭器、祭樂都沒有。把背書和朗誦稱為「頌禮」，更可笑。頌者，舞容也。讀過《詩經》風雅頌的人都該曉得。如今根本沒有舞，能叫做頌嗎？祭祀的部分，也弄錯了。祭字，從手持肉而祀，若無牲獻，就只是薦，不是祭。現在，也無牛羊豬三牲，只有穀子和花籃，可是祭文還說：「伏惟尚饗」，翻成白話文就是：「恭敬地請您來享用吧！」難不成要孔子來吃花籃？祭服也不講究，主祭者只著西裝。這豈不與美國在祭祀其先賢時，竟穿中式長袍馬褂一般滑稽？

這不是個案，西安鄭州祭黃帝、曲阜祭孔、平涼祭西王母等都如此。

至於音樂專門院校，既是專業，當然有一定之造詣。但其造詣，只是關於音樂的技術與知識；其他人文素養，如詩詞歌賦、棋酒書畫、典章制度、史地文物、儒道釋義理，甚是欠缺。聊為技工而已，不足以稱為文化人。其教學，技不能進於道，只就樂器樂聲樂曲反覆研練，而不知考禮、不重文化教養，也很普遍（另詳我《中華樂教百年回首》）。

現實如此，則我復興雅樂的意義就十分明顯了。欲復原者，非古代之音樂，而是樂教理想。所謂雅樂，乃是與禮結合，以對人生社會產生教化功能的那種音樂。它與俗樂之不同，正在於此。重倡雅樂、重振樂教，才有可能使音樂重新成為社會生活的核心、成為人文教育的核心。中國音樂振興之道，我覺得就在這裡了。

## 二、禮樂與現代文明

當然，想恢復禮樂教化的，不只我一個人；近年國學漸熱，禮樂自亦漸得恢復。吾道不孤，頗令我這先行者感到欣慰。可是其間一知半解、胡編亂整者太多，又常讓我氣結。

例如二〇〇四年曲阜祭孔，把豬屁股羊尾巴對著孔子，祭儀祭樂祭服亂搞一氣，我寫文章批評過了。二〇一六年孔垂長返鄉祭祖，孔府家祭，竟然仍是亂來。打著白燈籠當前導，後面幾排紅衣人吹長號而前，舉花籃為祭，不知道是啥玩意。

家祭如此，公祭亦不堪聞問。例如二〇一四年中華誦・經典教育論壇在北京孔廟舉行釋菜禮。把水芹、韭菜花、紅棗、栗子放在檯面上。然後，記者報導：「執事引導主祭官從東側階梯上月臺，四配十二哲依次跟上……」。

這不是要嚇死人嗎？顏回、子思、曾子、孟子四配，子貢子路等十二哲居然都復活了，白晝現形，跟著主祭官上臺啦？而且，上臺，竟說是月臺，這是去坐火車？

再者，釋菜禮，只用菜嗎？明嘉靖九年制：先師座前，各色祭品可豐富了，包括魚、李、栗一行；榛、菱、芡、鹿脯一行；芹、菹、兔醢、魚醢等一行；脾析、豚胉一行等等。籩豆之南，還要有左羊右豕中牛各一。四配十二哲也都有肉有菜。其中還特別規定了要用活兔三隻、酒三瓶。清代釋菜禮不用活兔了，但依然少不了兔醢與酒。如今各地私塾、學堂、書院，卻一說釋菜，大家就都只抓幾把菜去祭。

各地辦了開學禮，還流行杜撰了各種「開筆禮」「青春禮」「成長禮」。這些，玩玩雖無不可，但均以非禮為禮矣！

再說釋奠禮的時間。孔廟主要是春秋兩祭。又稱為丁祭，例於春秋兩季的上丁日舉行。為什麼呢？《說文》釋丁云：「丁承丙，象人心」，丙有明的意思，故丁有正德明心之意。這是乾隆皇帝自己的解釋，可視為相沿舊制之理論依據。

因此，乾隆三十二年，戴第元上奏請增加孔子誕辰祭祀一次，就遭到嚴譴，謂其說「殊非正理。誕辰之說，出於二氏，為經傳所不載。國家尊師重道，備極優崇，釋奠二丁，自有常制。援據禮經，實不同於尋常廟祀。……戴第元乃欲於彝典之外輕增一祭，轉為褻越而不足以昭隆禮。士不通經，所奏宜擯。」

民國成立，蔡元培即立廢了祭孔。待後來想祭了，卻因已不懂了規矩，故竟如戴第元那般，以孔子誕辰日致祭，反而將春秋丁祭給廢了。臺灣沿襲此誤，以致大陸近年開始恢復祭孔時也學著以孔誕日為祭。「士不通經」，真沒辦法！二〇一三年我在都江堰孔廟祭祀才恢復了丁祭。

另外，我們還應知道：孔廟又稱文廟，孔子是大成至聖文宣王；相對來說，一般人便通稱關帝廟為武廟。但如此文武相對而言，其實並不準確。文廟之文，乃文化文明之意，包括文事與武備。因此，《禮記．王制》說：「天子將出征，受成於學；出征執有罪，返，釋奠於學，以訊馘告。」《詩經．魯頌．泮水》也說：「矯矯虎臣，在泮獻馘。」文事武備，總歸於學。釋奠除了文舞之外，也有武舞，即是這個緣故。

唐制，祭先師便有武舞。清代雖只用文舞；但其所謂文舞，採用的正是廣義的文的意思，因此又稱文德之舞，奏昭平、宣平、秩平、敘平、懿平諸章，最後是德平（關廟岳廟情況相同。本是武廟，但後來也跳佾舞，朝文德方向轉型）。

像這樣，例子是舉不完的，隨便找一禮制來看，即會發現大家在認知和實行上都問題一大堆。像射禮，北京清華大學禮學中心做的，尚且被批評為抄襲日本，何況其他？現實環境如此，所以我得另從好幾方面入手。

一是教育領域。目前私塾最多的是兒童讀經，只管背誦。少數配合音樂的，有國樂啟蒙、兒童中國樂教課堂等。都只在小學實施，中學以上，因升學壓力日劇，故幾乎沒有學校會辦這類教育。

大學也沒有。除了學生自己辦的社團外，大約僅有音樂類專門學校或科系會做。如周純一在中國音樂學院主持的中國雅樂研究中心那樣。

各地號稱書院的，不啻萬千，卻也都無禮無樂。我二〇一六年在尼山辦國學院院長高峰會才做了一場「六小舞」的全球首演，以為示例。

教育領域之外，政府所設禮樂教化機構，僅有北京天壇神樂署。其餘孔廟的祭禮祭樂，天師府家廟的祭典，各地政府所辦祭黃帝、伏羲等，雖常列名國家非物質文化遺產，其實均無專責機構研究、排練、推廣；所施行的禮儀更常是錯誤百出。

若更進一步看城市文明與禮樂建設，那就更淡漠了，還未開始呢！

二〇一三年我才與上海市禮儀協會合辦「禮樂傳習所」。推動禮樂文化的學術研究、宣傳、推廣、保護、展示、演出、傳習等工作。

傳習所的制度，跟「國學」一詞一樣，皆源於日本，晚清時傳入中國。近年來推動非物質文化遺產的保護工作上，頗參考此制度。如崑曲、上海越劇、泉州歌訣、打城歌、鄭州太醫泉、黎族打柴舞、無錫梧聲古琴、鳳凰苗族銀飾製作等，均設有傳習所。但局限於技藝方面，尚未上升到整體禮樂文化的內涵，故我們的成立，意義重大。

工作內容是研究、講習、傳播禮樂的知識及文化，以教育為基，將禮樂文化宣揚、推廣至社會各個領域，營造禮樂文化的社會環境和氛圍。通過禮樂研究、書籍資料的整理發行，禮樂的現場演習，動態或靜態的禮樂展覽，禮樂論壇、講座、培訓等，集學術性、社會性、生活性於一體的活動形態，在社會各界營造出濃厚的禮樂風尚。從根源處改善城市道德文明建設所面臨的困境，豐富市民的精神文化生活，提升市民的文明素質。

城市的情況，千奇百怪，各有其身世與機能，但這不妨礙它在空間上基本均含有之屬性。這屬性，一是祭祀的，一是行政的，一是生活的。

凡城市，必是祭祀中心。像希臘的城邦，必有神殿。中國則京城是宗廟社稷，地方皆有城隍孔廟等等。十八世紀以來，神權在中西方都漸漸褪色，作為行政中心的城市，則越來越強勢。但祭祀的城市功能其實並未消失，一部分仍分散存在於城市的宗教場所，如教堂、庵、寺、廟、壇中；另一部分由行政領域吸納或替代之。

　　而所謂行政，是包含政治、經濟、軍事各方面的。城市作為協調管理眾人這些事務的中心，遂也不得不越來越龐大，以致現代化的代名詞之一竟就是城市化！

　　在古代，城裡人只占少數，故城內人與城外人常形成不同之階級，有時還有「市民權」之類特殊身分權利。到了現代，農民漸漸拋棄其土地稼穡而入城，城市人口也愈來愈多。所謂現代生活，大抵即以城市生活為基本模式。

　　祭祀、行政、生活，這三種城市基本屬性，事實上各有其相應之禮。其中與祭祀相對應的，便是吉禮，如祭拜三皇五帝、孔子、先賢先烈、開國功臣等均是。

　　與行政相對應的，是凶、軍、賓禮。軍禮涉及師、均、田、役、封等軍事及田賦力役制度。凶禮涉及喪、荒、吊、禬、恤等賑濟社會福利社會工作制度。賓禮則與城市交際或內部組織秩序有關。

　　市民生活部分，相對應的主要是嘉禮，如飲食、婚冠、賓射、餐燕、脤膰、賀慶等。這是一般人都會碰上且應用著的。

　　這其中，有些屬於特殊時日之禮，有些是日常生活之禮。

　　另還有不由個體生命看的。由「群」的角度看，鄉飲酒禮、燕禮就是。鄉飲酒禮有四種情況：一、古人三年大比之時，諸侯之鄉大夫向其君長舉薦賢能之士，在鄉學中與之會飲，待以賓禮。二、鄉大夫以賓禮宴飲國中賢者。三、州長於春秋會民習射，射前飲酒。四、黨正於冬季臘祭飲酒。所以這是尊長養老、教民孝悌的一種普及性道德實踐活動。至於燕禮，也有這種群聚飲宴之樂，但道德性就較低了，乃是諸侯宴飲，或諸侯對有功卿大夫的慰勞，或宴請四方來聘賓客。與聘禮、公食大夫禮，覲禮類似，具有更濃厚的行政意味。

　　細看這些禮與城市功能的對應關係，我們就可領悟：禮實施久了，老百姓固然漸漸化民成俗，禮本身卻不僅是習俗。因此古代稱聖王制禮作樂。禮樂均非習俗風氣所凝，乃是「制作」。制作，顯示了禮樂的制度意義，古之聖王，建立了一套社會制度，配之以禮樂儀節（玉帛鐘鼓）予以表現，最終影響了老百姓的風俗習慣，形成了一套生活文明。

所以禮是根據社會制度創造出的生活表現方式。

由這些意義說，「禮，時為大」，每種禮都具時代性，照搬古禮絕不可行。歷史上每個朝代都要制禮作樂，即由於此。

但禮也從來不會有革命式的新創，除非制度幡然丕變。例如婚禮，從周公制禮以來，歷代雖多變異，但基本性質及框架不變。任何民族之婚禮，只要是男婚女嫁，其禮儀就都大體相似。只有不採父系制，如摩梭族那類母系制或某些地方的一妻多夫制，以及某些同性婚制，婚禮才會不一樣。

因此，禮雖從時而變，事實上並不會差很多。因為社會制度尚未迥異，用以表現制度之精神內涵的「禮義」也沒什麼改變，儀節自然也就只能小調整。如古人皆戴冠，今人一般不戴，冠禮之加冠形式，可能就會調整為佩巾或其他什麼儀式。不過加冠以象徵成年、勗其志氣的那個意義仍是延續的。此所以禮革少因多，略加損益，便成新禮。既有傳承性，也有創新感。

但我們這個時代是特殊的。大的趨向是現代化，而都市即現代化的標幟。現代都市皆有現代性之癌。例如堵車、擁擠、空氣汙染、噪音等無法改造且不斷惡化之生態環境；工作競爭劇烈，生存壓力倍增，科層化官僚體制蔓延到一切工作領域，法律規範又延伸到無數日常生活領域裡去的痛苦生活環境；精神空虛、價值與信仰空無，只剩物質與肉欲追求之精神環境等等。

城市越大，問題就越嚴重。市民患有沮喪、挫折、壓力大、疏離感，精神官能症者越多，乃不得不發展減壓、輕鬆、瑜伽、禪修、催眠、SPA、應用心理學等產業予以救濟。

強調城市的禮樂文明建設，雖未必就能治癌，但無疑可減緩病癥、降低病情。漸漸調整思維，改變發展方向以後，則竟獲癒亦未可知。

這首先是神聖性的補充。

現代社會，由經濟上看，是工業革命後技術發展來的；由政治上看，是脫離神權政治後形成的；由精神上看，是理性化「除魅：解除世界魔咒」後產生的。因此它不僅以世俗性為特徵，且以此為榮，認為打倒了封建迷信，人可以開始以自己的理性、計算及科技開創天地。但戡天役物，自為主宰之結果，卻是生態問題一塌糊塗，人對天地鬼神什麼也都缺乏了敬畏，乃至肆無忌憚，物欲橫流。人文世界遂亦因而很難維持。

例如婚禮，過去西方人上教堂，中國人則在祠堂在家。在祠堂，是因新婦要廟見，在家也有「天地君親師」和祖先的牌位。這些都是具神聖性的。婚姻除了男女歡慾和「合兩姓之好」這種世俗意義之外，因此便增添了它的神聖性。這未必即能保證婚姻就更鞏固，但至少是種提醒與祝願，顯示了更深邃的意義，給予更深的祝福。比只在酒店裡大吃大喝、胡鬧一通，陷入更深的飲食男女層次要好得多。現今婚禮嬉鬧無狀、扒衣性侵者時有所聞，令人慨然！若在教堂寺廟，焉得有此？

現代城市人已無祠堂，家中亦無祖宗牌位，則孔廟或許是可以選擇的場所。我曾在都江堰孔廟試辦過，反響熱烈，足證尚符社會之需，這幾年已越來越流行了。

我所辦，參照《儀禮．士昏禮》，其中就有許多文化道理可講。例如婚禮在黃昏舉行，不甚舉樂，至漢末還時興唱輓歌，乃是尊重女方嫁女惜別之心情。由女性角度看，悽惶哭別父母之後，隨即歡天喜地嫁入夫家，難道不需有一心境轉換之過程？故婚禮合巹時，僅與夫婿共食而已，公婆都不必在場。次日才見舅姑，三日才廟見，融入整個大家庭中。這些細緻精微處，透過禮儀展示出來，令在場記者都恍然有悟夫妻婚姻之道。所以神聖性的補充，事實上又即是人文意義的強化。

由個人層面推擴來看一個國家或社會，如祭三皇五帝，祭孔、祭先賢先烈之類吉禮，本身就是表達對歷史文化的尊重。過去有許多年沒這種祭祀了，目前正在恢復中。恢復的過程，出現了不少笑話。

但致祭的誠心很可貴，只要能秉此誠心，逐漸改善，自能漸入佳境。怕就怕在藉此做旅遊、想撈錢或升官，那就把神聖性事業又降入世俗化的泥淖中去了。而且其實並不需要任何城市都祭三皇五帝，祭與本城市有關之先聖先賢即可，或恢復祭山祭海、祭拜天地也都甚好。

其他賓、凶、嘉諸禮，不是祭的對象屬於神聖的（如天地、賢聖那樣），而是透過這些禮可以讓本來只屬於日常事務者獲得神聖感，就如上文所說的婚禮、冠禮那般。現在我們許多行業在開工執業之前也都會辦個小典禮小儀式，就顯示了人與神聖性重新結合仍是現今社會所需要的。

其次，是歷史性的強化。

人的生命是繼承自父母的，誰都不可能如孫悟空般由石頭裡迸出來；文明也是歷史發展而形成，源遠流長。因此人無論如何都不可能擺脫其歷史性。

現代人的歷史觀卻在這一點上努力表現其青春期彆扭，強調文明的斷裂，高喊革命、創新，對之前的文明採否定、打倒、推翻、批評之態度，認為如此才能不斷進步，掙脫歷史的包袱與束縛。

這種新歷史觀，確實推動了現代文明的發展，但弊病也非常明顯。破舊、革命，清洗掉了無數古蹟、文物，更切斷了我們生命中與古老文化聯結的精神紐帶，人總是帶著憎恨父祖的情緒在過活，世界也只剩下一個單一的現實面向。

要拯救這種「單面向人」之精神處境，得在審美和歷史性等各方面努力，重新讓人與歷史文化聯繫起來，令精神有其厚度與深度，使生命立體化。

禮樂的傳習，正是能達成這一目的的有效方法之一。前文已說了，禮樂多由歷史因革損益而來。無論中西，凡行禮，禮服必是古衣冠，或復古，或帶有古意的；音樂也絕對不會採時興流行曲，就是這個道理，特於此顯示人與歷史的聯繫。要通過習禮、演禮，禮在歷史上所蘊含的文化意義，才能因而浸潤入心，使人從生命的內在形成改變。

因此，最後還該一談的是人文意識的深化。

禮本身就是對自然生命的人文梳理，所以雖然仍是一天廿四小時，仍是日出日落。但元旦、中秋、清明、端午這些日子就會與平常時日不同，顯得特別有意義。這一天都有相應的禮俗，靠著這些禮儀，才能讓這一天與其他日子區隔開來，而豁顯其義，予人體會之。

同樣的，生命禮儀也與節日一樣，結婚的意義要靠婚禮的儀節來點明，喪禮、祭禮的意義要依喪、祭的儀式來表現，使那一天那一刻顯得特別不同。

人都在生老病死、歲月流轉中過著，一天又一天，若沒有這些節日與生命禮儀，生命便平淡而無波瀾，且亦無法體會或咀嚼生老病死和歲月。所以人是透過禮樂才能讓自己的人文意識甦醒並深化的。

過去，天天要打倒吃人的禮教，結果如今社會弄得亂七八糟。不知禮是不可能廢棄的，明袁宗道〈答同社〉說得好：「禮者，世界所賴安立，何可易談？且就戲劇喻之，扮生者自宜和雅、官淨自宜雄壯整肅、丑末自宜跳躂恢謔。此戲之禮，不可假借。藉令一場之中，皆傅墨施粉，踉蹌而叫笑，不令觀者厭嘔乎？」現在，就是個大家亂踉蹌亂叫笑的時代。

因此，我希望藉由禮樂的傳習，從根源處改善這一系列道德文明的問題。如此，不僅能豐富市民的精神文化生活，增加市民對禮樂傳統知識的了解，而且能在耳濡目染的教化中，提升市民的文明素質，涵養市民的文化內涵，形成人人講文明、懂禮儀、遵守社會公德的好風氣。

我參與規畫的陝西漢中「興漢勝境」也快要開園了。這是楊海明先生主推的，投入兩千億人民幣，占地十八平方公里。在園中我們又建了一座漢樂府，可在其中復現漢代禮樂歌舞飲宴。這是城市禮樂與雅樂復原結合的新模式，我自己也很期待。

# 第二章　人文美學

## 一、人學

我曾指導林素玟寫過《禮記人文美學探究》；禮記之禮，我也常將它解釋為art（藝術）。因此，禮樂直接關連著我的美學。

臺灣的美學發展，自成脈絡。乃是延續著王國維、蔡元培、朱光潛等早期美學研究而來的。唯物氣息濃厚的美學理論，在臺灣並沒有市場。科學性的心理學美學也是有延續而無發展。因為我們從審美心理、審美意識，很快地便談到心靈的內涵與層次問題，心理學美學遂開展為生命美學。方東美、唐君毅、徐復觀、牟宗三等人也都各自展開其生命美學之論述。波瀾壯闊，影響深遠。

我早期對美學的關注，即本於這個脈絡並結合於自己生命的發展，而大談生命美學。

可是漸漸我就注意到了臺灣對於藝術形式、藝術品的美學討論的缺乏。雖然在書法界有王壯為、史紫忱等人試圖建構書法美學的體系，美術界則有現代畫的論爭。其後因形式主義、新批評一系思潮輸入臺灣，在文學理論研究方面，又刺激了語言美學的發展，如黃永武對中國詩學的建構、王夢鷗對文學美的探索，乃至結構主義、符號學的流行，也延伸到對繪畫史、電影等視覺藝術、音樂等聽覺藝術的研究，涉及的層面亦十分寬廣。但總體說來，不及生命美學部分搶眼，且多屬應用，理論之開展較少。

針對此，我乃發展了語言美學一路思想。詳細情況，《文化符號學》中已有陳述，故不贅。這裡主要談的，則是由生命美學如何再發展到文化美學。因為文化生活之美，終究才是中國美學的核心，且與中國人對自然美、藝術美的探求相通貫。未來中國美學的研究，要在西方美學體系之外，開展一個足資對照的格局，仍應循此恢拓之。

對比於西方美學傳統，中國向來在自然美與藝術美之外，格外重視人文美的向度。這個向度的思考，早於，也更高於其他。

例如先秦時代孟子談「充實之謂美」、荀子談「習俗美」，就都屬於人文美的探討，而一偏於個體生命的充實完美，一偏於人文世界風俗之淳美。前者開生命美學之路，後者則為文化美學。有關自然美的討論，反而要遲到魏晉才漸漸成形。〈文賦〉〈洞簫賦〉以降，針對藝術品構成原理及審美活動所做的探討，才逐漸建立起有關藝術美的研析傳統。但在此同時，人文美並未被取代，而是融入自然美與藝術美的探究中。藝術美的極致表現，往往被認為應即同時是人格美的展現；山水自然的審美觀覽，也體現了審美者的人格心理。這種特質，恐怕已成為最具中國特色且不易以西方美學理論格局來籠罩的部分。

漢魏南北朝以迄隋唐兩宋，是對自然美與藝術美之探討卓然有成的時代，然而人文美之思考不僅滲入其中，更逐漸發展出生命美學、文學美學之外另一個「生活美學」的角度。經由文人生活，諸如賞花、品茗、飲酒、評文、論畫、玩石、博古、下棋、閑居、遊園、聽雨、度曲、觀戲……等的提倡、反省、咀嚼，至明代乃出現大量討論「燕閑清賞」的文獻，希望能把日常家居經營成為一種有美感有品味的生活。

大陸在八十年代中期以後，逐漸走出了個「人學美學」的方向。其實也是回歸了這一點。

為什麼人學即美學、美學即人學呢？大陸的美學，五〇年代主要是依馬克思「存在決定意識」、「物質第一性」、「意識第二性」等而展開的。主張美為客觀、美為客觀性與社會性統一，重點都在物而不在人。一九七九年馬克思《巴黎手稿》發行以後，人性論、人道主義、自然的人化、人的本質力量對象化等觀念才被廣泛討論。見物不見人的美學，乃逐漸轉換，美的本質之謎，必須到人的本質中去求解。對客體的審美屬性的揭示，也離不開對主體的審美體驗的把握。

我一九八六年已出版《文學與美學》。一九八八年在淡江大學辦中文研究所時，為區別於其他老牌中文系所，更大力提倡文學與美學之研究，每年辦文學美學研討會，由彭正雄先生支持，在文史哲出版社出版論文集。因那是臺灣第一個美學研討與教學陣地，一時也還頗動觀聽。由於是在中文所裡辦，文哲友人匯聚，談起來不成問題，可是後來我想在南華辦美學所就難了。

我當時向教育部申請設立美學所、藝術管理學所。因都是創舉，教育部很為難。後來勉強同意我把兩所合起來，稱為美學與藝術管理所。他們認為這就解決了問題，實則給我帶來很大麻煩。

因為兩者雖說一體一用，實則課程、師資、旨趣都不一樣。想學管理的學生，讀起康德、黑格爾，簡直痛不欲生；愛好哲理的美學研索者，讀那些市場分析、管理策略、展陳布置、客戶服務、票務系統，也會覺得「那是學問嗎」？因此兩邊都來找校長告狀，說另一類老師及課程非換掉不可，否則活不下去。

我與陳國寧、蔡瑞霖、陳懷恩等人費了很大的勁，才將這個所帶上軌道，後來卻仍是分開了。

## 二、雲學

之所以一定要辦美學所，是因這其中還包含著我較深沉的用意：

教育或所謂經世濟民，其實都是服務性的事，為人作嫁、明燭自煎，但實際上從事者卻只是為了自己的名利。從政，是要以此得高官厚祿，虐民自養；滿足揮斥方遒的快感，以百萬人身家性命來作為實現自己臆想的籌碼，「忍將功業苦蒼生」。教書，也一樣，是表演自己的才學，號召徒子徒孫。

但社會其實更需要有許多服務性的人才，有幕後，才能有臺前。可惜大多數人都是演員型的，貪戀著舞臺上的光鮮，不願意在幕後蓬頭垢面地替人張羅。我教書從政，自詡經世，而實亦不脫此習氣。

是辦報辦雜誌辦出版，才讓我漸漸學習到怎麼做幕後。爭取作家、組織文稿、規畫論題、服務讀者、編輯校對，都要費很大氣力，可是讀者讚譽之眼光只會投向作者，而我們卻還常要被作者和讀者抱怨。這待遇當然很不公平，但對於導演型人格的人來說，導演之快感，正在於他掌控並促成了這整件事。

如編《國文天地》時，葉嘉瑩先生因受政治牽擾，移居加拿大，書也不能在臺出版。而我聽柯慶明兄說葉先生有部新稿，乃設法溝通了一下，推出一套叢刊，以葉先生《唐宋名家詞論叢》打頭。當時雜誌隸屬國民黨黨營出版機構正中書局，書既由這樣的機構出版，葉先生其他書當然也就同時都解禁了。

又東海大學邀湯一介先生來訪。程石泉先生寫信到總統府，說湯先生是特務，不應同意他入臺。我也不以為然，另行處理了。

有一天在北大暢春園，碰到陳鼓應先生，聊起在臺舊事，他還不無感慨地說：「你幫過很多人啊！」那幽遠的語尾一嘆，頗令我有些觸動。我跟小孩子一樣，喜歡表演；但我也同樣喜歡看人表演，並樂於替他張羅，替他找到適合的舞臺。

早期當然我還無此能力，後來辦雜誌、辦報、辦出版社、辦系所、主持文學院就可以了。入了公門，更好修行。出來辦南華以後，更是我執漸消，開始把我融入他人事業之中，站到了服務、貢獻、潤澤的位置，不再總是自己表演。

學問，這時漸漸就如「孔子與人歌而善，必使反之，而後和之」。能欣賞別人唱歌，並想想我能怎麼去搭配他，與他相應和；接著再進而替他想想，看還能怎樣做，再用我所學來試試能否協助之。

某君覺得管理學應如何發展、某君對佛學研究有一設想、某君認為哲學之正途應該如何、某君擬構了一個新理論、某君又在某問題上遇到了障礙，我都很樂意與之商量，看看能不能與相配合。我是校長，不是與他們在學術上的競爭者，而是欣賞、禮聘他們來，期待他們能發揮所長的人。故除了要提供平臺，做好支援後勤之外，亦需讓我盡吾所學去呼應，甚至幫助他們。即使他們所講，我都不贊成，也要保障他能盡情發揮。

因此，從前我在學術上，不管別人承不承認，心境確如我在《文化符號學》自序上說的：「振衣高崗，不勝孤寒之感」。現在則孤峰上的鷹，漸漸要變成雲了。

雲無定象，亦無定變。或如霧、或如煙、或如風、或如靄、或如雰、或如霰，或俱風、或俱光、或俱氣、或俱影，或騰之於空、或降而為雨，由林隙壑罅中生，於陰晴明晦中滅。善能潤物，而自生姿態；妙在烘托，而去來無跡。隨處幻結，因變成象。象去而緣不盡去，起立山河，又化大千。

這才是我，以及我學問的形態。荀子《雲賦》曰：「精微乎毫毛，而充盈乎大宇。……德厚而不捐，五采備而成文。往來惛憊，通於大神；出入甚極，莫知其門。……托地而游宇，友風而子雨。……廣大精神，請歸之雲。」

所以在南華時，以成均館、學海堂名教學樓，以無盡藏名圖書館，以麗澤樓、文會樓名學生齋舍，以藐姑射名學人招待所，以奎聚坪名教授住宅區，都還是著相，太實了。到宜蘭佛光後，把校區分成離垢天、善慧天、淨居天、自在天諸境；將教學樓稱為雲起樓；圖書館稱為巢雲書窠；宿舍學齋稱為雲來集、白雲深處等，才更貼合此意（對外只說雲這雲哪，是扣著星雲法師之名，圖書館命名也有紀念王雲五先生捐書之意。現在的大學，毫無文化，館舍都以捐資者命名。不知捐這幾個錢的人，在智慧殿堂中能居什麼地位？就光是林三貓、徐狗子一類名字高踞牆頭，也就夠令人作嘔的了）。

這樣的雲學，你可能以為太空了，越講越不實際。其實不！雲在天上，都是幻變莫測的，但它不會只在天上，雲氣總接著地，並連貫於其間。一般學者之學，皆上不在天、下不在田，只是一套學科評價體系量表中的技術操作。我卻要興雲布雨，想想如何潤澤林卉、勸農助工。

這，看起來堂皇博大，但也同時顯得無定性、無定形，常是因人因事、牽來扯去的瞎忙和。只不過，在校內，我可以與一般校長總在開會不同，反而可以有較多時間浸淫學術。

臺灣那時流行的教授治校，其實是在內鼓動了所有教師的權力欲，外則把所有人從研究室教室推到了會議室，校長帶頭，大家一起較錙銖、訂法條、爭權益、講利害，在會議室中唇槍舌戰，消磨其精力與時光。我們沒這樣的文山會海，故政清刑簡，兀自沉浸於熱切的論學風氣中。我會參與到各系各人的研究中去，以議論、文章、活動配合之。每年出版的我學術《年報》，遂可多至七八十萬字。我的學問，更因此「輕煙散入五侯家」，在每個宿舍、研究室、教室、校內林野亭徑中出現，跟大家共同形成了一團論學的氣氛。例如，有天晚上，大家喝酒談及一題，副校長袁保新說：「明天我正要講海德格的處理方式，鵬程你來聽吧，給我點建議！」第二天校長我也就乖乖去聽課了。

這種講論，除了頻繁舉辦的論壇、研討會外，更是日常性的，上班時相互逮著談、課餘就餐時談、回住所煮酒燒煙談。交誼雜以諧謔，文酒澤飾辭鋒，於是性情、理想、知識與酒茶咖啡交織起來，形成一種親密感、稠膩感。聚義之情或者俠情，乃滋潤了在嘉南平原酷熱的鳳梨田地間、在宜蘭霪雨的榛莽野山上艱苦寂寞的辦學生涯。

是的，太辛苦了！說是大學，其實等於草臺班子，在荒郊野地嘶啞著唱給風聽。若不吁雲自昧，恐怕也撐不下去。

既然先迷住了自己，所以南華佛光之老人，多甚懷念此情此景。當時論學之契，甚至到年節假期也不想回家，研究室總是燈火通明，詩酒論議方酣。哪像我現在在的北大，還要規定教師必須每週坐班多少小時，點名未到則發全校通告，再則扣錢，再則連坐，扣系主任的錢呢？

當時我們職員都不用打卡，上班時也可以去選課聽，圖書館更是廿四小時開放，因此歌嘯論說，道不拾遺，夜不閉戶。

當然，人情不齊，對此逸離常經的作法與氣氛，也會有人不習慣、不認同，覺得野、沒規矩、體制化不足。口舌太多，也反而容易生出是非；素不相識的新同僚更不一定適合日夜膩處；不同學科之壁壘適不適合打破，如何破，混雜著人情，有時也容易生出矛盾。再加上酒後疏狂，性氣不齊，或生芥蒂。南華之終於分裂，或由於此。我在無盡藏圖書館前本來立了一石，上刻「江山如畫，一時多少豪傑」幾個大字，最終乃風流雲散矣。

去佛光後，依然故我，但吸取了南華一些教訓，情況又要好些。停雲雅會之類正式非正式講論，可以舒卷怡然了。學校建在山上，俯瞰大洋，雲氣每來盪胸，有時甚至遮住了頭臉，霧失樓臺，對面不辨口鼻。在此環境中，雲學當然可以發展得更好。雲起樓中嘗有詩云：「海水連天去。此山萬嶽宗。立身躋北斗。高枕臥雲松。俯瞰人間世。稍遺物外蹤。春花與秋月。無事不從容」，記其實也。

只不過，凡風暴不生於內者輒生於外。佛光因人成事，靠佛教徒捐款辦起，終亦會受佛教徒之格局與見識所限，所以也仍是要風流雲散的。

## 三、生死學

這樣雲來雲去，究竟生成了什麼呢？生成了我之前說過的許多新觀念、新學科、新課程、新制度，創意無限。如生死學，就是在傳統哲學系所之外生出來的。

南華立校，以哲學研究所開端，本即是創舉。林安梧主持所務，辦《揭諦》、祭孔開講，已甚堂皇。而同時我邀請傅偉勳先生由美國回來，開辦生死學所，更是創舉。

傅先生到校前夕遽逝（精爽不寐，魂兮歸來，他研究室的燈自動亮了一夜）。我增補其草案，把所設了起來。故人亡而政不熄，不負死友。設所之意，則在於傳統哲學系光講一些形上學、知識論、抽象概念、理論構造，而忘了各家哲學都須解決人生命的意義問題，要回答生為何來、死何不枉。因此專扣住生死問題來辦這個所。傅先生既是哲學大師又有生死體驗，故此領域還導入了體驗與生命涉入的面向，非只思辨遊戲而已。

且它由哲學延伸出來，開展性又非哲學所能限，如埃及之所有考古、建築、美術，幾乎都可納入生死學來討論。文學、繪畫、音樂中涉及生死者又有多少？醫療護理領域，更是早就有安寧照護、臨終關懷、悲傷處理等課程及需要了。社會上提供心理諮詢、情緒管理、勸導自殺的機構，及社福、社工團體，更是急需我們提供生死學的觀念、知識和技能來協助他們。因此，生死學既能救己，解答自己存在的意義，亦符社會之需。辦了不久，又延展出了生命教育方向，落實到中學去，希望救人。

青少年在青春期的迷惘中，自殺或鬥毆，就跟懷疑自己是不是爸媽親生的一樣普遍。故需予以生命教育之輔導。中輟生，誤入歧途，更需矯枉，令其重新理解生命之價值與意義。同樣的，監獄受刑人也需幫助，尤其是重案犯。如死刑、無期徒刑者，在仰望監獄高牆上的浮雲之外，人生還有什麼盼頭？凡此等等，可做的事多哩！當時我學生錢永鎮在臺中曉明女中也正推行這個。因此我們有一路中學的生命教育方向在發展。香港恰好也有此需求，所以還組織了六十多位中學校長來觀摩。這個方向乃又延展至了香港。我有時也去香港巡講這一主題。

接著，鄭志明認為可以辦殯葬管理。這是直接處理喪葬的事，來往的都是殯儀館、葬儀社、棺材店、墳場人士。所以校內外爭論很大，也擔心招不到一般青年，並可能影響學校聲譽。我頂著一些壓力，毅然開辦後，反響卻出奇的好。從業人員多求接受培訓，行業風氣丕變，社會慎終追遠之人情也多有改善，可說是替社會栽了一些善根。

這事並不是容易的。其中有許多具體技術問題，如屍體化妝，好讓死者在告別式上能安詳體面地與親友相見；鬼魂引路，好讓親友能將死在醫院或外地的魂魄領回家中靈堂供祭之類。道教之科儀、佛教之法事、天主教徒之彌撒以外，一般沒特定宗教信仰者，喪事該怎麼辦？我替臺北市政府編的《市民通用喪葬手冊》，講的就是這些。都市、移民社會、與傳統已然斷裂的新人類，都迫切需要這些指導呀！

我到大陸以後，還有人專程來北京找我，說：親人去世，喪禮辦得很如法，所以特來道謝。謂我有改造了整個行業之功。我哪有那麼大的本事？是鄭志明、鈕則誠、呂應鐘等許多人共同努力的結果！

後來還因此衍生了自然醫學、民俗輔助醫療（如針灸、拔罐、刮痧、正脊、按摩、青草藥、太乙神針、香療、音療、水療等），我與謝正一、魏銘佑在兩岸推動之。成立臺灣自然醫學會，並替大陸勞動部編過教材標準。在歐亞大學，則發展出了整脊學院，由謝慶良父子等發展美式整脊。賀霆兄在雲南中醫學院設立中藥西傳博物館、推動西方中醫在華研討及臨床，我們也有些合作。我自己在長庚大學中醫研究所開課，也在大陸中醫科學院講道醫，在臺中市與魏銘佑還開過一家美容診所。理論與實踐兼行，差點就去懸壺濟世了，哈哈哈。最終雖不敢草菅人命，卻仍出了一本《儒門養生法要》教大家如何養生。世上講養生的人多哩，可是佛呀道呀中醫呀胡說一氣者不少，儒門養生，正本清源，唯我這本，與《儒門修證法要》為姊妹篇。

生死學如此這般深化與發展，當然依賴了許多機緣，但它本身就是傳統文化在現代新開展的絕佳案例。我原先並沒從事過殯葬、醫療行業，何以竟能改造提升他們，甚至還可以去中醫研究所教那些中醫師呢？這就像前幾年我去大陸中科院心理學所講「儒道佛傳統文化與後現代心理學」一樣。現代之病，需由與傳統資源之再度深入結合來改善之。

生死意義等，本有傳統儒道佛哲學可提供現代人意義治病之需。具體殯葬業務則我雖未從事過，但我熟讀儒家士喪禮士虞禮以迄朱子〈家禮〉等，斟酌損益之，便不難用以濟世，移風易俗。

醫學典籍，現代只接受過科學中醫訓練的師生遠不如我熟稔，更莫說佛醫道醫了。現代中醫教育早已經使人對傳統隔閡日甚，如孫思邈《千金翼方》，其中有兩卷咒術，而現代中醫學院誰講此祝由之法？用作教材的《千金翼方》更常是刪改過的清潔本。同樣，很多人也不知道《黃帝內經》早已亡佚，現在這個本子乃是唐代道士啟玄子王冰所傳。其中《天元紀大論》《五運行大論》《五常政大論》《六微旨大論》《六元正紀大論》《氣交變大論》《至真要大論》等講理論的部分，更是直接把道經塞了進去的，所以完全是個道醫體系。而現代中醫根本不懂道教，如何講法？

同理，現代哲學系，雖也講朱子，可誰也不講朱子之禮學。胡適〈原儒〉，謂儒即古代相禮之禮生，與現代殯葬業者一樣，以此為職業。可是今之號稱儒士者，誰也不懂這些。眼光只盯著政治高層，誇言制度設計，夢想成為帝王師。於此化民成俗之實務，無知，亦無心屨及。

於是這就關連著我那時的學問型態和路向了。風師雨伯，要興雲布雨、潤澤群生，就必須落實於此養生、美容、醫療、喪葬、生活、禮俗之中，讓人能由此切身去體驗文化、享受文化。

## 四、生活儒學

我稱此為生活的儒學或生活的美學。謂禮學即美學，可以飲食男女以通大道。

對生活美的追求，是通於兩端的，一端繫在世俗生活的層面，即飲食男女、食衣住行、生老病死這一些現實生活的具體內容上；另一端則繫在超越層，要追求到美與價值。若只流湎於世俗生活欲望的馳逐與享樂，將逐物而流，享受了生活，卻丟失了生命。若僅強調美與價值，生命亦將無所掛搭，無法體現於視聽言動之間。故禮樂文明，是即飲食男女以通大道的。道在飲食男女、屎尿稗稊之間，成「不離世而超脫」的型態。而此即為儒家之特色，故它不是超塵避俗的出世之學，也非欲至彼岸天國之教，它對具體世俗生活，如飲食、衣飾、視聽言動、進退揖讓，定了許多禮，正是為了將世俗生活調理之以成善的。

然而現今學界所介紹的傳統藝術精神、道德的形上學、天人合一境界、既內在又超越的型態、無執自由的心靈，其實都與我們現在每天過著的具體社會生活很難關連起來。我們一切食、衣、住、行，都強烈顯現著現代性，都市建設、生活環境、職業工作，也都與古代迥然不同。在這種情況下，我們只能是分裂的。具體生活是現代、意識內涵則遙思古人。那些傳統哲學所含之精神價值，確實只是精神性的存在。余英時先生乃因此而說當代社會中儒家思想只是一種「遊魂」，無軀體可以附麗，在具體生活中無法落實踐履之。

所以當代儒學，事實上僅以一種學術思想的方式，存活於大學或學術機構中。跟社會上大多數人之作息、生活方式、倫理行為不甚相干。

造成這種結果，當然是因社會結構整體變遷。但我以為當代新儒學本身也助長了這個形勢。他們面對現代社會，只以「存仁」「復性」的方式救之，希望現代人仍能重視歸根復命的重要性。這只是弱勢的保存，並不敢企望讓儒學重新回到具體生活中去。儒學遂因此僅能是無軀殼的遊魂了。

而且，新儒家的義理及表述方式，充滿了學究氣，其語言非一般民眾所能理解。如牟先生說「智的直覺」「良知的自我坎陷」「道德的形上學」「道德主體性」「縱貫系統、橫攝系統」……等，一般碩士生也聽不懂，遑論庶民！儒家義理遂於漸昌隆於上庠講壇、學報專刊之際，愈來愈晦隔於匹夫匹婦，非尋常人士所得聞。偶或聞之，聞也聞不懂。

再者，整個新儒家的詮釋，也顯得偏宕。由於深受陸王式孟子學之影響，偏重於從個體生命說，講盡心知命以上達於天的成己成德之學。講究的是心體活潑的鳶飛魚躍，直契天地之大化流行。為學者，欲尋孔顏之樂處，以「心齋」達致美善合一之境界，卻甚少考慮化民成俗之問題。儒家的實踐性，落在個體甚或主體道德實踐上者多，著在社會實踐者較少。故論到生命德行之美，皆堪欣賞；想談談風俗文化之美、開物成務之道，輒遂默焉罕言。

以牟宗三先生論朱子為例。先生《心體與性體》三巨冊，功力之深，自堪嘆服。然而所論只涉及朱子參究中和及有關《仁說》之討論。欲以此確定朱子上承伊川，所開之義理系統屬於橫攝系統，而與孔孟明道五峰陸王之縱貫系統不同。依其說，朱子學雖亦為內聖成德之學，然僅是「別子為宗」。

不管這個論斷對不對，我都覺得：如此論朱，實僅論及朱子內聖學之一偏。而朱子絕對不僅是要人內聖成德而已。他對井田、經界、封建、社倉、稅賦、禮制方面，多所究心，以禮為本體，更深具哲學意蘊，重在開務成物。他與湖湘派學者間的論辯，亦不只是參究中和的問題和《仁說》而已，更關連到彼此論禮的歧異。牟先生為其學力所限，僅能就形上學與倫理學方面立說，豐於仁而嗇於禮，故於儒者開物成務、行道經世之學，較罕抉發。論朱子，亦復如此。其用心，在於立人極，教人逆覺體證仁心覺情，而存養於道德踐履中。但識仁之功多，究禮之意少，偶或論之，亦皆攝禮歸仁，於禮俱為虛說。對於宋代儒者如何藉其性理之學開物成務，實不甚了了。而不知朱子之所以能兼漢宋之學，元明清諸朝且視其為孔子之後唯一的集大成者，絕不僅因他在性理學方面的表現；僅由性理學上爭辯其是否正宗，其實也不甚相干。

這就可以看出新儒家的詮釋有其局限，並未充分開發可以作用於現代社會具體生活的資源。

牟先生論陽明也一樣偏宕。陽明學於明末清初備受攻擊，批評者或謂其為禪學，或以亡國之過相責，謂其袖手談心，無裨實際。故當時有一股講實學之思潮，即起於這種意見氣候中，批評講心學的人都不重實際，所以他們才要來關注實際問題，講經世致用之學。牟先生推崇陽明，固然絕不同於清朝人，但只從本心良知講陽明學，不知也不重其經世的那一面，跟清朝人又有什麼分別？

且牟先生有個著名的論點，即「良知的自我坎陷」。認為陽明講的道德良知無法直接開出民主科學，所以必須要把良知自覺地否定掉，轉為有執，才能開出知性主體，從而發展出現代的民主科學來。

此說爭論極大，或謂此說僅具理論意義，缺乏可操作性；或謂其理論未必可通。我則以為這根本就把陽明學弄錯了，良知教本來就可開出事功，不需坎陷才能開之。陽明本人的事功，不惟在宋明理學家中罕有其比，就是講經世之學的，如永嘉學派或清初所謂實學學者，又有幾人比得上他？而且良知與經世致用本來一體，不能打為兩橛。王學，無論陽明本人或其後學，亦輒不忘經世。故若由經世這個角度看王學，便完全毋須牟先生那個理論，亦可以補充過去只由內證本心良知那一面去論王學之不足，看到王學與朱子學密切的關係。

我向來主張恢復儒家的經世性格，使儒學介入實際的政經社會體制；亦曾實際參與政事，從事「法後王而壹制度」之工作。

但這個嘗試失敗了，儒學之政治實踐，機緣還不成熟，困難重重。因此我另外構思了儒學的社會實踐、生活實踐之道。先後撰有《飲食男女生活美學》、《人文與管理》、〈生活儒學的重建〉、〈東亞儒學發展的新途徑〉等書及論文，主張現今應將生命的儒學，轉向生活的儒學。擴大儒學的實踐性，由道德實踐而及於生活實踐、社會實踐。除了講德行美之外，還要講生活美、社會人文風俗美。修六禮、齊八政、養耆老而恤孤獨、恢復古儒家治平之學，讓儒學在社會生活中全面復活起來，而非僅一二人慎獨於荒齋老屋之間，自盡其心、自知其性，而自謂能上達於天也。

這條路，是延續漢儒之整齊風俗和宋明儒之化民成俗而展開的。

大家都注意到漢代獨尊儒術、都在說儒學與統治階層合作，而未注意漢代儒學更重要的社會面，目的不只在「致君堯舜上」而更要「再使風俗淳」。因此行人振鐸采風的講法才會出現，儒者也具體地把仁孝思想落實於法制、社會基層組織、人才選舉方式中，以逐漸建設一個「儒家型社會」（在基層組織中，設立孝悌、力田、三老等鄉官制度，以孝悌倫理勸諭風化，敦厚民風。在官員的選人制度上，以孝廉作為漢代選官的重要科目，促進了孝道倫理的推行。在養老制度上，以多種形式優撫老人，將孝道倫理推廣到整個社會，形成敬養老人的風氣。在刑罰制度上，嚴懲不孝。構成了教化與懲治相結合、德治與法治結合的社會治理模式。後來也成為整個東亞社會的運作模式）。

宋儒同樣。固然仍努力「格君心之非」，但重點更在家禮、家訓、族規、書院、鄉約這一大套具體而務實的經世之法。帝王需祭孔、尊經、崇禮，並依儒家型社會的道理來做，否則其政便行不通。

故宋代禁朱子學，明代禁書院，都沒什麼用。清廷自己信佛，可是仍需做出一系列遵行儒家社會邏輯的措施。明代朱元璋更有趣，看孟子不順眼，要發帝王威風，卻只能不了了之。其刪《孟子》，甚至連《實錄》和《明史》都羞於說起（洪武二年詔：孔廟春秋釋奠，止行於曲阜，天下不必通祀。因天下強烈反對而作罷。接著罷孟子配享也遭反對，《明史．錢唐傳》記：「帝嘗覽《孟子》，至草芥、寇仇語，謂：非臣子所宜言。議罷其配享。詔：有諫者以大不敬論。唐抗疏入諫曰：臣為孟軻死，死有餘榮。……孟子配享亦旋復。然卒命儒臣修《孟子節文》。」《孟子節文》共刪節了八十五條，並規定：節去的，以後科舉考試都不考。可是不旋踵便恢復了，潘檉章《國史考異》記：「近見董應舉撰連江孫芝傳云：永樂辛卯，奏復《孟子》全書。略言逆臣劉三吾欲去八十五條，又欲課試不以命題、科舉不以取士，則謬妄益甚。」而且這個皇家版本根本沒人看，幾乎失傳。連朱彝尊《經義考》都說：劉氏等《孟子節文》二卷，未見。《明實錄》也絲毫沒有相關記載）。可見一般人把儒家看成帝王幫凶、工具，真是昧了良心，對儒者經世之道大有歪曲。

我那些年既要闡發這儒門經世之道，所以也寫了不少文章。一部分在《儒學反思錄》一、二集裡，批判顏元、王船山、熊十力、梁漱溟等人的經世思想，討論儒家原有的星象政治學、飲饌政治學、曆數政治學，闡述漢人之整齊風俗論、朱子之禮學、陸象山王陽明之經世思想等。世，不是政治領域，是我們生存於其間的社會及其生活。只有把這種生活從世俗嗜欲層次提升了，導之於正，人文世界才能貞定安頓。所以它既是生活的儒學、政治學、社會學，也是美學。

開辦南華以來，這一宗旨散布於各系所及活動中，美學、生死學、社會學、非營利事業、生命學、心理學、應用哲學、藝術管理等都是。我也替臺北市策劃過臺灣朱子學活動、孔廟講會、書院山長會講、孔子文化節等活動；替嘉義縣辦過成年禮，替梅山鄉辦過唐代宴席等等。

宴飲後來發展為《飲饌叢談》。講飲食文化，途徑與一般美食散文、食客紀錄、烹調指南迥異。所以序曰：「余非饕餮，亦嘗飲食。徒求療飢，敢云知味？幸而黃粱易熟，綠蟻能餐，遊半天下，慣食馬肝。或山麓水涯，染指雉膏熊膩之鼎；或酒簾茶灶，洗心蒓美蟹腴之盤。雖愧無伊尹割烹之力，且喜有田夫鼓腹之歡。又嘗歌大酺、詠鹿鳴、鄉飲酒而怡豫；擁豪俠、招狗屠、日傳席以汗漫。非山家之清供、鄙隨園之食單，舌福不淺，經驗可觀。兼以性好幽奇，索隱行怪，譜求燒尾，術要齊民。歸來曾煮白石，居處久服青精，既窺飲德食和之奧，亦餌春蘭秋菊之英。即事窮理，略通儒者養民、道士辟穀之故；徵文考獻，且釋闍黎戒殺、回民宰牲之爭。因飲啄之恆情，上質政禮醫藥倫彝之常經，豈僅為飲食男女逸樂之品評？此余飲饌文化學之大凡也，取途或異夫苟耽滋味之徒。文則莊諧競作，短長弗拘。如室女之貫珠，仿眾仙之行廚，誌浪遊之鴻爪，為灌頂之醍醐。知我罪我，盍共醉茲一壺？」

文章當然好玩，但觸怒了迷信吃素的群體，可見談飲食也並不比談政治安全！

到大陸以後，政治領域既不由得我置喙，乃全力發展生活的學問。恢復禮樂教化；辦文廟、建書院；參與一部分族譜編撰、祠堂建設的事；復原漢唐餐飲及相關歌舞禮樂，也講漢服審美；再就是社區國學。事很雜，東一攤西一攤，專案性質和名目不一，奔南走北，幾乎累殺。但基本脈絡如此。

做得多了，別人就來誇我是「當代唯一國學大師」「後現代孔子」或「當代孔孟」，謂能知行合一。二〇一五年山東電視臺舉辦「首屆中國師道盛典暨年度十大先生」評選我為第一大先生。二〇一八年鳳凰衛視「首屆華人教育家大會暨聚焦中華教育盛典」亦頒給我「華人教育名家」稱號，代表傳統文化之傳承。

這當然只是對這種方向的肯定。覺得我能讓死傳統活起來，活動辦得較好玩罷了。可是聽到我學界朋友耳中，又不是滋味了。周志文兄有天就忽然發信給我，說在淡江逢一友人，問：「近嘗見龔某否？」答：「沒，怎麼了？」說：「他可能瘋了，居然號稱當代孔孟。」志文聽了嚇一跳，也以為我瘋了，忙來訓誡一番。

實則當代孔孟就如「天下第一才子」「龔聖人」，只是我被人貼上的若干標籤之一。說我是孔孟、是聖人。我很感謝。但感謝的是做的事被認可了、推動的文化方向被接受了。我自己則圓顱方趾，一樣穿衣吃飯，身上還沒放出光來。

然而孔孟復生，難道又可以不跟我一樣化民成俗嗎？且此等事，或許就是老天給我的使命，能不做嗎？我不做，說酸話的人會做、能做？

何以見得就是有天命？二〇一五年毛靜兄主持重修江西宜春昌黎書院，督我襄理。八月廿日我們去工地把大梁拆卸下來，赫然發現上面舊有硃砂筆寫道：「大清嘉慶十五年，歲次庚午，仲秋月上浣穀旦，袁州府知府邱鵬程、宜春縣知縣龔景沆督理，宜春廩膳生員劉培莊捐貲重修。」大家都很稱奇，因為這恰好記錄了我的名字，而這次重修，捐錢的也仍是劉氏家族。此院與我當有夙緣，因此我亦就老實不客氣地忝顏當起山長來。其他文廟、書院也往往類似這樣，不絮說了。

# 第五卷・易

## 一、初見易

臺灣的臺中市中央書局擬重新開幕，前兩年已大規模徵求「對大臺中人文有感情、對中央書局有記憶、對在地生活有想法的建築團隊」一起參與規畫。如此高調回歸，正顯示著它不凡的地位與身世。

是的，該書局是日據時代臺灣的文化燈塔。一九二五年臺灣文化協會在臺中召開大會，決議建此書局，以為協會之活動點。原先除書局外還有講堂、娛樂室及餐室，後僅成書局，銷售日文漢文圖書。

當時文化協會主要是臺中士紳組成，在日本殖民統治壓力下勉強爭取臺灣文化自主性。因此直到光復以後，臺中還習慣被稱為文化城。可是政經乃至文化事務日益北移，文化城漸存虛名，剩下的一點光熱，就只在中央書局這少數幾點星火上了。

書局於一九九八年關門，這是我幼時絕不能想像的。那時書局如日中天，許多書只有它才賣，其他的書業，大約只算是文具店。我課餘時光都在那兒耗著，賴在一樓看詩詞小說文集，二樓則有各色中外學術典籍可供我漁獵，林紓嚴復康有為諸君都在那兒相識。寬博清靜，比在圖書館還愉快。

我買的第一本《周易本義》就在此地。店員雖日日看我在店裡頑皮，卻不肯賣我，認為我看不懂。那時我才小學五年級，費了些唇舌跟她講了一卦，才把書購回家。

那時對《易》的感情，與一般入門者相同，就是占卜。神祕呀，好奇呀，每天拿著竹籤當蓍草卜來卜去，什麼都占。漸就覺得太繁瑣了，改用金錢卦，至於鳥卦米卦則無興趣。

由於占卜，知道各種占法其實多與《周易》無關，因為用的多是伏羲先天八卦。而所謂先天卦恰是後天所創，是極晚才被造出來的，出於邵雍。邵氏及與之相關的河圖洛書等各種數術，《周易本義》涉及不多，須再旁求於其他。而其他的那些書，就不是中央書局這類書鋪所能提供的了。

那些書的流通，當以瑞成書局為代表。它是臺灣現存最老的書局，一九一三年，專售漢文書，比中央書局還有意義，也恰好成一對比。

它設在第一市場，乃是與世俗民眾最接近之處。我家開餐店，每天父親都要帶上我去市場採買備料，所以我也總跑去找書。其書有三大類，一是傳統蒙學通俗讀物，如《千字文》《百家姓》《明心寶鑑》《昔時賢文》《女兒經》《幼學》《論語》《孝經》之類。

二是宗教，因店主許克綏於光復後追隨李炳南先生習佛，李先生在臺中開蓮社並辦圖書館、育幼院，許氏翊助之，遂刊印無數佛書、善書，漸亦廣及道教與民間宗教。

三是五術。這是臺灣對江湖術數的總稱，因為傳統社會之江湖方術固然千千萬，但總攝其類，不過這五端：山，即仙道也，含服食、煉丹、用符、靜坐、拳勇等，以求長生健體；也有人說看山勢、風水、巒頭、來龍去脈、尋砂點穴者亦屬之。醫，即方劑、針灸、草藥、鬼神祝咒等，以求卻病者。命，即算命推運，如紫微斗數、四柱推命、星平會海等。相，相也用以知命，但方法不同，有手相、骨相、面相、陽宅陰宅之相法等，《漢書．藝文志》稱為形法學。卜，占問卜筮，占卜者以《周易》為代表、選吉者以奇門遁甲為主，測局者以太乙神數為主，以十二運卦卜之，均為易學之流或變。這山醫命相卜，通行於民間，從通書、萬年曆、擇日、取名、合八字、動土、上梁、開張做生意、買房子看方位，到個人時命吉凶、日常保健與疾病醫療，無不包攝。魯迅曾感慨說歷來都以為影響中國社會最大的是儒家，其實不然，中國文化之根柢全在道教。他所看到的，就是這幅景觀。只不過他因對此厭惡而無知，無所理解，所以不知此非道教，乃五術也。瑞成書局就出了大量這些書。

中央書局代表的，是現代化之後，主流文化人知識人的聚集方式與屬於他們的書刊。俱樂部、文化協會、中外圖書，合起來標示著新時代的知識型態。與其建築一樣，軒敞光隆，有巍峨之樓廈。處在僻膩煙塵魚菜雜貨市場間的瑞成書店，傳遞的卻是傳統的世界觀倫理觀與方法論，一精英、一民俗。

由讀易而被勾起的好奇，便誘引我找到了這易占術數之海。河洛精蘊、皇極經世、梅花易數、太乙照神、孔明神卦、祕傳文王課、鐵板神數、三才神算等等，目迷五色矣！

## 二、窺學統

進大學後，情況漸生變化。當時的經學課，五經獨缺易，我乃將髫年玩索象數之心得寫成論文，並牽連於《連山》《歸藏》，呈教李爽秋師。老師看了很頭疼，始介紹我讀屈萬里戴君仁諸先生書。這才是學院中講易之主流，大抵延續清人掃卻圖書、精研考據之途，又有民初古史辨運動之色彩。

清人論易，因反宋人數術之故，從《易圖明辨》開端，謂圖書多本於道教。但其後考據大興，為了講漢學，竟大力恢復了漢代的象數。屈先生以文獻考據名家，乃繼而再破漢易。在臺大講授多年，有《先秦漢魏易例述評》等書。戴先生相應地亦作《談易》《春秋辨例》，皆不以漢人說經為然。顯示了樸學由回到東漢，再回歸西漢之後，更往上溯於先秦的學術史動態。

戴先生北大中文系出身。他們的思路，顯見新文化運動以來之學術發展實又為一復古運動。只不過這時的古，被界定為古代本來面目。只是這面目已被幾千年漢宋儒者遮蔽了，所以才有待今人撥雲翳以見青天，此即古史辨運動出現之邏輯。

當年考證古史，就有一大撥健將反對伏羲、文王、周公、孔子與《易經》的傳說，要回到卜筮的原初型態；不信十翼，要直接由卦辭爻辭或卦爻的組合關係上去探究《周易》為何而造、為何如此造。他們推測的《周易》原貌，雖沒有近年講古文明密碼、外星人遺跡等等那麼離奇，可也是竭盡想像了的。

例如有位徐世大先生作《周易闡微》一書，考證出作者名叫中行明，是個晉國人，奉使去赤狄，結果迷途到了易國。又因一女子事而被俘，所以作《易》求救，其時間大約在晉靈公末年、魯宣公初年。

當時以古史說易的風氣往往如此；卻不知這樣由卦爻辭猜謎而拼湊出的所謂史實有何價值？若《周易》真是這位中行明先生的求救信，此君也就太可憐了，居然兩三千年以後才有人能讀懂它，遂令求救之書徒成沉冤莫雪之案。而我們今天再來讀《易》，除了明白此一段哀事之外，於進德修業又有什麼益處呢？

「古史辨」那一代人解易之成果，大抵如此，但其摧陷廓清漢易卦氣之迷障，也不可一筆抹煞。脫離此一史學路數而對漢易別有發展的，則是哲學家之說易，如方東美先生論易之邏輯，即頗益人神思。另也有以數學和科學講象數的，如黎凱旋先生等，我覺得都是漢易之發展。後來徐芹庭先生講來氏易，也屬於此。

義理解易，則當時似無名家，方先生論大易精神及牟先生論易所顯示之道德的形上學等著作尚未面世。較多的是一些易學史作品。

## 三、理注疏

當時我所能汲取的資源，大抵如此，而竟以此冥行獨造起來。入研究所後即寫《孔穎達周易正義研究》，想把漢易、王弼注、孔穎達疏、到宋代周敦頤程伊川朱熹這條脈絡打通。

因此該書有兩條史學的線，一是想說明易學史上三個問題：一是王弼與漢易的關係，王弼真掃象嗎？二是南北朝易學之流布，是否如《北史．儒林傳》講的是南王弼北鄭玄？三是南北朝易學最後統合於王注，王注被唐代採為《正義》之依據，但唐人疏是否真依王，疏不破注？

二，還要講三個大一點的歷史問題：唐人為何要大規模修纂《五經正義》？經典之再解釋，對唐代帝國之意識統合到底有何作用？又顯示了什麼學術史的意義？

以上這些是屬於史學的，底下這三個問題則是哲學的：一，作為「三玄」之一，《易經》在魏晉玄學中之作用如何？過去大家只注意老莊，好像玄學就是老莊。二，大家都知道：佛教進入中國，晉以後開始以老莊「格義」。但佛家其實也解易，關注的人就少了，更有誰研究過它在義理上的是非？三，宋代理學，大家都推源於韓愈李翱，由中唐講起。但理學家講太極、講理氣、講中庸、講陰陽，是由李翱韓愈講下來的嗎？會不會都忽略了南北朝隋唐易學這一線索？

我的書，篇幅不大，但處理的這些問題與所得初步之答案，卻極重要，為昔人所未及知。故考試時深為胡自逢諸師所賞，後來賴貴三兄編《臺灣易學史》時也列有專章介紹。少作不磨，私心當然甚喜。但如今講史學講哲學的朋友，似乎不甚讀易，也不太知道我的研究成果，還在那裡亂扯，頗覺遺憾。

魏晉間論易，發展象數者為陸績、虞翻，黜象者為鍾會、王弼。然王注本有掃忘未盡者，當時人亦未必以王鍾為然。如孫盛《易象妙於見形論》、殷浩《易象論》、劉惔《易象論》、荀顗《難鍾會易無互體論》等均仍以為象不可廢。嗣後，梁陳國學並行鄭玄、王弼二注，齊且唯傳鄭義；北朝以鄭玄、王肅為主，河南及青齊間則有講王弼易者，可見王氏掃象之說並未定為一尊。孔氏《正義》綜合南北，雖以王注為基礎，但對象數之立場不同於王。發明卦爻義例、闡明象數、論十二月消息卦、談卦氣與六日七分，又據數言體，云初上無位、大衍六義，旁採易緯，於九六之外更言七八，可謂洋洋大觀，補王正王之處甚多。昔人不知此基本立場，遽以為孔氏宗本王弼，疏不破注，以致糊塗了一千多年。

王弼注，於魏晉玄學中特勝。然今人但知魏晉為玄學為老莊，彷彿「經學儒學的漢代」與「老莊玄學的魏晉」適成一對比，遂又由此製造了無數文章、無數學位職稱。其實皆可笑。

玄學指一種治學之角度、方法、眼光，類似今天講的哲學，並不只談老莊或以老莊為主。這種方法，可討論言意問題、歷史問題、名教問題、自然問題等，超超玄箸，頗涉及形上層面及價值意義；與從前考禮制、詁文字、箋器數之類徵實之樸學方法不同，所以才形成為一種特色。老莊固然可以用這方法去討論，《易經》也一樣，此外，「才性四本、聲無哀樂，皆談家口實」（王僧虔誡子書）「裴僕射善談名理，混混有雅致；張茂先論史漢，靡靡可聽；我與王安豐說延陵子房，亦超超玄箸」（世說・言語），談的東西多哩，哪就都是老莊？

其中，易注在南北朝，可考者凡一四九種，其中即有許多濡染風氣，採取這種方式論易。但有趣的是：與老莊結合者並不多，主要是結合了佛教空宗義學。

佛教傳入中國，本來是大小乘差不多同時，密宗在晉朝時也已輸入。但在影響上大乘空宗一枝獨秀。早期格義，主要是以般若性空去附會老莊之「無」，故有無之辨甚多。般若學六家七宗以後，漸轉回佛家本位，大闡空義；而對老莊的興趣也轉向了《易經》，開始用佛理解易。許多解易的儒者也如此。

孔穎達對此風氣卻是不滿的，序文中明確批評：「易理難窮，雖復玄之又玄。至於垂範作則，便是有而教有。若論住內住外之空、就能就所之說，斯乃義涉於釋氏，非為教於孔門。」它這部書的宗旨之一，便是分判儒佛。

之所以如此，有當時「三教講論」的制度環境因素，故亦可由此觀察唐初思想界大勢。而此後這個大勢也越來越明晰，儒家主流，不論吸不吸收佛教，態度或方法都必是分判儒佛。故佛教解易之風此後雖然也一直不斷，但畢竟未成體統，具體專著只有蕅益的《周易禪解》一本。一直到近代熊十力，更由《易傳》發展出「新唯識論」來區判儒佛，可說是一有趣的歷史呼應。

故此後的儒學基調，不由韓愈始開，不能從中唐闢佛，或陳寅恪所謂漢民族文化本位運動往下講；儒者講心性理氣太極體用等，更不能僅溯源於中唐或以為是宋儒才開始的。

如李二曲《答顧寧人先生書》說體用二字並用，始於朱子，就甚不然。孔疏乾卦已說「乾者體用之稱，言天之體以健為用」，又引劉表云：「天是體名，乾是用名。」可見體用作為術語，早見於漢末，通行於論玄論易時。李二曲等明清儒者對這一段史事不熟，所以才會以為是宋人從佛教那裡學來的。

又如理氣，乾卦疏：「此卦之德，自然能以陽氣始生萬物而得元始亨通，能使物和諧，各有其利。……使物各得其理而為利。」這就是講理氣，而且由氣上見理。後來張載之講氣化、朱子之言「理在氣中，如何發見？」曰：「如陰陽五行錯綜不失條緒，便是理。」便都顯然與孔疏相符。

當代新儒家偏於理一邊，像牟宗三先生一定要說順氣言性就是材質主義，顯不出理來，須逆氣才能顯理、才能進乎德行之門。大陸上又常含糊籠統把講氣的都稱為唯物論、講理的都歸入唯心論。其實皆大謬，這是由孔疏可看得明明白白的。

至於清人力攻宋儒之講太極圖、講主靜，說那些本於道教與佛教，也同樣於孔疏隔膜太甚。易本太極，一生二，然後四季五行，化生萬物，其下以數相推，乃易學象數本身即有之傳承，唐代孔疏之外，李鼎祚《周易集解》也是如此，何必道教徒才懂？

周敦頤太極圖歸於主靜，且有無極而太極之說，歷來聚訟，而孔疏也早已說：「天地養萬物以靜為心。」又說：「天地以本為心者，本謂靜也。天地之動，靜為其本，靜非對動而言。靜之為本，自然而有，非對動而生靜。天地寂然至無，是其本矣」（復卦疏）。這些，持與濂溪太極圖說對勘，不也若合符契嗎？諸如此類，說來複雜，就不一一介紹了。

## 四、合佛道

總之，當時寫這本書，大體綜合了我少年讀易時對幾大解易路數的理解，而有意為易學史、思想史重新勾勒體段，雄心不可謂小。雖細部討論甚為疏略，夾用佛學與西洋哲學也很不準確，論敘尤多枝蔓，但大格局大框架還是頗有價值的。爾後的我易學研究，便順著這條路再繼續走下去。

例子，可由論佛、論道兩方面為說。前頭講過，清朝人攻擊宋明理學的策略，是說他們雜於佛老，像太極圖說和邵雍的象數、朱子講的河圖洛書，就都指責其得自道教。實則他們沒弄清楚：那些先天卦、數、圖書只與民間五術有關，道教很少講它；道教對《易》的吸收使用，主要是用以煉丹。早期依卦象，配合十二時辰，講火候進退、燒煉外丹。後期仍是如此，而講一身鼎器，水火既濟，以煉內丹。旁支更應用於醫學中，關鍵文本則是《周易參同契》。

《參同契》既用之於外丹也用之於內丹，看怎麼詮釋。因此有人說它屬外丹，有人說它是內丹，又有人說它兼內外，其實非文本如此。早期確只是外丹，唐代才一步步通過詮釋發展成完整的內丹學，彭曉之注尤其重要。我有〈唐代內丹學之發展〉等文，詳細解說過由「黃庭經學」逐漸到「參同契學」的內丹理論如何完善之過程，事實上也即是對清人亂批宋明儒之一修正或補充。

宋明儒若說曾由道教中學得了什麼，恐怕該注意的是這一方面，如朱熹便曾化名空同道士注過《參同契》；影響王陽明王龍溪他們的內養工夫，也是道家的丹法。反之，內丹各派也無不套著宋明理學的觀念和術語在說話。

例如李道純是南派丹法五祖白玉蟾的再傳弟子，他的集子名為《中和集》，中和就是儒家宗趣。而且他把中和關連於易，云：「中也、和也、感通之妙用也，應變之樞機也。《周易》生育流行，一動一靜之全體也。」《玄門中旨篇》則講太極；〈畫前密意篇〉又大談天易、心易、聖易。

佛教之於《易》，唐代以前，主要是以空來解《易》，唐代就以一種類似《參同契》的方式來講修證工夫。這其實也與說內丹相似。內丹講身體內部的昇華變化，禪家講心性上的進悟，洞山良价、石頭希遷等都大力發展此法（詳情可看我《晚唐的禪宗與道教》《禪宗史新研》等文）。

我認為這是禪宗在六祖惠能之後最重要的兩種發展之一。另一種是由不立文字走向文字化，出現《石門文字禪》之類著作；一種即此等易學化、內丹化。最終與道家結合，講性命雙修、仙佛合宗，以道法為命功，以禪修為性功。

換言之，佛易之合，自經孔穎達批判後，雖正統儒者皆以區判儒佛為主，佛家解易亦少專著，然佛易之會通，卻奇妙地落實在佛道兩家上。元明清民間講修行的人，大都採此一路，而亦以此形成了三教合一的格局。

## 五、參五術

對此格局的關注，廣布在我的相關論述中。雖孤燈自耀，尚寡同聲，也無所謂，因為我另有聯合同道、推廣易學之術。

師長中，黃慶萱師、胡自逢師，皆功力深厚，持論平實；友輩間，劉君祖論易，頗動朝野。我常與他們上下其議論。又伯父乾升公曾任嗣漢天師府祕書長，精研堪輿，我閑居侍坐時，喜聽其講說易理。後來同事陳廖安兄亦精研道教易學，襄助我辦中華道教學院外，還與我合編了《中華續道藏》，收了不少道家論易之作。另有梁湘潤先生也在道教學院教易術命理；洪富連先生則一直與我合作，開辦了中華教育易學研究院。開班講學之外，也做風水命理姓名學等易學應用的資格審定、證書認證。

我們覺得五術常被訾為迷信，與從業人員素質之痼劣有關。此道既不為正統教育體系所重，江湖傳習自多訛偽，故迷以導迷，歧互滋甚；加上騙財騙色，社會觀感當然大壞。改善之道，非打壓禁抑之，而是廣泛地教育之，讓一般人都能略知大概，有心研究者也有津梁得窺堂奧，更可讓從業術士有深造提升的機會。

一九八九年辦道教學院就是如此的，二〇〇三年洪先生辦星元大學時也如此。二〇〇八年我們又創辦中華易學教育研究院，找了許多專家編製題庫，舉行檢定考試，發行教材，以期提高社會上總體易學應用領域人員之素質。

在大陸，則我另有些遭遇。例如因黃慶萱老師的緣故，與山東大學劉大鈞先生熟，先生主持易學基地也邀我寫稿，我《孔穎達周易正義研究》出版時有一詩贈先生曰：「嘗窺道妙肆言詮，論易居然作鄭箋，簷底坐聞松子落，卅年一笑曉燈前。」又如有位楊金鑫先生，舊在福建南平任副祕書長，病肝，嘔血數升。醫謂一葉已硬化，一葉已糜爛，不過一年半載，便將命終。楊既以為必死，乃發大願，做善事，散盡財產，以待大去。不料善事越做越多，身體竟漸好了。訪知武夷山上白玉蟾的道場止止庵廢棄已久，便又發願重建，變賣祖產以為之。在庵中設一樓曰易經樓，準備宏揚易學。我曾入山替他奔走了一陣。

後來我又得河南安陽貞元集團駢運來先生支持，於二〇〇八年召開過世界周易大會，並擬在羑里祭周文王（那幾年還替駢先生整頓其企業文化，月輒來往於京豫之間）。後來友人劉國輝來安陽掛職副市長，我們也曾議編《易藏》，把古今易學書二千多種都輯起來，交榮寶齋印刊。我與廖安費勁整理了許多文獻，編出了目錄，可惜人事不恆，國輝任期結束返回北京，貞元集團又倒閉了，事遂不果。

倒是新疆伊犁特克斯本是一座八卦城，二〇一一年書記劉莉、縣長李青梅來與我商量每年舉辦國際周易論壇、出版《八卦城談易》集刊；並由我設計了一座太極壇，建於八卦城中心，事實上即是一座城市展覽館。同時還配合論壇，每年舉辦天山文化節，攝影啦，歌舞啦，馬術啦，講座啦，七劍下天山啦，好不熱鬧！把易學和城市建設、文化活動結合起來，可說是生面別開，為千古易學放了番異彩。

近幾年，大陸國學熱，不少人都想讀點經。但國學深邃、經典古奧，一般民眾不容易啃得動；聰明的人遂又想起古代《菜根譚》《昔時賢文》一類書，摘選嘉言金句，以利讀取。國務院國學中心便主編了若干種，我也負責過一冊《傳統智慧一百句》。另有友人則想編四書五經各一百句。可是陳廖安林保淳原擬作的《易經一百句》卻賴給我了。於是覈文繹義，以諸嘉言金句為綱，又寫了一本簡易的《易解》。

此書不談數術、不講古史、不說陰陽易緯，只從「多識前言往行以畜其德」的角度，教人上合天道以正性命、以趨吉避凶。這其實也是孔子的態度，學易以寡過嘛！所以整體詮說，回歸十翼。

書雖簡易，但若能流通，或許也不無益處，因為傳統文化剛剛復甦，坊間通行的解易書、甚或百度百科檢索都錯誤連篇，讀者能得一正道入門總是好的。

舉幾個例子。乾，元亨利貞，居然譯為：很順利，利於堅持下去。屯卦，居然解釋說是囤積，不知屯是困難之義。需卦，居然說是擴展需求，並開始與江湖上的朋友飲宴吃喝。豫卦，居然說是預防預備預謀，不知此處豫指豫樂。蠱卦，居然說是蠱惑，做父親被蠱惑的事，受到了讚揚。不知此卦之「蠱」應作事解，能繼承前人志業，幹成一番大事，才能獲得褒揚。凡此等等，公然高踞百度檢索，成了一般人想查點《易經》基本知識的平臺，真是奇談。

但這在今日又能如何？我知道有位先生在北大教易經，一向把「太卜掌三易之法」講成太僕。友人蕭文立先生又示我現今博士教授箋注古籍數種，注王右丞，曰王羲之；注汪熹孫，曰即朱熹與孫寶文；注鄭廣文，曰蓮花落藝人，藝名胎裡壞，擅小旦戲，喜唱祥林嫂、馬寡婦開店云云。大學者大教授尚且如此，學問的事尚堪聞問乎？說易之多蓮花落，乃是當然的，也毋須深責。只是回顧我治易所花的心血，能自誠明，而尚不能明明德於天下，對此不免還是有些感傷呀！

## 六、知才命

為什麼對《易》如此有興趣呢？細細想來，殆與我性好幽奇、每喜覃思天人之際有關。

易原本就用來占卜，是古人測探命運的方法之一。占時可能是問神，也可能純就卦象上看出吉凶，不必再詢鬼神。因此卜士未必即是巫師，但主持占問、用心解卦終須有一定之素養，故孔子說：「南人有言曰：人而無恆，不可以作巫醫。善夫，不恆其德，或承之羞」。不恆其德云云，是恆卦九三的爻辭。孔子引易說易，謂占人與醫生都須具有恆德。何以故？他們面對的是命運、是死生，這都是最多變化、最顯飄忽的；若無恆德，如何貞定？

這是很容易理解的。但恆卦本身雖講恆，說要久於其道、終則有始，可是此卦初吉而後凶，實非吉兆。初爻就浚恆，貞凶，無攸利，二爻又悔亡。三爻不恆其德，或承之羞，貞吝。四爻田無禽，五爻好不容易恆其德了，卻是婦人吉、夫子凶。六爻更是振恆，凶。因此恆德雖好，面對的卻是凶險不恆之世，故往往仍是要田無禽、大無功的。此即人生之無奈，善觀易之幾者，於此或不能無所感喟！

我對人生就頗有此無可奈何之感。知道要努力、要恆其德，故精勤堅韌，久於其道；但盡人知天，又深知大抵是田無禽大無功的，一切可能又是徒勞。

天命論，乃因此常為我思維之一主題。早年寫的小說史研究，幾乎就全集中在討論這一問題。文章後來輯成《中國小說史論叢》，自序說：

> 文學評論所考慮的，主要是兩個互為關連的層面：一是文字經營的層面，一是小說運用文字彰顯意義的層面。例如悲劇，其所以成為悲劇文類，就是因為它藉著文字層面的情節構造，表達了矛盾衝突的悲劇意義。
>
> 西方小說，在發展中深受悲劇傳統的影響，因此，小說藝術的構成，主要便是以悲劇的敘述結構：「情節」為主。情節中必須含有戲劇性的（dramatic）衝突，這些衝突（conflict）包括了人與自然、人與社會、人與人、人與自我的矛盾與爭抗等等；而其進行，則有賴於因果關係，因為「敘述」與時間是相呼應的。唯有知道了西方小說這類結構原則和意義取向，我們要了解西方小說才有

可能。就像我要理解一個社群中人的思想和彼此的關係時，必須知道這個社群的組織原理和意識取向一樣。

既然如此，那麼，中國小說的結構原則和意義取向是什麼呢？小說研究已經蓬勃發展八十年了，誰能告訴我？

如果這個問題至今尚未解決，則一切研究可說都是架空的。縱然我們有了版本流傳的知識、有了小說創作事件的綴連、有了小說內容與時代關係的考證，小說對我們來說，仍是不可解的（正如我們只知道一個社會中許多許多物質事實，而不知其制度與象徵系統，這些物質事實便無法串聯起來，構成一個可知的意識對象）。因為不可解，所以不是產生迷惑，就是強用已知者來類擬，以使其可知。

早期許多研究者之所以慨嘆「中國沒有小說」，就是在面對未知時所產生的迷惑。比方我們以從夫從父居大家族為「家族」既久，驟見一妻多夫母系家族社會時，也常以為他們沒有家族或人倫。雖然習處稍久，漸知兩種都是族，但仍不免以所習知的家族模式來認知或類推，並給予批評。近些年來，許多研究者喜歡用「情節」或「悲劇精神（意識）」來處理中國小說，即是一例。其中有些批評家甚至因為中國小說缺乏情節的因果律（causal relations），而斷言我國長篇小說使用的是所有情節中最糟的綴段性（episodic）結構，沒有藝術的統一性。

我的小說史研究，與海內外同道都不相同，即因為我考慮的是這個問題。相對於西方小說戲劇乃至文化精神，我提出要以天命為線索來重新理解中國，在方法學層次又對並時之小說研究者提出針砭，當然有客觀的學術理據和意義。但主觀上，我個人的心態和意義關懷會不會才是使之如此的真正原因呢？

我談天命，與當代新儒家不同。他們較注意天命流行中的德之問題。人以他自己的努力，成德以獲天命，天命與人的聯繫正在於德，故重點應落在孟子說的「盡心知性，盡性知天」上。我則覺得天命難知、吉凶有待、人力有時而窮，君子亦常感無奈。故孔子云五十而知天命，天命即有此限制義，是人不可能突破的。像《封神演義》裡的殷紂王，好端端地便把國家亡了，還身負罵名，不齒於後世。其實他又怎麼了？不過天降劫運，要眾神歸位，重新封贈罷了，他卻成了當此劫運的犧牲品。歷史上這類事可太多了，明珠蒙塵、英雄失路、聖賢寂寞而瓦釜雷鳴，真是時也運也命也。詩人小說家，輒於此申其慨嘆、曲盡其情事，史家亦每於此體會天人之際的凜然赫然森然澹然，故與哲學家努力化釋悲情、超然解會不同。我似乎較偏於後者。

我論文學術語而挑了才這個字，專門寫了一本《才》，其實也基於這種內在關懷。我以外，恐怕很少人會特別注意這個字，視為理解中國文學的關鍵詞、專門術語。

可是才多重要呀，不知或不重視它怎麼可能進窺中國文學之堂奧。它跟天命是同一義的，本身就是天命論的發展。天命流行，人所獲得的稟賦材質就叫才。才各有其得，故人皆各有其長。但也僅得到這些，所以才也是限制。天下之才一石，曹子建獨得八斗，謝靈運一斗，餘人不過幾錢幾克，是沒辦法的。

天才可以表演，其他人就只配觀看，或連看的資格也無。因為才力懸絕，看也看不明白。豈不聞「國手置棋，觀者迷離」乎？古人論此，初重才德、才性，故或論性善性惡，或說性三品性四本，或言金木水火土，五德九品，後始漸論才智才華，而以文華豔盛者為才子。

才子錦心繡口，我輩碌碌，何可企及？歐陽修有一小劄云：「學書各有分限，殆天之稟賦，有人力不可強者。往年學弓箭，銳意三四年，不成遂止。後見蔡君謨言學書最樂，又銳意為之。寫來寫去，卻轉不如舊日。似逆風行船，著盡氣力，只在舊處，不能少進。乃知古今好筆跡，真可貴重也。」以歐公之才，看見蔡襄的字也還要自愧力短，何況我們？

因此天才論一方面要令人知道愛重天才、欣賞天才、讚嘆天才；一方面要教人不自棄。我人才力雖弱，但可學習可欣賞，今生眼睛就沒白長，乃是莫大的福分。仰望天才，自可使我們提升、成長。同時，我們雖無那般高妙之天才，但老天生養萬物，各人也不會毫無稟賦，若才小力偏，亦不妨充類至盡、發揮己長。李白詩說「天生我才必有用」者，即就此言。

再者，才性既各有所偏，則應自知。凡事當適性適才，量力而為，不能豔羨大力士，也學他去拿大鼎。近世家長老是逼著小孩去學他自己羨妒的學科，即因不自知、也不知自己小孩的才性。

至於那些天才呢，更須善於自處，在自己才力所及的分位上表現表現就好。如《易經》所說，要「思不出其位」。

怎麼說呢？天才都像水仙花，臨水顧影，不勝其自憐自喜。他們自歌自詫，固然俯仰自得，但能否以此得財、得勢、得位、得權卻不一定。在世路上混，豪傑另有本領；你才性不符，便須自安本分，在文章辭命上發揮、在才藝技巧上逞能、道義存身、孤芳自賞，不都很好嗎？可惜歷來才人多不如此想，所以老是哀時命、嘆窮途，感慨文章憎命、詩能窮人。於是「才命相妨」居然越說越像真的，老天會妒忌英才、紅顏注定薄命。

其實天既賦才予人，怎會妒之扼之？才人能盡其才，卻不善自處，遂致自窘自厄罷了。《易》曰：「保合大和，以正性命。」這些人則不知性，亦不知命也。

我很慶幸，沒這種才子病。《莊子．大宗師》曰：「知天之所為，知人之所為者，至矣。知天之所為者，天而生也；知人之所為者，以其知之所知，以養其知之所不知，終其天年而不中道夭者，是知之盛也」。

《才》後來收入《中國文人階層史論》，即是認為這是文人的根本條件或依據，文人無才便啥都不是。顏之推誡子弟曰：「若乏天才，勿強操筆」，真是至理名言。但文人負才傲物、與世相忤，才又成為累疣；用世無功、不嫻庶物，文才更是其限制。因而天才論可視為中國文人階層內在的肌理。近世論階層史者均未注意到文人，論文人、論社會也未能深入到天命才性問題，只在組織、制度、史事領域說話，故不能如我這般淪肌浹髓。

寫這些文章，會不會也有我個人的因素呢？有的！從小，大家就都說我是天才，自己也以才調自喜，人家稱我為才子則居之不疑。可是才到底是什麼，才子到底是什麼樣一種人，才子的生命狀態有沒有問題，確為我潛藏於心之迷霧。是為了撥開迷霧、了解自我，我才會去探問天才天命吧！我想。

## 七、巫思維

但無論如何，注視天命天才終究是種巫思維。

巫，看起來好像不難明白，《說文》早已解釋了巫就是降神者；故巫術云云，當然就是指一切降神驅魔、與鬼神打交道之法。

但細思即知情況不那麼簡單。例如迎神驅鬼時常會使用咒語與符籙，故咒與符均可視為巫人之術。可是咒語和符籙卻可以單獨存在並發揮其作用。這些作用可與鬼神無關，是咒與符本身就具有的效能。

例如前文說過孫思邈《千金翼方》中有禁咒兩卷，什麼病念什麼咒語即可獲致什麼療效，乃是與一般醫家用藥完全一樣的，故列入藥典中，推薦給病患。

此類咒語與降神毫無干係，然施術者與病家都相信它擁有治療之效。此種「相信」和「運用」，整體即屬於一種巫文化。因為施者與受者都不能完全了解為什麼念啥咒就會有啥效果，只是在一種社會文化中相信並接受之而已。為何相信，一部分取決於療效，一部分由於社會心理及該文化社群之知識結構。若無此社會心理和相應的知識結構，則雖咒符仍然有具體療效，依然不能被該文化社群理解、認同或接受。談及符咒，均斥為迷信、不科學。

實則所謂科學，即今之巫術也。巫為總名，巫術、巫文化底下有許多分支，名號頗不相同，今之科學，便屬其中之一端。

換言之，巫術涉及的，不僅為鬼神。巫與鬼神相關者，不過是某些時代某些地區或某文化社群對巫術的一種解釋。如不用精靈與鬼神來解釋巫術、巫現象，也可以用交感、模擬、反抗、類同等原理來解釋，或乞靈於所謂科學，量子啦，物理啦，場啦，波啦，原子啦等等。因此不能以為巫術僅是一種原始的文化或思維，它是遍布古今的。更不能把巫和封建、鬼神信仰、不科學等同起來，它也是遍存於中外的。

那麼，巫到底是什麼？《說文》講的其實也沒錯，降神之「神」若不看死，則確實可提供我們一條思路。蓋人本來有思維、有精神，是思慮與行動之主體；但某些時候，我雖仍是我，可是卻似乎另有一精神主宰者進入我身體中。這時原有的主體退位或隱蔽了，由另一個主體來導引我行動或說話，此即一般所說的降神。神下降，進入了我。各種宗教之神聖經驗都是如此的，聖靈充滿、佛在心中、神與我同在等等，只是說詞不一樣而已，均屬於巫術之一類。

這降神之神，重點是指替代了我原有精神之另一作用者：人在被降神、附體之後，認為一切言行均不再是我做的，而是「他」，是另一起具體作用者。

這個「他」，常被解釋為精靈、鬼神，但也可被解釋為某種客觀的原理原則，例如天命、氣運、理數、五行、八字，或交感、模仿、反抗、科學等等。總之，這時之言語、行動、做了什麼事、出現了什麼效果，均非我所能知，有時我甚至被蒙在鼓裡，主體隱匿不彰。要待事後，神退了，也就是走出巫術狀態了，才豁若發蒙、恍然大悟。

所以，巫術事實上就是相信「有個自我之外，尚有能起作用者」的一種思路和行動。例如我正談著戀愛，但我相信戀愛能不能談成，關鍵不在我，而在於月老是否幫忙，或某種咒語、符籙、術法（下蠱、把鼠尾燒成灰喝、飲足底泥之酒等）是否奏效。我想要身體健康，但不是從保健、鍛煉、調節食色等方面著手，而是希望神靈或符咒能起作用……等，都是巫術、巫思維。

由倫理學上說道德的「自律」與「他律」來看，巫正是一種他律的態度。凡相信人生與世界常是不由自主的，皆屬於此。

## 八、說靈異

我之性好幽奇，可能即是因我有巫思維，所以對那些鬼神、宇宙規律、象數深感好奇。我喜歡聽各種關於它們的傳言，揣測它們存在的理由，不必證實，便已意興盎然。所以自小就花那麼多氣力去打卦占卜，去推究象數，進而長期與各種宗教、五術界的朋友廝混。友人高國藩《中華巫術通史》也是我寫的序。

這當然與一般學界中人不甚相同。他們理性太甚，看不起這些，故歷來做民間宗教研究的，在學界都受排擠或揶揄。但我不管，仍喜歡跟人聊那些扶乩、通靈、叫魂、養小鬼的事，也常去做田野調查。還與靈乩學會合作，推動講經。

靈乩是乩童中特別通靈有感應的。一九九一年我在淡江辦道教研討會，饒宗頤、柳存仁諸先生都來。會後安排全島跑了一圈，住在那些靈壇道場裡，一路聽這些巫人講說其神異，都詫為奇遇。因為老先生們雖均為道教大權威，但文獻工夫多，此等靈奇經驗、民間宗教情狀卻不常見，因此皆大呼過癮。

在此領域中，多有振奇之士、瑰異之舉，非尋常學術界所能及者。例如扶乩開沙，一般民間宗教都有，天帝教則是用一塊黃布，能從布上看出文字來，錄下即為經典帝誥。李子弋先生尊翁李玉階創天帝教，任首席使者，教中經典，便多由子弋先生幼時在布上讀出。帝教，《詩經》、《尚書》中所稱天、明明上帝、上帝臨汝者是也，非西人所謂耶和華。淵源於天德教，又與崑崙仙宗有涉。天德教蕭昌明傳「廿字真言」（忠恕廉明德、孝義信忍公、博愛仁慈覺、節儉真理和），帝教亦因之；亦仍用其靜坐法與氣功，云可空手治百病。

玉階老先生抗戰間隱居華山，來臺辦自立晚報，書生意氣，讜論震動朝野，後始專一辦道。子弋先生兄弟俱豪勁多才，弟李行且為臺灣最重要之導演。子弋先生則健敞有縱橫家氣，善於評說時勢，軍政學界倚為智庫。張建邦校長延攬為幕僚，協建國際關係與戰略研究所，並輔導學生工作。他則銳意栽培我，拉我進戰略所教課，參與蔣緯國先生之中華戰略學會，也讓我參與其宗教事務。

一九六六年十一月，林彪、陶鑄密派蕭正儀赴港聯繫。通過周遊，將呈蔣公之函交給國軍參謀本部特種軍情報室主任張式琦，由張轉國防部長蔣經國，上呈老蔣。有毛多猜疑，料難自保，若校長能予寬諒，仍願追隨等語。原函後交蕭攜回，另由周遊署名作覆。此為當時絕大關鍵，惜蕭北返後即無音耗，次年陶鑄又被打倒，局面大生變化，而以一九七一年林彪出亡告終。

張式琦後任情報局局長，轉來主持淡江戰略所，我常向他請教此類祕史，而子弋先生亦當時參與其間者。其他這類事甚多，不備敘。

唯有兩事，我覺得深關民族命脈，可略說說。一是某次帝教信徒林琦敏業商有獲，擬捐款，李先生找我商量，擺了一桌酒，讓我坐首席，出意見。我提議建一講堂，因玉階老先生在華山得道，故名華山講堂。由我主持了一陣，廣邀師友講說三教經典。王財貴兄繼任後，開始推廣兒童讀經，已而發展為全球讀經運動，在大陸尤其風動波從，影響深鉅。

另一件，是子弋先生奔走兩岸，熱心恢復交流。我一九八九年第一次領團來北京辦紀念五四七十週年研討會，即是他說動蔣緯國將軍，並由他自己提供資金支援（緯國將軍本來即與戰略所關係密切，對我也很照顧）。我們在蔣將軍家吃了飯，商量大綱。蔣將軍命我攜他著作交李慎之諸先生，子弋先生則隨團陪我到北京。

其後援此模式到陝西、雲南、海南各地，溝通政、學、軍、情各界，也去賑災。會過李鵬、江澤民、賈亦斌、賈春旺、王任重等數不清的人。後來我入陸委會主持兩岸文教交流事務，為兩岸重新確立格局，鋪墊多由李先生打下；張建邦先生當時主持「三民主義統一中國大同盟」，也貢獻極大。

這都是關係民族文化命脈的大事，沒有他們之奔走，絕不會有今天。現在談兩岸關係，宣稱自己有貢獻的人多啦，其實，哼哼！回思次次密會、場場激辯，人事遷流，而所造之業不空，真是感觸良多。今先生逝矣。緬思德徽，故略說數語，先生蓋縱橫兩岸之一大巫也。彼人傑哉，何可輕乎？憶某年赴帝教總壇鐳力阿，與李先生談玄說鬼論氣功，有詩記之曰：「銷盡塵緣宿夢空，談玄說鬼夜風中。浮生初見無生法，出世方為警世鐘。鐳力漸隨花滿寺，人心迴向海之東。一收魍魎還天乙，大雨鳴廊壽李公。」頃則李公終於歸空矣！

## 九、存儒教

其餘天德教等等，跟天帝教一樣，我亦有入乎其中的理解。這種理解，牽聯於現實與人事，又關涉歷史與文化，極為複雜，學界中人無此閱歷，自然在知識結構上時有所闕。

例如大陸朋友老在爭辯中國有沒有宗教、儒家是不是宗教、儒教是不是個錯誤的名詞。其實三一教、天德教、天帝教、一貫道等等就是儒教。明清以來，儒教多啦，以儒家倫理結合佛道耶回制度、儀式及若干觀念者，指不勝屈，遍存於社會基層。可是近代主流知識精英不熟悉他們，所以或如梁漱溟那樣，以為自己不知道的就是沒有；或如魯迅那樣，以為自己不懂的就該打倒；或以為儒教起於康有為，或說海外存在的儒教，是遠離中原正統才亂搞出來的。還有些則附和過去的批判，把儒家教團都視為反動會道門。種種高論，叫人不知從何辯起。

事實上，儒教化是明清以來社會發展的總動向，佛教道教或以三教合一、或以儒佛結合、或以儒道結合之方式儒教化。體制儀式經卷料儀雖越來越法術化、世俗化，義理內涵則越趨儒家化，以此深入民間。民間原有之神祇奉祀，同樣往儒家靠攏。民間五術亦漸漸合併歸附於易學。所以純粹的正信佛道教面貌漸晦，一般人信的都是神佛不分而以儒家義理勸善、修行、做功德。士大夫其實也一樣，只是道德倫理取向更重些，而神道設教的東西略少些而已。

現代化、五四運動以來，一般人僅知新文化一路思潮，而不知講傳統文化者在社會上仍甚風動，段正元即其一例。段，四川威遠人。年十五，從龍元祖師受所謂先天大學，謂即儒家窮理盡性至命之學。民國元年，在成都辦人倫道德研究會，宣講四書。聲名鵲起後，轉赴北京。五年，成立北京道德社，上海、杭州、武漢、徐州、保定、太原、張家口、天津、奉天等地俱有分社。弟子何鍵、何應欽等，景從者無數，大勝近年之南懷瑾。遺著《師道全書》凡六十冊。

所講，合三教、合先後天，而趨大同，略似康有為，但不由《春秋》或公羊學來。欲廢國界、統一貨幣、調劑勞資，謀求世界和平。

推重大學，謂非曾子作，亦非孔子作，乃古聖傳心之學，由老聃授予孔子。大學之道開首三句，為先天成身之道，為性功；次說止、定、靜、安、慮、得六字法門，如一卦六爻，是後天了身之法，為命功。

論《論語》，則曰孔子教人要學，究竟學何？蓋即叫人「學而」也。《說文》云：而，須也。須與需通，《易》有水天需一卦，所以學而者，下學上達、直入性天也。依此，有朋自遠方來，即還我本來之謂，於是可得一性周流、圓通無礙、常樂我淨。

入門者，先學知止之法，使能定靜。自稱：「起初知止，乃教人拴住心猿意馬之下手法門。其止，定、靜、安，慮、得六字，內有百零八道口訣、三百六十陰陽。須依次第，就其實在景象，口傳心授」（見一九三六年《特別講演》）。

另以講學著稱者，還有山東歷城江希張。希張以神童名，民國四年作《四書白話解說》《大千圖說》時，不過八九歲。民國七年，更籌創萬國道德會。設總會於上海，分會遍及各省，且延伸於海外，迄今猶有活動。以勸善教化為事，欲挽天心、救沉屙、起世界大同。

其論四書，以孟子為始機、論語為中樞、學庸為究竟。而說解輒會通於佛老。如云喜怒哀樂之未發，猶如佛說如來藏含納一切。又須讀《金剛經》，始知孔子所言之性，通天地萬物而有，猶佛言一切眾生皆令入無餘涅槃而滅度之，同是性量廣大。孔子「十有五而志於學」一段，云與佛教重發心同。不惑，是斷微細惑滅除無明；知天命，是知法界一切事；耳順，則同乎觀音菩薩。

此外則以孔學為宗教，奉上帝，凡《詩》《書》之上帝均坐實言之。江家本奉正一道、尊天師，故其說如此。

看了段、江這樣的例子，自然也就明白四川劉門和袁煥仙、南懷瑾等民間講學者的路數了。都是混合佛道的倫理修證取向，都是儒教形態。

民間祀神方面，可以關公為例。

談關公，是因臺北市內便有一處「行天宮」，奉祀關帝，並設有基金會、圖書館等。但它稱為恩主公。大年初一，市民往祭，真是人山人海。我在北京的天泰書院卻不同，內中也有一座關帝廟，稱為「三界伏魔大帝廟」。

三界伏魔大帝，是明代敕封的。南宋只封關公為義勇武安王，從祀武成王。武成王姜子牙，是唐宋以前我國最重要的戰神及武聖人。關公只是他的陪祀，一度還被移出，不准陪祀。明代才加關公以帝號，萬曆四十二年封為「三界伏魔大帝神威遠震天尊關聖帝君」。清順治以後，改封為「忠義神武關聖大帝」。

考證關公封號的文章，講到這裡也就結束了。但我還想帶著大家繼續追問：為何關公的神格到了明代忽爾提升至此？

原因是關公信仰在社會上已然升溫了，所以影響朝廷、提高封贈。

民間把關公稱為三界伏魔關聖帝君，早見於《三界伏魔關聖帝君忠孝忠義真經》。此經又稱《護國翊運真經》，序文說是北宋學士孫奭編述，南宋中丞張守訂梓。孫奭是注過《孝經》的人，學界一般不相信他真編過這部經。但無妨，此經收入康熙五十二年盧湛所編之《關聖帝君聖跡圖誌全集》，可知至遲亦為明末之物。當時此類書尚有《關聖帝君應驗桃園明聖經》等等，可知此種信仰早已在民間流行了。

正是在這類民間宗教經典中，關公的神格有了奇妙的變化：由武將而武聖，而轉向文教。

《忠孝忠義真經》中就提到：關聖之權責不止降妖伏魔，還要「協運黃圖」，協助玉皇大帝管理整個宇宙。故其職務相當於宰相，僅次於玉皇大帝，故又稱為通明首相、南天文衡聖帝、協天護國忠義大帝，職責是：「紫微宮裡朱衣神，協管文昌武曲星」。可見關帝信仰在明末即已不只展現忠義精神，更能掌天地人之權、執教化之柄，開天普度，濟世救人。臺灣現在就還有許多這種文衡帝君的關廟。

那麼，為什麼關帝之神性又會如此轉化呢？

因為這時宣揚關帝信仰的，乃是一批儒教團體。這種儒教，都是明代「三一教」之類的形態，用佛道術語、儀式、教團、宣教方法來弘揚儒家倫理。所以《忠孝忠義真經》說關公「掌仙釋道教之權，管天地人才之柄」「文衡武備，監察分明，統成三教，克盡五常」；《明聖經》說：「心者萬事之根本，儒家五常、道釋三寶，皆從心上生來。仁莫大於忠孝，義莫大於廉節，二者五常之首，聖人參贊化育者此而已，仙佛超神入化者此而已」。

講忠孝、教人立身修德、慎獨、敦敘五倫，都是儒家之義理，但用傳教的方式來推廣。這類教派教團，自明入清，越來越多。到現在，有些更把關帝的神格又提到玉皇大帝之上了，說老玉皇已經退位，目前最高主宰已由關公接替了。前文述及的恩主公信仰即屬於這一類，認為是老玉皇辭職後，經五教聖人共同推舉而來。一副儒家禪讓政治的模樣。故《玄靈玉皇真經》《玉皇普度聖經》《玄靈玉皇懺》等經書所講的玉皇，指的其實都是關聖。支持這一派說法的，主要是鸞堂系統。

扶乩扶鸞以與鬼神溝通，是長久以來的道教法術，亦廣為民間宗教所採用。上述關帝經典，多由鸞堂以扶乩扶鸞的方式扶出。此類鸞堂，明清常見，近世活動力最旺盛且以關帝信仰為其核心者，則為「儒宗神教」。

在儒宗神教中，關帝已替代了孔子，成為宣教的主角。教人要順人心、存天理、敬天地、祀祖先、孝雙親、和宗族、敬老人、宗法紀、存良心。具體講說這些倫理要求時，可能混雜因果報應、輪迴、劫數……等佛道說詞，但它不求長生久視，也不求解脫無生，其為儒家宗旨，至為明顯。

臺灣的鸞書，係光緒十七年由澎湖一新樂善堂始造，風氣承自大陸，至今二百餘年了，通行鸞書在千種以上。而刊印鸞書，須奉玉帝旨令，所以鸞書前面必有一篇玉詔。這個玉帝，不能明確判斷是不是關聖，不過有些鸞書如《天福史記》就會在玉詔前加上關帝諭文。民國二十五年《儒門科範》且明確說道：「南天文衡聖帝關跋：吾與呂、張、王、岳諸同僚，共擬儒宗神教，道統介紹其傳法門」。五恩主信仰之儒教體系，十分明確。關聖武廟，實質上早已轉型為文廟矣（因此也與孔廟一樣用佾舞）！

關帝信仰之儒教化，只是宋元以來各種儒教發展之一端。我的宗教研究之一重點，就在闡明傳統社會的這種儒教化狀況，並說明它迄今仍對社會有什麼影響。

## 十、究俗信

熟知巫事，也有助於我的文化人類學研究。例如在特克斯，由找到一本蒙古文《易經》，打開了突破口，循線找到《取吉便覽》、《寶鏡圖》、《改良入地眼》、《先天五雷治病大法》、《五雷大法鎮書》等，一路追索，遂將流布於新疆的易卦、符籙、星占、廿八宿、北斗信仰、五行八字與曆法、醫方等各方面之漢文化淵源摸清楚了，得出了完全不同於俗見之看法。

一般總認為新疆久屬西域，文化迥異中原；西方文化又由此傳入中土，如佛教、摩尼教、伊斯蘭教及歌舞幻術等，皆由此流播入內，影響甚大。

可是經我研究，漢文化可能才是此地之強勢文化及文化主要動向，乃是由東向西的。易經、雷法、擇日、堪輿、符籙、干支、五行、八字、曆法、醫方各方面咸可證明。流傳回鶻文獻、大藏經等，甚至有許多是由漢文典籍譯出的。

故俗見以為佛書自西而東，實則此地文化偏多自東而西者。蓋漢文化猶如現今的美國文化般，今日青年，誰不學洋文、熟知西洋星座學？當年西域風氣，亦以漢唐為時尚強勢文明，而大效唐風也。且佛教摩尼教入華後亦皆漢化，密教後來傳入西藏也有極多漢文化的因素，頗用道教法術、符籙、六十甲子、修鍊法。這些都是弄清楚宗教事務及文化交通史的關鍵。過去就是因為脈絡沒有理順，所以葛藤滋多，治絲益棼。

但這些問題此處不能細談。我講這些，只是在說明我因為對巫事有興趣，亦能感受到宗教體驗的興味，故與一切宗教乃至民間信仰多有往來，而此類往來之經驗亦深刻影響到我的學術工作而已。

## 十一、通天人

可是巫事務、巫思維之核心，是相信有超越主體之外的另一種力量在支配著我們，如天命、天才、理數、規律、鬼神、上帝等。這，又是真能相信的嗎？

近代講人類文明史與中國文化史，都有個基本框架，謂人類由蒙翳至文明，經歷了巫術時代、神權宗教時代，最後才到達理性伸張的人文世界。例如西方古代講神話，中古講基督宗教，啟蒙運動後才告別上帝，脫離神權。中國也是，夏人尚鬼，殷商凡事都要占卜，君王即是大巫。周初才開始朝人文精神轉向，徐復觀先生稱為「人文精神之躍動」。到孔子更是全面人文化，祭神如神在、未知生焉知死、未能事人焉能事鬼。其後雖仍有墨家講天志明鬼，擬恢復夏道，可是基本上已脫離神與巫的時代了。遺風舊俗，僅存於氓庶。無知小民仍不免祈禳佑禱、奉事鬼神，或講風水命數，而主流社會確已人文化，並以此轉過來教化群氓，改移風俗。

這個歷史進化大框架，邇來愈趨深化。除了舊時郭沫若、徐復觀諸公所論之外，余英時先生結合雅斯培（Karl Jaspers，一八八三—一九六九）「軸心時代」之說最引人注目。其說大抵謂世界文明在幾乎同一時期都經歷了一場哲學的突破，由原始跨入新境。如希臘蘇格拉底、柏拉圖、亞里斯多德的那個時代，差不多也是佛陀、中國孔孟先秦諸子蠭起的時代，這即是軸心時代。凡未經這一次哲學之突破飛躍者，如大洋洲、亞、非、澳、拉丁美洲諸土著，就一直仍停留在原始的生活方式與巫術傳統中，未能參與或創造文明。

此一突破之主要突破點在哪兒？主要就在天人關係上。在此之前，希臘乃神話社會，此後才是哲學的理性的；印度早期也信仰梵天，中國同樣講鬼神上帝，要卜要祝，進而漸漸不講天不講鬼神，而講人心之仁、社會之禮、國家之法。故其共同點都是由天而人，展開了人文理性的文明。因此余先生由「天人之際」切入去談此問題。

先生《論天人之際：中國古代思想起源試探》一書由《國語・楚語下》和《尚書・呂刑》中「絕地天通」一詞的意義挖掘開始。先描述商周時期祭天與巫文化的概況，並說明君王與覡巫的關係。然後討論春秋儒墨道各家興起後，對「天」意義的重新詮釋，以致「天人合一」的解讀從此進入「心學」時代；忽視天的監臨，注重人的修為。

因此，軸心突破之後，中國的傳統文化走向了「內向超越」。余先生主張「內向超越」非起源於孟子，而是孔子。孔子創建的仁禮一體新說，徹底打破了他之前的古人思想。

當然諸子也都有功勞，因為自春秋起，「修德」的內在動向成了他們的生命追求。古代巫主以「天」降服黎民，諸子則以自己的德服人，撇開了君巫，自己通天。……

他們都說得很動聽，可是我總不免疑心這只是由人文精神或人文主義之角度去討論歷史。故認為周朝的「郁郁乎文哉」，即具體體現為這種人文精神，與夏之尚鬼、殷之事巫判然。

歷史上是否真的這麼判然呢？

大多數人認為是的，因為中國後來與西方相比，就明顯缺乏那種宗教性；宗教在政治社會中未居主導作用，如歐西中古時期那樣。即使歐西在經歷過啟蒙運動、工業革命之後，宗教在其社會及世俗生活中之影響力也遠甚於中國。因此梁漱溟之類學者才會以有無宗教來分判中西文明。認為孔子以後的中國，儒家居主導地位；且所謂儒道佛三教，教指教化，並非西方意義的宗教。

這是主流的觀點，也是許多人至今仍不願承認儒教（宗教性之儒家）的緣故。由上述天人已分的文明發展史來看，儒家之性格及貢獻恰好就在它的人文創建上，由仰望天、帝、神、鬼並祈祝之敬事之，轉而踏踏實實在人間行教施化。

可是，即使是這些人也不能否認歷史上儒家也有不少是具宗教性的，像漢儒就是。漢儒講陰陽、五行、災異、象數、封禪、禎祥、天人感應，皇帝與天命天志關連得非常緊密，儒家與宗教性語言、儀式、精神的結合度也非常高，分明不符合上述人文精神轉向的解讀。

對此，胡適、顧頡剛、徐復觀、牟宗三、勞思光等人是以「扭曲」來解釋的。謂漢儒是先秦儒家的歪曲、歧出、墮落或倒退，由心性論倒退回了宇宙論、由人文倒退回了宗教，是沾染了方士之說，以致形成為一種方士型儒生。

宋元以降，儒家之講《太上感應篇》《陰騭文》《玉曆寶鈔》、倡三教合一，或出現上文所說的各式儒宗神教，同樣也可援此模式批判一番，說那是儒家的墮落，變成了佛道型儒家。

可是，我覺得：無論是不是扭曲，儒家有一部分具宗教性或是宗教，是無疑的。至於這一部分有多少，恐怕也非諸位先生說了算。因為這或許才是主流亦未可知。正如知識人講佛教史，都以天台、華嚴和禪宗代表漢傳成就，自修自證、明心見性。可實際上百分之九十九點九，卻是他力救濟之淨土信仰，相信阿彌陀佛會接引他去西方極樂世界，觀音菩薩也會大慈大悲、循聲救苦。

其次，說儒家反對鬼神上帝實有。古代儒者就明顯反對你。例如黃宗羲晚年作《破邪論》，其中一條就批駁以上帝為虛理之說，認為是邪論；曰：「今夫儒者之言天，以為理而已矣。易言天生萬物，詩言天降喪亂，蓋冥冥之中實有以主之者。不然四時將顛倒錯亂，人民禽獸草木亦渾淆而不可分擘矣。古者設為郊祀之禮，豈真徒為故事而來格來享，聽其不可知乎？是必有真實不虛者存乎其間，惡得以理之一虛言之耶？」黃氏反對佛家「以天實有神，是囿於氣之物。」但他不認為儒家古來所說上帝即只是一虛理。其辯辭，很值得今人大談儒家之人文化者參考。

大家若深入一點看，也會發現中國的天人之分，與西方的天人之分仍有區別。西方的神人關係，原本就比中國嚴格，人和神有界限，不可踰越。因此西方在神權時代，天人也是分的，人絕不可成神、是神。中國則在所謂巫文化時代，人即與神不那麼懸絕，祖先通常可以配帝，人也常可感格上帝。反之，在所謂人天已分之時代，西方是上帝歸上帝，撒旦歸撒旦，人類宣稱上帝已死，解除了上帝的魔咒，理性精神獨占勝場；中國卻仍然窮理盡性以知天，天人合一，天與人並不懸隔。因此西方可能一直是一種天人分的格局，中國則不論巫時代還是所謂人文時代，一直是天人合的格局。

張光直由考古學上講天人關係的連續與不連續，我覺得即可與這點關連起來看。

張先生援引佛爾斯脫（Peter T. Furst）亞美式薩滿教的意識形態內容說，謂：一，薩滿式的宇宙乃是巫術性的。其中自然和超自然狀況都是巫術式變形的結果，而不是基督教傳統中的自虛無而生的創造。二，宇宙一般有好多層，中間是人。下層與上層世界又分成若干層，每層皆有個別的神靈式統治者和其人民，有時還有四方神或四土神，另有分別統治天界與地界的最高神。這些神固然控制人和各生物之命運，但也可以為人所操縱，例如通過供奉犧牲。宇宙各層之間有中央柱穿通，為上界與下界升降的通道。還有樹，上常有鳥（在天界飛翔與超越各界的象徵物）。三，薩滿認為人和動物在品質上是相等的。而且，用斯賓登（Herbert Spinden）的話說，人絕不是造世的主人，而是靠天吃飯的。四，與此觀念密切相關的另一觀念，是人與動物之間互相轉形。在薩滿領導的祭儀上，參與者會戴上這些動物的皮、面具和其他特徵，來象徵向動物轉形。五，自然環境中的所有現象都被一種生命力或靈魄賦以生命，因此沒有所謂「無生物」這回事。

張先生把此說與我國一些現象結合起來，例如西元前三千到前兩千年前東海岸史前文化中帶獸面紋和鳥紋的玉琮和玉圭；殷商甲骨文中所見對自然神的供奉，四土、四方的精靈；商周祭器上的動物形象；古人對「在存在的所有形式之中『氣』的連續存在」的信仰；《楚辭》對巫和他們升降的描述等等，都可顯示佛爾斯脫所復原的亞美薩滿意識和古代中國宇宙觀的大體類型十分相似，都是連續性的宇宙觀。

相對來說，猶太與歐洲基督宗教顯示的乃是一種破裂性（即與宇宙形成的整體性破裂、與人類和自然之間分割）的宇宙觀，或稱為不連續的。

不連續的其實是特例，世上大部分文明均是連續的。因此我們若繼續沿用天人裂解的方式來研究歷史，恐怕不甚恰當。

而且只有明白歐西一神教之特異，才能解釋為何它才有其他文明中沒有的大規模燒殺女巫、設異端裁判所等運動。神「魔」是對抗的，對巫絕不寬容。在其他文明中，巫卻一直存在，即或人文發展了，巫也不會被視為魔，必燒之滅之而後快。像西方稱為魔法魔術者，在中國就僅稱為「幻術」。幻人不過是術士而已，恰好與道法巫祝各類術士同稱。

儒家在古代也被稱為術士，謂其以道得民，而其道，有時便也神道設教，謂至誠感格，質諸鬼神而不謬，此人文乎、巫術乎？其實交雜兼用，介乎其間；不天不人，又天又人。我覺得這才是中國文化的真際，天人不隔而隔，隔而不隔，可合可通。天人之際，不是天人之分，故須不落兩端，允執厥中，在天人之際的「際」上，遂有一切工夫論、境界論之施展餘地。

在這種格局下，自律道德或他律道德之說都不完全，兩者俱是也俱不是。因為人要盡其在我，也要知命知天，僅有一端是不行的。天道與人事一直有相關連之連續性，人之才、性、心、知，皆因天而得到保證，天是它的來源，也是性之所以是善、知之所以是良、心之所以是本、才之所以是天的原因。可是人亦並不因此就失了主宰，本心良知善性天才仍是他自己的。

思想史上，鬼神遂從未退席，屬於巫文化之感應感通原理也一直被普遍運用著。《易．繫辭下》說：「易無思也，無為也，寂然不動，感而遂通天下之故」，《世說新語．文學》又曰：「易以何為體？答曰：以感為體。」易無思、無為，是因它本無體，因此不適用西方本體論去解釋，而亦不是空無本體，如佛教所說。其體正在感中。兩物相感相應，乃生變化；孤立一物，就只能寂然不動，不能感而遂通。

## 十二、敬鬼神

於此，便要先說鬼神，再解釋「體」的問題。

先說鬼神，是因鬼神較容易解釋。為什麼？鬼神不是很難了解嗎？不，《易・繫辭上》已云：「精氣為物，遊魂為變，是故知鬼神之情狀。」鬼神之情狀，即此是矣！以為難知者，人們自生葛藤而已。

例如近世大陸有一陣子大肆宣傳「無神論」，編了許多資料集，出了許多中國無神論史，硬說中國有無神論，這不就見鬼了嗎？中國只有無鬼論，哪來無神論？無神論是西方一神教的主張，凡不承認一神的，都諡為無神論。而中國既沒有一神論，怎有無神論？其言無鬼論者，謂人死神滅，故形盡便亡，不再存在著神識。要破的，不是有鬼論，而是佛教因果報應說。故范縝《神滅論》明明說有鬼，只是人不能知：「有禽焉、有獸焉，飛走之別也。有人焉、有鬼焉，幽明之別也。」其他儒家說鬼者，則曰人亡歸土，以其歸也，名之為鬼，《禮記・祭義》：「眾生必死，死必歸土，此之謂鬼。」因此除非主張人不會死，誰能為無鬼論哉？在中國，講無鬼論都不徹底，就因這緣故。

也有許多人宣傳說王充主張無鬼，其實王充說：「鬼神，陰陽之名也。陰氣逆物而歸，故謂之鬼；陽氣導物而生，故謂之神」（論衡・論死），何嘗敢說無鬼？而其以鬼神為氣，不就是《易》的論調嗎？

《北溪字義》中有一段專說鬼神，則代表了宋明理學家的見解：「程子曰：鬼神者，造化之跡也。張子曰：鬼神者，二氣之良能也。說得皆精切。造化之跡，以陰陽流行著見於天地間者言之。良能，言二氣之往來，是自然能如此。大抵鬼神只是陰陽二氣之屈伸往來。自二氣言之，神是陽之靈、鬼是陰之靈。……天地間無物不是陰陽，陰陽無所不在，則鬼神亦無所不有。」其說甚詳，不具錄，也不做詳細的討論，此處畢竟不是在寫論文，諸君明白我大致意思即可。

這意思就是說中國歷來都是承認有鬼神的。墨家固然以明鬼著稱，儒家也講鬼神實有，即使王充或宋明儒以陰陽解釋鬼神，也非無鬼，仍是「精氣為物，遊魂為變」云云。

但歷史上確實也有主張無鬼者。正面文獻雖不多，小說裡倒是常拿他們來開涮，說某人暢言無鬼，結果鬼魅現形把他嚇得個半死。這類笑話，只是用他們作陪襯，來說鬼神實有。

明確提到過無鬼論者理據的，可能只有《墨子．明鬼》。其理據與今人大抵相同，一是說鬼神不可見，二是說道德禍福等問題不能靠鬼神來主宰，沒有鬼神禍佑等事，一切都是人自己造成的。前者是實證主義的，後者是人文主義的。

但實證主義攻不倒鬼神說，孔子老早講過：「鬼神之為德，其盛矣乎！視之而弗見，聽之而弗聞，體物而不可遺。使天下之人齋明盛服以承祭祀，洋洋乎如在其上、如在其左右。詩曰：神之格思，不可度思，矧可射思。夫微之顯，誠之不可掩，如此夫」（中庸）！鬼神之盛德，正在於它不可見不可聞而又實際存在。洋洋乎如在其上、如在其左右，也即是「祭神如神在」的正詁。許多人把「祭神如神在」理解為人文主義式的不信真有鬼神，只是假裝，好像神真來享用了祭祀般，其實是沒讀過《中庸》。

鬼神本就不可見，但不等於沒有，原因之一，就在於它本是氣。唯物論者本來可抓住這一點來論證畢竟還是唯物論高明，但他們又不肯主張鬼神實有，這就難了。至於人文主義，反對鬼神致禍佑福，認為禍福自召，本極可敬。但天道無親，常與善人；多行不義必自斃，亦必為鬼物所憑，用氣類感應之理一樣可以講得通。天祐、鬼神祐，與自祐並不衝突，且可以說得更圓滿。

因為禍福雖主要是由人自召，也不能說沒有環境等客觀條件，古人以氣運、命數或鬼神來解釋，即是為了照顧到這個層面。完全以為沒有，反而顯得蠻橫不近情理了。

另外，還有個存心的問題。人之選擇某種理論，其實均有個心理因素或立場。強調一切都由人自己負責，是硬口或硬心腸的；認為還是有神鬼可以依憑的，則是軟心腸或暖心腸的。有些人不那麼堅強，若覺得鬼神存在並會輔導他的行止與吉凶，他會感覺有依靠有保障，令他有力量，同時也令他產生敬畏心。謂鬼神非實，則雖自立自強，焉知不同時也會產生我執我慢而無所敬畏？李商隱詩曰：「莫憑無鬼論，終負託孤心」，所指即此。古人多願持有鬼論者，便還涉及了這個理論效能的問題，不可忽視。

我氣性頑梗，不易感格鬼神，因此從未如古代書生那般夜讀見鬼。但我知之已久。知其精氣為物、遊魂為變，故常樂於參與祭祀，也樂於談玄說鬼。

你說這都是空言幻構，那又不然。例如我在都江堰辦孔廟，好幾年都是祭典前大雨滂沱或霪雨兼旬，山上的土石都泥流了。彩排時大家淋得渾身溼漉，氣餒不已。可是懷著忐忑又虔敬之心開始祭了，便開始放晴；望燎既畢，輒有驕陽豔照，雲開萬里。幾乎每次都如此。也有儀式做完，收拾停當後，忽又大雨傾盆的例子。參加的人，無不稱奇。我辦西王母祭典等也這樣。當年佛光大學在宜蘭林美山舉行建校典禮時，現場搭的觀音像前柏油地面，甚至還裂開湧出泉水來呢！這些雖不好說是什麼吉兆，但至少一時氣類感應之效還是很可觀的。鬼神若有，吾意存誠，便有傳奇可說，豈不懿哉！

我涉世稍深，此類傳奇經歷很不少。女兒元之常勸我仿《閱微草堂筆記》《子不語》之類，也寫一本。她認為我的書都不好看，筆性與經歷最適合的，恐怕還是寫這種東西。我也確曾對此有過研究，寫過《乾嘉時期的鬼狐怪談》等文，主張乾嘉文人經師有很不同於現今經學史書上所記的面目。我的文筆雖不及紀袁諸公，此等筆記卻不妨寫寫，聊存見聞。

所記已輯為《逍遙遊錄》。前文錄了兩則，某年在杭州辦書法展時也抄了一則講娘娘信仰的去展覽，云：

北京夙有碧霞元君信仰。士俗暱稱泰山老奶奶，又名泰山娘娘。除妙峰山為祀奉聖地，號稱金頂外，環北京尚有東西南北中五頂。北頂在今鳥巢運動館與水立方遊泳館之間，已殘破，僅存山門及前殿，故修建奥運場館時亟予拆除。二〇〇三年八月廿七日，甫拆廟門，而颮風遽起，飛沙走石，工寮及辦公樓皆夷為平地，一片狼藉，死二人、傷四十四人。而風暴中心之娘娘廟則毫無損傷。北京向無颶風，如此狂飆，遂令當局大懼。方狐疑間，次日工地又現一巨竇，群蛇盤之。益懼，乃停工。夜，又停電，不知何故，工人均逃出。然遙望北頂娘娘廟則一片燈火通明景象，而該地實無電燈也。至此，乃不得不以保護文物之名，重新撥款修復娘娘廟，並將水立方北移一百米。

北頂如此，西頂亦漸獲修復。交季連緣經管主持。修復過程，余亦略參末議。

嘗遊甘肅慶陽環縣。城中有宋塔，塔畔立廟，供九天聖母、城隍、泰山府君等。皆陰神也。父老云諸廟古來即有，文革欲毀之，九天玄女廟忽現巨蛇一窩，土人懼，乃止。改革開放後即於原址葺建而成今貌。斯則與北京北頂娘娘廟見蛇同例。

## 十三、體有無

志怪說鬼雖然好玩，卻不能蔓衍下去，現在要接著談「體」的問題了。

《易．繫辭》說：「範圍天地之化而不為過、曲成萬物而不遺、通乎晝夜之道而知，故神無方而易無體」，韓康伯注：「方、體者，皆繫於形器也。」不繫於形器的東西，易經稱為形而上。萬物皆有形，但另有形而上者，討論形而上問題的，就叫形上學。現在我們也用這個詞來指稱西方討論本體實相的學問。

本體，謂宇宙萬物背後或其上有一個不變的東西，這才是真的，宇宙萬物反而均是紛紜變幻的假性存在。對於這個本體（是），只能由思維向超驗之域探尋，而不能由感覺從經驗之中獲取絕對的普遍性和本原性。

討論此一問題，又稱為存有論。存有一詞，是「Being」之翻譯，若直譯，當為或近於「是」。可是叫作「是學」不像漢語，所以一般仍稱為形上學或存有論。也有人認為這些譯名都不恰當，不如仿外國人譯我們太極、易、道、功夫那樣，逕直譯音；把Being譯為「畢因」，猶如皈依譯為南無、死亡稱為涅槃那樣。

此類是非姑且不論，且說那本體論既是談本體的，《易經》為何竟說「神無方而易無體」？這裡涉及兩個論斷，一是牟宗三先生的。近代中國形上學的建構，馮友蘭曾在《新理學》中以理、氣、道體等概念做了一次，金岳霖也以邏輯方法講道、式、能。熊十力與他們不同，另由生命實踐的角度，歸宗大易，言體用不二、翕辟成變。牟宗三順著這一思路，發展出相對於康德「道德底形上學」之「道德的形上學」，以講儒家、講大易。另外，又由老子莊子，而說道家有一種境界形態的形上學，格局最為閎闊，意蘊也遠勝於馮金諸氏。

先生「宋明理學、魏晉風度」，與荊公囚首垢面而談詩書不同。著大袍，銜紙菸，言笑滔滔。菸灰常不及彈斷，掉下來便把袍子燒出個洞來。他不知，聽者也不覺，為其思路所牽引故也。

依牟先生說，形上學有兩類：境界型態的形上學，是依觀看或知見之路講形上學；而實有型態的形上學，則是依實有之路講形上學。老子是境界型態，儒家則是實有型態。

只不過儒家不同於西方那種觀解的實有型態。因為在觀解的實有型態中，只存有而不活動，不具創造性，是認識主體思索的對象，而不是存有與主體結合的。儒家則必須經由人之實踐來說，而人心又須以天道來規定，成為實踐的實有型態，心體與天地之體合一。

境界形態，則是說道家之道，不是一實物，而是一種玄德、一種虛無明通的妙用，不是生化萬物的邏輯上的第一因。不生化萬物，而是萬物自生自化自治自成本身就顯示為道。例如《莊子．知北遊》云：「東郭子問於莊子曰：『所謂道，惡乎在？』莊子曰：『無所不在』。東郭子曰：『期而後可。』莊子曰：『在螻蟻。』曰：『何其下邪？』曰：『在稊稗。』曰：『何其愈下邪？』曰：『在瓦甓。』曰：『何其愈甚邪？』曰：『在屎溺。』」

這是牟先生的論斷，另吳汝鈞兄有一論斷。他由對熊先生的反省開始。認為熊先生建立的是一種實體主義的哲學，此亦為當代新儒學之基本路數。當代新儒家皆持實體主義，認為形而上的實體具有常自不變的善的內涵（Inhalt），但具有動感（Dynamik），能創生宇宙萬事萬物。而且超越的實體創生事物，自身的內涵亦貫注於事物中，而成就後者的本性。

但本體又有運轉、變化之功能，因此才能翕闢成變、化生萬物。熊說：「宇宙開闢，必由於實體內部隱含矛盾，即有兩相反的性質，蘊伏動機，遂成變化」，即指此言。

然而，本體如能還原出較它更為基要的因素，本體便失卻終極性（ultimac）了。其次，本體是終極原理，是理、是超越性格。陰陽卻是氣，是經驗性格。以佛教的詞彙來說，本體是無為法，不生不滅。陰陽則不論是陰氣也好，陽氣也好，都是有為法，有生有滅。熊十力把陰陽二氣放在本體觀念中來說，視之為構成本體的複雜成分，是不能成立的。再者，實體或本體，作為具有實質內涵的絕對存有，必有它的一貫的、不變的質料，謂質體性（entitativeness）、質實性（rigidity）。這性格有使絕對集中起來、凝聚起來的傾向或作用，而產生所謂凝滯性、固結性，最後滅殺絕對有的動感。動感不足，便難起創生的大用，或只能作有限的創生，不能作無限的創生。

因此，吳汝鈞覺得熊先生或整個新儒家之論體恐怕都成問題。可是，吳汝鈞也不贊成佛教的非實體主義。因為無體如何起用？面對此等困難，佛教提出佛性、如來藏自性清淨心等觀念，也不能解決這個難題。這些觀念只能說功德，但它們還是以空為性，本性還是空的。不是實體，因而亦不能真正發用。

中國佛教也不成，天台宗說性具，說中道佛性；華嚴宗說性起；禪宗說自性，都不能脫離空的本性，都不能是實體。

柏格森在《道德與宗教的兩個根源》中把宗教分成靜態的宗教（static religion）與動進的宗教（dynamic religion）。認為真正的宗教應該是動進的，應該具有濃烈的動感（dynamism），才能具有足夠的力量以教化、轉化眾生，改造社會。他視基督教為動進的宗教的典型，認為佛教缺乏動進性或動感。吳先生也認為佛教雖在精神層面影響世人甚大，但在經濟、科學、政治，以至具體民生方面，貢獻卻極微。其原因顯然由於它的動感不足，不能發出具體的、立體的、有效的力量以推動政治、社會、科技的巨輪向前邁進。而動感不足，是由於它不能在哲學上確立精神實體，不能由精神實體生出強有力的精神作用以改造社會所致。

吳汝鈞在一九九九年發現得了癌症，手術與電療後，在家養病，一日散步中忽悟要解決佛教體用問題的困難，必須在實體主義和非實體主義，或絕對有與絕對無之外，建立一終極原理，這原理必須是一種活動，而且是純粹活動，無任何經驗內容。這種純粹活動，是絕對有與絕對無這兩終極原理之外的第三終極原理，它能同時綜合絕對有與絕對無的殊勝之點，如絕對有的精神動感、絕對無的自由無礙。又能同時超越或克服絕對有與絕對無所可能發展出來的流弊，如絕對有可能發展出實在論傾向的自性見或常住論，以為一切都是常住不變的；和絕對無可能演化成完全消極的虛無主義，以為宇宙一切都是空無，一無所有。且這純粹活動既是一種活動，則它本身便是力，便是用，憑其本身便具有足夠的力用去積極地教化、轉化世間，不必在此活動之外求一精神實體。因此，在純粹活動中，用便是體，體便是用。體、用都是同一東西，都是這活動。他把這種活動，稱為純粹力動（reine Vitalitat）。

此說主要是形上學式的處理體用問題，但其說本來就是在病中所創；對佛教的批判，基本上也是針對佛教在經世致用、開物成務上的不足，而籌思在體用關係上予以改造。而其改造之所以未回到熊先生那種實體主義，則又與他的苦痛現象學（Phanomenologie des Leidens）有關。苦痛和一般的事物或法一樣，都是緣起的性格，因而是生滅法。它既是緣起，或依一組條件掇合而成，就不可能具有常住不變的自性。具有自性的東西是不可改變的。沒有自性的東西，才有可能轉化或消解，例如疾病若有自性，病就永遠存在。故緣起說，吳先生認為絕不能取消。在緣起性空的觀點下，中觀派認為要滅除業煩惱或苦痛，才能得解脫。《維摩經》與天台佛學則持另一說法，認為不必一定要消滅苦痛。因為苦痛亦如其他事物一樣，是緣起的，空無實體。因此它是可被轉化的，可由負面價值轉化成正面價值。

換言之，真正解決死亡的辦法，是要從生存與死亡的二元格局中超越上來，在精神上達到無生無死的境界。生與死是相對的、有限的；無生無死則是絕對的、無限的。只有超越生死的相對關係，從這關係中翻騰上來，才能免除對死亡的恐懼，徹底解決生死的問題。

吳先生這樣處理生死問題，我認為是新儒家在面對傅偉勳和我開創「生死學」之後的呼應與發展。生病與死亡，都是人生活上會碰上的大問題，新儒家回到這種具體經驗上來展開其關連於生病與死亡的倫理學形上學思考，實比過去只就道德主體、知體明覺、寂感真幾、大德流行等處說生命要切實得多。由生死學、生命學發展出來一些關於殯葬、臨終關懷、悲傷處理、民俗治療等等的討論，更都是過去新儒家所未觸及的領域。

而吳氏的純粹活動的形上學，在批評佛教與新儒家部分雖有見地，我卻也不以為全是新的，或者大勝於舊。因為說「易無體而以感為體」完全可以達到他想要的結果。無體，故無機體主義的毛病；以感為體，寂然不動，感而遂通，則是動之不已，化感無窮。本體既是寂又是感。

如此說，王船山講「乾坤並建」其實就近於此。船山以「相互推移以摩蕩之」為易，謂「純坤純乾未有易，兩者相峙以並立，則易之道在」，一切宇宙間之象、數、時、位，都是陰陽兩氣摩蕩變化之顯現。他說的相摩相蕩，就是我說的感應。

說感應，而不說相摩相蕩，是因相摩相蕩牽連於氣說，容易讓人想到那是氣的作用。本來陰陽二氣，在傳統語彙中指的是兩種性質或狀態，並不就是物質性的水呀氣呀的，可是確實會令人產生如吳汝鈞那樣的批評。何況現今說氣還會被誤解為是一種物質，故會被扯入唯物論陣營，因此我不愛說氣。何況，感比氣容易理解，也更有解釋力，銅山西崩，洛鐘東應；他人有疾，感同身受；先人遺澤，後世感惠，都不必用氣來解釋。不說氣，則乾坤並建就不會被理解為實有形態，乃是在交易交感交通中生成萬物。

乾坤並建，如此也才能說是太極，太極本涵陰陽也。此所謂「易有太極」。但這個太極，並不是實有形態的。太極不是一物，所以周濂溪朱熹等人均用無極來形容它。太極是本體，然此體又是無體，故云無極而太極。太極本是無極，不是指太極之上另有一個無極生出了太極，無中生了有，而是太極本身就以陰陽交感生化萬物。用船山的話來說，它們的關係是固有、同生：「易有太極，固有之也、同有之也。太極生兩儀，兩儀生四象，四象生八卦，固有之則生、同有之則俱生矣。」

這無體之無，與佛教說的無不同，故我以為較適合用「虛」來理解。虛室生白、唯道集虛、虛而不屈、致虛極……等詞語，大家都已很熟了，是道家常用語，境界形態的形上學，於此虛之一字，可謂盡顯義蘊。一般人看見虛，也常很自然地由道家去設想，如《文心雕龍．神思篇》講創作仰賴神思，而「陶鈞文思，貴在虛靜」，就有無數注釋者認為這是受道家影響或用了老莊之說。其實荀子老早講過人能知道之原因在於擁有虛一而靜的「心」；心在虛一而靜時之狀態，他稱為大清明。後來朱子解釋本心，也常以「虛靈不昧」來形容。

這虛而靈的本心，如就「性」說，又常被形容或指述為「靜」。《禮記．樂記》說：「人生而靜，天之性也。感於物而動，性之欲也。」靜，是人喜怒哀樂未發時的狀態，也是心或性還沒與物相感而動的狀態，故以靜來描述，指未發未動。但此靜不是靜止，是涵萬有、藏萬動的。它也不是靜定的狀詞，而是有價值意義的，所以說人若感物而動之後，逐物不返，不能反躬，則天理滅矣。靜的天性，就是天理，本體與價值合一。濂溪云主靜、程子追求喜怒哀樂未發時氣象、朱子參究中和，講的都是反躬而求，回歸此價值本體的工夫。

因其非一物、非實，而說是虛；因其未動而說是靜；因其喜怒哀樂未發而說是中和，不偏不過；又因其具天理而說是不昧；因其知道而說是靈明、大清明；又因其不落後天的善惡是非之中，故陽明說「無善無惡心之體，有善有惡意之動。」總之，種種異名，是就其一德言之，若通而思，則易所謂「神無方而易無體」也、「寂然不動，感而通天下之故」也。虛、靜、中和、未發，皆言此「寂」爾！

## 十四、消諍論

我覺得這樣講也可以解決近代一樁佛教公案和一樁儒佛公案。

一九四三年歐陽竟無病逝。呂澂函請熊十力撰文悼念。熊婉拒，卻在信中附了《與梁漱溟論宜黃大師》一函，直言對老師的不滿，謂他「從聞熏而入者，雖發大心，而不如反在自心惻隱一機擴充去，無資外鑠也」。此舉自然激起呂澂的強烈不滿，覆信痛批熊十力「完全從性覺立說，與中土一切偽經、偽論同一鼻孔出氣，安得據以衡量佛法？」

依呂先生說，性寂是佛教的立場，性覺是中國儒家的主張，區別在於對「心性本淨，客塵所染」的詮釋。「性寂說」認為眾生具有的佛性只是潛能，有賴於多聞熏習，方能激發本具佛性。「性覺說」則認為此本心所具的佛性是已然的現實的狀態。所以性覺派具保守性，性寂派才有革命性。

熊先生不同意，而且認為他自己不能僅以性覺來界定：「性體原是真寂真覺，易言之，即覺即寂，即寂即覺。」空寂是掃法相歸於寂；「覺者，仁也。仁，生化也。」作為本體的本心是空寂的，而本心的運動卻是生化，這是吸收《周易》「生生之旨」的一種哲學建構。

呂先生當然不會同意他，仍以性覺和性寂分判彼此。

這次儒佛辯論，因涉及中國佛教是否違背了印度佛教宗旨的問題而還有後續。

歐陽竟無呂澂的支那內學院，本來就以復興印度佛學為己任，批評中國佛教走上了歧途。誰知幾十年後，二十世紀八十年代，日本又興起一股批判佛教思潮，與之呼應或相關，認為：影響中國佛教最深的真常心系之如來藏思想是偽佛教，因為它違背了佛教的根本意義——「緣起」和「無我」。而它之所以如此，是因它帶有強烈的神我思想。松本史朗將它稱為dhaatu-vaada（基體論），即是指單一實在的基體（dhaatu）生起多元的諸法（dharma）。所以他們強烈批判本覺思想，甚至指出禪宗、《維摩詰經》的「不二法門」等，都不是真佛教。

因為本覺思想主張一切「法」根於一個「體」或一個「真如」，從一個「本覺」生出來。所以一切要回到「本心」這一權威，不承認一切文字、一切外在的東西，不承認概念，也不承認知性、推理、邏輯的有效性，收攝到單一的「本覺」上。

批判佛教認為這和印度的「梵我論」相同，在中國則是跟道家「自然」相結合的，偏離了佛教原來的思想，違背了緣起觀。因為，假如講緣起，就是無我，無我才能真正達到「利他」。若講本覺，講「一佛成道觀見法界，草木國土悉皆成佛，有情非情皆具成佛道」等等，不外乎是一種欺騙。

我覺得支那內學院和日本批判佛教都貶低中國佛教，但其批判可能並不準確，因為禪和神我論還是有區別的，特別是如來藏思想。我們能不能把如來藏思想理解成基體主義？恐怕不行。如來藏不是生出生死，而只是說生死會依如來藏。也就是說：如來藏在染，就是生死；如來藏在淨，就是涅槃。我們一般人會把如來藏看成一個實體般的東西。可是《勝鬘經》說：「如來藏非我、非眾生、非命、非人。如來藏者，墮身見眾生、顛倒眾生、空亂意眾生，非其境界。」我們這些眾生、一般人，顛倒夢想，會把如來藏看成一個實體，可實際上如來藏不是。

對如來藏的理解，非常困難，過去確實有很多人把如來藏當成一個實體，像《大般涅盤經》的《獅子吼菩薩品》裡面就談到了佛性和緣起法的一個關係：一般人看萬法，要不就是持神我論的「常見」、要不就是虛妄的「斷滅空」，這兩者都是佛教所反對的。佛教講的是無常無斷，既不是神我論的常有常見，也不是斷滅空。這個義理很難解釋，因為它是「真空」，但是它有「妙有」的趣味，所以很多人會懷疑它是不是含有神我論的氣味，即使是印順導師。

他說如來藏思想不違背佛陀，只不過早期在印度不是主流。但對於如來藏，他也有批評，認為如來藏的講法是受印度神學影響，因為如來藏和梵我論還是很像的。印順導師的這種懷疑，其實早在《楞伽經》裡，大慧菩薩就曾經提出過。大慧問佛說：「世尊，為什麼你和外道一樣，都說有一個如來藏呢？」佛陀回答說：「我說如來藏，不同於外道所說的我。大慧，有時候我說空、無相、無願、如、實際、法性、法身、涅槃等等，於法無我，離一切妄想，我是以種種智慧善巧來說，這是一種方便的說法，有時說如來藏，有時說無我。只不過說無我，一般人不能理解、不能接受，所以我有時會講如來藏。」佛的目的是「為斷愚夫畏無我句」，一般人聽到「無我」害怕，一般人總是執我，所以要開導他們，講如來藏。可是它和外道講的「我」不一樣，是一個「無我」的如來藏。從佛陀的本意上來看，如來藏絕對不像批判佛教的人所說，是一種基體主義，或者是「有我論」、「神我說」或「梵我」思想。

反過來說，中國思想，由《易經》講下來，也不能以性覺來概括。易既無體卻又生生不已，既寂然不動，又感而遂通。堅持無體論、無我論的佛教，正不必與中國思想為敵。

## 十五、美中和

此外，寂、虛、靜、中、和、性、道，在中國，既是形上學，又是工夫論，同時又還是美學。一切審美或美之創造活動均以達到、回歸、原本於它為宗旨。

所以，很多人說中國詩文主情，興於微言以相感動。是的，作者感物而動，遂抒其情以感動他人。但僅只如此說便還不夠，還須說「性其情」。也就是情之發，還有個「發而中節」的問題，與西方浪漫主義不同。詩斥鄭聲，而美《周南》、《召南》之怨而不怒、哀而不傷；或又云詩教溫柔敦厚，詩者中聲之所止，皆謂哀樂之能得中也。像袁枚那樣，主張性靈，固然口舌甚巧；但性靈並不是性欲，不能僻佞邪蕩，必須與天地、與道本相通，所以僅就情之發用而說性靈，即不免見譏於通方（近年高友工先生卷說中國抒情傳統，可是對心、性、情、氣、志、意、才、理之間的複雜關係，就無辨析，僅以「抒情」一辭籠統言之。而且他引用牟先生著作，云牟氏分形上學為從主觀上講的境界型態和客觀上講的實有型態兩型，而他說的中國抒情美典即由此境界型態的自我實踐中發展出來。然而由主觀上講形上學，是要有實踐的，不論是道德的實踐或人格美感上的，均須對生命氣質之雜、情欲之偏、識染之妄有所超越或轉化。這也就是牟先生一再說要逆氣顯理的緣故。用宋明理學家的術語說，就是「以性制情」，不是抒情，另詳卷一）。

然而，詩人都是感物而動或哀樂無端的，詩心又怎麼才能復返於本初？這就要有「性其情」或「以性制情」的工夫了。這才能滓渣盡去，海宇澄清，心光朗徹、性情醇美，詩學工夫便與心性修養之聖學工夫合一了。

中國人評藝，習慣說人品即詩品、人品即書品等等，最終極的意義在此，不是世俗意義上說的忠奸善惡。到此地步，中和已致，從心所欲不踰矩，故創作詩文書畫亦可以不煩繩削而自合，或根本作而非作，風行水上自成文，一片天機，純乎自然，無意於文，有德者必有言矣！

以上講的，一是文原於道的問題。這問題不但中國有，西方也一樣。柏拉圖謂現世事物乃對「理型」之模仿，文藝又是對現世事物的再模仿，談的即是這一問題。嗣後論藝，均由模仿展開，只是如何解釋「模仿」，諸家不同而已。我國對道之理解，不同於西方；對文與道之關係，當然就不會由模仿去設想。

可是大家對文道關係的掌握，雖有這樣一大脈絡予以限定，內中也還是千差萬別的。劉勰不同於韓愈，韓愈不同於程朱，須予仔細檢別。近人昧於道，談藝皆就技說，論藝術家則以神經病、心理異常擬議之，或自我型塑之，故去大道愈遠。這也即是我瞧不上當代文家藝匠的原因。

第二是中和美、簡淡美的問題。大音希聲、大巧若拙、大樂必簡，詩則唯造平淡難，唯簡唯淡，才能春容大雅，非繁音、非淫手、非躁心、非褊情，非狂非狷，合乎中道。傳統論藝，基本上均持此標準，現代才都變了。

第三是致中和的問題，如何由情返性，如何以性制情，使性情回歸於溫柔敦厚，使創作回到非我造作、偶然適會、自爾流出之境界。其境界歷程、工夫層次又有哪些曲折？

這三個問題，與《易》相關，是不言而喻的。只不過近代雖也有若干探討《易經》與中國美學傳統的，對此卻仍少關注，故特舉出以資強調。

此外，論易與詩書之關連，還有「比興」與「象」也是不能忽略的，屬於第四個問題。這四個問題，我讀易有暇，皆嘗究心，底下稍分說之。

## （一）原道

文與道。首揭「文原於道」的是劉勰《文心雕龍》。但研究它的一堆傻子，或看見道字就想到道家，或在自然兩字上作文章，或比擬於亞里斯多德、黑格爾之言形上實體。不知道之流行即體現為文，道與文是同一的。而其流行（指本體之活動狀況），在自然界是氣化自然，在人文領域就還有聖人之中介，故曰：道沿聖以垂文。《文心》之所以要宗經、徵聖，即是要後世文家上溯於道本。韓愈原道、原性、原人、原毀、原鬼各篇卻並非論文，而是論道論毀論鬼等，原道，指對道的考察；而且他探論的道，專指聖人之道。這道與文並非同一的，因此他論文，只說文以載道，文章是傳布道的工具。此說義理不究竟，以致引起後世無窮爭議，程伊川、朱熹都批評他是「倒學」，謂欲明道須先知道，韓愈等文人卻儘在傳播道的工具上費心經營，想努力把文章寫好，再以此去載道，有點捨本逐末。如此批評韓文公，不能說不犀利，但畢竟也非至理，因為同樣把文與道割裂了。為文與明道被視為兩事，無形中助長了文章技藝化的趨勢。

「文章一小技，於道未為尊」，是杜甫《貽華陽柳少府》的句子，意思與揚雄說「雕蟲篆刻，壯夫不為」類似，都是文人自尊其業的話。文學或一切文藝若脫離了道，確實只是一種小技藝。如何使它不只成為一種小玩意，首先就要從形上學層面辨明文道同一。這方面，我除了詮釋《文心》的講法外，還從道教和書法上說了不少話。

我論道教，與別人不同，特別揭出「道門文字教」，謂道教乃一根本意義上的文字教。相對之下，印度是以聲音為道的，希臘、希伯來是以語言為「邏各斯」的。故上帝以言說創造世界，濕婆以吼聲創造世界，宇宙一切均在言中、均在聲中，佛教最終亦不得不發展為真言密法。道教則謂世界在空無之中自然成文，真文分布五方，遂肇一切，無文不生、無文不成。若能掌握真文，自能重新與道忻合，這也是道教以符籙印篆為法器的根本原因。

道教又與《文心雕龍》一樣，有漢晉齊梁間形成的文道合一觀。而此一時期也正是書法大有發展之際，書家多為道士，如王羲之家族、陶弘景等都是。故一方面我要從歷史角度去說書法與道教曾有過的密切關連，一方面要從理論上闡明書法應本於道，而批評近世書家皆不辨源本、不識精神。收在《墨海微瀾》中的〈書法真精神〉一文即此中代表。

為什麼談文論藝非要扯上道不可呢？

方今文脈已斷，氓不知詩。而古代的詩是什麼呢？凡讀過任何中國詩論、畫論的人都知道：古代中國是把詩及書畫看成心之形跡顯像的。故論藝動輒說詩本性情、文如其人、風格即人格、詩言志等。

這一點，相信大家都承認它是中國人藝論之特點。但順著這一點講下去，就可能會有許多人還不甚注意之區分。

因為「性情」不是一般所說的個性，性不是情。近代文學藝術，卻是只論情不論性的，因此講來講去、畫來畫去，都是個性、都是情緒、都是欲望，貪嗔癡慢，沒有光。因為靈源已窒，遂成地獄變相。

而且，既然文藝表現之形式是因著性情來的。那麼，合理的作法，就應該是順著深化情的內容、探索性的真諦去發展形式。對不對？然而近人又恰好不這樣，偏是倒過來，由改革形式入手。以此為策略，或竟以此為目的。

例如文學的白話文運動，要寫白話文、作白話詩。後來發現白話詩乏善可陳，白話並不能作為詩語言，才開始有「現代詩」之提法。但重點仍是語言的，是要創造一種現代的詩語言。書法，近代亦是由碑學帖學之爭，逐漸走向解散字形、不理會文義，唯構圖、線條、墨塊是騖，甚而拼貼、裝置。主要思路，仍是繞著形式去發想。繪畫呢？同樣，由超越四王等傳統筆法講起，在構圖、材質、造型等各方面去講怎麼樣現代化。

這些，都是在形式上著想，或主要由形式方面去覃思藝術發展之道。

歷來我們談現代文藝，大家較傾向由中西對比說。說是由於西方之衝擊，造成了傳統的瓦解，故中國現當代文藝逐漸朝西方現代轉化。可是由我上面的勾勒，便可知此一變動可能還不是西化或現代化之問題，而有一個方向轉變之傾向。由中國傳統的「自內而外、由本源至外顯表現方式」倒轉過來，變成由外而內，甚或根本不「由」不「至」，形式就成了文藝的目的或主要追求。

當然，再細說，似乎這種轉變也不能說就與現代化無關。整個現代社會，精神上之特徵，正是形上學失位、知識論相對化虛無化的。其哲學，與古代哲學大不相同。

古代談的，是人存在的本源、意義，終極價值等問題，故形上學大行，要論道、知道。爾後為了確定上帝存在與否、了解世界的性質，才又發展了知識論。可是現代哲學家說他們都弄錯了，形上理論和知識論之探討，終究還得由「論」之探討來，否則便只是一堆戲論，此即哲學之語言學轉向。道或上帝的問題，逐漸隱退、淡化，變成了「言」的問題。道（上帝）不是被取消，就是被認為道等於言。語言分析、邏輯實證論大行其道。邏輯，是言的進一步符號化、科學化；實證，是經驗的、科學的，總之均屬於「器」。現代思潮，基本上是順著這條路子走。到了後現代，其實也還沒脫離它，因此像解構主義，解構的也只是言的「邏各斯」。故整體來看，著重言說、形式、符號層面的思維傾向，本身就是具有現代性的。

但假如仍是如此，筆墨傳統的當代呈現就無法談也不需要談了。中國筆墨之傳統，恰好不是言、器的思維，而是道的思維。詩文強調「文以載道」，是不消再介紹了。書法，從蔡邕《筆論》開始，就也一再強調：「書者，散也。欲不出口、氣不盈息，沉密神采，如對至尊，則無不善矣。」繪畫，則石濤《畫語錄》云：「畫從心者也」「墨非蒙養不靈，筆非生活不神」。這些話，均顯示中國筆墨傳統重在心源而非末技。所謂「工夫在詩外」，筆墨工夫僅是次要的，工夫須著在或主要著在心上，「書者，如也。如其學，如其才，如其志，總之曰，如其人而已」（藝概．書概）。

因而，如今論藝，我覺得首先就應體會這筆墨之源，然後才能回歸之。超越結構、語言層次，再回到道。

近人喜歡徵引石濤所說「筆墨當隨時代」的句子，來為改革張目。可是筆墨怎麼可以隨時代呢？石濤的原文是：「筆墨當隨時代，猶詩文風氣所轉。上古之畫，跡簡而意淡，如漢魏六朝之句然。中古之畫如晚唐之句，雖清麗而漸漸薄矣。到元則如阮籍王粲矣。倪瓚輩如口誦陶潛之句，悲佳人之屢沐、從白水以枯煎。恐無復佳矣。」他講的，是一種文藝隨風氣轉變的現象。對此現象，他並不滿意，主張不順流而走，須予超越。因此筆墨當隨時代之當，乃是常之訛。筆墨常隨時代，是現象；筆墨不隨時代，是目標。詩人畫師豈能不立定腳跟、「中得心源」呢？

## （二）致中

文道合一之文之藝，才能是中和、平淡、簡易的。這種平淡、簡遠之美，或以含蓄稱之，或云有神韻、有意境、有境界、有味道，其實就是說它是與道結合的。境界形態的形上學，創造或體現為境界形態美學，何足怪哉？我於一九八三年出版的《文學與美學》一書中即主張這境界形態美的論點，也以李商隱的人生抉擇來說明境界或心靈層次之遞進轉折狀況，後來則另以宋詩來說明這個問題。

到現在，大多數人還是認為宋詩主要是技巧、典故和說理，故與唐詩不同。而唐詩，嚴羽、王漁洋已以神韻、興趣說之，宋詩作為它的反面，自然是以議論、以書卷見長的。錢鍾書批評宋詩「以流為源」，苦學古人；郭紹虞、劉大杰說宋詩是形式主義，皆屬此類。

到我，才說明宋人之理想是平淡，但這平淡不是「老僧三十年前看山是山、看水是水」的平淡，而是經過「看山不是山，看水不是水」之後，又三十年而「看山又是山，看水又是水」。如山谷評老杜夔州以後詩「平淡而山高水深」那樣。山高水深，內中便有無數曲折；窮理、致知、格物、博學即其工夫；然其目標，則在含蓄、平淡、有韻。因此，在學宋詩一路詩人看來，所謂唐詩之神韻，其實只是平淺，只是空，不能簡而遠、淡而深。

宋元以降，詩家爭唐宋，是頭等大事。然雖纏訟不休，卻從沒講清楚過。因為僅在風格上爭、在技藝層面辯、在門戶宗法中出主入奴。到我才真能理清頭緒，說明宋人在「道統」之外，同時又昌言「文統」之故。

這種中和、平淡、神韻、含蓄、簡遠的追求，其實又不限於宋詩，乃是我國文藝精神之一般嶄向，表現在詩、文、書、畫、音樂等各方面。這一點在我之前，已有無數前輩指出過。我要做的，乃是把他們曾經描述的現象和引用過的文獻語證，由理論上去說明那究竟是什麼。

這種理論的說明，其性質與價值，今人仍多不明白。因為我們自清朝以來越來越反玄學，重實際、輕理論早已成了風潮。結果就像樸學考證，剛開始，戴震、錢大昕還有點簡單的理論，嗣後考證家在文獻材料及具體語文問題上考來考去，語言哲學卻毫無進展。以致清末以後，只要談語言學，都只能接受西方語言學之理論、方法和模型，不然就只好再去做餖飣枝末的字句考證。

理學一路也同樣。清人講宋學的，都不再爭辯太極、理氣、心即理或性即理，理學只落在實際修身上。以此為踐履、為聖人之學。是的，聖賢須在身心實踐上用工夫，但聖人窮深研幾之道難道就可忽略嗎？何況，聖人之學，可施於百姓日用之間；但一位孝友仁德的老百姓，終究是普通，不會是孔子；孔子是「五十以學易」的，是還有天道性命之學的。可惜清代「行在程朱之間」的姚鼐以降桐城一脈、曾國藩以降湘鄉一脈，都無此天道性命之學。行在程朱，而程朱論易說理那部分卻未發揚。

西學進來後，更由「實務」這個角度去接納之，以致迄今所謂科學亦僅是科技而已。理論物理，不如實驗物理，實驗物理不如應用物理。化學數學等什麼都一樣。可是西方科學領域也這樣嗎？Sheldon姊姊曾介紹他是個火箭科學家，他很不爽，說妳還不如說我是金門大橋上收過橋費的呢！理論家才具有這種榮耀感，實驗的科學家不行。當然，搞實驗的人也可能不服氣，會說我們才能發現現象、看到東西，不像理論家僅憑玄想，一根筆一張紙，縱其幻構，測議模型。可是有什麼辦法呢？牛頓也做過三棱鏡等許多實驗，但令他不朽的，只是他的力學體系和萬有引力理論。沒有理論，事實上實驗家根本不知道他看到的現象是什麼、為什麼會這樣，甚至不知道他在做什麼。

人文社會領域，情況並無不同。無奈大家常看不清這一點，因此哲學成了哲學史。文學更不重視理論，就算做文學理論研究的，也仍是理論史。

可是沒理論頭腦的人能做什麼像樣的理論史呢？不就是我前面說的描述現象和引述文獻語證嗎？理論是需有對它之理論說明的，而且這種說明不可能由理論自己自明，須由我們利用方法予以重建，並在我自己的理論與之對話中層層逼顯出來。

我的理論與方法，已詳卷一論詩學部分，不必贅述，此處只是感歎這種理論性的建構與說明尚少同道而已。至於我為何會取徑於此，沒有隨順著去玄學化的風氣，當然和我曾用心學易有關，我對「中和」的分析，也即由陰陽變合而來，以辯證之理說之，另詳《中和之美：儒家思想中的辯證思維》。

當然，中國學問畢竟是講踐履的，我這裡強調理論、強調玄思，其實亦不是反踐履，而是認為中和本身就是踐履的。致中和，不是找一個中和去致，而是在致之中達到中和，或中和本身即是致，猶如陽明說致良知。良知，致則有；不致則泯滅，只是人欲。佛家言轉識成智，不轉則心生滅，轉就是心真如，亦是如此。

但如此便有一個轉、致、踐履之工夫歷程可說，朱子之所以要「參究」中和，亦是如此。易曰：「保合太和，以正性命。」如何保合太和？二〇一一年我寫了《儒門修證法要》說明其工夫內容，具體教人以《大學》止、定、靜、安、慮、得為線索來修習。這是綜合孔孟程朱陸王教法而說的，簡要清通，既便實操，也可與由佛老而來的法門相區別。

近世新儒家雖講心體與性體，但理論建構之意多，身心踐履之作用少。楊儒賓兄由體、氣入手，結合西方冥契主義、心理分析等，論修持工夫，影響才漸大。我這本書則直就工夫而言，對於坊間以佛以道論修證者，或混雜稗販者皆有批評。自許為濟世之書，亦為儒門工夫論開一新局，且可據此以自驗我的修持方法和境界，益人益己。

此一方法，早在一九八二年我即利用佛教唯識三性說介紹過。但當時氣魄更大，旨在兼攝，以轉識成智的架構來講儒家如何通過治心、養氣、積學來擺脫俗情；道家如何通過虛靜來涵攝一切有；佛家又如何以「依他起」破「遍計執」而轉識成智。當時以詩家為例，展開說明，而其實談的是一個普遍的人性昇進歷程與方法。

後來我談修證，大框架仍是如此，但細部工夫及下手處便稍說得邃密些。儒道佛三教也不是合著說，而是分開說。因為時地不同，不能不如此。

另外，《中和之美：儒家思想中的辯證思維》解釋中和時也談到如何致的問題。我談這類問題，與朱熹王陽明他們不同，他們都受禪宗說「悟」的刺激或影響，關連著悟來講回歸本心良知。我不處理悟的問題，直接由《易》說陰陽合、大中正、文在其中；直接由《論語》說文質彬彬；直接由《莊子》講「緣督以為經」。所以整體解釋與神祕經驗無關，較為敞豁明白。分超越辯證為兩路，一種雙遣得中，既非A又要非非A，玄之又玄；一路雙是得中，既是A又是非A，文質兼得，叩其兩端。

我論中和與朱子陽明他們另一不同處，在於總與「文」合在一塊說，「黃裳元吉，文在其中」，文其實就是中和。這樣的論述，翻來覆去，遍布於我的著述中，呼應著文道合一的觀點。

## （三）意象

由易論文，還不能不注意「象」的問題。繫辭上傳云：「聖人有以見天下之賾，而擬諸其形容，象其物宜，是故謂之象。」書不盡言，言不盡意，然則聖人之意其不可見乎？子曰：「聖人立象以盡意。」《易》重象，是無疑的，但正因如此，研易者在象上大力鑽研，竟引來了王弼的反動，主張忘象，曰：「意以象盡，象以言著。故言者所以明象，得象而忘言。象者所以存意，得意而忘象。」

此說顯然違背了易傳，因為易傳的意思是說：《易經》主要靠象構成。確實，伏羲畫卦就只有象（符號）而無言說；其後文王重卦，仍是象的鋪衍，亦無言說。卦加上卦爻辭之後才開始有了言說。但更多的言說其實存在於卦象或《易經》以外。因卦爻辭同樣近於象，那是詩的語言（山東大學黃玉順就把卦爻辭通通視為古歌詩。卦爻辭當然不見得就是那時的歌詩，但其語言確實是詩性的），非分析性、說明性語言。只有以易為占時，解卦的巫人才會用較近於日常的語言，分析地解說象及卦爻辭之意謂。故這才是言。卦爻辭卻是介乎言象之間的。

換言之，《易》本身，只是立象以盡意而已。孔子那段話，乃是針對一般人對此情況的不理解而發，解釋古之聖人為何要如此費事地立象以盡意。王弼則倒轉過來，把聖人因言不能盡意，所以才需要立象盡意，倒轉為象表達了意，然後言又彰示了象，這就把言提到最高了。因此他雖附帶也說得意者忘象、得象者忘言，但結果遂只是忘象而非忘言。「得意而忘象」在魏晉玄學以後，更被轉換成言意之辯，大談得意忘言、意餘言外。

甚至文學上講「比興」也深受這影響，如鍾嶸《詩品》就說：「文已盡而意有餘，興也。」劉勰《文心》說：「關雎有則，故后妃方德；尸鳩貞一，故夫人象義。」前者把興說成意餘言外，後者把象看成是比方，因此說比是附，「附理者切類以指事」；興是起，「起情者依微以擬議」，都是比方，只是比顯而興隱罷了。

殊不知指事附理，言近旨遠，都仍只是言，不是象。象的表達是無定指、非比喻的。故乾為健、為天、為首、為君、為圜、為父、為玉、為金、為寒、為冰、為大赤、為良馬、為瘠馬、為駁馬、為木果。這其中，或指物、或指性質，有些相反，如良馬與瘠馬、健動與冰凍、玉與金、金玉與木果。且乾卦六爻皆陽，卦辭自「潛龍勿用」至「亢龍有悔」皆以龍說之，可是乾只象馬而不象龍，象龍的乃是震卦。而震卻也有馬象。若說龍與馬相類，則何以乾不象龍，坎卦象豕卻也得象馬？坎是水，離為火，而為何離又象鱉、象蟹、象蚌、象龜，而不是把這些水族都歸到坎卦去？這些象，能用比喻、擬譬，或切類指事來理解嗎？劉勰鍾嶸以降，說比興者紛紛，大抵都是因不知象，所以只能由附理指事來描述、以意餘言外來講「超以象外」。可惜無論如何忘象超象，詩人禪客終究仍是要用意象來表達，或探尋那言語道斷之境界的。也就是說，立象以盡意之法終不可廢。

既如此，立象盡意到底是種什麼樣的表達方式，為什麼言不盡意之時、言語道斷之處，竟能立象以盡之？原理為何？

哈哈，你沒聽別人探討過吧？我試過。《中國思想史》一開頭就結合文明發展史，分別談過言、象、數、字四種符號性表達，並以此說明中國文化之特點（因為我們的言就與歐洲印度不一樣，依此類推）。後來把這幾篇摘出，加上《象的符號學》等文，併為《文化符號學導論》，由北大出版。前者說明言、象、數、字不同符號之性質及其歷史演化、分合競勝之關係；後者集中說解立象以盡意的原則和它之所以有優於言說之處的理由。

可是對於立象以盡意時為何選取這些象、某事為何用某象而不用別的象，該書並未處理，應看我別的文章。例如詩人感興，立象盡意，輒出諸美人香草，故斜陽亂國、落花逐賢、浮雲蔽日、松柏後凋，象與意之間雖無定指，卻仍有其大致規律和範圍，某些意象更提升到整體民族文化精神象徵的地步。

何以會如此？我考察過個別的象，如梅花作為一種意象是如何形成的，寫了《梅花詞的流變》。也研究過整體象徵系統，認為詩人取象用象之所以繁賾而不亂，彼此讀見皆能悅然解會，默識其意指為何，是因為乾馬坤牛，象指在文化發展中漸漸成一成規、成一系統。故象指雖然理論上可以恢拓萬端，實際用象仍有規律。唐・盧中《流類手鑑》，明・鍾惺《詞府靈蛇》等書且早已歸納過辭客之象，故這即可視為中國詩詞之基本比興系統。

清代詩易合論之風漸起，易取象、詩譎諫，漸知從同，於是常州派乃以寄託比興言詞。常州之學，論者多矣，但論其詞者皆不通經。不知常州固以經學著，然又「家家妙擅小樂府」，其言比興寄託，實即由易象之探究來。張惠言論易，頗申漢代爻象之學，惠棟《易漢學》之流衍也。彼等歸納易象及漢人九家逸象凡二千餘事，合併虛中鍾惺等所考，中國象徵體系之大體便可掌握了。

可惜此事至今仍少人探討。某年參加一研討會，座中諸公說想發起一大型研究計畫，歸納詩詞中的比興象指。我說還研究什麼，我早做過了！把我的心得說了一通。眾皆喝彩，說是是是，太好了，就該把詩易會通起來看，而你說的這些材料也太好了。如今，說歸說，詩易會通，誰又繼續做呢？

## 十六、開世界

以上說生死、論鬼神、談巫術、究本體、分有無、品詩藝、參中和，不免稍涉玄虛，所以接著還要講講我治易較偏於實的一部分。

聞一多曾於一九四一年寫過一種《周易義證類纂》，由社會史的角度，分經濟類（器用、服飾、車駕、田獵、牧畜、農業、行旅）、社會類（婚姻、家庭、宗族、封建、聘問、爭訟、刑法、征伐、遷邑）、心理類（妖祥、占候、祭祀、樂舞、道德觀念），分別摘錄《周易》相關文字，附以考辨。這種處理方式，是那時一種風氣，論禮也常如此，以社會學或人類學觀點為之，拆卸七寶樓臺，不免點金成鐵，然蹊徑別出，只要不太離譜，也還是有可觀之處的。

我也採此方法，由《易》中摘出許多飲食事類，如大快朵頤的頤卦、亨飪炊煮之鼎卦、咬物而含咀滋味的噬嗑卦、奠用豚魚的中孚卦、享用二簋的損卦、飲食宴樂的需卦、於食有福的泰卦、碩果不食的剝卦、庖無魚則凶的姤卦、困於酒食的困卦、飲酒濡首不知其節的未濟卦等，結合《易經》的乾坤陰陽男女思維，而就飲食男女來說儒家如何處理生活世界的欲望問題。

後來這文章與其他相關者輯為《飲食男女生活美學》，又改版為《生活的儒學》。文章名〈儒家的飲饌政治學〉，大旨謂儒家政治學與西方不同，不是由權力之獲得、分配與運作上看，而重在養民之欲，要滿足人之基本欲求，並有以調節之，是情欲的文明化。因此若國內有曠男怨女，即視為王道有虧；若國有餓莩，也同樣不符合王道。為政，須能滿足人民此類基本欲求，然後再謹庠序之教、申之以孝悌之義，所謂倉廩實而後知禮義也。《周易》中的飲食思維即含此義。

厥後推闡發揚，談男女的，主要是〈儒家的性學與心性之學〉，後也收入《儒門養生法要》。儒門經典，《詩》始〈關雎〉、《易》本陰陽，都著眼於男女。《漢書．藝文志》甚至還記錄了《堯舜陰道》廿三卷、《湯盤庚陰道》二十卷之類書，均可見儒者對男女之欲是極重視的，希望能好好處理。後世論心論性，其實也仍與此有關，不是絕欲、禁欲，如佛教、天主教式的。

此類文章，代表我在四十歲以後一個學術上的小轉向。從前更關注心性、大體、超越面的問題，詩人憂生，故輒欲擺落恆情、超然遊心，不為物役。事實上也更多地遊弋於抽象的觀念世界中。三十五歲左右，具體從政，入世歷劫，在法令規條儀注中、在政經機栝、社會物事中覓生計。然後脫離出來，又回到學界。我的思緒就會企圖對此二者作一綜和，貼合欲望、小體、現實面之問題，而覃思其可以超拔之道。

這條思路，前文已有介紹。我有時稱為人文美學，有時稱為生活美學，有時稱為生活的儒學，看用在什麼脈絡，內涵都是兩面作戰的。

一方面，我反對學界抽象概念地討論中國哲學，未能注目生活場域及具體人文活動，即使講生命的學問，也對現實生活無從措手。故我要發展一種可以落實於社會、改造現世生活的學問。

另一方面，我也要反生活本身。生活無非飲食男女、衣食住行、生老病死。此雖不能不予安頓，然而若「早被家常磨慧骨」，生命便陷溺於其間，逐欲而往，隨波而流，將伊於胡底？因此，生活之美，是即生活而超拔之，於其中端正之、導引之、疏瀹之，使其呈現出美與價值來。否則，人如豬狗，何所貴哉？

這一思路，已在論美學及禮學中講了，此處僅稍敘我由《易經》飲食男女方面得來的啟悟而已。這種啟悟除了開展了上述思路，一直影響到現在的許多工作之外，針對飲食與男女問題也作了一些梳理。

飲食部分，曾出版《飲饌叢談》，詳細說明了我與一般美食家、飲食之人的不同。那些年，文壇上流行飲食文學，都是吃喝玩樂的自我優雅化，誇舌尖、流口涎，非我族類也。

男女部分，我於一九九八年在臺灣《中國時報》寫了一個專欄，後結集為《知識與愛情》，再改版為《美人之美》及《美人心事》。以外國小說中之女主角情欲事為線索，略探其奧。二〇一二年又出版《文人階層史論》，其中頗論文人憐花意識、審美觀伶事蹟、挾妓詩酒歷史等等，一直談到九十年代臺灣的酒番、KTV。

此類作品，論者皆視為餘事遣興、文人狡獪，或邪氣迸發之供詞、細行不謹之證據。殊不知皆非偶然之作，皆緣於《易》也。

當然，並不是所有由《易經》發展出來的思路都能展開得好。例如我寫過〈儒家的曆數政治學〉，謂李淳風《推背圖》一類短書原本《周易》，《易緯稽覽圖》中就有推算享國世數之法。《易緯乾鑿度》也有，演算法非常複雜，不但能算王朝的年數、帝王的代數，還可算水旱災厄之年。結合《春秋元命苞》、《易緯考靈曜》、《命曆序》等等就可知儒者歷來有此一種以曆論政之法。其法雖傳自漢人，主要見於緯書，但孔子即曾以曆論政，〈堯曰篇〉：「堯曰：諮爾舜，天之曆數在爾躬」就是。可見淵源應該非常古老。原先「天命」之另一詞彙即是「天數」，天命有定之觀念，同時也伴隨著凡事皆有定數的講法。其數如何推算，方法當由太史或太卜掌之，史遷云史家世掌天官，雜於星曆卜祝之間者，此其一也。否則孔子「天之曆數在爾躬」一語便不可解。只不過這個推算之法並沒完全傳下來，依各緯書所說，可以考知其推算之結果，而對其演算法和數的由來仍不清楚。我後來對此沒繼續鑽研下去，也與這有關。

但此類經歷，讓我有了幾方面的體會。一是《周易》的象數，過去講漢易者談大衍之數五十；分卦值日，六十四爻為三百六十日；天地之數六七八九；土數五等而已，大抵局限在易象的數字上。講宋易的，加上了河圖洛書；又如邵雍，衍為《皇極經世》，旁通恢拓及於人事物理。可是古人所講易數之學，顯然還有闡發未盡之處，如易緯所述這類推算之術就是其中一端。宋明以來，似乎只有黃道周在這方面做過闡發。但黃氏於數，固極精微宏博，卻不曾道及其推年與孔子說「天之曆數」和易緯間的關連。故我之嘗試，雖屬淺嘗輒止，亦不能說是無意義。足以證明易道廣大，仍有許多傳統空間值得再予探尋，而緯書的價值亦可見。從前，惠棟《易例》卷上有「緯書所論多周秦舊法，不可盡廢」一條標題，可惜內文缺。我這就可替他作個小佐證。

其次，易數是中國算數體系中一部分，可惜做中國科技史、算數史的朋友多僅在《算經十書》中遊弋，而罕能涉足於此領域。蓋或以為無關，或以為旁支也。其實不然。八卦演為六十四卦，本身是個演繹而成的體系，各卦均可以數表達，天地人物也都可以數表達。若我們相信古代「結繩記事」之傳說，即可推想那是個以數來記事表意的體系，《周易》或其前身《連山》《歸藏》當即屬於此一大體系中之一員（龜卜是觀察火燒甲骨之形象的，是象思維，《易經》則應該屬於數。古代本來就有「結繩記事」的傳說，顯示利用數字是古代思維之一種重要方法。不注意這點，只從文字或圖象去看，就會看不懂了。像湖北孝感地區，曾出土過著名的安州六器，其中一件叫中方鼎，其銘文最後有兩組六個數位組合的符號，宋代學者看不懂，說是古文奇字，釋為「赫赫」或「十八大夫」、「八大夫」。一九三二年郭沫若也看不懂，說是器主的族徽。其實就是數字。用數學方式探索世界，乃是古時全世界都有的文化現象。如古希臘畢達哥拉斯學派的占數法即是。近年張家坡卜骨、周原卜甲、四盤磨卜骨都刻有六個字的符號。這即可能是早期用陣列成的易卦，既有三個數組成的單卦，也有六個數組成的重卦。故《漢書·律曆志》說「畫八卦，由數起」）。

後世數學書，常被今人詬病的兩大點，一是說中國數學都不能如歐幾里德《幾何原本》那樣形成一個公理化的體系；二是因非公理化體系，故僅是應用問題之處理，一題、一答、一術，只有技術上的實用性而缺乏抽象性與普遍性，顯示的仍是技術而非科學。這兩點，事實上也同樣可用來批評《周易》的數學。許多數，似乎都只是規定，而沒說出原因，像大衍之數為何就是五十，如何來的，天數地數怎麼來等等。

但是，目前的研究，事實上已明白了：世界數學的發展，正是以歸納邏輯和演繹邏輯結合的演算法傾向，逐步取代了以研究空間形式為主，而以演繹邏輯之公理化為傾向的歷程，中國演算法的型態其實才是目前數學界之主流。而批評中國演算法只是實物應用的，也是僅知其一不知其二。

例如《孫子算經》固然是實用的，《九章算術》就不然，它是以演算法為中心，以演算法統帥例題的方式。其法九章，本之於《周禮·地官·司徒》所謂九數：「保氏掌諫王惡，而養國子以道，教之六藝。一曰五禮，二曰六樂，三曰五射，四曰五馭，五曰六書，六曰九數」。鄭眾云：「九數：方田、粟米、差分、少廣、商功、均輸、方程、贏不足、旁要；今有重差、夕桀、勾股也」。是個完整的演算法體系。許多數，若非由此看，僅去看那些實用性的算術，我們可能也會不知其由來。所以古時用數本極發達，其有體有用、有道有數也很明顯。以這個大背景來理解算數，也就不難理會易數的情況了。

但即便像《九章算術》，我們還該注意到它所涉及的九章，實只是地官所掌，故均與地相關。今人以此為基礎，建立的中國數學史認知，是不完整的。易數這類掌於天官者，其演算法當另成體系，與地官所掌九數，須合併觀之，才可算是中國數學之全貌。可惜現今數學界尚未能注目及此。

同時，保氏掌傳此類九數知識之作用，《周禮》說是要諫王之惡而養國子以道，可見它是具有政治功能的。史官或太卜論數不正是如此嗎？推享國年數、水旱厄年等，均具儆戒意義。我《儒家的星象政治學》，談古星象曆數之法，對此有更多發揮。而這一部分，政治學界和數學界之相關研究也均是極少的。

綜合上述由《易經》開發出的政治學、社會學乃至科學面向之探索，我乃一方面去從事著生活美學的落實工作，或以生活的儒學為名義，推動著復活孔廟、重建書院、制禮作樂、化民興教的事業；一方面則在理論上鑽研之。

易數方面，過去講《易經》的科學性，大抵只是比附電腦二進位元、統計學、邏輯而已，思維中的框架仍是現代科學。而其實後現代科學哲學之發展，早已佚離了十八九世紀以來之科學模型。例如孔恩、費耶阿本德、漢森等人都對科學的客觀性、經驗性、合理性和進步性多所質疑，消解了科學的客觀性和經驗基礎，更批評科學由理性推動、其理論須有邏輯一致性等現代科學之信仰。羅蒂式新實用主義，也同樣如此。他認為科學知識客觀性的前提，是人們相信有個像鏡子一樣反映外物的理性心，可是這種心根本就是現代哲學家的概念發明。

科學哲學這些新發展，久為我所關注，也常想將之引入或結合於人文研究之中。過去在臺灣，常與劉君燦、君祖兄弟討論。後又與謝正一、呂應鐘在主編《大學雜誌》時推動一些科技史專題。二〇〇〇年左右，開始與北大科學與社會研究中心任定成、王駿諸兄合作，開相關研討會、編書，至今未已。同時也就參與若干科學史的研討。《易》曰：「制器尚象」，又曰：「窮神知化」，其理不能以現代科學來比附，而卻常由後現代科學哲學中覓著呼應，乃是我常有體會的。此一面，是我較不為人文學界師友所知的部分，我也很珍惜，乃研易之外篇也。

## 十七、贊化育

把易數之鑽研說成研易之外篇，適可見我治《易》已以義理德性之修養為主了。這也是孔子論易之取徑。夫子十翼中卦序、雜卦固然不廢象數，但主要仍在「學易以寡過」方面特顯其精彩。

人之存在，是很渺小也很微弱的。生命，存在著時間的限制；形軀，存在著體㲄的限制；存在本身，還受到所存在之時代、方位、地點乃至階層的限制。人間的許多爭釁，其實更都是在這些限制中爭。例如命壽爭短長；形軀爭妍醜；辨智愚、看強弱、鬥力氣大小；存處之時代是否富強；生長的地區是否荒瘠；出身的血統是否高貴；階層屬不屬賤民，無不抵死相爭，以求突破、以謀改善。而如此掙扎以謀改變，雖然花了極大的氣力，可是收效其實甚微。例如女人整形，千刀萬剮，概屬徒勞；老人養形，熊經鳥伸，廣場舞，練瑜伽，終於要見閻王；而豪傑爭霸，功業塗炭著生靈、權勢塗飾著寂寞，大風起兮，哀猛士之難得、悵少壯幾時兮奈老何而已。此生之可憂、命之可傷也。

孔子云：「逝者如斯夫，不舍晝夜」，子夏云：「死生有命，富貴在天」，都講的是這種生命本身存在的有限、渺小、無奈、可憂之處。

然而，儒家於此，並不像佛家那樣，直接關連著講人生之空、苦。是的，憂生不是空苦，憂生是直面生命之有限而思超越之。前面曾提到過人都想超越生之限制，醜的想變美、笨的想要慧、貧的想要富。可見面對限制而思超越之，才是人最自然的感情、方向與動力，而不是順此將就著，了此一生。

哲學家的工作，是對此努力想突破生之限制的情況作出詮釋，把本來自然而有的活動轉成自覺的方向。

像佛教，雖說人生空苦，但亦不能耽於此空苦。空苦只是對人生之感覺與詮釋，是要超越的對象，超越之道不是知空苦，而是求解脫。怎麼解脫？由於人生下來便有此限制，故根本解脫之法，佛教就說是無生。無生自然便無苦。可是這只是理論，事實上是人已經生出來了，怎麼可能無生？於是就又要去找回歸無生狀態之方法，達到所謂涅槃。涅槃本是死亡之義，但作為修行之目標，當然不能真死。故涅槃毋寧說是一種生而若死之狀態，我有時候會開玩笑把它形容為植物人狀態。

馬克思不採此思路，他認為人突破限制的方法在勞動。因為人與動物之區別，在於人能生產自己所必需的生活資料，動物則生命與活動是同一的。它們不能區別自己和自己生命的活動，它就是它的活動。人卻能將自己的生命活動當成自己意志和意識的對象，所以人的生命是有意識的。以此意識，通過勞動，才成就了人的世界，不斷突破原有之狀態。

費爾巴哈則認為人與動物之不同，在於宗教。人有宗教，動物無之。所謂宗教，乃是人對自己本質之無限性的認識。所謂神，其實都是人把對自己這種本質的無限性，轉化為一個外在的物件。故上帝或什麼神，都是神化的自我。人若沒這種對人本質上的無限性之感情與理解，就不會有任何宗教，也不會想超越形軀、時地、命數等有限性之任何作為。

他們講法各異，相互質疑，亦如各宗教間也同樣吵嚷不休，但方向其實一致。都認為人有無限之追求，都要突破生之限制。中國人自古謂此為天人關係。天生人，人有限制，限制來自天。而天又是無限的，人可以以合天的方式達到無限。

這個人，既指個人，也指人類。以天地人為三才，謂人可以參贊化育，謂人為天地之心。這個「人」是個人也是人類，人人都是天地之心，此心彼心，同理同貫，故亦可以視為一心，可以相通相感相知，故陶淵明誡子書云：「彼亦人子也」。

基督宗教中，人子專指耶穌一人，故費爾巴哈批評基督教缺乏「類」的意識。上帝是超絕、獨立的，人與上帝的關係亦是以個體獨對上帝，其關係則比人與其他任何一人之關係更緊密、更優先、更重要。

我的天人關係、人人關係，當與此不同。人雖渺小，生涯也很有限，但一想到天地之心、人心我心可以同條共貫，竟不免豪壯起來，彷彿可以與天地參，而同乎無窮呢！

# 第六卷・春秋

在臺灣，治《春秋》之學者並不少。臺大以戴君仁先生為最著，有《春秋辨例》。師大則程發軔先生，著有《春秋左氏傳地名圖考》等。又擅長天文推步，謂孔子誕辰為陽曆九月廿八日，被教育部採用至今。門下裁成甚眾，治《左傳》有劉正浩先生，治《穀梁傳》有王熙元先生。另傅隸朴先生則從事三傳比較，著《春秋三傳比義》。其實諸先生多兼治各經，不只《春秋》，又或多有辭章之學。戴君仁固然不用說，王熙元先生也長期擔任中國古典文學研究會會長，與創會會長黃永武先生為修辭學名家而精研《毛詩》、《易經》相似。此為當時學風使然，我讀的淡江大學亦不例外。

淡江的《左傳》課是黃錦鋐老師教的。我入大學時，老師已轉去師大，但仍返淡江講《左傳》。授課前，我已認得老師了。因學校辦演講，曾派我去臺北接老師來校。其實老師在淡江執教多年，且曾主持系務，豈會不知道如何來校？但派人去接是種尊重，故命我跑一趟。當年學校對教師，風氣如此。教師不是職員，是敦聘來的西席，屬於貴賓，禮數不可少，因此校長都要去老師們家中送聘書。後來改成系主任去，又後來直接寄發了。又後，則命教師來領，直接由人事處職員安排其工作、提示他該遵守的紀律。於是師道淪亡，變成職工，且是隸屬於行政體系下的底層職工了。

黃老師清臞矍鑠，以治《莊子》聞名，講《左傳》亦原原本本，敘事頗見條理，教材為日人竹添光鴻《左傳會箋》。我參酌顧棟高《春秋大事表》、高士奇《左傳記事本末》等書來看，很是受益。後來他以五十高齡，東渡扶桑攻讀博士，又開了一條我們對外學術交流的路子，同學連清吉即循其途軌者，可以接上日本漢學傳統。我碩士論文也請他指導。博士畢業後大鬧天宮，撰文批評以往之博士論文寫作多有問題，引起軒然大波。他正好擔任師大國文系主任，觸在風口上，卻仍保護著我，對我優容有加，令人真正感受到師德之可尊可貴。故對黃老師，我極是感激。

但我讀《左傳》僅略知史事而已，後來多講條例，又關注於文章之美，與古代「左傳學」之主流有些距離，未發展其敘事性的一面，也不談尊王攘夷。

春秋公羊學則花了我較多精神。

公羊是晚清民初之顯學。那時，學術之重心是今古文之爭。康有為之前，已有嘉慶、咸豐、同光數朝常州學派之積聚。晚清則廣東之康梁、湖南之王闓運皮錫瑞、四川之廖平都講今文，古文另有章太炎劉師培等與之頡頏。政事、學術、人情皆牽扯其中，一直延伸到《古史辨》時期。史學家中，崔適《史記探源》是今文家；錢穆初崛起，也由辨劉歆父子可不可能偽造古文經開始。可見這已不只是經學家們爭鬨之焦點，史學界也一樣。後來這個問題，到徐復觀、陳槃、黃彰健諸先生都還在處理。哲學界也有熊十力這樣既用今文又主周官的。我由晚清順著往下捋，自然也就涉足其中，如陷大澤，花了好大氣力才掙扎著走出來。

但如今風氣大變，公羊今文經說，學界已甚陌生。前幾年川大古籍所編了本宋代經學專刊，裡面居然收了篇談宋翔鳳的論文。宋乃清代常州今文學派學者，竟被編入宋代經學刊物中，你說有多扯？其不為人所熟知，可見一斑。

我治公羊，則與論詩相儷。前文已提過龔自珍《常州高才篇》說常州經學家「人人妙擅小樂府，爾雅哀怨聲能遒」。我由此領會其詞學講寄託比興其實即由其經學上講易象、說春秋微言來，故並取其說經之書互參。

當時讀之，頗覺怪異，因為什麼都可扯上孔子創制、為漢立法。如《論語》五十而知天命，劉逢祿曰：「謂受命制作，垂教萬世。」學而時習之，劉曰：「學，謂刪定六經也。」質勝文則野，文勝質則史，文質彬彬，然後君子。劉曰：「殷革夏，救文以質，其弊野；周革殷，救野以文。」

而他們的解說，與我們一般的理解不同處，是輒以今古文家之不同來解釋，謂古文家如劉歆等竄改文本或胡亂解說。如子曰：「述而不作，信而好古，竊比我於老彭。」康有為注說老彭只是一位古人，把他解釋為老聃和彭某兩人是古文家亂講的。甚至這整句就是劉歆竄亂，因為孔子是創作者而不是述者。把孔子描述為述古人士，正是古文家陰惡之用心。同理，孔子說：「甚矣，吾衰也，久矣吾不復夢見周公」，康有為也認為這句是劉歆竄入，以推崇周公、貶抑孔子。

這些解釋，在近代曾引起軒然大波，而且它還不僅是歷史性的。當年托古改制，倡言維新，用的是這一套講法。九十年代以後，大陸托古改制，提倡政治儒學，倡言要回到康有為的學者，同樣所在多有，因此經學在思想領域的活力，絕不能小覷。

西方其實也有類似的情況。整個啟蒙運動、工業革命、科技發展，都是反宗教的，從脫離上帝、教會、聖經開始。可是資本主義發展到後來，批判者就又經常回到《聖經》去。如解放神學，要把他人從政治、社會、經濟上被壓迫的地位解放出來，進而解放其靈性，故對〈出埃及記〉〈耶利米書〉〈路加福音〉〈馬太福音〉等再作新解，而後並出現黑人神學、婦女神學、民眾神學、鬥爭神學等，總稱為政治神學。這種政治神學，與近時從康有為到現今大陸的政治儒學，不是頗可比較研究一番嗎？通經致用的含義，由這個角度看，再明顯不過了。

當今，並沒有人能從解放神學這一類角度來談公羊學，以形成經學與當代思潮、當代政治的普遍性話題。因為談政治儒學者，旨在政治，期有裨於實際，故於學理上並不蘄於究竟。從政者，則以力、以勢取勝，亦不在意學問。公羊學之不能更有發展，原因不難索解。

我自己也不能致力於此。常州之學，乃至廖平康有為，我皆能入不能從。我之蹊徑，別有蹤跡。大抵有六方面。一是不考春秋之史，而以《春秋》為史之源，順之以下而講史學；二是由《春秋》之有三傳、有今古文家之不同解釋，而由此試探詮釋學之奧；三是以《春秋》為書法辭命之學，屬辭比事，而由此去勾勒文學上的法度格例；四是就「春秋經世」來覃思當前我的經世之道。五，由「春秋以道名分」講正名之學。六，由春秋「為漢制法」，接下去講未來學。

# 第一章 史學

## 一、史義

春秋學最直接的流脈是史學，史部即是由經部春秋學中獨立出來的。而更早，《春秋》一般也認為是孔子根據魯史而作。公羊穀梁今文學家，嚴經史之分，不同意此一說法（謂孔子採魯史等各種「寶書」而創作《春秋》，是為未來立法，非面向往古記錄歷史），卻也不影響孔子以前即有史書史學之事實，亦不能否定孔子《春秋》「其文則史」。

但過去講春秋講史學的先生們似乎又太偏於「其文則史、其事則齊桓晉文」這一面，花了很多氣力去考訂春秋史事。尤其是古史辨運動興起時，春秋戰國史成為熱門，鑽研者極多。學術史上，自晚清國粹運動以來，又以諸子比擬希臘諸哲，把春秋戰國視為中國學術黃金時代，因此考史事、訂繫年、論地理，風起雲蔚，名家不可勝數。上古史，也是由這一段往上推的。

我在大學時最迷這些，追蹤諸家說解以為樂事。其後漸厭，覺得講上古史等於畫鬼圖魅，毫無定準；徵實於春秋戰國史事，又理趣無多。因此我的工作，乃是遺形取神，不就史事說，直探史義。但這個義又不指孔子作《春秋》之義，而是史之義。

這方面，我服膺柳詒徵先生。其《國史要義》，我覺得是論中國史學最精要之書，總攝瑩練，超過錢穆。共十篇：史原、史權、史統、史聯、史德、史識、史義、史例、史術、史化。我之治史，本從此入，故關於史義，不能講得比先生更好了。但柳先生全書一開頭論史原就說：「史之初興，由文字以記載」，卻是我可賡予補充的。

史與文字結合在一起，正是中國史學之特色，其他民族無此觀念，故上古以傳說、神話、歌謠、圖像為史，近世以考古挖墳為事，史學則不皆如中國這般重視文字文獻文學。器物、圖像、錄音、攝像都會比文字更受他們看重，或至少是等齊的。中西史學中的許多齟齬，都和這一根本因素之分歧有關。

文字崇拜是我對中國社會文化定性之一重要指標，史學恰好就是其中非常重要的證例。中國人不相信「事實」而相信「記載」，記載又不能不靠文字，因為口說無憑，不如文字可以依據。文字之所以可以依據，則是因為它具有不朽性。為了強化字句之不朽性，我們又將之載於竹帛、鏤諸金石。所記載所銘刻下來的這些文字，因具有不朽性，可以垂世永遠，具有歷史意義與價值，所以才稱之為「史」。

因此，史本來就指寫下來的文字，不是它原先的事。孟子把「其文則史」「其事則齊桓晉文」分開來說，就是這個道理。孔子論文質，也同樣說「文勝質則史」，可見史者文也，而且自來就有文采太過之弊，非漢魏以後才文采滋彰。《漢書．公孫弘傳》說武帝時人才鼎盛：「文章則司馬遷、相如」，把司馬遷跟司馬相如並列為文章士。史遷自己作傳，相如一傳也是《史記》中最長的。可見文史淵源，骨血本來如是，非劉知幾以降努力區分文史者所能知也！近代史學，尤闇於此。但知考事，不能屬文，考事又以前面說的器物圖像等等為重，故去中國史源愈遠。

我關於文字崇拜的討論甚多，上溯真文信仰，均是可以闡發「史原」之意蘊的。

由此，也才可以補充柳先生史權之說。史之原在文字，文字具不朽性、神聖性，其原亦出於天，落實在具體政治體制上說，史官史職之所以重要，便是因它具有這種性質，秉天權以衡度人間之是非。

這種權力，雖由帝王封官而來，但其權力來源是天，不是王，所以反而帝王皆須對之有所忌憚。友人雷家驥《中古史學觀念史》特申「以史制君」之說，即是把這種性質體現於實際政治中。這也是近人講制衡君權時已經遺忘了的。近人講制衡，均參照西方。但西方僅有三權分立，欲以立法權、司法權制衡君權行政權，心態上另輔以上帝《聖經》而已。

可是上帝聖經並不體現於制度中，中國卻有。史權包括諡號、起居注、實錄、史官褒貶等，因此「《春秋》作而亂臣賊子懼」並不是一句空話。中國人，縱使是暴君、梟雄、土寇、亂民，也無不相信蓋棺論定，敬畏歷史的評價。不似今人膽敢猖言：歷史是小姑娘，可隨你打扮。

推其原始，史官蓋猶部族之巫師也。史遷自云家世史官，文史星曆雜於卜祝之間，後世以為職輕，古則職莫重焉。代宣神諭、啟示人心，王者言行，皆須徵求其意，以此具獨立超然地位，而王不敢以臣隸視之。故古有神聖性權威，後世亦仍具傳統性權威。

以上這些是我的補充，以下則要由史義方面去闡述中國的史學理論。

傳統史學，大抵如柳先生所云，理論存於史法史例之中，並不獨立繹說，僅見者如《史通》《文史通義》而已。近世言史，棄我玉璧，寶鄰磚石，徒取徑於西方，理論部分尤其如此。少數受西方啟迪之後，再回觀《史通》《文史通義》者。珍視之餘，亦輒注釋闡說之，兩書之研究，遂成顯學。

然而，容我說句不恭敬的話：大家固然都花了氣力，但對劉章旨趣，恐怕均不得要領，更莫說與之對話、知其利弊了。欲由兩書以明中國史學精要，我覺得也是罔然。

劉君史學大有問題，章則是文史學，非今所謂史學。詳情可看我《史通析微》《文學的歷史學與歷史的文學：文史通義》等文。劉氏「晚談史傳，減價於知已」，唐宋均有專門駁斥其書的。他反對論、贊並列，反對收錄文章，建議刪去五行志、天文志、藝文志，不同意列表，想加入人形志、方言志，都是不通的。更不通者，在於只言人不言天，知常不知變。我夙輕之。章學誠讀書少、固執多，偶有洞見，實蔽通方，硬要復古到周公時期，其憨勁與拗勁也都令人莫可奈何。

治學如打仗。逢一勁敵不易，當世不過數人、不過幾種主要學說可為敵手。故凡我發言出招，意中必有此一二對手在。人但見我趨避進退、出拳伸腿，如瘋似魔，不知皆與諸敵手對抗或呼應也。

## 二、新史學？

劉知幾、章學誠非我之敵，我的敵手別有所在，有哪些呢？

史學方面，近代是個打破傳統的時代，故「新史學」的名目標榜了百餘年。從梁啟超到現在臺灣中研院史語所，都在賣著這種牌子的膏藥。新之不已，正表示真正的新還沒立得起來，但已惹得老學者王爾敏要寫《新史學圈外史學》來表態了。我也不新，只想發揚老史學，以揭破國王之新衣。

梁啟超《新史學》說：「歷史者，敘述人群進化之現象，而求得其公例者也。」我卻以為進化論本身就可疑，也反對歷史直線進化觀、歷史命定論、發展階段論，認為歷史有迴圈、有進退、有異化。唯機巧日甚、淳樸日漓、邪偽日彰為進化耳。

梁先生受西方歷史哲學影響，又只重在述往事；我卻想依中國史學那樣「述往事，以思來者」，故更重視未來性。批判之矛不施予古代，而在現代；想知道古史能予今人何種啟迪，以助吾人邁向未來。

再者，公理公例，一種是西方歷史哲學式的（如黑格爾馬克思所說），一種是科學性的。前者，或謚為玄學式歷史哲學。我則以為那只是「立理以限事」，且其理是歷史定命論。科學的歷史哲學，我更不以為然。因此另闢蹊徑，想從近代西方狄爾泰、凱西勒一路講「精神科學」「人文科學的邏輯」的思潮中，發展出相對於自然科學的史學方法以對治之。反對科學主義，也一直在我的方法論中占有重要地位。

梁先生的史學，立基於上述西方進化論、科學主義，目的是批判中國傳統史學，破舊立新，謂傳統史學知有朝廷而不知有國家、知有個人而不知有群體、知有陳跡而不知有今務、知有事實而不知有理想。又反對講褒貶、定正統。

其說全是錯的。

廿四史固然是朝代史。但朝代有起訖盛衰，合起來不就是國家史嗎？怎能說傳統史學只知朝代不知國家？何況朝代史之外，吾國尚有無數人史、地史、物史、事史，豈朝代史所能限？即以各朝史中列傳言之，既述遊俠、貨殖、循吏、隱逸、儒林、文苑、伎藝、方外、畸人，又何嘗只知個人而不知群體？至於天官、河渠、輿服、禮樂，關乎制度，更非人物所能限。可見國史並不如此之窄也。

知有陳跡而不知有今務云云，尤其不知所謂。各朝均重修史，就是要記錄當時之事，以觀流變，太史公所謂「通古今之變」也。是中國史之主要作用，非講陳年故事而已。

所謂知有事實不知有理想，更是誤說。國史多議論，既有史例史法以評斷一時情事之是非及價值；又有論贊，依王道理想、春秋大義以評量人物事件，以明天人之際、以申戒之旨。若僅知事實而不知有理想，這些可又怎麼變成史例史法的？

因此，不是中國史學缺乏理想，乃是這些理想被騖新求變者忘了或誤解了，把珍珠當成了死魚眼，忙著拋進垃圾堆。

而當時西方史學界真正的新典範，也並不是黑格爾式歷史哲學，而是德國蘭克學派的型態。以實證性和經驗性為主，是十九世紀以來史學學科化、科學化的成果。

因為西方史學的處境，不比中國。在中國，自古就有史官、有史著，每個朝代又都重史修史。史學及歷史知識，乃是國人知識構成中最最重要的部分。史部之地位雖低於經，但六經有許多本來也是史書，或後來也被視為史原。

西方則不然，自古希臘以來皆重哲學甚於歷史，史書寫作與編纂、史事考訂研究也都不甚講究，所以十九世紀面對自然科學之進展時，就須花大氣力去論證其合理性或合法性。其史學方法也多半由自然科學借鑑而來，尋找歷史發展之規律，對過去的史蹟進行經驗式的調查、考證，遂成為風氣。老是希望能把史學也建設為一門科學、能在大學的知識體系中占一席之地，成為被正式承認的學科（而在其社會中，其實依然不重視歷史，中學大學生乃至一般國民對歷史都很模糊）。

蘭克史學即這一努力之成果，要求史學家對史料作翔密的考訂，力求在可靠的史料上如實地再現歷史。為此，他們希望史家保持客觀、中立，依據史料說話，排斥概括、解釋、理論。

這一派，乃是各大學史學系的主流，不像哲學系那麼喜歡講歷史哲學。引進它並漸漸使之風靡於中國，是傅斯年等人的功勞。

其所以影響深廣，一是新史學之說已對傳統史學起了廓清摧陷之功，史學界渴盼春風。二是新學堂教育，建立了史學科系，需要引進新方法。三是胡適提倡的科學方法文史考證。四是清代漢學樸學傳統的經史考訂，脈絡與風氣也都恰好與之合拍。故漸漸成為史學科系的基本功。傅斯年說要將史學建立成地質學生物學一般的學問，要「上窮碧落下黃泉，動手動腳找材料」「有一分材料說一分話，沒材料就不說話」等，均提綱挈領地說明了這派史學之精髓。

而大環境中考古事業的發展，自然也強化了占有材料、考證材料的優先性。所以陳寅恪才會有「預流」說，謂甲骨敦煌學等才是近代史學新的潮流。不能參預的就落伍了。王國維「地上地下二重證據說」，同樣顯示了這種態度。

史語所後來遷到了臺灣，臺灣每個大學的史學系也都以「史學方法」為入門金針、必修課程。主要教材出自許冠三、杜維運。一些老輩，如嚴耕望先生之治學經驗談，講的也都是這些。

我自己在中文系開講治學方法多年，頗參酌其法；在史學界的活動也很多，後來還轉去中正大學歷史研究所任職，脫離中文系，以滿足我的歷史癖。但我與那一套史學方法卻有根本之歧異。

王國維的「二重證據說」證明了他根本不知證據為何物，誤以材料為證據。陳寅恪的預流說也證明了他自己就不預流。他的隋唐史研究即與甲骨、敦煌卷子、內閣檔案關係甚少，論柳如是、《再生緣》就更無關了。其本領，實不在他原先從西方學到的漢學方法，也不在治殊方之文、塞外之史方面，而在於能就舊材料做曲折深入之辨析。故成就不在材料而在見識。等而下之之輩，把史學史料化、科學化，則不足掛齒。

## 三、結構主義？

當我還在努力抵抗此種學風、還在與師友爭辯時，西方史學潮流卻已生變化了。年鑑學派倡言「新史學」，批判上述史學太集中於政治史、與更廣大的社會環境脫節，又過分依賴國家檔案與列國外交事務。因此它要從政治史、精英史中超脫出來，多層次多方面地去整體把握。主張研究歷史深層的結構，不只限於人物史事件史，而重視對變動的事相背後或底層的長期因素，要對之概括和解釋。

因此，史學不再是一人一事一檔之考訂，是對結構因素之挖掘與剖析，是對歷史全景的把握。要有此效果，自然需要擴大史學方法之伎倆，從心理學、數學統計、社會學、經濟學、人類學等處借用或結合其方法。

大約二十世紀五十年代開始，此風即已發軔。七十年代最盛，八十年代後大抵與蘭克史學折衷融和之。臺灣要稍遲些，舊學派聲勢未衰，但加上了以「社會科學方法治史」的新潮，代表人物是許倬雲先生。恰好那時臺大楊國樞先生等人又在推動「社會及行為科學中國化」，一時之間以社會科學方法治史漸成顯學（但爭論還是不小的，當時有位先生還寫了本小說《儒林新傳》，大肆批評主人公席卓群，影射許倬雲）。九十年代以後，真正的年鑑學派才開始傳輸入島，而卻未形成太大風潮，便又開始轉向後現代、後殖民了。

楊國樞先生後來當了中研院副院長，又與許倬雲先生都就我之聘，來佛光任教。聘我去中正大學歷史所，後來轉而隨我北上宜蘭開創佛光大學歷史所的毛漢光先生，則與我尤其熟稔。毛公去武夷山結婚，我還帶一夥賀婚團專程往賀。毛公亦是以社會科學治史之名家。故我與此派頗為親近，可是我仍與之有許多不同。

因為泛說治史，當然什麼方法都可用，社會史、經濟史、心態史、精神史等都應關注，不能僅局限於政治史。但就是講政治史，不也該用政治學方法嗎？如陳寅恪《隋唐政治史述論稿》，並未標榜社會科學方法治史，卻已用了許多政治學概念及方法。那些政治、經濟、社會學科，在形成其各自學科的方法時，本來也就是從政治史、經濟史、社會史等等的研究中提煉的，現在轉回去說可用其法來治史，豈非倒果為因，再循因求果？

因此，此種新史學之特徵其實不在此處，而在眼光向下。由上層精英史、政治史，下降到整個社會庶民生活領域，然後再向下追探產生事件之下層長期結構因素。相對於這些下層因素，精英與政治事件僅是浮在水面上的浪花。

這種方法，遠的淵源，是西方的思維習慣，叫做「透過現象，尋找本質」。柏拉圖的理型、基督教的上帝、歷史的決定論、現代科學，均屬此思維方法之產物。認為紛紜事相之背後或底層，一定可以找到決定它的規律結構。近的，是當時歐洲流行的結構主義思潮。該思潮在哲學、文學、人類學各方面均有所表現，史學也是如此。

可是我既不贊成本質主義，也不贊成結構主義。大的哲學問題且不談，年鑑學派論歷史之長期結構，已使得史家對靜態的結構越來越熱衷，動態的人物、事件、活動則關注越來越少。人口曲線、經濟發展、數量統計、社會結構變化、生態環境等等，取代了血有肉的人、有聲有色的事件。即使講人，這人也是抽象的，不再有血有肉。因此，這是更深的科學化，是目中無人的歷史。我覺得這不是史學的本性。歷史的核心是人，是人參贊化育，所以才形成為歷史。長期的結構性因素，其實仍是人所創造事物之一部分，不能倒過來說：人物與事件都是結構因素創造的。

這些所謂結構、長時段、大因素、非個人所能造就者，在中國傳統觀念中稱為「勢」。時勢可造英雄，可以成為事。此即年鑑學派所說。可是「勢」又是怎麼來的？不能說皆無人類或個人之因素使然。甚至，反過來，英雄造時勢也是很常見的。再則，長期之非個人因素，可能更多來自制度之運作結果。亦非潛存於事件底層之結構，不必只由那個角度去索解。

這一路新史學，在我國還有個通俗版，就是黃仁宇的「大歷史」。先生暴得大名，可是史學史識都很荒疏，只抓著一個「歷史長期合理性」的大概念在傳教。說要觀察長時段的歷史動態，而這動態是什麼呢？就是走向資本主義。如何走？數位化管理！西方早走了這一步，中國則要拖到蔣介石毛澤東以後。這是年鑑學派之變形，不通之至。我曾撰文提醒過他，惜其不悟。

## 四、結構功能？

另一種結構問題，則與上述結構云云不同，那是社會學上的觀念。美國帕森斯（Talcott Parsons）結構功能學派，發展了孔德、史賓塞以來的功能主義，強調社會就像個生物有機體，具有細胞、組織、器官等結構，以滿足其生存需要。其基本需求有四：目標的獲得、環境的適應、將社會不同部分整合為一體、對越軌行為的控制。滿足了這些，社會就運作良好，否則就會崩潰。因此社會行為有機體系統、人格系統、文化系統、社會系統即是為達成上述功能而存在的。

此派盛行於美國二十世紀四十至八十年代，影響了好幾代人。其所謂結構，與前述結構主義講的事物背後、底層、潛存之長期支配性因素不同，指社會本身。換言之，社會有其非個人化之整體結構，它是個更大的「人」或生物，自主存在其生命，不僅不為社會中個別的人之意願所左右，反而對人有著強大的制約性。

我頗受這派思路之影響，故也很注意社會本身之運作與發展。但我與他們不同者有二：

一是不太談社會整體。該派常把社會想像為一個人或者至少是個有機的生命體，我則注意社會內部的異質性、差異化。在他們看來，社會的基本需求與功能之一是對越軌行為的控制、將社會的不同部分整合起來，我卻花比較多時間去講社會中的畸人、遊民、浪子、盜俠、娼妓、祕密宗教、幫派會黨，以及宿娼、鬥毆等越軌行為。對傳統社會中異質性的因素，如儒、道，佛、伊斯蘭教分立的倫理觀、生活態度，居民與遊子的不同人格取向，男女有別的思維與行為方式，文人階層與其他階層的互動等等，我也都喜歡去探究一番。社會，我並不想像它是個和諧的整體，只覺得它是許多部件的拼合。有時拼合還存在裂縫、有時部件本身就還不夠完善，猶如人常胃痛，或有的先天心臟瓣膜不良。

二，結構功能主義強調整合，我受其啟發而改談「分化」。首先，在一個社會之內，我們可以不談整個社會，只就一類或一種體系講其結構功能。例如社會中有家族，宗族本身也可以把它看成一個自成體系的結構，有它須滿足的基本功能與需求。這是可以用結構功能主義針對社會整體之分析方法去分析的。但就結構功能主義來說，這是對「整體社會」的拆分，拆開來討論。

其次，一個宗族，固然具有許多功能，如社會結構功能主義所說那樣。但那些功能只會長久保持其整合關係嗎？若真這樣，社會就不會變化，也不會瓦解了。社會既如人，便有生老病死。因此，一旦引入歷史性的因素，就會看到社會在時間之流中，其穩定性是會崩塌的。

帕森斯由於太強調社會結構的內在統一性、一致性、均衡性，故本來就常被批評在社會結構變遷問題上過於保守，其理論及意識形態乃是為穩固統治形式作論證的。我的作法正是由這方面去擴大其理論裂痕，說明其整合性本身就只是一種不穩定的狀態。

再者，和諧穩定僅是暫時的，常態其實是變。蓋不易者變易也。然則，如何變？分化就是其中一端。整者分，合者散，便是它的邏輯，因此也可說是結構經由分化而產生演變。

復次，分化並不同於衝突。帕森斯理論之主要批評者是衝突主義（Conflict theorists）論者。他們認為帕森斯僅著眼於社會功能之整合而忘了衝突更為常見。我說的分化則不是衝突，衝突往往發生於異質性的結構之間，例如不同宗教之信徒，絕無帕森斯所說一個社會中大家共用之價值觀，故常起衝突。分化呢？則是一個結構本身便有把各種東西整合在一起的功能。

比如大學，探索知識的功能、培養學生未來就業的功能、讓廢物繼續坑爹的功能、把一部分人圈在校園內以減緩勞動市場壓力的功能、作為國家智庫的工具功能、作為社會文化象徵的功能等都被合於其中。它們不矛盾不衝突，除非某部分畸形獨大，破壞了整合與均衡，否則就都符合帕森斯之理論。

但這些功能可不可以各自獨自發展呢？或在發展之過程中形成變異，導致它們分道揚鑣？當然都會！於是你就會看到現在一大堆號稱大學的勞工培訓站，或找不到工作的廢人都賴在校園裡考研讀博。大學生很多，但他們分享著大學已分化的功能，並無統一的行動與價值觀。分化以後，若因機緣，使得其中某一功能發展得較好，則大學這一結構、這一體制就會產生根本之變化。或者長期處在各功能分化之競爭與分合關係中。

我在《江西詩社宗派研究》中開始運用這一概念去說明宗族的變動。六朝宗族，是個混合了血緣、政治、身分等功能的結構，所以稱為士族或世族。士族，謂其具知識，能夠以經學禮法傳家；世族，謂其累代官宦，擁有政治權力。中唐以後，這些功能分化了，世族要想擁有政治地位，不能僅靠其血統，須依才學，考科舉，宗族漸漸僅成為一種血緣組織而已。相較於六朝，其功能較單一，只是血緣，不再是階層化的標準，所以族譜也不再具有辨姓授官的政治功能。於是，六朝隋唐之「百姓譜」漸成無用之物，強調血緣統緒、用以統宗收族的宋型族譜乃出現於歷史舞臺。

此種分化，我後來常用以解釋歷史變遷。例如古代儒者，入漢以後，分化為經生、文吏、賢良、文學。因為孔門弟子即有四科之殊，德行、政事、言語、文學。四科都本於孔子之教，但畢竟是一棵樹上長出的四根枝幹，爾後各有發展，便各有風景。講德行者，為漢之孝廉賢良、宋之道學；講政事者，為漢之文吏、宋之能臣；講文學者，博學於文，為漢之經生、漢後之儒林；善言語者，修辭有彰，為後世之文人。經史子集，亦約略由此而分。然分而未分，終究一本從同；合而不合，氣類畢竟略異。

分化是在歷史中形成的，又因它而產生社會變遷。但由於它可能是生於結構本身的因素，而非生產力或生產關係之變動，故此便可在馬克思之外別立一解。

而且，因分化可能由於思想上有了什麼想法，所以也與馬克思說下層建築決定了上層建築不同。像宋代士族結構之分化，很重要的一個因素，即是士人的文化自覺，否則就算世族分化成了純粹的血緣族群，也不會出現宋型族譜。

宋型族譜不再談族譜的社會階層化作用、不再談政治功能，固然由於社會變動，宗族已不再具有那樣的作用了。但族譜在喪失了那些功能之後還能做什麼？知識分子這就要想想了。歐陽修蘇洵之家譜、司馬光之家儀、范仲淹之宗族義莊條例、張載程伊川之談井田與宗子法，就都是要指出宗族該具備什麼功能、該怎麼發展下去。是因為有了這些，才有了新的精神內涵與方向，而不是生產力及生產方式變了，一切就都隨之而變。

況且，若依中唐之社會變動看。由唐到宋的變化，很可能是一種類似資本主義社會的變動。市民階級興起，市人小說、市井文化漸盛，印刷術又普及了，故一種與小市民口味相符的戲曲小說俚俗詩詞也大興。這是社會變動帶來的「勢」，自然就會如此。可是士人處此時勢，是隨波逐流，趁勢弄潮，以自鳴得意、自詡得計呢？還是批其逆鱗，指出向上一路呢？顯然當時士之文化自覺選的是後者，強調要人文化成、化俗為雅。因此，宋型文化之成就，並不在它俗的一面，而在它雅的那一面。江西詩派之詩、南宋清空騷雅之詞、歐公蘇公之譜例、理學家面對社會之書院講學、溫公朱子之家禮、王應麟之《三字經》，不都顯示了化俗為雅之整體動向嗎？士人若不自覺，無荷負天下的擔當，焉能如此？

自來論人與社會的關係，有一路是英雄史觀型的，神、聖、賢、哲、王侯、英雄、美人、才子、意見領袖，帶動了社會的變遷與發展。還有一路反之，認為人只是被決定的，社會大於個人。社會有其進程，它的腳步動了，人就只能隨之而動，否則便會被潮水淹沒。馬克思、帕森斯都屬後面這一類。我依違於其間，既有用其說之處，也欲修正之。

## 五、鄉黨與結社

但大局勢及學界風氣終究是決定論式的。這是我們這個時代最有趣、又最詭異之點。一方面英雄主義盛行，政治上兩岸都大搞個人崇拜，如火如荼，遠勝於史上任何階段。一方面又在努力尋找歷史之規律、社會之理則，要以「科學」之態度看著歷史以「科學」的腳步走向下一個旅程。所以講馬克思、帕森斯、結構主義還不夠，後來還流行過一陣子超穩定結構說、文化基因論。

柏楊的中國文化醬缸說、金觀濤夫婦的超穩定結構論、孫隆基的中國文化深層結構論等都屬這一類。諸君皆我友人，孫先生且被我由美國聘回在佛光執教，但我不能同意此類說法。

大抵這些都有黑格爾批評中國社會長期停滯論的底子，與魯迅以降之國民性批判也有關連。旨在說明中國社會長期處於封建宗法制、儒家又兩千年不衰之原因，認為中國政治是以血緣關係為基礎的宗法制度來維持的。所以封建的社會結構在這基礎上遂長期沒有變化，也打不破。統治者及富人地主以土地兼併進行剝削，並統治人民。這種「宗法一體化」乃是結合了封建（社會）、宗法（政治）、土地兼併（經濟）的整體控制。人民遂被神權、君權、父權、夫權四根繩子牢牢地拴住了。

他們的具體詮說，頗有參差，內部歧異很大，然而大體框廓如是。相對來看，我的宗法宗族宗廟研究，大異其趣。例如，我會凸顯宗廟宗法制度中君與師分立的要素，強調儒家「道尊於勢」之主張，認為禮有三本：天、君、師，三者並非一體化的，頗有制衡之勢。論儒家，亦不像他們那樣，把儒家視為封建帝制的合謀或說儒家做成了統治的理論內核，而總想說明儒家的理想是禪讓，是退天子、貶諸侯、譏世卿、討大夫，是諍諫，是君臣以義合，是以師道教輔君王等等。

社會，我也反對費孝通先生等人所認為的中國凝固型封建宗法社會。由社會，也就是中國傳統的會、社、行、幫等來看，流民、浪子、行商、游士，俠逸、旅人、走方郎中、雲遊僧道、遊娼、行丐、貿易、打工仔所形成的，才是社會更大的動態存有，而不是固著於土地的家族。其存在，不依農耕家族，不依宗法，不依長老統治，不盡遵循禮俗，而具有契約性質。它與安土重遷之血緣地緣組織之間，正如水拍擊著土，沙起雲飛，滄海橫流，非一凝固化之社會。由此，我另寫了《游的精神文化史論》一書及《海洋文化論綱》諸文，反對錢穆、費孝通等把中國定性為農耕文化、黃土文明、安土社會、禮俗（而非法制）統治的各種說法。

在經濟方面，反對說中國只是農耕文化，就自然不會只從土地兼併角度去看問題，會重視商業行為，會注意「江洋大盜」，即海上的商盜活動和江河上的幫會（清幫、洪門、天地會及各種水碼頭分舵），也關注大運河。我論海洋文化、論武俠、論運河、論伊斯蘭、論海外華人社會，均與此有關。陸路，則我於一九八九年就由敦煌赴烏魯木齊、吐魯番、喀什了，近年又在伊犁特克斯著墨甚多，一直對絲路經濟文化有興趣。這在現今，不覺竟冥契於大陸當局「一帶一路」之提倡，但昔年關注於此，卻由於可藉此打破土地、農耕之迷思。反對此種迷思，亦令我不能認同大搞土地崇拜之臺灣獨立運動。從李登輝到蔡英文，我認為都是「小人懷土」之類型。

就是農業，我也不太談土地兼併。因為治《周禮》《孟子》者，聚訟井田，已數千年。土地兼併，是與農業發展並生的，土地成為生產資料，自然就會有囤積與買賣。但若打破私有，收歸國家，又必然生產力下降，人人成為國家之僕隸。因此解決之方式只能朝公私兼行方面走。井田，不是熊十力他們說的土地國有，而是公私合有型的，後世均田制亦然。孫中山說要平均地權、限制資本、發達國家資本，乃至大陸鄧小平之改革開放，走的也是這個路子。但公私比例及具體實施情況如何，又當別論。傳統社會，則並不都是土地兼併、地主剝削，其社會福利、社會救濟，如義倉、族田、善堂及宗教團體在其中起的作用（不是偶發的賑濟，是「無盡藏」之類借貸機構），亦堪留意。我在這些方面也各有一些論述。

對商業行為的關注，除了這個脈絡外，還想呼應一個老公案。

行會，西方稱為基爾特（Guild）。一九一九年，張東蓀開始介紹羅素之基爾特社會主義。次年，羅素訪問中國。陳獨秀李大釗等則以為此種社會主義不同於馬克思，紛紛撰文反對，認為這只是社會改良，不是革命。毛澤東在長沙聽了羅素的演講，也反對之，主張仍走俄武暴力革命之路。其後，宣揚基爾特社會主義者雖仍有郭虞裳周佛海等人，但其勢已衰。到一九三四年陶希聖創辦《食貨》雜誌，發表了全漢昇的《中國行會制度史》，才又令大家關注行會與中國經濟史之關係。

陶先生的《食貨》非常精采，來臺灣後辦至一九八八年，影響深遠。全先生的《行會制度史》、夜市研究、大運河研究，何茲全的魏晉莊園經濟研究，都對我極有裨益。但我不把行會問題只從經濟史角度看，我將它放在更大的脈絡，亦即人群組織中看。

早期之人群組織是血緣的家、地緣的社。這兩者可能更早還是合一的，祖即是社、社即是祖，後來才分化了。其後，社分而又分，有血緣的高老莊、穆柯寨，叫做宗社；沒血緣的三家村、十里鋪，叫作里社；信教的人結夥稱為法社，女人們結伴去玩的是女人社，出門在外互相幫助的是義社，商家則各行各業有其行會。會者，人群之會集也。大家團結，互相幫忙，所以又稱團或幫。既有晉徽閩潮等所謂十大商幫，又有清幫紅幫之類祕密會社。清幫又稱漕幫，是漕運水手組成的，信奉羅教。紅幫實即天地會，後衍為哥老會三合會等。此類社、會、團、幫，雖因功能及與會人員性質不同而分，但其本株其實仍有不可分者。功能作用，仍結合為一。所以凡社都有祭祀，宗社拜祖先、里社拜城隍土地、法社拜佛、商家祀行業神，祕密社會更幾乎都是祕密宗教，分香分壇，遍於四方。即使是文人結社也都如此。文壇詩壇，主盟者開壇站、執牛耳，我《江西詩社宗派》等已述之甚詳。

而社皆有社規。因此，雖然可能本來屬於血緣地緣自然組合，後來也莫不以契約規範之，家有家規、族有族訓、社有社條、會有會約。西方研究契約、契約精神的，都是順著工業革命、商業發展、資本主義興起說，基爾特社會主義也不例外。費孝通則更由此將現代（西方）社會、法治、機械之人群組合、商業組合起來，跟中國農村之安土重遷社會做對照。其實都是錯的。

當然，這不僅是對人群組織的解釋問題，它涉及更大的國史性質論斷。上面的描述，之所以從基爾特與馬克思主義的爭論講下來，就是因為此類國史性質之討論是在一個大背景底下談的。

## 六、發展階段？

這個大背景，就是馬克思主義在中國的發展。這個發展，政治與學術是結合著的。政治方面太複雜，談起來費勁，茲僅由史學這一面稍微談談。

一九三〇年北大史學系發生趕走系主任朱希祖的風潮，要求開設中國社會史、唯物史觀研究。朱先生一九二〇年開始執掌北大史學系，即提倡梁啟超講的那種新史學，屬於美國魯濱遜（James Harvey

Robinson）一類。而這年發生這等事，即可知馬克思已成為時代之新潮了。一九二八年出現之中國社會史大論戰，反映的就是這一形勢。

論戰的主題有二：中國社會的發展階段是什麼？中國現在是什麼階段，性質為何？這些問題，背後乃是馬克思歷史唯物論如何應用到中國史上來。

依馬克思說，歷史有奴隸社會、封建社會、資本主義社會、社會主義社會諸階段，生產力與生產關係之改變，推動了社會之變化前進，將來還會進化到社會主義。那麼，中國呢？

很多人，甚至許多教馬克思的人都不曉得他的歷史階段論其實並不包含中國，只專指歐洲。因為他受黑格爾影響，認為中國雖有歷史而無歷史性，故長期停滯不前。此種亞細亞生產方式，為他所不能理解。

可是到了一九二八年那時，馬克思主義卻已經成為一種全球化的國際行為，共產國際都運作老半天了，馬克思歷史階段論怎麼就不能用於中國呢？於是，大家努力去想辦法讓馬克思的框架套用到中國歷史上來。而確定中國當時是什麼階段，不但與此考慮相關，更牽涉到革命的策略問題：若不能確定當時社會之性質，怎麼進行革命？又要進行什麼樣的革命？

社會史大論戰，於焉開打，百家爭鳴。現在看起來，這事有點可笑，但當年確有此意識糾結，也不能不辯。而其中涉及中國社會史到底應如何了解，也是不能迴避的。

臺灣當時雖與大陸隔海對峙，但講馬克思的名家其實還不少。有老左派、日據時期就活躍的共產黨員，也有大陸來臺的胡秋原、鄭學稼、任卓宣、嚴靈峰等等。他們還有《中華雜誌》及帕米爾書店傳播其學，因此我並不難找到相關資料來研習。陶希聖先生及其《食貨》也仍在持續研究社會史經濟相關問題，故對當年大論戰以來之觀點及研究法，我們依然有所繼承。

我的繼承情況，是不承認歷史五階段論在中國史上應用的合理性，也不認為中國有奴隸制度。

封建制度云云，在中國史上也根本講不通，中國的封建與西方的騎士武裝政權、農奴經濟形態不是一回事。資本主義社會嘛，我較傾向日本京都學派之解釋，覺得若一定要這麼定，則劃在宋代也比劃歸鴉片戰爭以後合理。而是否為資本主義社會，似可以不必堅持。只是唐宋之間確實存在一個巨大的轉型現象，則不可忽視。

至於明代末期的所謂「資本主義萌芽」也是說不通的。雖然晚明也有社會變動，但其性質與幅度都小於唐宋，略近於漢魏之間而已。清代之變局，外部西力衝擊固然甚大，但內部社會人口增加，種族、階層矛盾擴大才是主因，要從內部重新理解。向西方尋找真理之近代，乃因此多是病急亂投醫，引進了錯誤的藥方，使得如今折騰來折騰去，差點一命嗚呼。

我碩士畢業之後，唐亦男先生聘我去臺南成功大學講詩。我教室邊就是歷史系的圖書室，該系以臺灣史研究見稱，因建系歷史較久，與日本史學界淵源又深，因此藏書頗豐，日本史家論述中國史的著作尤其令人眼目乍明。我每去成大，都鑽進去看書查資料。日本京都學派與東京學派對中國史斷代之問題，因涉及我博士論文要處理的唐宋文化之定性問題，更是引我關注。那一段長榕落日中閉戶讀書的經驗，時刻在懷，十分憶念。

當時我處理唐宋之變，主要是想具體解釋唐詩宋詩之分。我接受錢鍾書先生說，謂唐宋詩不僅是時代之殊，更是風格之異。唐型與宋型詩是中國詩歌的兩大類（就詩而論，我認為還有一型，即漢魏六朝，選體詩一型。錢先生不懂這一段，故未論述）。而唐代宋代為何出現兩種不同類型的詩歌，原因不能僅從詩看，詩只是文化之一或表徵，唐代文化和宋代文化整體上就是不一樣的，為何如此不同，則要由唐宋間的總體社會變動看。因此我吸收了日本「唐宋變革期」的一些論述。我《江西詩社宗派研究》第二卷，唐宋社會歷史分期之檢討、社會變遷中之經濟型態、社會變遷中之社會結構三章中便可看見若干受這些社會經濟史前輩著述之影響痕跡。過去論唐詩宋詩者多矣，但無此視野，故也未能涉足於此。

但在經濟社會史視野中，我嘗試再引入思想史的角度，即由余英時先生論知識階層的論述中轉手，吸收了他知識階層的概念和關於「哲學之突破」（Philosophic breakthrough）之說。

余先生的《中國知識階層史論》於唐以下並未討論，我是參考他說漢末士之群體自覺以言唐中葉以後士之文化自覺。余先生「哲學的突破」，引自雅斯培，主要用以解釋春秋戰國一段為何能形成類似希臘哲人時期那樣的飛躍性思想大發展。我對雅士培之說，實不贊成，在《中國傳統文化十五講》論周公處已有辨析；余先生以此解釋春秋戰國之突破，我也不以為然，本書論易那一卷中討論余先生的「天人之際」時也有申論。但用來解釋唐代中期曾發生過一場大的思想變動，對本身之歷史地位，起了系統性、批判性之反省，而確立了新的思想形態，發展出新文化，則可能仍是合適的。

余先生論漢末士之自體自覺及由此而說漢魏之際的思想文化變動，我也不以為然。漢魏是延續性的發展，在發展中逐漸變成另外的樣態。這種樣態，一是水成了冰，毛毛蟲變成了蛾，稱為演化；另一種是異化，發展發展就走到了原先的對立面去，本是為人民服務，竟成了人民為他服務。這是馬克思的重要觀念，可惜沒結合到他的生產力生產關係變動造成歷史的進階說裡去。分化、演化、異化，就是我對社會變遷模式的主張。

前輩們論春秋戰國、魏晉、晚清之變遷，無論是用「哲學突破」或「個體自覺」什麼去解釋，似乎都不脫革命式的氣味。其實革命式的反轉，破舊立新，是最少見的，即使唐宋之際都不能說是革命。其革面或未洗心；或小人革面而君子尚未豹變；或革新只是復古，如西方之文藝復興、我國之古文運動；或農民造反，而建立者乃更陳腐之王朝；或以歧徑為大道；或以俗腔為雅調，均屬於當代不時尚者之時尚而已，非真新創。

春秋之變，由於貴族淩夷，則封建宗法之自然演化也。猶如李商隱為唐宗室，然至彼時已無封邑無爵號，且貧若窶人子也。貴族傳世既久，子孫猥多，無偌大封地可承襲，又無爵位可以世守，遂成平民，斯所謂淩夷，豈有人起而革其命哉？

貴族淩夷以後，社會大變，然變遷之中有不變者延續且作用於其間，如古貴族之學與養，不僅為諸子所繼承發揚，其變遷亦由於諸子所取捨發揚者各不相同使然。此所以莊子謂諸子百家皆本於古道術，而班固《藝文志》有諸子出於王官之說也。

所以研究社會變遷者，固當觀變，亦應知常，覃思其變與不變之故，乃能得其真際，非洶洶然弄潮影掠浮光，便自矜得計。

如此論變遷，自然也就由社會史經濟史逐漸偏向思想史文化史。相對於唯物一路，這自然就會強調思想在社會變遷中的重要力量，不認為上層建築只是下層經濟發展帶動起來的。既主張思想自有發展、自有邏輯，亦認為思想藝術等所謂上層建築也可以且經常帶動經濟之發展。

道理非常簡單。由大躍進、人民公社，轉到改革開放，當然不是生產力和生產關係改變了，才形成這樣的變動；而是想法變了、政策改了，所以生產力及生產關係才隨之巨變。現代如此，古代亦然。

至於思想之自成邏輯、自有發展，則余英時先生「內在理路」之說及研究示範，導夫先路，足資啟發。只不過其邏輯究竟為何，解釋上我與余先生會有些不同罷了。具體案例，可詳見我《晚明思潮》。余先生論晚明，由尊德性與道問學方面找脈絡，以論清代樸學之淵源，我完全不一樣。

由思想的脈絡說時代，另還有好幾個型態。一是哲學界較普遍採用的心性論主脈說。早期的胡適的分期仍是上古中古近世，馮友蘭也一樣，不過馮先生認為中國還停留在中世紀，到康有為都還沒進入近代哲學。此說其實迄今仍頗有人承續之，如朱維錚《走出中世紀》之類就是。

## 七、心性主軸？

臺灣既不流行馬克思分期法，自然另闢蹊徑。新儒家是中國哲學的主要詮釋群體，他們本不贊成胡馮，故亦不採上古中古之說，大抵仍用朝代、仍用傳統上的漢學宋學之分來看，說先秦儒家確立了心性論之大本，漢代則違異了、墮落了，雜於宇宙論。魏晉當此儒學凋敝之際，玄學老莊及佛教乃盛，至唐而佛教達到圓教高峰。宋明繼起，回歸心理論大本，而朱熹又有新異，所謂別子為宗。理學心學迨晚明，逢清兵入關而命脈已斷，以致數百年衰弱，到達今天人不人、國不國之狀況。非復性無以存人極，非開新外王無法建國命。主要倡言者是牟宗三先生，唐先生徐先生附之，而勞思光《中國哲學史》甚至比牟先生的心性論立場更單一。

新儒家是我所親近的師友，但我理解的中國哲學大框架很不相同，不認為心性論一條主脈之內在理路即可貫穿上下，更不認同其附從現代性的主張，如民主、自由、主體性等等。另外，諸先生對道教、民間宗教毫無研究，其哲學史與社會史也是分離的，對社會變遷其實無從解釋。

受新儒家影響而專就審美一面講的，則有高友工先生的「抒情美典」理論。謂中國與西方不同，西方偏於敘述美典，中國偏於抒情，魏晉六朝表現於詩，唐表現於書法，宋表現於詞，明清則敘述美典，如小說戲曲代興，但最終仍然敘述消融於抒情中。我早期頗受其影響，與蔡英俊、呂正惠等發皇其說，後才漸漸批判性地使用此一概念，另有長文詳予檢討。

具體說抒情傳統或心性論傳統，雖然討論起來十分複雜，但整體看來，它們偏重於審美本身和哲學觀念之嬗遞，缺乏與社會關連起來的分析，恐怕是我不能完全同意它們的主要原因。

而由於我老想把思想和社會結合起來講，我的史學自然就會有文化史的意味，希望能總體掌握中國文化之歷史進程。

我的文化史規模，受啟發於柳詒徵《中國文化史》，博士畢業後出版《思想與文化》，開始緦繹其方法與論述架構。離開佛光大學時寫《思想史》，後改刊為《傳統文化十五講》實際上也近於文化史。

當然，觀念史也仍是要做的。我與蔡英俊、黃景進他們做的中國文學批評術語解析，即是觀念史式的，英俊另主編過《西洋觀念史大辭典》，我也在北大講過《文學觀念史》的課，結合到我的文字學研究去，深察名號，以觀觀念之流變。這是哲學史之基礎，不能辨析觀念之含義與轉變，哲學是講不好的。

深察名號之法，我是由董仲舒那裡發展來。但我不再爭今古文了，我主要是想通過今文家所說《春秋》之微言大義去理解儒家的政治、歷史觀，並將公羊一套解經方法提煉出來作為我的詮釋學內容。

在這個領域或方向上，我也頗有些同聲師友，例如蔣年豐，他曾由我解《詩》解《春秋》處看到了建立中國詮釋學的潛力，可惜後為抑鬱症所困，學未大成。自殺後，全部藏書送給我作為佛光大學第一批收藏。學生張廣達、丁亞傑則英髦早逝，對公羊學均有頗多鑽研，亦可惜。再就是湯一介先生。他對我開發中國詮釋學這一項特別欣賞，曾牽線上海東方出版社由我主編一套叢書，惜乎亦仙逝矣。另外，劉述先先生曾精讀我論徐彥《公羊疏》長文，相與發明不少，而也故去了。人事如流，論學遂多可傷，更不要說黃錦鋐、陳槃庵、黃彰健諸師了，哀哉（與上述師友及春秋公羊學無關，而與我治史之事相偕者還有許多。例如高陽先生等，文章語脈所限，不及論次，十分遺憾。高陽本名許晏駢，世家子，以寫社論、文史掌故、歷史小說擅名。於學院之外，別開一境，其實亦甚重要。一者，近代史事掌故可觀，彼與高拜石、陳定山、彭國棟、李漁叔、唐魯孫、莊練等，叢談鐵圍之山、弋事野獲之編，窮搜稗史，談言微中，不可忽視。二者，文史通義，於鉤沉抉隱中特饒文趣，非學院派所能有。三者，史識文心，不為學院所囿，見解往往新異。宜為別錄，故暫不闌入）！

# 第二章　詮釋

## 一、詮釋分歧

我大學時，系主任傅錫壬師精研《楚辭》，曾作《楚辭古韻考》，又為三民書局撰《楚辭今注今譯》。論述多採其師臺靜農語。臺先生夙在臺大開設此課也。彼本以新文學名家，與魯迅許壽裳淵源尤深，入川後則與陳獨秀相過從。臺灣既光復，與許壽裳、魏建功諸先生來臺建設臺大中文系。而時局不靖，遂盡捐故技，飲酒、作字、讀離騷而已。字學石門頌、倪元璐，崛強雄恣。治《楚辭》，卻以文從字順為主，謂〈天問〉之荒怪陸離，當係錯簡使然。故著《天問正簡》以釐定之。

後來我編《國文天地》時，邀王孝廉兄撰文。孝廉即舉傅師抄襲臺公成說為言。我很為難，希望調停。因為今注今譯乃通俗讀物，沿用師說，未盡注明，或非顯惡。孝廉說：「那也是，但最好大家一起去臺公家講清楚。」遂由我約了臺公並與傅老師及孝廉同去。臺公住我對門，一日式小庭院，十分清雅。玄關前有一缸荷花，亭亭出水，令人想知主人標格。臺公對此類事當然是絕不會在意的。他雖治《楚辭》，但寬和豁爽，與屈原之顧影自憐終究不一樣，因此大家言笑甚歡，並無芥蒂。

然而說及此事，其實要談的是另一層道理。當時臺灣治《楚辭》者甚多，臺先生與蘇雪林先生為兩大典型。一在臺大，一在臺南成功大學，南北輝映，而趨向迥異。蘇先生是神話學的路數，而且將之關連於域外，謂《楚辭》之神來自巴比倫。臺先生卻是理性化的路數，把神怪荒誕之處，用錯簡及訓詁考證之法把它講得合理些（孝廉治神話學，卻不贊成蘇雪林之巴比倫，杜而未之月亮）。

其實傳統的楚辭學即是臺公這一路。神話學的路子，是民國以後如聞一多等人提倡起來的。因此這裡就有一個詮釋學的問題。經典文本，在流傳過程中，各朝代人各有各的讀法、各有各的理解，詮釋互異，雜然並存。此中既有流變，也有是非。流變須搞清楚，稱為歷史性的還原。至於其是非，如何論定之，則又是更高一層次的哲學問題。

為什麼？一，各種解釋之是非，以什麼為標準來判別？以「原本」嗎？不，就是因為原本不可知、不能確定，所以才會形成爭議。像臺公說正簡，意思即是現存版本（所謂原本）便錯了，因此要整理出一個新的版本來。可是這新版本卻並不是新造的，而是復原了的真正原本。你說這在邏輯上不顯得怪嗎？可是整個清朝的校勘考證，所謂「煥然一新，盡復舊觀」，不正是如此？

而若原本不可作為判斷是非之標準，那又能用什麼呢？

再說，原本最多只能確定文字方面的問題。倘或涉及義理（對不對）、美感（好不好），可又怎麼論斷？

如《天問》：「焉有龍虯，負熊以游」，朱子王船山都說：不清楚指什麼。這是對神怪之事存而勿論。周拱辰注卻特從神怪方面解釋說：「蓋神熊也。《山海經》：熊穴恆出神人，即此也」。

又，《天問》：「羿焉彃日，烏焉解羽」。朱注雖然引了《淮南子》等古書來證明這是指后羿射太陽的事，但他本人卻不信此神話，曰：「尤怪妄，不足辯」。王船山則解釋說：十日並出，非真有十個太陽同時出來，而是當時「僭為帝者不一」，羿滅其九。把太陽視為君王的喻指，稱為「喻言」。

清徐文靖《管城碩記》更進一步，說天不可能有十日，一，某書上說女媧補天，已射十日。怎麼堯時還有十日可射？二，若是已射掉，僅剩一日了，怎麼又有某書說夏帝廑時十日並出、帝癸時三日並出？三，後代文獻中也有同時出現十日五日三日的現象。可見不是真的有幾個太陽，只是如王充說「殆更自有他物，光質如日之狀」罷了。四，十日，還有一種可能，是如《山海經》講：「帝后之妻生十日」，十日只是人名。五，日中有三足烏，後羿射之，羽毛都掉下來了，也不可信。張衡《靈憲》說「日者，陽精之宗。積而成烏象，烏而有三趾」，可見此烏非真烏，只是「在天成象」的一種象，不能實看。

這就可看出：由宋迄清，理性化是越來越強的。朱子還會介紹一下古代傳說，雖然他自己不信。後來就要再將之合理化地詮釋之。如九歌，「啟棘賓商九辯九歌」，傳說是啟到天上去取得了九辯九歌這些樂曲，猶如普羅米修士去天上盜了火一般。可是朱子不以為然，將棘看成夢的錯字，又說商當作天。所以是夢中到了天庭，不是真能上天。船山就更理性化了，說：「舊注強為附會，語多怪誕，今不從」。徐文靖則把賓解釋為貢、把棘解為急，說啟努力把商納入朝貢體系，故商獲得了舜時留下來的九辯九歌。這就更是一番合理化的說辭了（徐氏書中批評朱注的多達百十七則。因該書非《楚辭》專著。故一般研究《楚辭》者並不知道，所以舉以為例）。

對《楚辭》之詮釋，不是僅有這個問題而已。大結構、大方向便頗有變化。漢代論述，以士不遇、哀時命為主。宋代以後，朝忠愛方面說之。漢晉南北朝以《詩經》為標準，衡量它符不符合雅正，宋以後則地位躋同《詩經》，為風雅之正聲。內容，古代離析篇章、區分正偽，要判斷哪些屬於屈原，哪些是宋玉、景差諸門人，甚或秦博士、漢士大夫所為。民國以後則主要考察哪些是民歌巫謠誤收入《楚辭》，或被屈原所吸收改寫。作者及創作意識，古代儘量往屈原身上靠。民國後當然考證愈勤，但也頗有人直接懷疑是否真有屈原其人，認為各篇意旨未必與屈原有關。這些不同的認定，每一點都會使得對《楚辭》篇句具體的解釋大異其趣。

我小學六年級時，去同學家玩。其父方著一書，痛駁胡適之懷疑屈原。與我談，我附和其說，他大感知己，特送了一冊給我。我覺得很有趣，爾後便常留意這種爭論。入大學時讀《詩經》，知道師大李辰冬先生是主張《詩》三百篇皆尹吉甫一人作的，更覺好玩。結合著《古史辨》裡面的各種「古書真偽及其年代」的爭辯，思考到許多問題。老子、孫子、莊子、荀子、墨子、文子等的相關爭議，讓我既興奮又苦惱，因為都難以解答，可是又極迷人，忍不住不去探問個究竟，以致張心澂《偽書通考》等，讀來竟彷彿入山尋寶圖、福爾摩斯偵探小說。

因為不只《古史辨》諸君所關懷的上古文獻才須考辨，後世李杜詩篇之作者所有權和內容詮釋史同樣有這些問題。《水滸傳》《西遊記》《金瓶梅》《紅樓夢》也是，聚訟紛紜。再則是觀念。同樣是俠，古視為盜，不軌於正義，後世則視為正義之化身。孝，上古主要指奉祀亡者，如孔子說大禹卑宮室而「致孝乎鬼神」；後乃漸重生養，又或重在立身行道、揚名顯親。其認識與意涵是隨時代改變的。

我這種理解，雖獲益於清代及民國之考證辨偽學，但與他們並不相同。因為正如前文所說，我無「原本」之觀念，他們努力想確定原本、原貌、原作者，我則以為此種努力甚為渺茫。不僅因歷史知識之不完整、不確定，而使原貌原樣不可知。即令可知，也還有個詮釋的問題呢！何況，諸家考辨，對於原本，各位已經看到我的舉例說明了，乃是方法性的使用工具。所謂原本，事實上即是我詮釋出來的新結果。歷史上，對該書該人物之研究與推進。也即是這不同詮釋的顯現。

因此，詮釋史是學術史、思想史、流變史之內核。許多時候，不是新事物新觀念引發了思潮與社會的變動。新事物新觀念可沒那麼多，大多仍是老東西的新詮釋新眼光，而新事物新觀念就由此生長出來了。因為視野與角度的調整，正是催生新觀念、創造新事物的關鍵。

## 二、流變紛紜

我大一做過《莊子注》，大抵摸清了歷代解莊的路數，區分出以道、以佛、以儒、以文四條路線以及各朝代之偏向。接著碩士寫《孔穎達周易正義研究》，討論唐初對《周易》的詮釋。這種詮釋不同於魏晉有玄理氣味之王弼注，也反對南朝以佛解易之風氣。做這些研究時，主要是目錄學的方法，先輯比文獻，再去辨章學術、考鏡源流，分別部居，釐為幾類幾派。

此法本之章學誠而上溯於劉歆班固，旁受孫德謙等人之影響，故與一般文獻目錄學家不同。具體操作時，則須細勘文本。在方法意識的導引下，分析各時期各主要論述之詮釋內容。詩人部分，主要是李白、杜甫、李商隱、李賀。小說部分，主要是《西遊記》《紅樓夢》。俠義文學的研究基本也以此方法為之，進行詮釋史的還原。

詮釋史到底有多重要呢？舉幾個例子。

我學詩時頗受同光體影響。同光體，一般都說是宋詩，且主要是江西詩派的發展，故批評者或稱為「江西魔派」。可是老師告訴我不能逕學江西，須由義山入。也就是由西崑以通江西，最後上追老杜。因老杜是江西詩派的源頭，江西「一祖三宗」，就是以杜甫為祖，黃山谷、陳後山、陳與義為三宗。其間唐人學老杜最有成績者則為義山。因此由江西與西崑之統合，才能上達老杜之渾成境界。我循此指示，確實看到了許多與此相關的文獻，覺得真是詩學指南，故亦由此力學不輟。

可是越探越深以後才發現：義山學杜，雖然有他自己的作品作證據，但唐代絕無人如此看，宋初西崑各家學李詩時也絕不如此做，那是北宋中期如張戒《歲寒堂詩話》之後才有的說法。至於江西之祖，早期只是山谷。學江西人黃山谷的詩派，稱為江西派。後來有人說曾茶山也該算。至方回，乃有所謂一祖三宗，上加杜甫，下列陳與義，形成一個新的宗派體系。到了清朝，張泰來作江西詩派圖，則又絕不同於宋人。他從地理角度說江西派應該是個屬於江西人的詩派，故詩派之祖應上推到江西人陶淵明，底下入派者亦皆為江西人，杜甫、陳後山、陳與義遂都不能算了。

換言之，說到李義山和老杜的關係、江西是否學社、江西詩派又是什麼時，大家腦子裡想的或基本地圖並不一樣。詩史上的爭議，正由此而來。你說的甲，偏是我所說的乙；而我說的甲，又是他說的丙。每個人篤信自己妙得真相，可是誰都沒料到自己相信的真理真相恰好是別人建構的假象。

可是其相雖假，在歷史上卻又都發揮著實際的作用，形成真的影響。就像張泰來，把江西詩派理解為江西人的詩派，跟宋人之言江西，可謂南轅北轍，相去十萬八千里。然而，許多人信了他對江西的這種新定義，竟反過來批評宋代呂本中《江西詩社宗派圖》把許多不是江西人的都列入圖中去，是體例不純。又許多人依張氏之觀念去談地域性的詩歌，如汪辟疆先生即曾寫過《近代詩派與地域》，同光體一度也被稱為閩贛派。我自己寫博士論文《江西詩社宗派研究》，許多師友聽得這個題目，也常頷首說「你江西人，寫此題甚好」一類話，彷彿許我能不忘本。

其實以地域論學，宋後始盛，清末愈昌，梁任公、劉師培均善用此法，然皆不能無流弊。發展到地域文學史，如「臺灣文學」「香港文學」更是爭議極大，我對此是有反省的。所寫《臺灣文學在臺灣》《地域特性與文學傳統》等言之甚詳。但同時我也在發展這個觀念，替金門規畫推動「金門學」、與楊樹清合作編《金門學叢刊》四五十冊，即屬此類。在大陸這些年，與盧仁龍配合，建立福建文獻館，出版福建文獻數百種，亦屬此種。可見，我雖反對張泰來之詮釋江西詩派，但他所說的江西派，卻對我產生過真實的影響，或刺激過我的方法意識，產生了相關的不少行動。

由此再延伸到對李義山的理解。唐人論李，以批評其品德為主，視為「放利偷合」之投機人物。宋初西崑諸公學李之辭藻、用典、句法，而於其思致襟懷無所發明，即因他們仍繼承著唐人之觀點。但到了王安石，開始說義山善於學杜，並以「永憶江湖歸白髮，欲回天地入扁舟」來說義山之抱負。這種新的詮釋典範後來逐漸發酵，到錢牧齋，把詩史、比興等概念加進來，義山就簡直成了小杜甫。但他雖也想致君堯舜上，卻徘徊於牛李黨爭中。無題錦瑟云云，遂皆可通過對當時政治局勢之深入分析而獲得理解。此一詮釋模式，由牧齋、屈復、吳喬、程夢星、馮浩到張爾田，基本都是如此，細按行年，曲探心跡，蔚為大觀。年譜編撰、事實考證、詩意索隱，成為研究之熱門課題和學術成規。

黃山谷之學杜，也是如此。黃當時之所以被人推崇，其實在於他能創新，故張耒誇他自成一家，「不向如來行處行」。他之所以能開宗立派，即由於此。但江西法席既盛，人人效尤，面目漸漸雷同，後來者遂從兩方面來糾偏。一是如胡仔這樣，希望學山谷者能再取法乎上，說山谷其實是學杜甫的，你們何不也再上追溯杜甫呢？於是漸漸杜甫便取代了山谷，成為宗派之祖。王漁洋說：「卻笑兒孫媚初祖，強將配食杜陵人」即指這種現象。另一種辨法，則是稀釋。把陳後山、陳簡齋抬高到跟山谷並列的地位，事實上也就是分散了山谷之影響。

而因為已將黃山谷由創新者變成了學杜甫的人，又引發了對山谷如何學杜之討論。山谷教人學詩，本來重在心法，云：「句法清新俊逸，詞源廣大精神」。要通過讀書養氣、涵養心源，來達到句法清新俊逸之效果。謂人若能如此，便能如學仙者一般，脫胎換骨。然而，詮釋者卻把脫胎換骨解釋為從古人句式句意中去找變化，於是心法變成死在句下之偷意偷句偷勢，使得許多人大罵這是形式主義、技術主義、以流為源。

而若以黃山谷和江西詩派為宋詩之代表，則他們如此努力學杜，在唐人詩窟中求活計。豈不又體現了唐宋詩的差異與高下？傳統上紛擾不休的唐宋之爭，便與此有關。

這些，只有通過詮釋史的還原才能摸清其變遷狀況，明白各自立論的脈絡，後設地來判斷各自論述之是非。我的李商隱、江西詩派、俠客、紅樓夢研究，之所以能蹊徑獨開，關鍵正在於此等處，糾正了無數誤說。哦，不，是說明了各種正說誤說偏說之所以如此的緣故。

但詮釋史之功能，主要並不在討論歷史上諸家詮釋之對錯是非，而是藉此清理我們自己的腦子。我們天天讀書，東看西看，吸收了無數材料、知識、觀念，把這些雜然堆陳於腦袋中。它們亂七八糟地組合拼化起來，就構成了我們的「思想」。而這所謂思想大部分是雜拌兒，另一部分是因襲，亦即道聽塗說加上胡拼亂套，實質上等於一堆垃圾。

## 三、思想清查

因此一位思想者，首先就須對自己腦子裡這批爛泥漿做些梳理，思我之思。思它們是怎麼來的，是我聽了誰的、信了誰的，以至於如此。而那誰誰的想法講法又從何而來，是剝吞取奪於某甲某乙某丙？某某某、誰誰誰則又為何會那樣想那樣說？經過這樣一番自我批判、自我清查，我們才可以真正有自己的思想，知道對歷史怎麼看、對義理如何斷、對是非又怎麼取擇。這時，歷史之詮釋還原，便與自我的思想建構合為一體了。

例如，我入學時即被教誦唐詩，說唐詩乃我國詩之高峰。此高峰上，絕頂有二，一李白，一杜甫，乃偉大之浪漫主義詩人與現實主義詩人。其餘諸峰，略有邊塞、田園兩大山群。形成盛唐景觀，乃盛中之盛。中晚唐以降，便漸衰落。至宋，代表時代之文體，乃不能不讓位給詞。我輩腦中首先接受了這一套，於是也依這去接著讀接著想。後來成了博士、教授，寫書、教書，亦仍延續著這樣說。

然而，若梳理一下，問這是真的唐詩宋詞即如此，還是被我們詮釋成這番景象，情況就會發生變化。漸漸我們就會知道浪漫主義現實主義云云，是民國以後拿西方文藝思想來硬套的。唐詩宋詞作為唐宋之代表文體，是五四倡言「一代有一代之文學」而形成的。可是這個觀念卻又從明代來，明人提倡以復古，被王國維轉用，變成文學須不斷創新的理論依據。再者，唐詩以盛唐為最高，則是明代高棅以「初、盛、中、晚」分期的結果。以盛唐為高峰，中晚漸衰，入宋則成了殭屍，乃是受了史賓格勒歷史有機發展的理論影響，用春夏秋冬來比擬一項文明的命運。至於說宋詞為唐詩之解放，字句長短，打破七五言之定格；曲又進一步，打破字句，可添襯字，更顯自由云云，則是五四運動打破格律之思想使然，且以誤解做曲解。誤解，是指詞之格律其實比詩更嚴格、瑣細，曲又比詞更麻煩，須搭配宮調曲律。五四諸公於傳統未遑深入，故不免誤會。猶如胡適見禪宗呵佛罵祖，遂以為禪家可推倒一切，無視戒律祖師等陳規，而不知禪林最重清規，印心不離法度，是以對這類事物均不免曲解。

田園、邊塞之分派也是如此。以王維孟浩然代表田園，或以王維為禪，以岑參高適代表邊塞，標籤都很鮮明，真去核對一下詩人的集子，就會大吃一驚，發現詩家臉譜又被畫歪了，黃天霸畫成了竇爾墩。

所以，做詮釋史之梳理時，還須回到文獻，步步對勘，不能拏著那幾個標籤或大帽子就來做文章。

## 四、寓言假託

回到《春秋》。

據《漢書．藝文志》和《史記．十二諸侯年表》，孔子作《春秋》，其中褒諱貶損，不可寫明，乃口授弟子。弟子們後來各尊所聞，互有異同。儒家分成八派，未必不由於此。左丘明惟恐弟子各安其意，而失其實，故討論本事而作傳，證明夫子不以空言說經。這就是《左傳》，重在說明孔子記的是什麼事。公羊、穀梁二傳，則是口傳要義，幾代以後，始寫成文字。釋史十分簡略，著重闡釋《春秋》的「微言大義」，用問答的方式解經。這三家，稱為春秋三傳。另有鄒氏、夾氏，漢朝即已失傳。

一部經書而有這麼多家注釋傳述，本是好事。可是解來解去，疑義未釋，而他們倒打起來了。西漢博士都傳習今文，認為左氏只是一本獨立記載春秋史事的書，不是《春秋》的傳。左傳家則執著文字，批評公羊穀梁口傳多誤，未得春秋真意；《左傳》是古文傳承，較可依據，應當列為學官。所以這一方面出現了今古文之爭的經學史問題，一方面又有《春秋》到底該如何理解的詮釋學問題。

經學史問題的梳理，是民國初年的熱門，一直到徐復觀、陳槃庵、黃彰健。我這一代則已退燒了，重點轉入後面這一詮釋學問題。

這詮釋學問題，我以為又可區分為兩方面。一是《春秋》之詮釋，帶出了整個詮釋的疑難。二是具體地看《春秋》如何詮釋（三傳各自如何釋經、三家中各個名家又各如何釋經、其是非各如何）。

本來漢人收拾整理秦火燒餘之書而發展起來的文獻學方法，即是後世中國人讀書的基本方法：先找到一個好本子（最好是原本，不然也須流傳之善本，或經過考證、校勘的版本。這就需要版本、目錄、校讎學工夫）來讀；書中的古代文字，不容易看懂，所以又要通過文字、音韻、訓詁工夫來破譯。一般人以為這就是詮釋了。古書之考釋，不就只是如此嗎？既稱為考釋，不就是詮釋嗎？清朝人所謂「漢學」即是如此。

但《春秋》的存在，卻暴露了這套方法的尷尬。因為公羊穀梁根本沒有原本、也無視原本，其重點是口說。傳述、詮釋者的家法師說遂高於古文家強調的文本。不重視文本，目錄、版本、校讎、文字、音韻、訓詁之工夫也就都不重要，重點在於對孔子思想義理的把握。

而這種把握，看的是意義的高低，不是文獻式的真假。推極盡致，甚至可以假語村言，寄託其意。像《左傳》家強調的是史事，認為《春秋》是史書，今文家便不認同。康有為就說春秋十二公不過是假託，猶如數學上的XYZ，怎可泥看？歷史上沒的事，就不能假設以託意乎？

這樣，《春秋》遂可視如文學寓言了。文學家解詩詞，也正由此獲得啟發。講公羊的常州詞派乃有「作者未必然，而讀者何必不然」之說。

康有為說春秋十二公不過是假託，是由作者方面說；譚獻說「作者未必然，讀者何必不然」、周濟說「臨淵觀魚，意為魴鯉」，是從讀者方面說。兩相扣合，《春秋》不就完全脫離了史事原貌、原本、原意、定解這一套解讀邏輯了嗎？

《春秋》無定解，且與詩關連起來說，早見於董仲舒。《春秋繁露．精華篇》說：「《詩》無達詁、《易》無達占、《春秋》無達辭」。〈竹林篇〉又說：「春秋無通辭，從變而移。」無通辭即無達辭，同義互用。指沒有確切的、一定的訓解，跟詩、易相仿。

這樣，把詮釋導向無定、假託、寓言，豈不是每個人都可以各說各話了？有什麼意義？意義大咧！咱們關連著西方詮釋學來說。

## 五、意識解放

西方中世紀已有一些零散的理解《聖經》本文之原則與方法，奧古斯丁、凱西昂等人再逐步將之系統化。統稱為古典詮釋學。

十九世紀施賴爾馬赫於此大力拓展，提出了有關正確理解和避免誤解的普遍性理論。狄爾泰則仿效為自然科學奠定哲學基礎的康德「純粹理性批判」，提出了作為「歷史理性批判」的解釋學。他認為自然科學中的因果「說明」原則與人文精神科學中的「理解」原則根本對反，彼此各有其適用範圍，不可相混。

這種人文學方法的確定很重要，可解釋處於具體歷史情境中的人，如何能對其他歷史性的表現進行理解。但這時期，仍不免受科學的影響，想找出理解的客觀方法。

海德格開啟的現代詮釋學則不然，他一方面把傳統詮釋學從方法論和認識論性質的，轉變為本體論性質的（認為詮釋是通過對「此在」的分析，達到對一般「存在」的理解），使詮釋學由人文科學的方法轉變為一種哲學，故又稱為哲學解釋學。其次，認為理解無所謂客觀，恰好相反，凡理解都依賴前理解的「先見」，也就是主觀，所以人人所見不同。

五〇年代末，加達默爾發展海德格，認為人文科學不可避免地具有歷史相對性與文化差距性。人存在於傳統之中，過去與現在相互作用，當前的認識受制於過去的傳統因素。故真實的理解，是各種不同的主體「視界」相互「融合」的結果。

這一思路，後來利科、鮑爾特曼、哈貝馬斯、阿貝爾等續有發展，且延伸至人文及社會各門學科間，影響宏深。不只是解釋文獻文本，更可以理解我們自己的理解活動。

我在研究生階段開始結合這一思路，發展我自己的詮釋學。我自己的詮釋學，事實上也就是中國詮釋學，這是另一種「詮釋學的循環」。

前文其實已對這一點談過多次了。我二十五六到五十歲，許多文章都為此而努力；也有許多這方面的師友。如成中英、傅偉勳、沈清松、袁保新、岑溢成等，皆惠我良多。辦南華和佛光時又請翻譯加達默爾《真理與方法》的洪漢鼎先生來任職，共相切磋（洪先生在山東大學也建了「中國詮釋學研究中心」，我們則一起在武漢大學辦過「西學東漸」的研討會。我那時在哲學上頗有雄心，還想仿現代文學館，建個現代哲學館呢。後來湯一介先生也在中國詮釋學這方面協助過我很多）。

由於好談此道，這似乎便成了我的標籤之一。五十歲時，香港大學、韓國翰林大學、北大、北京清華，和我佛光師友到北京來開會為賀，題目即是「中華文化的詮釋與發展」。

我治西學，既不照著講，也不接著講，毋寧是對著講，目的是參照著以發展中國自己的東西。西方詮釋學起於對《聖經》的解讀，我們要講中國的詮釋學，當然也可求諸五經之詮釋史。尤其是常州學派併合《易》《詩》《春秋》的詮釋方法與觀點，正是足以展開中國詮釋學的線索。

常州以寄託說詞之法，我之發展情況，前文已談過。然而，常州還有沒研究到的地方，我也擬予發展。

公羊學已興旺了幾百年，早期述何（劉逢祿、宋翔鳳等），中則申何（康有為），再則分經文為今為古（廖平、崔適等），又或欲以公羊施諸政事（現今大陸政治儒學），是極其複雜的。可是大家講來講去，《十三經注疏》中收的徐彥疏卻幾乎沒人研究，故我以詮釋學角度重點闡發徐疏，說明它在「聖典解經學」上的價值和作用。

這種研究之所以重要，不只是填補了研究史的空缺，還有角度。因為近年雖也有曾亦、郭曉東《春秋公羊學史》專章敘述了徐彥，但仍僅從述何、申何、規何的公羊學內部視閾看，且未能闡發其獨立價值，徐疏亦不能作為中國詮釋學之通則來運用。黃開國《公羊學發展史》也一樣，全書七五八頁，談徐疏內容部分甚至只有一頁。我覺得這都是可惜的。

通過這樣的闡述，我還認為《春秋》詮釋學可以提供意識的解放和方法的突破。

何謂意識的解放？我說過，我不是傳統論，不是現代論，也不是從傳統到現代，而是「即傳統即現代」。因為傳統與現代的說法，顯示了歷史靜態穩定的對立狀態，以及後必勝前的階段史觀。這樣的史觀，認為我們現代社會本不同於傳統社會，一切歷史皆已陳之芻狗，只能發思古之幽情，而不適用於今日。須掃棄批判之，以免阻礙了現代化大業。即使客氣一點，也不免要說：傳統中好的、適用於現代的，可以保留，不好的則要揚棄。

這本身就是一種反歷史，甚至反文化的態度。經由這種歷史意義的失落與瓦解，才構成了現代人內在深刻的不確定感和疏離感。每個人都可以不必理解文化，即能倡狂霸道地肆意批評、高踞於歷史傳統之上，也使得人不再能沉潛浸潤於文化或創造文化，加速了人的外化和物化。

我們似乎忘了，存在的意識，其本身也是一種歷史意識。因為我們對存在的理解和感受，即來自於對生活之世界或處境的一種過去、現在、未來的「史的了解」。透過這種歷史意識，我們可以斷定：人是在歷史中活動的。

借用詮釋學的說法，那就是：任何存在都必然是一定時間空間裡的「定在」，故一切存在物皆不能不有時空條件，都具有歷史性。人的一切理解，都是在歷史和傳統中形成的，非超越歷史而有之。所以，「不是歷史屬於我們，而是我們屬於歷史」。

不過，正因為理解歷史就是理解自己，所以我在詮釋學的說法上，再進一解——依詮釋學說，任何存在都受到它在時空歷史條件的限制。這些歷史條件，決定性地影響了我們對歷史傳統本身的意識，包括歷史批判的意識。因此，對我們來說，理性只能是客體的、歷史的。它並不是自己的主人，因為它總依賴一定的條件，總在這樣的條件下活動。這就變成歷史決定論了。在歷史決定論中，詮釋學家當然可以說歷史的淘汰與保存，即是一種理性的行動。但我們若再深入追究，便應發現歷史的保存和積累，並不能是自身具足，其間須有人的理性運作才能達成。故歷史的理性，最根源處，仍在於人的理性，歷史只是人理性的實踐罷了。由人的理性上說，我們才能發覺歷史中具有價值意識：不但具有價值之選擇與批判，也因這一價值理性而使我們具有超越歷史條件和傳統的可能。

因此，我們不但要說人在歷史中活動，更要進一步說是與歷史的互動；人固然在歷史裡，卻同時也創了歷史。《易經》之所謂「參贊」，就是說宇宙及歷史，乃因人之參與、投入而彰顯其意義。

這種彰顯可以分成幾方面看，第一，歷史雖然是過去的遺跡，但人面對歷史的經驗卻永遠是現存的，直接的經驗，故歷史可以是客觀的，可是一旦涉及歷史的理解活動，便一定是人與歷史的互動互溶，客觀進入主觀之中，主觀涵融於客觀之內，即傳統即現在。

其次，人的理解之所以可能，是因為歷史傳統提供了理解的條件，誠如詮釋學所云。然而，在通過歷史以了解我們現在的處境時，存在的境遇感，也正同時帶動著我們去理解歷史。所以歷史又同時顯其

「現在相」，變成一切歷史都是現代史的吊詭。

換句話說，歷史並不是「已經那樣」的實存之物，歷史並未完成，須待人投入，與之交談，乃能彰顯。歷史都是有待詮釋的，未經人之理解與詮釋，一切歷史事實皆無從辨明，一切歷史意義均難以究詰，更不能成為文化的傳統。從這個意義上說，歷史傳統不是「國故」，更不是生命已然死亡的遺產，應屬不辯自明之理。它不是堆置在那兒，靜待人去繼承的遺產；而是活的生命，不斷開展著，在每一個時代，與詮釋者交談，迸散新的光芒。

不幸自清末以來，學人於此，多無了解。五四新文化運動以傳統為犧牲，固不用說，即使如章太炎林琴南也以為：「說經者所存古，非以是適今也」「明知其不適於用，然亦可以存國故耳」。

他們顯然弄錯了。歷史不是木乃伊，只提供我們一些審美式的懷念與心理上的滿足。他們只注意到歷史之客觀性所顯示的時空限制，而忘了由於人與歷史是互動的，人的創造性往往就來自他對歷史的新詮釋新解說。所以五四新文化運動的領導人才剛好是有歷史癖的胡適；新文學也一定要追溯晚明文學的淵源。若切掉這一歷史問題，必然形成自我理解的危機。

何謂方法的突破？因意識上要掃除歷史，所以由盤點遺產、清算國故發展出古史辨運動。疑古破偽，成為史學主潮。後來漸漸覺得疑過頭了，遂喊著「走出疑古」，要釋古了。可是釋古的人，在方法上跟疑古的其實沒什麼不同，仍是通過地上地下材料去建構一個「歷史現場」。他們都活在沒經過當代詮釋學洗禮的老套路中，看起來真是不過癮。

我釋古的文章很多，曾輯為《漢代思潮》《唐代思潮》《晚明思潮》《近代思潮與人物》《文化文學與美學》《大俠》《詩史本色與妙悟》等等。貌似時賢，而取途異趣，既詮釋又發展，既主觀又客觀。尋山究壑，臨水看花，既取景又入景，既說自又觀他。諸君若懂得欣賞，那就入了中國詮釋學之門了，哈哈哈！

# 第三章 正名

孔子主張正名，具體說什麼正什麼不正，則在《春秋》，故莊子說：「《春秋》以道名分。」後世儒家皆本孔子，故其教化又稱為「名教」。《世說新語》記：晉人以任放為達，或有裸體者。樂廣笑曰：「名教中自有樂地，何為乃爾也？」

可見儒者固然以名教勵世，反對儒家的人也常挑戰這個招牌。但其實這是先秦諸子之通義或共識（如《管子．山至數》：昔者周人有天下，諸侯賓服，名教通於天下。《正》：守慎正名，偽詐自止。《國語．晉語四》：舉善援能，官方定物，正名育類。《呂氏春秋》也有正名篇，說：名正則治，名喪則亂。至於名家之重視正名，就更不用說了），只是大家對於如何正名主張各異罷了。

在這個大背景下，儒家當然還是有它的特色，其中利用史權，嚴施褒貶，就是其他各家所沒有的。而這就得力於《春秋》，故《禮記．經解》說：「屬辭比事，《春秋》教也。」

這句話什麼意思？大家認為《春秋》某些特定的修辭手法，如及、來、入、取、卒、薨、朝、會等字，都有特殊的意義，再配合時、月、日的書與不書、或詳或略，就構成孔子筆削寓意的目的。這樣的寓意系統，濫觴於漢晉。其後此等「春秋筆法」之研究蔚為專門，名家輩出。清中葉，公羊學復興，莊存予著《春秋正辭》，認為春秋「以辭成象，以象垂法」，開始講義例，後來劉逢祿著《公羊何氏釋例》更是集大成之作。所以常州派就十分注重這個暗碼系統，並要通過這個屬辭比事的系統去說明：「能說鳥獸之類者，非聖人所欲說也；聖人所欲說，在於說仁義而理之」（魏源・武進莊少宗伯遺書序），綜合地解釋《春秋》《論語》或詩詞。

到了我，則反過來，由文學方面遡求其春秋筆法。認為文學批評中有關修辭格例的討論，大概均得諸經學。

漢儒曾從《春秋》的遺辭用字（所謂書法）中，歸納整理出若干條原則，又稱為凡例。據說有周公舊例和孔子的新例，如杜預所云：「其發凡以言例，皆經國之常制、周公之垂法，仲尼從而修之，以成一經之通體」。故學者須觀察書法，以明孔子進退褒貶之意；由書、不書、故書、不言、不稱、書曰……等處，觀微言大義。這些條例，據何休《公羊解詁》序說有胡毋生條例，然其書已亡，《隋書・經籍志》則還載有杜預《春秋釋例》十卷、劉寔《春秋條例》十一卷、鄭眾《春秋左氏傳條例》九卷、不著撰人《春秋左氏傳條例》二十五卷、何休《春秋公羊傳條例》一卷等。

晉朝以後，經義及義疏，除沿續了漢儒治經之法外，又受到佛典疏鈔和僧徒講論的影響。而有了開題和章段。開題，也稱為發題，是在講經時，由都講先唱題，再由主講的法師講解題意。此外則為章門。章門，又稱科分、章段，就是章節段落。晉唐義疏，如皇侃《論語義疏》學而第一說：「論語是此書總名，學而為第一篇別目。中間講說，多分科段矣……」，《左傳・序》疏說：「此序大略十有一段明義」。

這些體例，無不深刻影響到後來的說經習慣，也直接塑造了某些文學批評的模式。例如說經者推敲字辭書法以明仲尼褒貶之意，許多文評也是要「從文字上得作者之用心」。說經者具文飾說、敷暢文義，許多文評亦正是如此。明清流行之評點，在每書之前，例必有「凡例」或「讀法」若干條，更是像極了經學家的條例。而晉唐義疏有開題，後來評點之書，開頭除凡例之外，也必有釋題，如金批《水詐》，序一是自道作書之意，序二就是開題。章段，更是重要。評點批評，都是先把一篇文章區分成幾個段落，然後分析「章有章法，段有段法」。

不僅如此，我國第一部修辭專著，應推陳騤的《文則》。該書一開始就說明：「大抵文士題命篇章，悉有所本，自孔子為書作序……」云云，表白了他之撰寫歸納這些文章法則，根本上即是從經學傳統生出來的。所以他所說的各種為文法則，如「六條」論文之助辭、倒裝、字音、字義、病辭、疑辭、輕辭、重辭；「四條」論譬喻的十種方法與引證；「八條」論文的銜接、交錯、記事、記言、問答……等，都是以六經立論。其所謂「條」，亦即條例之意。這是我國第一部文話，其所分析之條例法則也與後世評點之伎倆關係最為密切。

我曾與蔡英俊、呂正惠等在新竹清華辦文學批評研討會，呂正惠囑我寫稿，我即本此見解，說明我國文評中除了欣賞作者情志、知人論世者外，尚有一大堆評論是就作品之語文形式、章法結構、寫作技巧、修辭技術等等逐篇逐段逐句逐字分析的。這些批評文獻，當然以評點最為著名，但並不限於評點，所以我將它稱為「細部批評」。寫成〈細部批評導論〉。

所謂細部批評，是指它這種批評的態度，不同於對作品總體風格的概括描述，例如「清新庾開府、俊逸鮑參軍」之類，而是就作品之字句、意象、聲律、結構一一細究其美感經營之跡。有英國《精審季刊》（*Scruting*）所揭示之精神，及類似湯普森的《字裡行間》（*Between the Lines*）的地方。在我之前，談評點批評的人當然也多得是，可是說明其批評性質、探索其淵源與流變、分析它與形式批評新批評的異同，畢竟仍以此為嚆矢。而其源出於《春秋》更是今人所不清楚的。

這是我正名之學的一個方向。另一個，則是符號學的開展。

一九九〇年我已寫完了《文化符號學》。一九九六年辦南華大學時，想在世界符號學大會中加入一個中國符號學的論壇或圓桌會議，可惜未果。只由我與林信華等人在臺灣成立了中國符號學學會，未能參與符號學的全球對話。直到二〇一二年才經李幼蒸先生努力，在南京師大辦了首屆中國符號學論壇。符號學，當然是西方現代發展起來的。但這門學問在中國有個老淵源，尚未被開發出來，以與西方對話，那就是「名學」。

講到名學，大家很自然就會想到上文提到的先秦諸子中的名家，最多加上墨家，謂為名墨之學。此學在近代，頗與邏輯、語言哲學相關涉，亦曾被某些人視為顯學，怎麼我卻說名學之資源還沒被開發呢？

因為名學並不僅指名家之學。猶如佛家之禪，不限於禪宗；淨土亦非淨土宗才講。又如道學並不僅指道家，各家均言道，道家特別專注於此，故獨擅其名罷了。各家都論名，名家固然以此為專門，但其他諸家何嘗不言之？過去只注目名墨這一小塊，反而忽略了名學之整體格局，是以所見尚小。

所謂名學之整體格局，包括了各家各派對名的看法；名，又包括名言、名物、名譽、名教各方面。名言，指語言、文字、記號、標識等關於符號學本身之討論。過去我在《中國符號學導論》中曾分言、象、數、字四個部分來介紹，於今思之，似還應加入「禮」。亦即車馬、輿服、品器、禮儀等用來象徵名分、名位，上以明貴賤，下以辨同異的那一堆符號。

名物。物本無名，因人「正名百物」而後才有名。乃是以名對世界進行指涉，所以有名墨關心的指物與名實等問題。名家所談，主要即是這一部分及一小部分名言問題。

但在這一部分，名墨所言，亦未窮盡，因為還有許多未及討論的東西。如正名百物之物，就包括了鬼神。宗教中「呼名召鬼」，或用符籙役使天兵天將以及招魂儀式等均與此有關，理論上還大可馳騁。

名譽，指名聲、名望、榮辱、價值、意義追求等等。名有善惡，言有誠偽。君子好榮名而恥惡謚，又考慮到不朽的問題。疾沒世而名不稱，故要立言，要博取美名，要揚名聲以顯父母，要「一一垂丹青」。中國的史學、社會學，均不能忽略此一內在特點。

過去研究者受外國「國民性」研究之影響，老是說中國人好面子，跟虛偽結合起來看。不知此非面子問題，乃名譽問題，而又跟歐洲中古時期騎士之榮譽觀不同，應予深入比較。

且名與實，在這一層面上，也有符不符合之問題，所謂修辭立其誠、實至名歸，名下無虛士等等。中國的人物品評，或「名士」這樣的對人物之稱謂，均屬此一領域。

社會上重名聲，政治、教化上自然也就重名教。故若將名譽部分視為名的倫理學、社會學，此一部分就是名的政治學。

所謂名教，正是以名為教之意。孔子曾說為政必先正名，名不正則言不順，言不順則事不成，則民無所措手足。正名即名教之一端，夫子作《春秋》，而《春秋》以道名分，亦是關乎名教之事。

由名教談正名，則散名雖可從諸夏之成俗，但刑名、爵名、禮名就須有規範。荀子說刑名從商、爵名從周、文名從禮，即屬此。為何須要規範呢？荀子說：「王者之制名，名定而實辨，道行而志通。……析辭擅作名以亂正名，使民疑惑，人多辨訟，則謂之大奸，其罪猶為符節度量之罪也。」也就是說：群言淆亂，天下便絕不可能太平，故須有個規範，猶如社會上需要度量衡那樣。

不僅儒家如此想、如此做，其他各家亦然，只是分流各不相同。儒家是化民成俗式的整齊風俗，折衷群言，而衷於聖人或聖王。法家則是要確定誰才是說話的人。說話者（出令者）必須是君，君出言而令隨之；若不從令，則刑隨之。道家又不然，欲以齊物等觀定是非，和之以天倪，以消除語言之差異，是一種超越的觀點。

總之，這部分主要是談言之是非、言之宜不宜。以此形成之政治，實際上也是名言政治，進行一種符號性的統治，與西方之政治實有根本之不同。因此王朝更迭，新王朝要做的，首先就是改正朔、易服色，「城頭變換大王旗」（朝貢制，也是符號型統治，只在名號上確定關係）。

凡此名言、名物、名譽、名教，看起來已然極為豐富了，但其實仍只涉及「有名」的部分，若再考慮到「始制有名」前，還有一個無名的狀態，則有名之外，尚有無名。

由無名到有名，乃是名的生發史，名的存有論。老子曰：「無名，天地之始；有名，萬物之母。」無，為天地之根，世界由無到有，故重無更甚於有，以無為道，要求人也應修持到「聖人無名，至人無功」的境界。在語言層面上，則強調無言、默。

道教又不同，設想由無到有的過程中有一個有的原型。因這個原型是一切文、一切言、一切名之原型，所以稱為「真文」，乃萬文之文，是一切有的開端。因有了這個真文，才能生發宇宙、成就萬物，故《度人經》把文視為一切存有之源。

這種講法，也不能只在道教中看，它是貫穿整個中國文化的。所以我《文化符號學》大陸版序曾說：談中國傳統文化與社會，儒道釋三教當然是骨幹。脫離三教而論之，便成蹈虛。但僅說三教，其實仍是不夠的。三教之外，中國還有兩大傳統不能不予掌握，那是什麼呢？一是文，二是俠。文是由文字崇拜、文人階層、文學藝術等所形成之相關文化狀況；俠是由俠客崇拜而造就的社會肌理。不知此，即不能體會中國人的行動、思維與感情，亦不能切察中國社會之底蘊。猶如不知武士之歷史、階層及精神就不可能了解日本；僅知基督教而不知騎士制度與傳統，亦不能深入歐洲的文化那樣。欲明中國，須知五教：儒、道、釋、文、俠。而五教關係不是分立的，彼此參互交攝，文在其中。文極重要，卻最難理解。外國人無獨立的文字體系，固然難以理會；中國人百姓日用而不自之，也如每天雖呼吸著空氣而不太會注意到。故說者費勁，聽者狐疑，需要我從各個側面來反覆介紹之。

另外，過去盧梭曾設想一種在起源與歷史「之間」可能有一種與後來任何自然語言及人工語言都不一樣的「語言」。符號與意義、能指與所指之間的鏈條，在此中均已無效，只與聲音的旋律和音樂性相關，乃是一種表現性而非以精確符號指涉的語言。所以它是活的，不是封閉、固定意指的語言，不能被任何線性語言或命題捕捉或囿限；可是主體與自身、主體與他人、自然與文化、過去與未來之關係卻在這沉默的符號上得以被重新理解。

然而，這個設想，早在漢代，道教即已推出。且與盧梭從語言設想者不同，乃是文字，稱為「真文」，為一切有為法之基礎、成形文字之初文。與盧梭之構思，適成一有趣之對照。

這類對照、對比或對話，自然還可無限展開。我舉此為說，略示大綱而止，自然也還疏闊不能盡意，但一點微薄的用心，似乎不難概見：

我國的符號學，基本上仍處於吸收消化階段，裨販西方學術資訊者多，能在西方論述基礎上再予拓展或應用已屬難得。運用符號學方法或以符號學視野來處理我們本國事物、資料，如我這樣，遂成為難得的一點突破。

然雖如此，我之符號學，其實與西方符號學、結構主義、敘述學（narratiologic）這一路思維之方向和精神都不契。

敘述學所關注的乃是敘事作品的普遍規律，亦即各成品中的抽象敘事結構（narrative structure），而非一本書一個作品的結構。而且這個抽象的結構又本於一種「普遍語法」，正如托鐸洛夫（Tzvetan Todorov）所說：「一切語言，甚至一切指示系統都具有同一種語法。這語法之所以帶有普遍性，不僅因為它決定著世界上一切語言，且因它與世界本身的結構是相同的」（〈十日談的語法〉）。

我雖然也努力在中國各文類中找尋它的結構原則，但一來我並不將此形式結構導入語法學的討論，二來我也反對普遍語法。認為不僅語言不能完全同於世界，語言不能同於一切暗示系統，亦非一切語言均本於同一語法。

中國語言有其特性，不能以普遍語法概括之，討論文學作品之語言結構時，亦應注意這些特性。早自《馬氏文通》以來，漢語即有若干特性是大家都知道的，如詞類區分方面，「泰西文字……無助字一門。助字者，華文所獨，所以濟夫動字不變之窮」；拉丁語法中也無介詞，只有前置詞。馬建忠參考前置詞之作用，列了介詞一類。可是他也說：「介字用法與外動字大較相似，故外動字有用如介字者；反是，而介字用如動字者亦有之」。在句法方面，《文通》則說：「大抵議論句讀皆泛指，故無起詞。此則華文所獨也。泰西古今方言，凡句讀未有無起詞者」。

這些語法特性，不能說都只是表面差異，漢語與泰西語言之深層結構仍是一樣的。因為結構主義所相信的一些深層結構，如二元對立，在我看，漢語恰好就不如是。漢語的一個特點正是正反無別、同義反覆。故哀矜之矜，即是驕矜之矜；薄既是少又是多（如磅礴、薄海騰歡）；貧既是匱乏又是太多（如貧嘴）；止既是停又是走（《論語．先進》：「以道事君，不可則止」，止即趾，行走之意）；離既是分開又是碰到（如罹字，故應劭班固顏師古解「離騷」為遭憂，離即遭）；鯤既是小魚卵又是其大不知幾千里的大魚；易既是變易又是不易；豫既是悅又是厭（《爾雅．釋詁》：「豫，厭也」）；厭既是討厭又是滿意（猶如饜），殆均如莊子所云：「假於異物，托於同體，反覆終始，不知端倪」（大宗師），二元是對立不起來的。只有正視這些特性並關連於思維與文化，語文的分析才能比較準確。

所以我更想說明的，恰好不是普遍，而是有中國特色的思維與形式。

三、我不是談抽象的敘事結構，而是意義結構。

四、他們都談語言，我談的是「名」。而在中國，名兼語與文，文尤重要。故在這方面，我常徵引德里達「文字學」之主張，以質疑西方的語言邏格斯中心主義。

可是我與德里達也很不同。他去世時，王寧兄在北京清華辦了哀悼會，我有哀詞一通，致敬其人，而亦惜其終不能見道。對我們的異同作了些交代。

這樣談符號學，意義當然並不是要發展西方的符號學，而是想如西方人發展其符號學那樣，把中國名學體系或傳統揭揚出來，以與西方作些對觀。但精力所限，三十年來只談了一部分名言問題而已（事實上國內符號學者主要也只在名言方面用功），象、數部分說之已簡；名物、名教、名聲，乃至無名方面，則尚未遑致力，故只能略舉弘綱，以待方來！

附說：由於我談的是有中國特色的思維與形式，因此有必要介紹我跟其他人的不同。近代最流行的，是會通中西。所謂大師，皆是這一路數，也最符合社會人心之奢望。其心態與方法，錢鍾書《談藝錄》自序說得最清楚：「頗採二西之書，以供三隅之反。蓋取資異國，豈徒色樂器用；流布四方，可征氣澤芳臭……。東海西海，心理攸同；南學北學，道術未裂。非作調人，稍通騎驛。」

不幸是他們雖自認為溝通中西，外人看來卻大都只是「以西律中」或隔著毛玻璃看山水畫。反之，西方人看中西關係，卻不持此會通觀，而是差異觀。把中國特殊化、妖異化、低級化，我〈論一些關於中國文化的胡說八道〉等文舉了許多例子。

這種態度，邇來反省也越來越多了，薩伊德「東方主義說」是一種，朱利安（François Jullien，又譯為於連）間距說是一種。

朱利安《間距與之間：如何在當代全球化之下思考中歐之間的文化他者性》說了許多過去堅持差異觀的各種問題，且從方法論上反對它。認為若要談差異，必須預設更普遍的認同。所以若談桌椅之差異，先就會把它們想成都屬家具，才能展開差異的討論。間距則只是把桌椅拉開了距離，兩者間就自然打開了空間，所以根本不需要論差異。

我贊成他對差異的批評，但不同意他的間距說。因為：桌椅拉開後，桌椅就不再是桌椅了嗎？桌椅中間的空間，即能改變我們對桌椅的認識嗎？如能，這空間恐怕就會要極大，大到互相看不清；或者桌椅之間需加上了布幕毛玻璃之類東西。反過來看，談差異的人，桌與椅也絕不可能疊合著毫無空間。無論什麼情況，桌椅既是兩物，就必有「之間」，都有間距，只是間距大小而已。故間距不是打不打開的問題，而是「度」的問題。

再說，桌椅為什麼要被我們用間距來討論呢？難道不是因為它們都是家具、都是木製品或都是什麼一類嗎？若根本不管「類」，則桌椅之間，間距中尚有塵、有沙、有埃、有石、有人、有鞋，有許許多其他之物可供討論，為何偏偏抽提出桌椅來單獨議說？

猶如男人和女人，正因都是人，故可以比較也值得比較，以論其異同。若說我們不要管差異，也不要認同，只須把男人放一邊，女人放一邊，互相注視對方即可。則近乎開玩笑。想想這畫面，豈不滑稽？而且，為何我們不讓人與兔子互相注視而只關注人與人之間，難道這其中真能撇開認同與差異嗎？

朱利安先生不相信本質（文化的及人性的），故他才要如此費勁地另闢蹊徑。可是他對人其實是有定義的，認為只有能自我檢驗、探險，用種種方式在自己裡面打開間距的人才是人。然後又說建立人性共同之處的原則，在於所有文化都是可以理解的。這其實就是本質論的說法。只是他把本質放在間距中，就彷彿如同他所說是無本質了。之間，既不在此，亦不在彼，不執此，不執彼，但它別有所執。真無本質者，此執亦當斥破也！

此姑勿論，且說建立人性共同之處的原則，為何先生界定為「可理解的」？這就不在中歐之間，恐怕仍是站在歐洲或偏歐洲多些了吧！

若依中國思想，或許會把這個原則建立在「可感的」上。文化之間、人與人之間，或許未必能理解，但無礙人與人、文化與文化之間是可以感通的。他人有疾，感同身受，雖未必能知他究竟是什麼病、其病在其文化中又作何理解。

可感通，也一定比可理解更有行動力。可理解，兩個孤立之個體，拉開間距互相注視，僅在注視對方時反思自己，恐怕仍只是靜態的、作用於自己的、屬於思致心態或視角之調整。未能如感通這般，形成關懷、體貼、愛與行動。

又，在朱利安不斷用注視、觀察等語詞教人面對「他者的鏡子裡所凸顯出的」被自己壓抑的事物進行反思時，我以為他也只重視了眼睛，而尚未能全面發現他所說的「人的官能的理解力」(l'intelligence)。感通才能！

此外，他想用間距說來抵拒全球化時代強調各不同文化趨同的態勢，可能也不如採用感通說。感，是在不同個體之間產生的。個體之不同，先驗地被保存了。可是感而遂通，個體之間（這個之間，不是如先生所說那樣僅僅是空間）可通、可感、可應、可和，所以才能達到「和而不同」，才更能避免全球化的同質性危機。達到鄭海藏詩所說：「持論絕不同，意氣極相得，每見不能去，歡笑輒竟夕」（哭顧子朋）那種狀況。

由方法學說，兩不相干之文化體，思想基點與體系均不相同，而要企圖理解，亦不只是可理解性(l'intelligible)的問題，至少還有好幾種相關方法學的爭論需要面對。

例如孔恩所說的不可共量性（包括標準不可共量、辭彙與意義不可共量、知覺經驗或世界不可共量。又譯為不可通約、不可比等）即為其中之一。同一文化之不同階段（他指科學革命形成的不同時期），尚且可能局部的(local)不可共量，甚至全體性(global)不可共量，異文化之間，當然更嚴重。何況還有間距！

距離殊方、物類異撰，此地所無之物，他方如何類擬想像？不同的生活世界，理解力及方式亦必不同。如何打破不可共量使其可量，或根本反對不可共量說，是須在方法學上打硬仗的。

我的立場，則在可量不可量之間，是莊子的「聖人和之以是非，而修乎天均，是之為兩行」；也是孟子的「詩云：他人有心，予忖度之」。方法學上的硬仗嘛，嘿，我也樂意再繼續打打！

# 第四章 經世

## 一、大戰略

《春秋》經世。故我們學孔子、學《春秋》，亦必以經世濟民為目標。

近來頗有人反對如此，提倡為知識而知識、為學問而學問，批評中國人就因為太實用了，所以不能做純知識純科學之研究。其說另有語脈，以西方為典型。但一不是我國的傳統，二對致用也並不了解。

天下沒有純知識的知識。任何知識，探索之初，大抵都出於好奇，是致知的興趣。可是為何鑽研此而不鑽研彼，必有倫理上的考量。有益於人、有助於事、有補於社會，才會放心做下去，否則就會放棄，除非梟獍其心，才會專門去研究怎麼殺人。因此，致用是自然生出的倫理目的，不同只在致用範圍的大小，小者獨善其身，大者兼善天下。一般人，在能力許可的情況下也一定會選擇儘量擴大致用之範圍與效能。絕對只要獨善其身、絕不要利人，即使楊朱也做不到。

韋伯曾寫過《以學術為志業》《以政治為志業》兩本書，士林稱之。其實說得忒輕巧淺薄。因為學術必有實踐性，不徒為紙上之戲劇。科學家研究遠古生物、億萬光年之外的景象，看起來不蘄其實用，可是科學能不作用於現實社會嗎？就是宗教玄說，天堂地獄神魔鬼怪，一樣有強烈的政治性。不然宗教戰爭不會打上幾千年，橫屍萬里；政權也不會怕宗教。而就是學說，這個主義、那個主義，看來僅是概念的遊戲、語言的編織，不也起著許多具體實踐的情況嗎？不也深具政治意義嗎？

所以儒者為學，強調己立立人，要完善自己，也希望能完善社會。經世致用、知行合一乃因此是必要的。近代學與用歧，世路上多是流氓，學界則多廢人，各得偏弊，共成其亂。能顯示點學者擔荷天下之氣魄的，太少了。

故我少小讀書便有澄清天下之志，並不奇怪。反而是我們現代教育總是誘引或規範青年只考慮自己的出路，才堪怪詫。

有經世之心理，自然在讀書時就會有此眼光，例如讀《老子》，許多人會把它理解為消極避世離世，可是韓非會如此嗎？他可是把老子看成為「君王南面之術」呢！古人讀書於山中、草廬中，為何出來就能經世，如諸葛亮那樣？即因他在書齋裡早已把古人經世的思想和實踐之史跡好好研究過了。

只不過古人遙遠，其心與跡皆難明瞭，時與事亦與現今頗異，故欲探索其經世之方法並不容易。我的辦法是一方面考之經史，一方面驗諸近事。

前者，是說我國之史，原即《春秋》之支流，故歷代之史亦以經世為目標為精神。司馬光編的那部大書，取名《資治通鑑》，道理也即在此，非存檔了事或聊供談助而已，也非如今日史學徒知考古而已。

那麼我們如何接上這個大傳統以經今日之世呢？

楊樹達《春秋大義述》所述《春秋》大義凡廿九條：榮復仇、攘夷、貴死義、誅叛盜、貴仁義、貴正己、貴誠信、貴讓、貴豫、貴變改、貴有辭、譏慢、明權、謹始、重意、重民、惡戰伐、重守備、貴得眾、尊尊、大受命、錄正諫、親親、重妃匹、尚別、正繼嗣、諱辭、錄內、言序。把這些當「大義」，大力闡揚揭舉之，原因與他寫於抗日戰爭時期有關。舉國抗日，故以攘夷復仇為先，而貴士之死義誅叛也。

這是楊先生的春秋經世之道。我不這樣。時事不同，所重亦不同。楊先生重視的是道理，我重視的是對「世」的理解與對「經」的方法之討論。

二〇〇五年郭少棠兄在珠海辦聯合國際學院，我去助拳。該校採香港浸會大學制度，全英語教學，但強調全人教育，精神體制與大陸一般大學不同。可是境內大學必須有黨組、必須有國情教育，逃不掉的，這可怎麼辦？我說：無妨，就用《明夷待訪錄》來教吧！此書乃黃宗羲針對明末亡國之檢討，也是未來治國之大綱，對君臣政治、國防、軍事、財政、土地、學校等均有專章討論，讀之不就可知國情了嗎？例如建都，他分析了歷代建都選址的考慮、明代建都於北京的利弊，認為建都北京不妥。我人讀此，參考顧炎武《天下郡國利病書》等等，便可知天下形勢及歷代興衰之故。其後清代仍都北京；民國後雖遷都南京，可是孫中山先生屬意的地方其實卻是蘭州，甚至伊犂；另外也有人主張武漢；中共建政後則仍都北京。今日又頗有人認為北京位置及氣候不佳，亟需遷都。把這些與黃宗羲所論合併起來看，不就瞭然吾國之國情了？

這個課程後來還辦了研討會，學生結合其所身經之體驗，踴躍討論，效果甚好。接著又以書院教育為經緯，結合現況，體會益深。

讀書時，結合往史以參時事，大抵如此。我們在書房裡讀書，若能如是，養成習慣，便可有未來經世之基礎。我去籌辦南華大學時，實際操作，不過年餘，便即小成。初任校長，宛若夙習。即因我參張建邦校長幕已久，寫了許多關於高等教育的文稿，故相關事務多已熟稔。

那時張之淦老師正在寫明代邊防研究，客廳就掛上一幅大地圖。我去，輒為我說長城內外史事及朝政盛衰之故。他來往的馬鶴凌先生等，在中央黨部；成惕軒先生等，在考試院；蕭繼宗先生等，則與學生書局諸先生從前都在孫立人將軍幕。因此我對朝局政事也久聞緒論，頗不陌生。而高陽先生雖以歷史小說聞名，其實供職於中華日報，每天要寫社論，所以我也常可聽到他對國政的分析。他們的特點，都是根於經義、熟於史事、切乎人情的，我非常受益。

隨後我又在國際關係與戰略研究所教書，縱橫捭闔談國家大戰略，也為日後涉及國政做了準備。此領域，僅鈕先鍾先生等少數專家，且多集中於軍方，他們講的又常不脫戰術或軍事格局，我則主要用王船山《讀通鑑論》來談大戰略。

通過歷史來看國政時事，不僅格局宏調，也較看得清事物的真正癥結和脈絡。例如教育，現在的批評並不少，或云教育國家化、行政化，或曰西化，或曰工廠化、技術化、職業化。都對！但這都是現代的弊端，古代無政黨干涉、無西化、無工業技術化，教育就辦得好嗎？其實一樣糟。為什麼？因為問題的根本不在這些時代之緣，而在人受教之心。受教的人並不想接受什麼教育，教育只是一個過程、一件工具。目的不是學什麼，而是可藉此得到黃金屋、顏如玉、千鍾粟。心思歪了，學與教自然成了一套虛假的戲劇，如班固所批評的「祿利之途使然」，大家都在煞有介事地演著戲呢！

古代固然也有書院。但書院教育發展下來，一樣成了個假套子。清代就專務科舉了，現在你去白鹿洞、鵝湖、嶽麓看看，也仍是用狀元榜、科名錄來炫耀耳目，書院精神安在哉？

又如土地。今天爭論該私有還是國有，涉及國民政府與共產黨土地改革之是非功過，是十分激烈的。然而此亦非近代才成問題，與西方資本主義體制亦並不直接相關。自商鞅「廢井田開阡陌」以來，我國就一直在均田、井田、王田之類土地國有和私有之間搖擺。同樣的，政體之為封建抑或郡縣，才是我國政治之關鍵，未來定須著眼於此，否則虛說民主、投票、制衡等，均是枝末，不達政本。

何以故？民主、投票、權力制衡等，臺灣的民主運動，不就以此為成就嗎？可是結果如何？

從前漢代，也是走孫中山的「發達國家資本，節制私人資本」之路，故鹽鐵公賣、摧抑豪強。可是豪強利用土地買賣侵占，仍是越發展越大，以致富者田連阡陌，而貧者無立錐之地。王莽想要解決，實施王田制，結果被豪強起來推翻了。東漢乃成為中央政府和地方豪強合作之局。地方豪強更通過讓子弟讀書入仕之途徑，成功地把豪族轉換為士族。地方的強宗巨族和在中央擔任公卿的士大夫連成一體，稱為「豪強的中央化」。接著，皇帝就等著由士族廢或立了。漢末黃巾之起事，原想打破這一局面，而終於被士族皇權聯合體鎮壓住了。鎮壓之後，士族內鬨，董卓妄想獨大、孫堅自取江東，曹操與袁紹袁術爭霸，然後挾天子以令諸侯。最終三國鼎立，魏晉繼統，大族強宗取代了漢室。其後的宋齊梁陳，便都是士族大姓的天下，皇帝都得靠士族的支持。政權可以變來變去，而士族既成世族，卻兀自巍然不動。

臺灣的民主化，細看不就仍是如此嗎？國民黨組織、外省知識人群體、軍公教政府職工是一塊；擁有土地與資本的地方豪強，是另一大塊。初期雖與國民政府合作，但自有畛域。土地改革，「三七五減租」之後，土地兼併之風也並未控制。迨蔣經國十大建設、重用臺籍青年之後，地方資本及豪強力量更是漸次進入中央，豪強逐漸中央化了。等到國民大會、立法院全面改造後，位置遂多由豪強推出的代理人占有，地方派系乃至黑道中央化之局面正式形成。因此檯面上雖是這個黨那個黨，內裡其實都一樣。李登輝不脫黑金疑雲、陳水扁貪瀆治國，蔡英文則自己就是土豪。無地方豪強支持之新黨等，就只能以理念吸收都會票、遊離票、邊緣票。而強調清廉，欲與地方派系切割，甚或想裁抑其力量的馬英九，就宛如漢獻帝，自己孤撐到關燈打烊走人。

詳細的分析，不用再說，諸君熟知近年時事，自行腦補可也。此處亦非議政，只是說觀察政治，看的其實不是旗號、名目、演員和戲碼，而是要深入大結構，看清大脈絡。

## 二、應帝王

我這樣讀史、講大戰略、學未來學，心情越來越不自限於書齋，辦雜誌、辦報、辦社團，參加各種活動越來越多。這時恰逢臺灣解嚴，各種力量噴薄而出，社會正在重組。而接著就是開放老兵赴大陸探親，兩岸敵對狀況初步解除，出現一個歷史新局。我在這個局裡，深刻的感覺這是個歷史的機遇，或許可以為此貢獻一點力量。因此開始走向萬水千山。

當時得到蔣將軍張校長李煥先生等人之支持，開始遊弋大陸，結合知識分子，組織論壇、籌設基金會。其間概略，《四十自述》業已講過。總之是欲有宏圖，故一再鼓吹政府正視兩岸交流新局，要在組織、政策、資源上做出重大調整，才足以適應新局。

一九九一年政府終於成立大陸委員會、訂立兩岸人民關係條例、形成《國統綱領》。這些，當然都是大手筆。但這都是臺灣內部視角的，把兩岸關係當一新的特殊的事務來處理。所以《國統綱領》是關卡式的，把「不接觸、不談判、不妥協」的三不政策變通來用。不能不接觸則接觸之，為第一階段；接觸後終要談判，則談判之，為第二階段；最終交流不佳，自然可以永遠不進入妥協統一之階段，靜待交流一切順利之後，再來處理政治上如何統一的問題。在這個架構下，兩岸人民關係條例即是要對交流進行規範化秩序化之管理。

這時，《國統綱領》實僅是被統一綱領，籌思如何延緩被統一。而非在九十年代初利用臺灣優勢，思考全民族統一，再創中華新運的綱領。兩岸交流，被視為新出現的麻煩、亂象，須要趕快規範之管理之，而非可利用此新生之事之機遇去開創臺灣的資源與格局。

照道理，中華民國的交通部、經濟部、教育部等等都應該管全中國的交通、經濟、教育事務。可這只是法理上、政權上的說法而已。實際上，四十年來治權僅在臺灣實施，各部會自然只管臺灣部分。現在大陸出現在眼前了，許多因交流而生的事務不能不管了；可是不想管也不知如何去管，於是另成立一個「大陸委員會」去專門對付之好了。涉及各部會之事，再通知各部會中的聯絡小組人員即可。

這樣，符合了臺灣的政府運作邏輯，可是因陋就簡，各部會遂仍不需理會並思考整個中國的法政、經濟、教育等事。陸委會又無手腳，不能直接處理各類具體事務，只能一一協調，溝通觀念與作法（政府中本來還一直維持著的新疆省政府，竟在此時也裁撤了。還是派我去裁的。蒙藏委員會、福建省政府當時也差點裁了）。官場中跨部會協調，是多麼困難的事？陸委會卻需與所有機關協調，其間之齟齬、不暢可想而知。它也不能與大陸直接官方接觸（連跟民間通電話和傳真都不行），因此另設「海基會」做其白手套。可是手腦不能協調，具體交流之單位都想做出業績，主導政策者則只想規範管理，連番「海陸大戰」之火苗於是在創立之際便已種下了。

因此，這整個框架，只是蔣經國後期「革新保臺」思路的延續，找不到新時代之歸屬。李登輝並不反對這個架構。因為根據《國統綱領》的關卡式設計，兩岸交流也是可以停滯不前的。他當時主要目標也不在交流，他要開的新局乃是在臺灣實施民主化，選上總統，鞏固他那因蔣經國遽逝而登上的不穩定位子。大陸和交流云云，是這個局的局外之事，只需不出亂子即可，因此他派了黃昆輝來主掌陸委會（最初陸委會因要統整各部會，所以直接掛在行政院下，由副院長施啟揚兼主委，特任副主委馬英九當時還任部長級的研考會主委。以顯示此會比各部會還要高一級。可惜時移勢易，此會愈來愈不重要，七月三日蔡英文政府且摘掉「行政院」三字，說原先只是任務編組，現在這樣才跟各部會平級。其實完全搞錯了）。

我的想法，與此大相徑庭，是想恢復中原、再造中華的。但時與勢容我實踐嗎？只因除了利用這個架構之外，兩岸交流等任何想法，我都不可能實踐，因此馬英九邀我入陸委會任職時我即答應了。

具體做起事來，卻是無窮的磨難。折磨、打磨，磨時間、磨人，而且千難萬難，鐵杵不能磨成繡花針。教育、文化、科技、體育、大眾傳媒、娛樂等。也就是教育部、文建會、國科會、新聞局各部會之事都得管（因為事實上沒有不涉及大陸事務的，想要用鋸箭法思維去處理，根本不可能），可是又不直接管得動，只能無休止地協調溝通。政府中，只有我去過大陸，他們對大陸不關心也不了解，怎麼溝通？講多了，就懷疑我是匪諜或遭了大陸統戰，我的政策構想也很難找到人配合，因此做得極辛苦。我的個性又有極大毛病，氣盛不巽、才闊不密、待人直而不諒、處事方而不周，所以更辛苦。

一九八九年我去看馮友蘭先生時，他書房掛了張自寫的對聯：「聞舊邦以輔新命，極高明而道中庸」。寫得好，講出了他的自詡，也觸及所有讀書人的隱衷。誰不想如此呀？無奈輔新命是要「應帝王」的。如何應？順應、應命、聽命呢，還是應成為帝王（依莊子說，這個帝，不是指位子，只是經世者可以「以己出經式儀度，正而後行，確乎能其事者而已矣」。應帝王指自己可以自帝自天，自己作主）？馮先生欲輔新命而不幸翻了船，我也支絀其間，危乎殆哉。

這其中也不是沒成績。例如大陸文教人員來臺、官員來臺、團體來臺、出版品電影電視來臺，開放並推出臺灣文化教育人員及團體去大陸交流展演，推動兩岸合辦文教活動，設立中華發展基金等，促生了無數交流事項與故事，奠定了目前兩岸交流互動之基本法規及格局。而且這不純是靜態的建立交流環境，還有基於文化發展的作為。例如那時我擔心大陸崑曲、說唱等技藝行將斷絕，故推動了交流保存計畫，派了洪惟助、周純一去採訪調查南北藝人數百、劇團數十，蒐集手稿、影音、劇本資料無數，並安排藝人來臺灣演出及教學，對現今崑曲復興頗起作用。另又安排了曲藝團去大陸巡演交流。其他各領域，也都如此。

但成績也僅止於此。在這個框架中做事，體制層級是大限制，政策更是，極力騰挪，終不可能突破其局限。例如臺灣學生去大陸讀書的很多，臺灣為什麼就不能開放招收大陸學生？我找了劉兆玄等十幾所大學校長商量，都同意了，既不占臺灣學生名額，且可為陸生安排獎學金以安頓學習生活。教育部本來頗難溝通，我自寫信給毛高文部長，他也同意了。結果報上去，黃昆輝卻大發脾氣，因為李登輝反對。因此一擱十八年，直到馬英九當上了總統，此案才打折扣地實現了。

我若仍留在陸委會，這十八年便不知將如何熬過，因此我早早見機準備離開。趁海基會與陸委會又生齟齬之際，在自立晚報發表了公開信，批評黃昆輝主持之大陸政策只是一套假把式，其中毫無「真情實意」。旋即辭職，去了中正大學歷史所，並應佛光山星雲法師之請，開始籌辦佛光大學。

離職時，黃主委寬諒，還送了我一座獎牌，謝謝我「獻替良多」。我於兩岸政策確是獻替良多，其奈不受採納何？就採納了又能如何？我曾有一詩，送周偉明蕭箑夫兩先生，其中有句云「儒業浴身真可樂，書生經世有奇哀」。古人多哀時命，感嘆不得機緣用世，我卻是有機緣的。可是用世之後，愈感悲涼，知道我的經世之志永無實現之可能了。

個人之心志不足道，兩岸融合、民族再生之機沒有了，才真成千古遺憾。未來大陸仍將徇其故步，臺灣則自喪其天。能否善了，頗令人憂。

因此這段經世事蹟我最不願談。兩岸文教交流之格局、法規、政策雖多經手，卻毫無可以自詡之處，我當年甚至自己就常在報上寫社論批評自己的政策。近年常看到一些人在兩岸交流事務中自吹自擂，誇大自己扮演的角色，都覺得很可笑。

某次楊錦麟兄示我周瑞金回憶汪道涵、南懷瑾與「九二共識」事，我即回函道：這類話，南先生方面常這樣說。其實南先生與九二共識毫無關係。為免以訛傳訛，特說明如下：一、九〇年南先生之所謂密使、兩黨會談，實不值一提。當年奔走兩岸者甚多，常組織這類談議，條陳上達層峰的也不計其數，我自己就辦了許多，一九八九年亦即已見過江澤民。比我介入更深者大有人在，但很少如南先生或其生徒朋友這樣拿出來宣揚。二、九二共識是一九九二年十月二十八日至三十日，臺灣海基會與大陸海協會在香港商談時定的。當時海協會提出五種文字表述，臺灣海基會也根據陸委會的指示提出了五種文字描述。但雙方很難達成一致，陷入僵局。那時我在陸委會任職，實際參與主導海基會之談判。在看來即將破局之際，我們在後臺絞盡腦汁，拿出了最後的表述內容：「在海峽兩岸共同努力謀求國家統一的過程中，雙方雖均堅持一個中國原則，但對於一個中國的涵義，認知各有不同。惟鑑於兩岸民間交流日益頻繁，為保障兩岸人民權益，對於文書查證，應加以妥善解決」，還建議「用各自口頭聲明的方式表述一個中國原則」。此議由海基會提出後，海協會表示這是此次商談的主要成果，等把海基會的建議與具體表述內容報告後再正式答覆。後來則同意了兩岸都這樣表述（之後南先生參與密使的事，李登輝自己的回憶也已說明：發現他有從大陸和臺灣獲取利益的意圖，便拒絕了他）。

兩岸開放交流真正的格局開拓者是鄧小平、蔣經國，我們只是這局棋中的一二小棋子，最終也都成了棄子，有何可說？

在政局中，若真想主導時局、落實大戰略，只能發揮我的玩心與鬥性，一路鬥上去，當蔣經國、鄧小平。我思忖要不要離職時，也確實考慮過這一途，甚至想過是否由先設法當上調查局長以占地步。後來終於沒有，到大陸後更放棄了一切過去的政界資源，僅以文化教育立身，便是因為我還自惜這一身學問，故籌思另一經世之道。

## 三、施教化

這另一條道路便是文化教育。我原本就在教育界，但那時從事教育是無經世意識的，只是嚼飯餵人，將知道的東西傳播給學生，兼以自己餬口。退回教育界之後，意義卻不一樣，是要通過教育達成一種文化理想，以風世易俗。因此教育既是文化運動，也有政治意涵。對經世來說，不是退而是進。

由儒家的傳統看，儒者之政，內涵本來就是教化，而非西方政治學所云之權力的分配與制衡。由現代政治說，民主能否實施的關鍵也仍在教育。

我原就不贊成把民主制度神聖化、唯一目標化之作法。實際從政之後，對民主制、官僚制更有深刻之體會。西方柏拉圖、亞里斯多德都反對民主制，因民主制有一根本困局：以數人頭代替打破人頭，是其優點，卻也是它的死穴。社會上笨人一定比聰明人多，精英知識階層一定選不過平庸氓眾。所以民主若想實施得好，廣大平庸百姓的水準就必須提升到一定程度，否則即會成為庸人秕政或暴民惡政。

以臺灣來看，解嚴民主化以後，文化水準立刻下降，庸俗、搞笑、反智、庶民化、動物化愈來愈厲害。政治呢？知識人選票少，越來越不重要，國政大事越來越無法理性深入討論。從政者以討好選民、服務選民、蠱惑選民、鼓動選民為事，民主乃變成民粹。政客操縱庸眾，如驅豬狗與人鏖戰。知識分子傷心時政，提出建言，不僅如狗吠火車，主政者根本不會搭理你。他火車上還會跳下一群野狗，咬你一頭包。

再說啦，現代民主還有柏拉圖、亞里斯多德沒想到的另一個死穴：它是錢形成的政治邏輯。英國的民主，即起於資產階級革命。因海外貿易發展形成的資產階級新貴族，於一六四〇年創造了現代民主政治模式。馬派夙稱此為資產階級民主，其實也沒錯，是有錢人逼舊貴族讓權出來由他們統治的模式。美國之革命，一樣肇因於英政府對玻璃、茶葉徵稅。後來的格局，一般都說是立法、司法、行政三權分立。而實是國會、政府、利益集團三者之合縱連橫，並以錢串連之。沒錢，你可以享受民主，但絕不能實踐民主。因為沒錢絕對選不上，國會也不為沒錢的人立法。文化？你只能期待它變成文化產業，或有錢人開始有文化。美國英國如此，臺灣也一樣。

可是你想從教育來改變這種困局也是很難的。主政者早想到了這一層，所以先一步發動了「教育改革」，將教育更深地轉變成為政策工具。改體制、改教科書、改國語、改歷史、改地理，改到現在的「轉型正義」，全面打擊那些不投他票的人。

我辦教育，也是教育改革；但與李遠哲領軍的教改恰好相反。是希望教育由國家化、意識形態化、工具化轉變出來，也從百年歧途的現代教育中走出來。但形式上我仍需符合教育部規範的現代大學體制，所以我的旗號是：在現代教育體制中恢復古代書院精神。

當時有詩云：地陷天傾各有由，虎爭龍戰鬥春秋。土崩魚爛人間世，路轉峰迴文會樓。涵養生機通造化，裁成雅士鑄神州。山中小試乾坤手，今日吾儕亦孔丘。

我們是私人教育，精神上溯孔子。而由佛光山教團出面募集資金，則如鵝湖寺捨產興建鵝湖書院（朱熹他們會講於鵝湖寺。宋淳祐十年才建文宗書院。明景泰年間又擴建，乃名鵝湖書院）。

佛光山是世上最大的佛教教團，遍布五大洲一百多個國家或地區。以「人間佛教」為旗號，深入各社區，不限於寺院，故還有國際佛光會相輔翼。星雲法師雄才大略，不徒僧中第一。我們本不認識，他打電話來，以辦大學之事託我。

後來常有人問他為什麼，他都說仰慕我是國學大師。其實他是長者，那時我不過三十來歲，他則比我大三十歲，很感謝他的賞識。

但這可能也替他帶來不少困擾。例如我建議老師宿舍可建樹屋，掛在樹上。又要在校內挖地做酒窖，釀藏建校紀念酒。學生宿舍樓頂則擬闢為月光音樂舞臺。還認為學校既建在山裡，應有麋鹿魚鳥之勝，既便師生優遊歲月，也可遽增知名度。因此去募了老虎、水鹿、黑熊、孔雀、梅花鹿等一大批動物來。結果比丘比丘尼們想到要跟虎豹熊羆一起生活，在虎嘯聲中打坐，都嚇壞了。諸如此類異想天開的點子太多，想必也頗令他頭痛。故常有人提醒他：「龔某人龍性難馴，在陸委會剛鬧過大新聞，把黃昆輝搞得如此難看，你怎麼敢用？」他老先生倒回答得挺好，說：「我又不是黃昆輝！」

當時他發動僧尼及信徒環島托缽，我進而提議發起百萬人興學運動，凡認同我們理念的，每人每月捐一百元新臺幣支持建校。這本身就是很好的宣傳，更是讓社會參與的文化運動，新教育、新大學、新社會關懷。而且錢來自大眾而非一二大豪，也避免了私校通病的私產化。因此響應熱烈，後來擴大為捐書、捐藝術品、捐物資等等。辦了許多場拍賣會，也順便又建了幾座美術館。

這種辦校的過程就是一大特點，超越恆蹊，豪壯動人（兩所大學建校就花了百多億臺幣，是臺灣佛教界最大的動員與投入）。第二個特點，則是學校的屬性。我強調「是佛教辦學，但不是辦佛教大學」，屬於面向社會的公眾大學，非佛學院。西方，神學院早已轉化為現代大學了，中國這才是第一所。

又因現代大學都走知識化切割道路，所以我要反覆強調通識教育、全人教育；有禮樂教化、跨學科整合。這也是第一或唯一的。

現代大學當然也講綜合，但所謂綜合只是各門各類知識聚增，學校越來越大而內部切割愈甚。學生又越來越多，老師連學生也不可能認得，更別說性命身心相印證了。我的學校則要小要精緻，師生可以共同生活共同成長。

學生少，老師聘得多，入不敷出，怎麼辦？所有私校都朝多收學費、減少人事支出的路子走。我卻反之，要減少學生交費，甚至根本不收費，強調非營利經營；多聘好的教師、貴的教師。認為越有資望的教授愈能帶來資源與聲望，學校也才能越辦越好。辦得好了，才能爭取認同，才可獲得獎助、補助、捐助及社會支持。

凡此，均是針對百年來教育之弊端而設的。古代書院都很小，學生千里裹糧從師而來，書院還要提供膏火住宿，哪是現在這樣以教育為產業、以獲利經營為原則的？宋明書院以成人成德為宗旨，又哪是現在以利祿誘人的？我久在現代教育體制中生活，熟知其病，也深諳可以找到掩護或利用其框殼的技巧，因此既能輕易地改革其弊端，發揚傳統書院的精神，也能獲得現代教育體制的認可，存活下來，並存活得非常好。

次年，學校口碑就已很不錯了。瘂弦、張默、陳義芝、焦桐、陳雨航他們來找我時，我還自詡如仙人一指，頃刻開花：「歲月曹騰水轉沙，天涯小住即吾家。文章自許千秋業，道法能開頃刻花。為惜人間多翳蔽，故來山野種瓠瓜。江湖豪客如存問，一笑相逢肅萬譁。」

南華和後來的佛光，不僅在通識教育方面被評估為最佳，整體評價也屢膺新設院校之冠，每年獲得的政府獎補助款遂最多。南華開校就設立哲學研究所，也是唯一開校即能辦研究所的大學。僅辦兩年，教育部又主動要我們由學院改制為大學。佛光，剛開辦即得設立博士班，也是從來未有的。我辦的許多學科，又均有意衝擊原有學科體系。例如原先僅有政府管理及企業管理學科，我另開人文管理新領域；原先僅有新聞傳播學科，我另開出版學；原先僅有藝術創作，我另開藝術行政與管理；原先只有中文系外文系，我合併設為文學所；原先僅有法文德文英文西班牙文各系，我與許仟兄著眼歐洲統合，開辦歐洲所（仟兄逝矣，我與郭冠廷等備酒，虛設一座以送之）；原先僅有生命科學，我另開生命學；原先僅有歷史學，我另開未來學等。教育部雖都有些遲疑，但終是同意了。

民國以來之教育，大家競誇蔡元培、梅貽琦，論書院之復興則推馬一浮。可是蔡之事功，只在兼容並包；梅之著眼，只是不重大樓而重大師；馬先生則實際沒怎麼運作起來。我的施為，恐怕比前輩難得多也大得多，更以他們為改革、超越之對象。歷來書院或佛教興學，皆無此氣象與成績（哈哈，各位要諒解：草臺班子的班主，當然要比大劇院的院長難為，故請勿以吾言為狂悖。另外須知：校長不但要兼容並包，更要有獨到的見識與學術研究，才能排除眾議，確定發展什麼學科、如何發展。大樓也不是跟大師對立的，校園如何布局、樓舍如何建造，提供什麼園林景觀、生活遊處空間，建材建式、服務系統、經濟支撐等等，也同樣重要，都得管，且要管得好。不是現在這樣，什麼人都可以派去當校長的）。

然而，創格者，人皆疑其始；破例者，人或慮其終；習於經常者，不能處其變；怠於興衰者，輒思安其故；況功高或謂震主，佛緣亦恐不便俠風。小車超載，更可能會壓彎了車軸；孤鷹驟起，獵人也許立刻就張開了箭弓；友朋聚義，名次又不好安排；招安與否，疑團也終始未釋。因而南華在第三年獲得教育部最大認可，諭令改制之際，出現了大分裂。我帶一部分人離開，北上宜蘭去接著辦佛光人文社會學院。

分裂，顯示了我的理念與作法不僅在社會上有爭議，校內也同樣。但此中大多非口舌所能爭，只能靠時間來驗證。例如我首創大一大二不分系，北大二〇〇一年才開始跟進；我辦生死學、殯葬管理，誰不報以異樣眼光？我發展人文管理，批判企管學科，管理學出身的教授們又怎能沒意見？至於通識教育、書院精神，當時以為異端，疑於復古，如今誰不提倡？

此即所謂君子之道，闇然而日彰。但當時疑義蓬滋，形成分裂，勢所必至。分裂後，一部分人與我北上宜蘭，繼續辦學。

佛光籌辦，本來早在一九九三年。因校地取得不易，山體坡度又大，邊坡處理、水土保持、汙水回收、道路、涵管、橋梁之建設等都極困難，所以只能先期在嘉義辦出了南華。如今我稍騰出手，乃回頭將之建起。〈北行〉詩曰：「奔南走北若雲移，流水生涯祗自知。誰與楊朱悲岔路？未隨鉅墨染烏絲。因循中道添遊興，澹蕩荷風起退思。見說蘭陽飛海霧，往收日月鑄新詞。」

開學時仍只兩棟樓，一以我書房雲起樓命名，一齋舍名雲來集，冀學士文豪如雲來集也。校在礁溪鄉林美山上，雲深霧繞，若登仙都。下瞰蘭陽平原、龜山島，晨面朝暉，夕見星斗遍布腳下。陳來兄曾許為臺灣最勝景，而其實乃十載經營所致。

我與同仁日夕講論於其間。文酒相從，尤勝南華。楊國樞、許倬雲、毛漢光、宋光宇等由中研院來；謝劍、黃維樑、黃德偉等由香港來；陳捷光、高行健、周春堤、馬森、王孝廉等由美國、加拿大、日本各處來；大陸則有李明濱、金春峰、曹順慶、邵東方、任定成、王寧、王駿等。皆喜得講學之樂而擁皋比焉。

學校由文學所博士班開始，兩年後才辦大學本科。是精緻性研究型大學，師資、課程、圖書在全臺都很有競爭力。且生氣勃勃，創意不斷。因此，兩年後教育部又諭令改制為大學。這期間，新學科主要是生命學與未來學。但文學、藝術、宗教之類，看起來老的學科其實也很有新意。故一時觀聽，頗為震動。

可是真正震動社會的，是我的辭職。

那時因開始招收本科，學生大增，校舍建築之壓力甚大。蘭陽多雨，山中施工狀況又不穩定，怕新學期房舍不敷使用。我與王明蓀、郭冠廷、林信華等人特地跑了一趟內蒙，採購了一批蒙古包。假若教室建不及，就把蒙古包架在山坡草地上，讓學生在那兒上課、辦活動。

恰好教育部鼓勵開設多元文化課程。乃又以此為契機，申請舉辦「蒙古文化週」，開了一些課程。蒙古歷史、禮俗、文化、宗教等各有講授。不僅獲得了幾百萬補助，並得到了政府蒙藏委員會來支援講師、服飾及一團藝人。他們來學校搭起蒙古包，示範蒙古式唱歌跳舞、烤全羊。全校師生大樂，玩得很嗨，電視臺也跑來報導，認為很有創意，開展了多元文化互動。藍天白雲下，蒙古包如一朵朵白蓮花，綻放著和諧、喜樂。

不料有些信徒看了電視，如遭雷殛，說：「這、這、這，佛光大學怎麼可以烤全羊？我們不捐錢了！」佛光大學為什麼不能烤全羊？我們又不是佛學院，是如臺大、清華這樣的一般大學。臺大不能烤全羊嗎？何況又是蒙古文化週，又獲政府補助展示蒙古文化，為什麼不能烤呀？烤亦非我烤，是蒙藏委員會派人來烤，為何又不可以？？？

在我看，信徒干涉校務，破壞大學自主，當然得走。校內同仁卻是群情洶洶，勾起了當年在南華的往事回憶。猜疑與不滿隨之爆發。我夾在其中，欲兩全而兩皆得怨。社會上則因烤全羊、員工抵制代理校長、重新遴選校長、董事會與我法律攻防等事，旁觀大戲以為樂。

此中，義理上沒有什麼可說的，也不需說，因為是非很明顯。但過程高潮迭起，每天都有汙水潑來，狗仔伺門、記者追蹤。說我可能貪汙了啦，曾帶高行健去喝花酒啦，常去大陸，必是包了二奶啦，還說我寫《縱欲以證菩提》是宣傳吃人啦等等。星雲平時誇我文字般若，善於度化。可是教團徒眾發起威來，文字般若能抵什麼用？

十年合作，至此而絕。故跟法師說：恩怨是非，待您百年之後，我再來寫吧。喧鬧中，我的筆，還該寫點有用的東西，於是開始寫《中國思想史》。

後來，學校給了我兩年假期。恰好湯一介先生辦蔡元培講座、湯用彤講座，邀我到北大開講（之前饒宗頤、柳存仁、成中英、施舟人講過）；女兒元之又考上了北大歷史系，我遂樂得離開臺灣，來北大伴讀。溫儒敏兄見我太閑，乃又命我替中文系開講中國文化史，於是漸漸就滯留北京了。

講了一陣，溫儒敏主編名家通識講座系列，邀我提供一本。便把《中國思想史》拆了一部分，與相關文章合為《文化符號學導論》，以應湯先生講座出書之用；一部分又合若干稿子，輯成《中國傳統文化十五講》，都交北大出了。

## 四、理性命

《十五講》後記中曾說：我在佛光紛擾期間開始寫《中國思想史》，事情鬧了幾個月，我也就寫成了幾十萬字。閑閑一句，其實最見工夫。

讀書人平時講「寵辱不驚」，講得可溜了。富貴儻來、橫逆忽至，能不能持得定、守得住，卻是偌大考驗。

那時，連跟研究生上課，記者都會把鏡頭或麥克風堵到我臉上來，各種中傷詆毀更是令人啼笑皆非。學生看著，怕我要被逼瘋，因為他們就快瘋掉了。資深教授們則拚命勸我看開一點，例如美國賓州大學終身教授不幹而來我佛光的周春堤先生，就寫了一聯安慰我：「一草一木、一磚一瓦、一心一意，小祇園成大觀園；無忮無求、無怨無懟、無奈無悔，佛門應非是非門。書云：有不虞之譽，有求全之毀。謹請鵬程校長寬懷。」接著我去了大陸，人更皆以屈原憐之、以落水狗視之。我笑笑說沒事也沒人信。

我當然要謝謝關心者的好意，但實際上是真無其事，還不是「若無」。所以寫起思想史來，思慮清明。整個大構架，由言、象、數、字、體氣、飲食、男女、封建、道術、天人、王官、史學，用思、抒情、憂患，講到周公。突破了胡適馮友蘭以來講思想史之框架與思路，更不附會於西方「哲學」，另由比較文化之角度來說明中國古代文化的形成、理路與特色，其實是非常不易的。後來改為《傳統文化十五講》反響也甚好（臺灣、香港均曾翻印。二〇一七年被評選為大陸國家級社科基金中華學術外譯專案，將譯為英文、日文、韓文）。

可見，學以養心，或孟子說的「不動心」，並非一句空話。我的學問，也要在這些時候，才能顯出與一般學者的不同。

後來我二〇一一年寫了《儒門修證法要》，教人如何修止、如何修定、如何靜養、如何修安、如何修慮、如何修得。表面上是對《大學》以及宋儒工夫法門的梳理，內中卻都是實修心得。任何情況下，我都能靜、能定，雖酒中、大悲喜中、大喧鬧中亦然。

我向來不喜歡談修證問題。過去在臺灣，偶爾縱論，弄得好些人要拜我當教主。我問：作教主能有什麼好處嗎？他們說：好處多咧，君不見盧勝彥、星雲、林雲、李洪志、宋七力、清海無上師等等乎？我說，呀，那可不行，星雲法師一弟子曾語我：大師身邊每天都圍著一大堆人；某次，他站起來，所有人就也都站起來了，以為他有什麼重要指示；他無奈地說：我只是要去上廁所罷了。我珍惜這上廁所的自由，故於教主一職敬謝不敏。

當時因去尼泊爾、武當山等處看見一些修行人的弊端，才因機作文，聊以濟世，本無噉名自炫之意。而且，自修的事，誰也別吹。我書中舉了一個例子，說從前左宗棠與其兄宗植一同去長沙參加鄉試，試畢在旅邸等消息。忽捷報至，說左宗棠考上了。宗棠喜甚，白足著一襪，起來接報，匆遽間遍尋另一襪不著，原來塞在了枕頭下。宗植哂之：「什麼氣量？不過一科名嘛，值得失措成這樣！」宗棠很難為情，訕訕睡下。待黎明，捷報又至，乃是宗植中了解元。宗植喜不自勝，爬起來接報，也是只著一襪，另一襪再怎麼找都找不到。直到擾攘略定，才發現原來是一腳穿了兩隻襪子。宗棠亦哂之，宗植也自覺得好笑。功名之際，竟能顛倒人若此。

因此，不說修行則已，凡說修行，誰都別自誇，也別笑別人，事到臨頭，可能自己比別人更不堪。你也許會說：「不，我能不動心，碰上某某某事我都沒動心過」。那也只是曾經不動心，未必將來不動；或只是那些事尚不足以令你動心，令你感興趣的恐怕別有所在。人人都有個死穴，一旦遇之，丟盔棄甲而走矣！故凡所曾經，皆不足道，聊自勉於方來可也！

這就可回頭講當年的生命學。

原先在南華時，著重的乃是生死問題。生死固然重要，但僅是生命之兩端，是極端情境，生命卻還有中間一大段存活動作之情況需要探究。

而學術界所說之lifeology，乃是生命科學。雖說是要討論人之身心結構和存在屬性，並通過相應的實踐以使人達到全面解救，獲得內在自由。可是它基本是科學，運用自然科學、物理之方法研究人的身體。

另外還有一種類型的生命學則接近神學。以人體之物質性為基礎，並研究人與自然（動物、植物、水、空氣、乃至地球、宇宙）之整體關係。

前者往往關連於神經科學、認知心理學、身心醫學、人工智慧等等；後者常與神祕經驗、靈修、特異功能、神學宗教等有關。因此在學院中，後者常不獲承認，前者也通常只開設在理科或工科類別。

我既辦過生死學了，到佛光後乃發展生命學。宋光宇兄於此非常投入，經營該研究所不遺餘力。

當時李嗣涔在臺大主持電機系，正在做人體潛能的研究（後來選上臺大校長）。我在幫陳履安先生參選臺灣總統時與他共事過一小會兒。他自稱在接受物理學家檢驗手指識字真相時，發現了四度時空之外的「資訊場」，找尋到宇宙更高層次的真相。其後又證實了物質世界的磁場與資訊場會產生交互作用。漸漸了悟「氣」與「資訊場」的物理實質，可能與俄國科學家研究多年粒子自旋所產生的撓場有關。我對此雖不太明白，但覺得也是探索生命奧祕之一途，應更予擴大之。乃找中研院史語所宋光宇商量，結合李嗣涔、崔玖、陳國鎮他們這一路由科學角度切入人體奧祕研究的團隊，開創生命所。

光宇自己精研宗教，《天道鉤沉》一書且直接導致一貫道開禁，所以又結合了宗教角度，從心氣修煉探索生命。

臺灣之修煉，當然早有傳統，齋教即有。四九年以後，蕭天石先生之自由出版社大印丹經，宋今人先生之真善美出版社辦《仙學》雜誌、成立仙學中心，推廣愈盛。陳攖寧先生嫡傳的袁介圭、得自虛雲師兄古月和尚之傳的林一民，以及方毅（針石子）、王贊斌、簡建德、徐伯英、葛長耀、李樂俅、朱士箴等先生也都各有傳授。臺北太極神宮何茂松、余慶章亦辦仙道雜誌，出版《隱仙派丹訣指要》《仙學匯宗》等。伍柳法脈則有陳敦甫一系，出版《西遊記龍門心傳》《全真月刊》、創建長春觀。千峰派亦有黃龍丹院，乃趙避塵經由一陽子而傳至臺灣的一支，由來靜先生主持。其他天德教、天帝教、崑崙仙宗（陰陽合一為道，電能合一為劍，天地生化之妙無止無盡，道劍合一乃操其極）、南懷瑾等也各傳學。

這些丹道仙學，五四運動以後皆大倡科學。解釋上，開始嘗試用科學語言傳播；修煉方面，結合科學新知與修煉心得；傳承上，出現了許多出身於科技背景者，將傳統的丹經語言予以科學化詮釋，並改變以往祕傳的方式。

我和光宇大體是將這幾路子結合起來做，再加上醫學、心理學等等。這個論域本來在學界就很有爭論，所以辦起來好玩，也很受矚目，但不以為然或嘲諷光宇是妖道的也不少。光宇自己寫了一部《論語心解》，要從心性修煉和體悟來探索《論語》的真實意涵，也不敢自信，特去了曲阜，到孔子墓前卜問一番。

整體看來，其課程及探索還凌雜不成統體。人體生命科學、人類時空科學、人體特異功能學、身心靈修煉與養生導論、生命能量資訊科學入門、經絡養生概論、身心能量與輔助療法、生命能量資訊科學、家族系統排列、音樂治療等課程，多都還在入門概論階段，科學性的附會更是硬傷（外行總是批評氣功研究等等不科學，其實毛病是太科學）。但探索剛剛開始，雖然還沒有滿足我解決性命問題的目標，我卻以為是還可期待的。可惜光宇終因中風後厭世自殺，生命所么麼弦側調，或不中聽，近年亦已被改成樂活生命文化學系了。據說教育目標是要培養能實踐「樂活」理念的身心靈養生與休閒企劃工作者。這是為靈修市場提供員工嗎？我不知道！

## 五、遊列國

然而，不管佛光還有多少未完成的事，我都要走向遠方了。協助唐僧取經，不過是齊天大聖一段經歷，他會停留在鬥戰勝佛的位置嗎？呀，他出生於東勝神洲，輔佐南瞻部洲的唐僧去了西牛賀洲見佛陀，卻還有北俱蘆洲沒去呢。此洲山川壯美，但尚沒有佛出世。既如此，何不去那裡做佛？因此逕自北上了。詩曰：「將沙洗戟認吾戈。羈旅天涯好放歌。流水通天河畔望。前身鬥戰勝頭陀」。

莊子曾說：「送君者皆自涯返，君自此遠矣」。昔年幸獲師友翼助，成就了一些事業；現在我可要自己去闖闖啦。故又有詩曰：伶俜少日曾遊俠，握手相從十萬家；送者涯歸行者遠，一人聚義蓼兒窪。

哈哈，讀起來有點悲壯感吧？其實只是為文造情，製作出一種姿態，衍為詩料而已。真正的生活並沒有這麼複雜的情緒，只有慶幸。慶幸命運之安排，讓我可有這一轉折，生命得到一次昇進，天地大開。

慶幸，是真的，命運之安排多麼不可思議！這世上，比我有能力、有背景、有條件到陸委會工作的人多了，為什麼是我？知識人又誰不想辦學？為什麼我偏得到了機會？我有本事。這只是我自己這麼認為。誰知道呀？誰又服氣呀？別人就沒這本事嗎？辦不好，自然要背罵名。僥倖辦好了，將來便只能繼續在這位置上耗下去，光是持盈保泰就得繼續累死。而世事之規律，卻是只會盛極而衰，漸入冬景的。所以見好了就該收。我通常也是這麼做的，主持淡江中文系、文學院，辦《國文天地》、國際佛學中心、中華道教學院等都如此。事成就走人。若自己捨不得收手，老天就該出個什麼事來讓我走了，否則想走也走不成。這就是幸運之所在。天趨我遊，敢不從命？

於是開始寫《北溟遊記》。這是繼一九九六年《遊的精神文化史論》之後更深切的體驗與思考，闡發遊道，有更多現實之事例與社會關懷。在那些年流行的「旅遊文學」寫作風氣中別具一格。

這與孔子周遊列國還不一樣。夫子之遊，冀有所遇；所遊各地，也都有「主」。例如在衛國時間最久，就因有蘧伯玉當其居停主人，替他張羅打點，延譽溝通，等於經紀人（衛靈公還問他在魯國俸祿多少，夫子答：「六萬」，於是衛也致粟六萬。是雖客卿亦有新禮，可見當時他人望之高，不是我能比的。到陳國，又「主於司城貞子家」）。我無此。只是戟未沉沙，自洗自舞，便也自食自安。

首先北上，鯤鵬「海運則徙於北溟」，在北大講了。接著王中忱兄約我也去清華大學講近代思想與文學。另在南京師大擔任「唐圭璋先生講座」教授。這是該校首開之講席，我來打個頭陣。也應聘南京大學「中國思想家中心」。接著郭少棠兄在珠海辦聯合國際學院，我也去助拳。一南一北，每週來回，常睡在機場或火車上。但不以為意，因為還更要遊旅四方呢。遊東北、去江浙、走四川、逛山東、行湖北、赴廈門，行行重行行、蕩子行不歸。

許多地方，從前也走過，但靜下來深入觀察又不一樣。日常穿街過巷，頗與里閈居民閑話桑麻；我又熟知掌故，不免撫今追昔，可以刻畫市肆。故寫了一大堆旅遊隨筆。學棣古明芳為我架設了一個網站，催著我上網去發表，再轉給兩岸師友瞧著玩。其中有文化觀察、有社會批評、有兩岸比較、有知識分子關懷、有旅遊文學意味、有時代學人之紀錄，也有我自歌自笑發牢騷。同時又替李宜涯、羊憶玫主編的副刊寫了旅遊專欄，後來輯成《孤獨的眼睛》《自由的翅膀》兩書，承蔡文甫先生好意，均在九歌出版社出版（他還自己替我去申請一個獎。許多年後，周玉山兄告訴我他評審時幾乎打了滿分，卻有人說我太狂了，絕不能得獎而罷。柯慶明兄以前也跟我講過類似的故事）。

我遊到許多地方，當地人常會說：你怎麼比本地人還熟悉這兒？其實沒什麼。我沒去過唐代，可是唐代我熟不熟呢？時代與地理之暌隔，並不就阻礙了我們對那兒的了解。反之，本地人若不留心、不學習，對本地物事便常無知。近代許多古蹟古建築的調查就都是外國人做的，法國沙畹一九〇九年即出版了《北支那考古圖譜》，一九一一年美國蓋洛作了《十八省府》，接著是瑞典喜龍仁的《北京的城牆和城門》，一九二五年德國鮑希曼的《中國建築》，都是爾後中國人想了解自己古蹟古建的基本材料。中國當時不要說研究，根本知都不知道。像日人伊東忠太根據史書找到雲岡石窟時，大約只有附近的牧童曉得那山上有石窟罷！我來大陸，告訴大家中華文化實有寶藏，值得珍視，也略有此況味。

這期間還有些延續性的事。原來，一九九三年剛籌備佛光時，即有湖北同鄉會的人來找星雲法師，說得李煥先生之助，可在湖北黃石興辦弘道大學；但因資金困難，懇請法師參與合作。法師向來對在大陸辦學有興趣，然而當時形勢，他是不被允許進大陸的，故讓我去考察一番。我去看了，回來慫恿法師全力接手。於是次年清明即由我攜五十萬美金去開校。春寒特甚，司禮的學生還凍暈倒地了。結果學校建起來雖很轟動，但地方人士開始告來告去，校務遂無法繼續。縱然如此，法師仍覺赴大陸辦學是有希望的，故仍命我有機會就看看。我也熱情高漲，因而那些年覓地辦校，上海、南京、揚州，東啊西的，可沒少跑。直到我校長卸任後轉到大陸，仍常有少林寺等各方人士拉我去選址辦學。上山下海，高談闊論。

到處玩，所得僅此乎？不，同時亦去各大學巡迴講論，跑了近百所學校。觀風俗、察人才，從知識群體開始。

可是觀還需「觀國之光」（觀光，現在是為旅遊之一部分，正因不旅遊即不能觀光，故併在一起說），這與我個人之遊恰是兩回事。而我既浪遊，自不能不注意到這個大的旅遊新時代。

過去談旅遊，多就個體遊旅說，而對遊民、遊宦、遊幕、遊俠、遊女、遊賈、遊方、遊學等群體式旅遊甚少關注，對於旅遊行為之新現象亦少分析。

什麼新現象呢？西方中世紀十字軍東征、教徒大規模朝聖，逐漸拉開了近代旅行的序幕。接著就是大學之發展，使得遊學成為獲取知識和技能的主要途徑。工業革命後，科學交流與學習之需要、貿易及取得原料之目的，又強化了旅行活動；帝國殖民擴張，更導致「大旅行」興起。新的交通工具及行政安排，亦在此新情勢中逐漸發揮作用。早期少數探險家才能從事的旅行，漸漸成為中產階級安全且方便之行動，於是遂有全球知名的旅遊企業出現。一次世界大戰後，前現代的精英旅遊幾乎銷聲匿跡了，代之而起的都是現代大眾觀光旅遊。再來則是由大眾觀光旅遊分化出來的分眾專業旅遊，例如生態自然之旅、古蹟建築之旅、歷史種族之旅或其他主題式旅遊。

可見現代大眾旅遊，正是群體旅遊的發展，與個體之遊觀遊泄可說完全是兩回事。

而這種新現象，與古代之群體式旅遊也不一樣。因為古代之遊，是某一類人遊，現代是大眾旅遊。一個旅行團裡可能什麼樣的人都有；整個社會中任何階層、年齡段、職業別的人也都會參與到大眾旅遊中。古代遊旅以謀食，現代則是去消費。古代遊旅雖亦可能有組織，例如教會組織了去朝聖、城邦組織了去東征、丐幫「團頭」組織了去行乞等等，但仍與現代之旅遊企業迥然異趣。現代之旅遊，廣告、營運、管理、食宿安排、交通服務，遠非古代組織者所能比擬。旅行因此大部分稱不上是旅行者的個體行為，而是被安排的活動。群體類型式旅遊的類型，固然被保留轉化成大眾旅遊的主題，例如歷史生態之旅（遊學）、宗教之旅（遊方）、美食之旅（遊食）、獵豔之旅（遊嫖遊娼）等，可是無論什麼主題，都會因世俗化大眾化而逸樂化，接近古代的遊玩遊樂，但更具世俗趣味。

也就是說，二十世紀三十年代以後，旅遊已進入一個新的經驗領域，跟古代全然不同。因此Caren Kaplant才會說：「旅行無疑是一個現代概念，象徵著西方資本主義擴張年代的商業休閒活動。而『位移』更多的是指現代化所造成的群體遷移」。

現代化的標誌之一，即是工業化，旅遊也被納入工業化社會體系，成為仿擬工業生產之行業。這個行業被稱為「無煙囪工業」，近來或將它與傳統工業分開，為文化產業之一端，其內容則與景區開發、管理、廣告業、娛樂業、博物館事業、文物業、競技體育業、博彩業、藝術界、傳播業相互配合。現在，一個人若想去旅行，除非刻意為之，否則都將參與到這個結構中去。這樣的旅遊新情境，當然再也不是柳宗元、徐霞客那個時代了。

大陸的文化產業剛剛興起，原本應該作為核心的版權與知識產業卻甚稚弱或受限控，對文化資本也還沒概念，自然更會以旅遊為主線，希望串起上述相關產業（今年直接把文化部改為文化與旅遊部，更可以看出這個方向）。

在此情況下，各地政府及開發商都在大興旅遊。興又亂興，不知所云。伏羲、神農、黃帝、女媧、老子、墨子、西施、李白、財神宋公明，好多地方都爭說那是我們這兒的人。各地祭黃帝、祭伏羲、祭炎帝、祭神農，都辦得隆重，彼此還競爭著話語權；可是天曉得這些上古聖王都生在什麼地方。須知伏羲女媧古代還傳說是半人半蛇呢，焉能確知其生卒與地望？何況小說中人物，如孫悟空，竟也有連雲港市偏要說他就生在咱們這兒，咱們這兒就有一座山一個洞，分明即如花果山、水簾洞一般，你說該怎麼辦？找不到什麼像樣的，就以潘金蓮、豬八戒、西門慶故里自炫，你又怎麼說？

其他亂象，不備舉。我遊旅之暇，頗參與一些文化產業論壇，到許多地方去講文化產業該怎麼做，也實際規畫文化旅遊的景區、主題公園，如太湖黿頭渚、江西三清山、常州淹城等。並由此漸漸關連於博物館事業、文物業、競技體育業、藝術業、傳播業等。

那時，遊興盈溢，我也還常遊出中國以外，如應韓秀之邀去美國、帶隊去泰國遊學等。旅中亦多有所遇。有次在馬來西亞演講，一人來找，說：「您講中國傳統的許多東西還保存在大馬，確實不錯，我師神技即為其中之一，您非去看看不可！」我拗不過，只好隨他開車去訪。其師正在朋友家喝酒，被找回。聊起才知道源出嶗山三清宮，是丘處機一系，後在華山沖霄觀傳法。其師湖北人，出杜心五門下，乃自然門醫武傳統。師兄弟四人，分學拳術、針草、符籙、天醫（即祝由科）。他得針草之學，武術方面有師傳生鐵大球，練習手法，為我演示了一番。針則非針灸一般常見之技，是用針入肉以後，挑動搖針以洩邪氣，兼用灸法。

我參與新馬的活動不少，此等事當然常有。但這裡說起，是因恰好可以補敘一事。

華人在大馬，胼手胝足，建設家園，卻成為二等公民。勉強維持華文教育，盡力保存中華文化，過程可歌可泣。可是至今馬來西亞教育，仍以英文及馬來文為教學語言。受華文教育的青年，入大學的機會大受壓縮。即使入大學，中文系的畢業學位論文也都還只能是用馬來文寫，遑論其他。若不在大馬升學，就只能到臺灣（早年大陸未開放），因此留臺大學生已數萬人。

這些人，一部分就此不再返回大馬。返回的，政府也不承認其學歷，只能在華人社會裡謀職；而且也不再有深造之機會，因為華文教育體系只能辦到高中。故如何協助大馬青年繼續升學，如何支援馬來西亞華文教育，一直是我想努力的。

辦佛光時，也開始辦境外教學研究所。不過因當地華人高級師資奇缺，大部分教師都得從臺灣去支援，教學成本太高，我卸任後，便停辦了。我認為學生既已招來，必須給個交代，乃另在盧森堡註冊了一所歐亞大學（因馬來西亞不承認臺灣與大陸的文憑，但承認歐盟的）。藉此機緣，發展出多校區跨國教學體系。

經幾年慘澹經營，進入自主招生階段。於是又另在美國註冊。馬來西亞校區則開辦藝術、歷史、宗教等研究所，日常事務委由副校長王琛發負責，我仍可四處雲遊。

辦這個大學，宏願是全世界華人只用中文就可以讀畢博士，而且只需在其所在國，不必遠赴異邦。此則壯遊之另一事也。

## 六、繼絕世

雲行飄盪之後，當然漸漸還要雨潤大地，生出些莊稼來。

遂於二〇〇五年就聘北師大。我與北師大的老淵源，是臺靜農、鄭騫兩先生。鄭先生未教過我，因此我去他府上問學，自居只是晚輩，可較放恣。先生待我卻極優容，有次聽我要到北師大，說：「我在北師大有個老學生呢，能代我問問嗎？」卻原來是啟功先生。鄭先生在北平教中學時教過他，所以託我打探。那時兩岸還不太通，先生臞弱，不便遠行，故如此。

後來他們聯絡上了。啟功且與臺先生頗有舊誼，到香港時，還在許禮平兄協助下通了話，並為臺公《書藝集》寫了序。

現在轉到北師大，則是王寧先生的緣故。我在臺灣成立中華兩岸文化統合會後，最主要的事，便是與她合作籌建漢字研究所。這是海峽兩岸第一個合辦的研究所，頃已發展成了國家社科研究基地民俗典籍文字研究中心。她惦念故人，特邀我來；次年還辦了漢字研究所成立十五週年紀念研討會。

北師大待我甚厚，除了帶研究生、做幾次講座外，任我在外折騰。直到二〇〇九年我才因溫儒敏、陳平原之故，再轉回北大。期間針對文化產業的發展，二〇〇六年成立了天德堂文化公司，提供文化諮詢。開始辦企業家國學公益論壇、國學營等活動。二〇一〇年又成立大腦金投資管理公司。下設龔鵬程國學院，有木鐸、金鐸、天鐸諸學堂。

辦學堂的心思，看詩就明白了，不必解釋。詩云：「世海茫無檝，吾儕客思深。遙山方夕照，野雨竟秋霖。久已無家別，誰為梁甫吟？於今稍鼓舞，聊愜百年心（我等生於今日，略同文化遺孤，幾於無家可歸。臺灣猶存餘輝而已，大陸則國學漸熱而亂象亦滋多。不得已，稍振作，辦國學院以繼慧命）。」「學派徵前史，功夫著後賢。弦歌頃既歇，經籍豈能捐？但得心上過，咸生聖者緣。進而觀道妙，甜味徹中邊（木鐸學堂）。」「陶朱世所慕，彼乃隱樵漁。若得養生主，何勞貨殖書？誠心權子母，道義起乘除。更有閒居處，觀茲意象初（金鐸學堂）。」「勿淪文字海，需探死生門。煮莽邀山月，遊思叩帝閽。丹鉛曾在手，講論可無言。問我人天際，莞然一笑溫（天鐸學堂）。」

辦這些，對應的，是大陸國學或傳統文化復興的趨勢。

我認為：二十世紀，是現代化資本主義席捲全球的時代。其間雖有社會主義陣營與之對抗，但至廿世紀末，已是資本主義全球一體化之框架。可是全球化之結果，並非愈深的同一化、同質化，反而是民族性與多元化文化愈來愈受重視，越民族的才越是世界的。這是大環境。

小環境則是大陸近年的第二次變革。上一次是鄧小平的改革開放，乃經濟轉型；這次是文化轉型，由反傳統到復興傳統文化。企業若想發展，不能不注意這個環境的變化。

上一次轉型，雖是經濟體制改革，但意識形態上接納了資本主義。這次轉型，則是在「社會主義的資本主義」旗號下，以社會主義這個詞語為仲介，轉向社會主義的中國化，再轉入中國化，接上中國傳統文化。

因此許多人期待的政治改革並不會有什麼進展，真正顯示大陸未來的，將只是文化方向而已。換言之，第二次轉型事實上僅是文化轉型。

依西方政治社會之常態而言，經濟改革之後，必然帶動政治改革。因為經濟改革引發了新的社會結構矛盾，若不進行政治改革，則經濟改革無法深化，新的社會矛盾亦無法緩解，故政治改革勢在必行。

可是大陸情況不同，中共一貫強調之「中國國情特殊論」並不能完全視為藉口。因中國之革命，原本就由思想文化上來。若無五四新文化運動，自然就不會有這樣的革命政權。革命政權要想扭轉其屬性，終究要解決其思想文化的根子。

故這不是單純地要政治上放權或分權就可以了。一般論者，老在是否實施憲政、是否開放言路、是否可發展兩黨制等方面做文章，實不知這些均非探本之論，仍應回到近代思想史上來看問題。

目前大陸內部思想與文化路線之爭仍十分激烈。左派緬懷毛時代、歌頌文革、詆譭鄧小平仍甚積極。習近平提出「兩個不否定」，謂不以改革開放之後否定改革開放之前，也不以改革開放之前否定改革開放之後。聽起來像繞口令，實即反映了這個嚴峻的現實。

但目前中共的態度也不是騎牆派。在擱置爭議的呼籲底下，自有它要走的路。這路是什麼？就是調整五四以來的新文化路向，接上中國傳統文化的根脈。

例如國務院建了中國國學中心。又如政府要提高文化產業在經濟上的比重；而文化產業之內容，主要即是傳統文化。再如升學考試中大幅降低了英語的分數，把它轉給國文。中央及各級地方黨校亦已大力參與到推展國學的行列中，教育部也開始培訓國學教育師資、組編教材，甚至不反對直接由臺灣引進教材。另如把甘肅定義為「華夏文明傳承創新區」；各省市「文明辦」也開始籌思如何將傳統文化內涵納入城市文明建設中等等，不勝枚舉。

九十年代以來，傳統文化熱及國學熱，乃是民間草根的文化自救運動，帶著明顯與官方對抗或自行其是的激情。如今政府忽然與他們站在一起，並肩作戰，要反對或補救新文化運動及文革形成的文化空缺與斷層，不免令民間文化人還有些不太適應。

但大體說來，目前大陸政府之走向是與民間合拍的。

因為新文化運動以迄文革造成的文化斷層，是整個社會的隱痛。改革開放以來的經濟大潮，不僅未能敉平之，反而因物慾橫流而加深了文化創傷。價值空虛、信仰缺席、道德淪喪，織出一片末世景觀。與經濟層面上誇飾著的盛世意象、大國崛起虛榮感，共同編織成矛盾、絢麗卻又令人不敢寄予希望的場面。

正是這樣的場面，才激生了回歸中國傳統文化的心情，希望能道德重整、社會重建。本來，重建社會道德並不一定就要回歸傳統，但中國人對西方基督宗教的道德或帶有自由主義色彩的公民社會道德，其實都不甚了了，頗有隔閡，且其方向與反省新文化運動之心態不合。故雖不乏人提倡而終不能蔚成潮流，潮流仍究是要回歸傳統。不唯古禮頗見復原，古袍服竟也越來越時尚了。因此，民間與政府在復興傳統文化方面漸趨合流，乃是明擺著的。

這時，我輩將對抗呢、迎合呢、還是引領呢？何況，就是沒這個運勢，我們不也該造出來嗎？

這時，南懷瑾先生之書、王財貴兄之讀經運動、百家講壇之說書已大火了；各處ＭＢＡ、ＥＭＢＡ商管培訓也開始附會傳統文化以說其成功學、厚黑學、發財學；大學則紛紛設立國學院，傳統詩詞亦已在網路上熱鬧非凡，青年高手漸次湧現。

但整體看，終究是荒原上才剛剛冒出芽，卻已經稗莠叢滋了，所以需要我來。

除了企業家論壇、企業文化諮詢之外，我開始在大陸重建書院。不但每年都辦國學營，帶著學生到河南、貴州、浙江、山東、江西、新疆等地，環繞著鵝湖、白鹿洞等各個書院去遊學。恢復大家對書院的認知，並實地考察重建。

重建之後，接著就要做孔廟和書院的活化。各地孔廟與書院或荒廢，或移作他用，或只是文化旅遊點，或只是個文物單位，都需要活化。

十數年來，我和朋友們做過北京天泰書院、明道塾、翰林書院；四川成都都江堰文廟、國學院、眉州洪雅五斗觀；浙江杭州復性書院、韻和書院、寧波桃源書院；江西廬山白鹿洞書院、宜春昌黎書院、龍虎山道家書院；江蘇常州道南書院、南京大報恩寺報恩講堂；陝西漢中世界漢學研究中心；福建泉州大觀書院；金門燕南書院；廣州明倫書院等等。

孔廟和書院若只是文物、歷史遺跡、旅遊點，它就是死的。傳統的祭祀功能、教育功能、文化功能，現在都要讓它活起來。全國也只有我這個體系能做到活態運營。一是有教學，恢復廟學合一、恢復書院教育，正式招生。二是有祭祀。春秋歲時祭祀，現在各地也多開始辦了，但有規範的很少，僅我們做得比較好些。三、這些禮樂又衍生為文化活動，寓教於樂，還兼有學術性。例如在孔廟和書院中舉辦婚禮、冠禮、士相見禮、射禮、鄉飲酒禮，恢復傳統六藝（禮、樂、射、御、書、數），恢復古代書院六小舞，辦世界古琴大會、經學研討會等等。四、文化旅遊。只有學術、教育、文化活動都恢復了，孔廟和書院才能真正成為文化旅遊之標的物。像都江堰孔廟原先復建時，連廁所都沒有。為什麼？因為進孔廟無非看看孔子的牌位、孔子爸爸的牌位、孔子弟子們的牌位。晃一圈，十分鐘就可以出來了。但現在可能個把小時不出來。因為有很多東西可看，各種活動可參與。「百度」還曾挑選它作為中國唯一的「孔廟文化的數字博物館」。

古蹟的活化運營，是當年我在臺北市政府擔任顧問時提出的概念。當時通過臺北市文化局來做，祭孔以後就講學，局長龍應台等人都坐在底下聽。所以孔廟不只是禮拜而已，它本身也是講學的地方。

當時，還設立一些觀光旅遊路線，環繞著書院跟孔廟來做。希望讓孔廟和書院成為當代城市新的文化中心，像發電機一樣能發電（當時還做了重建林語堂故居、錢穆故居、草山行館）。

這種活化，除了六藝傳習，也有古建築傳習所、武術傳習所。同時在臺灣也還在繼續做龔立述教育基金會董事長、臺灣視障協會會長，推動視障者之教育及職能訓練等事。

二〇一二年我還建了「中國非物質文化遺產推廣中心」。這些技藝，我們過去不認為它是學問，只是技，把「道、器」分開了看。但是我認為它是國學很重要的一部分。因為技術都是為了體現中國人的價值觀人生觀而造出來的，是中國文化的具體表現方式。觀念、價值才是內涵。一旦丟失或不理解，這些形式將毫無意義，再也不會被人珍視。因此非遺保護應跟國學熱、傳統文化教育結合起來，道器合一，才不會光講技藝而不明所以，甚至把這些技藝淪為西式服裝及生活方式的「元素」。

其中當然好玩的事很多，例如二〇一六年我把所有國家級唐卡大師十人都聚集到青海西寧，他們彼此有些還沒見過呢。因為唐卡藝術分布青海、西藏、四川、甘肅各地，流派不同，風格各異，彼此未必通音問。而傳承人往往老邁，當時即甫喪一人。我能將之聚合起來，合作一幅十明圖（包括佛教各宗共有的大五明：工巧明、醫方明、聲明、因明、內明。以及具西藏特色的小五明：修辭學、辭藻學、韻律學、戲劇學、星象學），自是前無古人、後無來者。因為歲月侵尋，將來再也不可能聚合這些人。

而我之所以願意費氣力做這事，則蘊含了我特殊的學術觀點。我認為唐卡是漢藏結合的藝術，既不只是藏，也不只是佛。其型式（卷軸）、材料（織繡）、內容（動植物、歷史社會各種都有，本不限於佛教）、畫法（不僅有尼泊爾、藏區本地的傳承，也有中原的。早期更多出自江南、北京織繡工藝），皆可證明。諸如此類，所談所事雖為末技，但都與我之學術研究結合起來，做什麼，就研究什麼。

後來又推動了一陣社區國學。讓國學進入到每個城市社區。總之，所做的，重點都不在個人的修身，而是讓儒學重新回到我們的社會脈絡中去，讓一般人在生活中就能重新體會傳統文化。

現在大陸的朋友對「復性」興趣不大，主要關注於政治體制的改造。如何改造，一種是希望建立民主、自由、法治，近乎西方自由主義所說；一種則認為西方這些現代政治社會體制也不對，或不適用於中國，中國可由儒家的政治思想和制度之資源中找到出路。這也被稱為憲政儒學。要立憲，但非自由主義之舊蹊。

這些談論都很好，可打開許多思路，也顯示了當前對傳統文化的研究已然深入且欲落實於現實社會，是可喜的。

但我不太介入這些爭論，主要工作則恰好落在心性與政治兩端之間的廣大領域，想在生活世界恢復禮樂，落實於鄉黨、宗族、家庭、縣市文化建設中，並繼續做現代性批判以開展合理的未來。

所以不能說我就是想以傳統文化救中國，而是說現代社會生病了，我們要找對藥方。中國傳統文化當然是最直接的資源，應予開發，以與西方批判現代性思潮相呼應、相對話，共謀人類之發展。

## 七、起廢疾

二〇一三年中國華藝廣播公司、海風出版社、祖國文摘雜誌等，策劃編輯《臺灣文化人在大陸》，記錄了杜維明、林懷民、黃永松、張曉風、王偉忠等四十多位文化人在大陸的故事和心情。那年底，他們邀我到深圳，代表所有人出席該書的首發式。

我入住賓館時已過了午餐時間，餐廳景象闌珊，只有播音器兀自意興盎然地反覆播唱著音樂。那是劉家昌作曲，曾由尤雅唱紅的《往事只能回味》。

我坐在廳裡等上菜，當然也就沐浴在這懷舊的氣氛中。往事只能回味，這是我青少年時期就已熟悉的歌了，如今聽來，卻彷彿有兩段往事。一在臺灣，由青澀少年到成家創業；一在大陸，由涉險偶入，到開花結果。二者自成段落而又交光互攝，竟填滿了我所有的生命。

由當年偶入，到後來行腳四方。如此匆匆數十載。風霜摧人，鴻飛不擇東西，究竟所為何來、所成何事，清夜捫心，不時自問。

從前張大千先生有《浣溪紗詞》寄謝稚柳先生曰：「久客漸知謀食苦，還鄉真覺見人難。」以先生之豪邁，而竟有此語，可見遊居建業之不易，而客子情懷之多傷也。然我之所感，頗異其趣。

當年涉險偶入，就在深圳。一九八七年，臺灣尚未開放公教人員到大陸，我趁抵港參加學術研討會之便，溜了來，由羅湖去了廣州。嗣後即開始推動兩岸學界交流，一發不可收拾。

公雞常說是牠叫出了太陽。我說兩岸文教交流多由我奠定，定有許多人不以為然，覺得亦等於公雞之自誇。但當年鑿雪敲冰，花了極大氣力，確實不假。

歷史發展雖有其動向、潮流、趨勢，看來非個人所能推挽，但個人在歷史之趨勢與潮流中能否「當機」，仍然十分重要。我等小人物，不太可能扭轉歷史或創造時勢，但至少可正確判斷歷史的動向而推動它、促進它。沒有我們的推動，歷史或許仍要因其趨勢而發展，可是會曲折許多、耽擱許久，甚至不能健全。

因此，後面這些事，一大部分可算是昔年事業的延伸，是通過交流以深化中華文化發展這個理念的實踐。繼續鑿雪敲冰。

講學於南北各校，研究、出版，當然也繼續在做。但已與昔年旨在「表達自己」不同了，大抵皆針對社會需要而作。例如在大學重新開講中國文化史等課，撥亂反正。前面說過，《傳統文化十五講》已多次再版。其他課程亦出版為《有文化的文學課》《有知識的文學課》等。又針對大陸興起的國學熱，寫了《國學入門》。這也是目前唯一一本呼應時代之需的入門指引。更為兩岸中文系及文學愛好者重寫了《中國文學史》，以改造五四以來的學術格局等等。其他大抵也都是為別人寫的……。

這種講學，與在臺灣講，情趣自別。例如有人以為我穿的唐裝是特別為上課準備的行頭，類如戲服。又有人說一般很少見到這麼忙累的先生，「如果你在海邊偶遇他，會發現藍天、白雲、碧海和他泛著紅血絲的眼睛，色彩很豐富。」北大學生張博則說她去臺灣交流時，人家問她龔某如何。她說：「喔，四一先生也！」問：「何謂四一？」答：「一口臺腔（非京片子），一式衣裳（只穿中式服裝）、一張白紙（沒書沒講稿，桌上放張紙片開講）、一片文章！」

這當然是開玩笑。但攝機漸廣之後，也不無影響。除各校學生來問學外，也有些社會上的向學之士來磕頭拜師。我本來也覺得挺好玩的，因此並不峻拒；但有年妙峰山抽籤，忽得一卦曰：「董卓收呂布」，這才警惕了。

如此這般服務性地做功德，為初機說法，當然耗我時日，會妨礙我超凡入聖，學問再向高處走。可是雪裡栽蓮，花開或許有期，也不必後悔。

在大陸開展的文化產業新嘗試，則是我生活儒學、生活美學之落實。《臺灣文化人在大陸》之所以選我為代表，蓋由於此。我在這個領域，無人可以比肩。例如國學，我所創造的，即是目前民間唯一內含孔廟、書院、講堂、蒙學私塾、名人故居等體系健全的國學教育機構，且遍及各地。

說這話，不是自誇，而是感慨。因為太艱難了。張大千、南懷瑾先生都有「術」，能歆動高層，我無此本領，只能駑馬十駕。

只以書院為例。各地書院多是政府的職能部門，屬政府的事業單位或由政府主管，有些歸旅遊部門，有些歸文化局或文管所。如白鹿洞書院即歸屬廬山景區管理處，教育等功能只附在風景旅遊任務下來發展。有的書院也辦些講座，但實際上只是過去勞動人民文化宮、少年宮之類的性質。也有些是圖書館功能的發揮，如尼山書院，就是通過山東文化局跟山東圖書館合作的。圖書館裡面另掛了個尼山書院的招牌辦講座。但這種面向公務員的培訓或面向市民的講座，屬於社教性質，與各社教機構辦的其實沒什麼差別。如若要求書院獨立講學、獨立運作，則限制甚多。

目前書院或靠政府撥款，或靠業務收入，如作為旅遊點的書院就靠門票。然而書院並不是熱門的旅遊點，作旅遊，往往連內部的小賣鋪都維持不了。因為一般遊客對書院沒太大興趣，書院也沒什麼可看，逛一逛，瞧瞧舊建築而已。且大部分又不是舊建築，只是仿古的水泥紅磚屋。這種假古董有何可看？

另一種，是在教育改革脈絡下發展起來的書院。這類，性質猥雜，是「泛書院運動」，而其中很多並不是書院。如遍地開花的兒童讀經跟私塾，往往自稱書院。其實不是，只是蒙館。所謂讀經，大多也不是經，像《弟子規》是什麼經？但大家讀得熱火朝天。這種蒙學，也有引進西方蒙特梭利或華德福等教育理念的，跟傳統文化就更遠了。還有經典誦讀或少兒吟誦工程，做詩詞教育或耕讀，有些則強調修身。距古代書院之性質與規模格局皆甚遼遠。

有些書院還號稱講經，但或講老莊、或講佛講禪，古代書院可沒這樣辦的。

另一大批則是會所改名。因為近年反腐，私人高級會所辦不下去了，就改頭換面，自稱書院。還有許多商人賣香、賣茶、賣古琴、賣陶瓷、賣文創產品，也把經營點稱為書院。

書院是大人之學，而且是有學派、有傳承、有宗旨的。這些蒙學層次卻很低，通常是「兩間東倒西歪屋，一個南腔北調人」，湊幾名學生，令其背誦。而會所型的，只是一種休閒文化沙龍，通常也沒有藏書。

書院以藏書為中心，所以叫書院。有了書，就會有人來讀書。讀書，讀不懂，需有人來教書，因此才有教育功能。藏了書以後還要整理、刊刻，所以書院又是研究中心、圖書編印中心，多有藏版。現在這些書院，既談不上藏書，也談不上刻印。甚至匾聯擺設都錯字連篇。

另外，沒有祭祀。雖然書院不像孔廟，但仍是有祭祀的。平時也有禮樂講習，學生要學射禮，要跳

「六小舞」。但現在沒有一個地方會，禮樂，都談不上了。

各地都在推廣的茶、香、花（花道、插花）、服裝（旗袍、刺繡、漢服）、崑曲、古琴等等。多是跟藝術品買賣、文創產品銷售結合的，真學問很少，商家忽悠的性質多。至於靜坐、養生、辟穀、禪修、準提法門、雙身藏密，等而下之，更是大忽悠。

也有少數房地產商在其樓盤、社區，拿出一小塊地方來做些國學課程，自稱書院。或有一部分像山東顏炳罡先生做的鄉村儒學，是跟古村落重建結合的。因現在人口外流，古村落殘破了。有一些地產商願意重新恢復這些古村落，把儒學帶進去。或有一些學者到農村去講國學，改善鄉村裡婆媳關係、父子關係等。

通常，文物點、旅遊點的書院發展性比較小。因為它受限於政府的機制，人員又不能調整，內部很多人沒辦法另行安置，牽扯很多。現在，這種文化旅遊形態的單位往往會跟地產商合作。

還有些是教育培訓產業。主要是課輔教材等的開發，出售教學光碟、視頻，教材教具。你們不是要兒童讀經嗎？我就出聽讀機，跟寺廟中的誦經機一樣，週而復始，哇啦哇啦，誦到你想不起來自己姓啥為止。

MBA這些企管培訓產業轉向國學的也不少。因為政府官員、黨員過去對國學一竅不通，現在黨校都要開傳統文化課程了。它沒有師資，所以就由培訓機構來幫他們，到各大學找教員，幫他們提供課程，把各級政府官員招到大學來為他們進行這種國學的補習。

這些，是大陸目前幾種形態和主要運作方式。百花齊放，良莠不齊。經費呢，有政府投入的、有財團支持的、也有慈善團體介入的，或跟大學合作的。

但現在的問題，一，缺乏獨立的財務結構。書院或由政府出錢來辦，要不就是想辦法賺一點業務費、補貼補貼。但完全要靠講學或活動維持運營，非常困難。古書院有學山、有學田，有些還有碼頭有渡輪。現代書院除非有地產商或大財團、公益團體來支持，否則光是找錢就已經把精力耗盡了。因為他畢竟是讀書人，不是商人。如果他又要辦學又要經營，精力耗損之外，還常被質疑：「你怎麼可以做生意呢？」基於書院的純粹性，它也不能太往商業上靠，很多事不能做，只能仰賴別人支持。但仰賴別人，在我們現代資本主義社會運作邏輯中，又會變成什麼狀況？

假如孔子今天要辦學，他一定沒錢，只能找子貢出。但是子貢出錢以後，就成了董事長，孔子則是雇員，只得聽子貢的。因為誰出錢誰是老大。這樣，你書院還辦不辦？所以這是個大問題。若是政府主導，政府是老闆，想有獨立的財務結構就更難，政府欠款賴帳是常事，它還可以隨時把你收掉。所以在法律地位和財務結構上，都沒有保障。

二是缺乏獨立的教學體系。有些書院辦得很風光。出來講講，大家拍手叫好，但內部一肚子苦水。因為不能獨立招生，沒有獨立的師資，不能獨立講學。連嶽麓書院都不能像湖南大學一樣獨立招生。實際上嶽麓書院的名氣比湖南大學大多了，但是不行，它只是屬於湖南大學的一個機構。一般書院要申請成為一個正式的教育機構更是困難重重。

三、缺乏聯合資源體系。因為良莠不齊、性質各異，沒有共同的目標，也沒有共同的經營策略和方法，甚至沒有共同的利益。每個書院的利益點不同，所以彼此都在高喊合作，「同聲相應，同氣連枝」。但實際上無法協調作戰。都是各做各的，能互通聲氣就已經很不錯了，許多時候還有競爭的關係。書院的負責人都讀聖賢書，但畢竟都還不是聖賢，而且讀書人之間的合作其實最為困難，每個人各有主張，很難聽別人的。合作也可以，但誰當頭呢？這樣的問題誰也不說，但人人肚裡一把尺。

四、對於書院精神的掌握、書院傳統的理解，更是糟糕。我看過很多的書院，大力誇示「我們這裡出了多少科舉人才，考上了多少狀元。」這不是荒謬嗎？朱熹他們當年為什麼要辦書院？就是反對科舉、反對利祿之途呀！如果讀了書就要將來做大官、發大財，那是成功學、厚黑學，不是書院的傳統。

書院傳統是什麼呢？是為自己負責、為古聖先賢負責。我讀書，我繼承這個文化，為世界負責。這才是書院未來能夠發揚光大，甚至於改造社會、改造現行教育體制最重要的力量。如果這力量喪失了，辦再多書院都沒有意義。

在此等情況下，我之經營，不幾於蒸沙做飯乎？

從整體情勢說，好消息是儒學復興絕對不是泡沫，壞消息是儒學復興越來越像泡沫。在游泳中學習游泳，在復興中學習復興，是一種積極的被動，恐怕也是我們這一代人的夙命。

然而冬至雖冱寒，可是一陽既生於地下，也可相信它終會剝極來復，三陽開泰。我這十幾年，也偶爾看到了若干春回的跡象，因此還願意相信我推動傳統文化在現代的活化，可能會功不唐捐。

當年孔子周遊列國，惜無所遇。我與他老人家不同，根本不求遇。因為目前之歷史機遇，我覺得恰好就是文化的而不是政治的，兩岸中國之出路，必在文化統合上。如何修補、弭平晚清以來與傳統文化的裂痕和創傷，才是眼下最迫切的課題。而我，一位成長於臺灣中華復興運動中的青年，在中年時，最適當的事，恐怕也即是在大陸復興中華文化。想像自己就是雲州大儒俠史豔文，到各地去降妖除魔，對抗藏鏡人。莊子曰：「春秋經世。先王之志，聖人議而不辯。」為什麼？「聖人懷之，眾人辯之，以相示也。故曰：辯也者，有不見也。」經世，重點還在懷聖人之志而善行之。

# 第五章　未來

## 一、城市建設

文化復興，不能是高論、玄談，而是要落實到地方文化建設中去的。所以首先要對自己的文化有深度挖掘。

現在各地喊大口號、做大規畫成風，自己真正有什麼，卻甚茫然。我曾在寧波設桃源書院，當地人問書院有什麼可做的，我說「射禮呀！」聽者皆狐疑，說從沒聽過。這就是文化斷層所致。

隋唐鄉飲酒禮僅行於科舉及學校，且不固定，影響已不大。北宋同樣，唯明州尚有古鄉飲酒禮的歲末會拜之習。故南宋王伯庠說：「明之為州，士風純古，凡歲之元日、冬至，必相與謁先聖先師，而後以序拜於堂上，行之久矣。」可見在當時是一枝獨秀。紹興十一年，即依明州法，訂《鄉飲酒矩範儀制》，由禮部奏下郡國施行。所以你說重不重要，值不值得發揚？

可是各地對這類自己真正重要的文化資源均甚陌生，所以想發展也無從發展起（我在北大設立文化資源研究中心，就是針對這一點，到各地去開發其文化資源）。

例如二〇一〇年山東將濟寧市鄒城列為省級文化生態保護實驗區。想以非物質文化遺產傳習所為依託，建立起鄒魯文化社會教育傳習機制。把風俗、建築、音樂、雕刻、方言、菜系、手工技藝等發揚光大。

後來又想做中國特別教育區。建技工師範學院，以發揚墨子、魯班之學。另要辦科技雙聖墨子魯班紀念園、煤電司爐工專業技能大比武、工程機械操作技術大比武、機床操作技術大比武等。

又說要在只關注倫理而忽視科技的儒家文化濫觴地鄒城，隆重豎起中華理工學院大旗、隆重托起科技雙聖墨子和魯班，來折射儒家忽視科技的先天不足和自身局限云云。

這些，不是跑題就是罵題。鄒魯文化生態保護區，想保護的，只是非物質文化遺產與自然生態。可是「鄒魯之風」從來指的就不是那些民俗、戲曲、古物、手工技藝，更不是自然生態，而是經學儒風的人文成就。故該保護的反而沒保護。

其他的則是異想天開，自我否定。反對孔孟，另樹墨子魯班之大旗，乃至要隆重建立中國古代著名非儒學者紀念館、中國新文化運動領軍人物紀念館，不是直接對鄒魯儒風搧耳光嗎？

還有人說：鄒魯東臨黃海，與日本韓國鄰近，區位優越，可興建三〇萬噸級泊位的深水港址；與鋼鐵項目相關的重型機械、交通機械、建築材料、煤炭化工、有色冶金、業主鐵路、業主港口、湖東採煤塌陷區人工河湖、湖東山地造林、湖東引湖濟兩沂聯水電、湖西萬福河改建運河等項目也可跟上。

這樣的大型重工化工產業建設，跟鄒魯文化內涵有無關係，會不會把鄒魯文化毀了，看來他們毫不在意。

那麼，難道鄒魯的經濟就不要發展嗎？光談孔孟之道能行嗎？

這就是癥結之所在！單曉得要求利，而不知如何「由義生利」。孟子的義利之辨，講的不是不要利，是教人如何求利。只一個勁求利，結果必至於「上下交征利，而國危矣」。只有發展義，才能得大利。故孟子曰：「未有仁而遺其親者也，未有義而後其君者也，王亦曰仁義而已矣，何必曰利」「今王發政施仁，使天下仕者皆欲立於王之朝、耕者皆欲耕於王之野、商賈皆欲藏於王之市、行旅皆欲出於王之塗、天下之欲疾其君者皆欲赴愬於王。其若是，孰能禦之？」鄒城的發展之道，奧祕全在這兒。故現在的當務之急，仍應立本於儒風之傳承與提倡，才不至於歧路亡羊。

方向如此，具體作法則是要立基於經學、禮學之研究，並使其活態化，顯示於生活、風俗之中。也就是讓鄒魯文化成為活的傳統，而非死的古蹟古學，或與現世生活邈不相干之陳年舊事；亦非僅存於書齋中之理論。否則既與現世生活不相干，更談不上「發展」。

換言之，對鄒魯而言，發展儒學及建設社會禮俗之美，是它最大的資源。天主教教廷梵諦岡之例，足資借鑑，根本不需要再搞其他什麼產業。

這就是城市發展的文化抉擇。只有懂歷史，才能懂未來。

正因這樣，所以一個城市如若發展不好，往往是對歷史的理解有問題。

以敦煌為例。敦煌之被發現、獲得重視，是由外國人開始的。探險考古者，由西域進入，一路掠劫考察而抵敦煌，其動線由西而東。因此敦煌文化乃整體西域考古之一部分，敦煌的洞窟藝術與文書，一向也被併到「敦煌吐魯番學」這個大概念底下看。敦煌，是這一路西域考古的東端。

由此端線發展下來，敦煌吐魯番學之重點，自然在於西域民族與文化如何延伸到敦煌、敦煌成為各民族文化交流之地、瓜沙史事中不同民族之表現等。這個重點後來因中日學者參與日多，漸有調整；但主要是想對整個東洋史的「中古」時期有所解釋。如就其視野之端線看，仍是將敦煌併入了西域。

敦煌當然與西域文化極具關連，但它不是西域，只是出入西域之門戶。由過去的觀點看，注目的是由中亞西亞到敦煌這一線。這一線當然很重要。不過，由洛陽、長安到敦煌的這一線就忽略了。也就是說：敦煌學的興起，令敦煌備受關注，但敦煌學也遮蔽了敦煌的文化身分，使人的視野局限於敦煌及其西線。我所謂「扭轉端線」，意思就是要把眼光轉過來，注意由長安到敦煌這一線。扭轉端線，實際上便意味著要調整方向。

過去談敦煌，強調它在文化交流上的作用，且主要是西方或西域文化由此輸入中原這一面。之所以如此，係因前述學術傳統使然，此等視角，大豁心胸，令人對過去不甚了解的中外交通史增益了不少知識，實可感謝。但漢文化西傳，遍及敦煌與西域之聲光，卻顯得黯然了。

敦煌石室是僧人開鑿的，以此修行，其圖畫或雕塑自然以佛教內容為主。但就在這樣的地方，儒道及相關文書卻有大量遺存，其實是令人驚異的，可見當時漢文化影響之大。

陳寅恪曾說：河西地區「秩序安定，經濟豐饒，既為中州人士避難之地，復是流民移徙之區，百餘年間紛爭擾攘固所不免，但較之河北、山東屢經大亂者，略勝一籌」。漢末年中原之亂、西晉永嘉之亂，中原百姓為避戰禍，一向長江流域移民，一就向河西敦煌。

敦煌儒家經典數百件。多為唐以前的稀世寫本。篆書、隸書，草書、楷書、行書均有。篆書在所有敦煌文獻中，僅兩頁殘紙，卻均為儒家類文獻。此外還有大量蒙書、文抄、詩賦曲辭、應用文、律、令、格、式抄本，史書抄本，方志抄本，算書抄本等。另有許多摘抄本、節抄本和新集本，如《論語摘抄》《勵忠節鈔》《新集文詞九經抄》《新集孝經十八章》等。其中甚至還有藏文《尚書》《史記》《春秋後語》《孔子項託相問書》《兄弟禮儀問答》等，以及藏漢文字對照的《千字文》。

這顯示了敦煌漢式教育發達，科舉盛行，家族禮法也頗講究，故多有家訓、家教、訓蒙材料。而此種思想也影響到佛教，《父母恩重難報經》就有五六十種。

目前敦煌學對儒道方面的關注，遠少於西域文化、佛教，甚至低於回鶻、吐蕃、景教、摩尼教，這與當時漢文化在敦煌居主導地位之情況是極不相稱的。另據楊憲益《譯餘偶拾》之考證，漢初封建制已傳播至大夏王朝，大夏希臘王尤屠帝摩可能東進至疏勒一帶，仿封建制，分封諸子；又仿郡縣制，一縣分為若干驛亭。漢初皇帝謚號上加孝字，在西元前一八七左右亦被西亞希臘王國諸王採用。可見漢文化西傳仍有許多我們未及注意到的地方。

據我看，敦煌的東西文化交流史，只能說是西來文化融攝於漢文化的歷史，整個大趨勢仍是漢化。因此，漢文化之向西傳播更值得關注。即以回鶻佛經來說，大抵即非由印度及中亞傳入，而是由漢譯佛經或漢撰佛經（也就是偽經）譯成回鶻文字。壁畫及石窟形制，同樣有由中亞式轉為漢式之情況。

唯有我們注意這種漢文化發展史，平涼天水這些古代華夏文明創生區所生產的文化，經隴上與北方草原民族交融，再經敦煌而深入西域吐蕃、吐魯番的歷程，才能重新被世人所關切。

## 二、區域發展

以上這些都是就一個城市說。由城市進而談區域發展也一樣。

區域發展是要針對區域之環境、歷史和自然資源、人口與勞動力、科學技術條件、基礎設施及政策、管理、法制等進行分析。目的是明確區域發展的基礎，摸清家底、評估潛力，為選擇區域發展的方向、調整區域產業結構和空間結構提供依據。

目前，大陸沿海已形成「三大五小一海島」的開發格局，即珠三角、長三角、京津冀，遼寧沿海、山東半島、江蘇沿海、海峽西岸、北部灣，海南國際旅遊島。

這些區域要發展，須有區域研究為其後盾是無疑的。

區域研究（area studies）原先其實是以國家規模或比國家更大的區域為對象。二次大戰後，美國為了要加強全球控制，故投入鉅資培養亞洲和非洲問題的專家。因這些地區均無法簡單地用西洋知識來研究，因此除了舊有的經濟學、法學、政治學之外，還需用人類學和民族學方法做跨學科學的綜合分析，於是形成一種區域研究的新格局。這也使得傳統的東亞系「漢學」產生了變化，出現「中國學」。

這種方法也很快延伸到了臺灣，各大學設立的東南亞研究所，我在南華設的歐洲研究所，均屬區域研究性質，跟傳統的英文系法文系日文系德文系西班牙文系等等迥異。中研院的美國所，或近史所推展的大型「中國現代化的區域研究」亦屬此類。

區域研究是對該區域的綜合分析。其中須有政治分析不用說了。其經濟分析是從發展的角度對其水準、產業結構、空間格局進行考察與評估。另外，其區域發展分析是通過發展預測、結構優化和方案比較，確定區域發展的方向，制定區域發展的政策並分析預測其實施效應。故其研究必須包括經濟、社會和生態環境各方面，以獲得綜合效益。

目前，大陸的區域研究最高組織為中國區域科學協會，下設區域經濟、城市經濟、區域可持續發展、國土規畫、區域旅遊、區域創新系統研究、城市管理、空間經濟學、空間分析與模擬、沿海地區與海洋經濟發展研究、中部地區發展、西部大開發、東北經濟研究、區域人口與發展、絲綢之路經濟帶等專業委員會。你看它所分化的這些專業，就可以想見區域研究在學術上的龐大規模了。

不過，近年區域研究已遭質疑，因為（一）越來愈無人文性，標榜科學，往往輕忽甚至抹煞了區域中的人文價值。（二）有濃厚的現實政經導向，缺乏歷史觀點和意義關懷。（三）作為美國史學研究中一部分的中國近代史研究，其問題意識往往受到更為普遍的歷史學命題啟發，例如國家和國族認同的問題、日常生活和現代性的問題、公民意識形塑的問題、革命和社會動員的問題等等，因此並不像「漢學」那樣，把中國作為另一個文明來研究，而是努力在普遍性範疇和命題中思考中國的特殊性，並在中國的特殊性中歸納出具有普遍意義的論點，回饋和補充那些普遍性範疇和命題。

這種「西方的視角」，隱含著不平等的權力關係，把中國當作一個「他者」、一個解剖和審視的物件、一個潛在的敵人或朋友。所以，擺脫區域研究的思維，正是為了突破這種視角的局限，把中國當作歷史過程中的某種具體表象，與其他的具體表象（西方的、非洲的、拉丁美洲的、印度的等等）進行對話和商議，共同構建起一個關於「近代史」的敘事。因而，美國史學界說要走出區域研究，意味著不再把中國當作他者。儘管外國學者無法具有和中國人同樣的主體意識，但這個態度可顯示他們在努力超越「他者」和「主體」的截然兩分，用一種更為誠懇、開放和非民族（non-national）的方式去研究另一種文化。

面對這種批判和挑戰，大陸學界有何回應，我不明瞭。只從我這方面說。

我於一九九〇年去海南島，與周偉民先生辦研討會，聽他講「海南學」的架構，深有啟發。回臺後，即於次年創辦《當代中國學》學術期刊，並倡議發展金門學。

這些年，不但已有若干學位論文，還有陳益源越辦越火的國際金門學研討會，可謂前景無限。但那些零散、瑣碎、龐雜的金門書寫，史料、憶錄、劄記、藝品、身分認同心聲等金門隨筆，還應由區域研究角度和方法予以綜攝、予以統整，將其條理化。此外，就像徽學、泉州學之類，表彰的，多只是中國社會或文化中的通性，或一個比泉州徽州更大的區域之閩南安徽區域特色，真正的特殊文化身分不顯。同時，過去較強調金門的戰地性質，未能把一些金門問題關連到「國家和國族認同的問題、日常生活和現代性的問題、公民意識形塑的問題、革命和社會動員的問題等」更普遍的範疇中去處理，仍使得金門研究不脫狹隘之地方史格局，有與臺灣史那種「臺灣人的悲哀」異曲同工的氣味，都是應該超越的。

## 三、中國研究

近年「中國學」也開始變成有爭議的名詞了。因北京大學擬辦「中國學」自主設置二級學科。以基礎漢語、古代漢語、中國學、中國的倫理秩序與核心價值等課程面向海內外招收一百名碩士專案生。這其實即是此前的北大「燕京學堂」項目，曾因宿舍及「以英語授課，一年便可獲得碩士學位」等問題引起反彈。

實則，中國學也稱「中國研究」，是國外對中國研究的統稱，由來已久。有廣狹兩義。廣義指研究中國的哲學、宗教、歷史、政治、經濟、藝術、語言等各門社會科學和部分自然科學；狹義指研究中國的文獻、語言和文學。目前，中國學的重心是當代中國政治、經濟、社會和文化。跟「漢學」研究古代中國略有區分。上海社會科學院的世界中國學研究所，成立於二〇一二年，是上海社會科學院最新成立的研究所，依託「世界中國學論壇」而建立。北京則另有中國社科院國外中國學研究中心。不過，不論他們曾經做過多少努力，北大中國學項目受挫，即顯示「中國學」這門學問在大眾心理上仍未獲得認可。

作為一九九一年就創辦《當代中國學》的人，見此場景，當然頗不是滋味。我的中國學，跟他們不同。我向來做的，就是廣義的中國學，哲學、宗教、歷史、政治、經濟、藝術、語言及部分自然科學，兼而治之。是要總體地說明中國是什麼（歷史上曾怎樣、現在又怎樣了），未來更當如何！

過去、現在、未來，今已是大家熟悉的時間序列，但其來源是《春秋》。春秋經世，可是這世又有三：所見之世、所聞之世、所傳聞之世。這樣說，三世就都屬於過去。可是後來何休說三世是亂世到升平、再到太平，這就指向未來了。龔自珍又開始與《禮記．禮運》結合，說是小康與大同；康有為則說由專制到君主立憲制，再到民主共和乃至共產。

這樣的講法，看起來也沒什麼。可是在政治上何以竟能形成巨大的動能呢？動能所在，即在於它涉及的未來性。

本來儒家就是特別強調革新革命的，《易經》革卦說「天地革而四時成，湯武革命，順乎天而應乎人」，直謂變革乃宇宙人事之公理。此種變革若涉及政權之變，改易了天命，則稱為革命。

後來漢人說更始、更化也是此意。如何革命、革新，原理或用五行說，如鄒衍之云五德終始；或用三代文質代變說，如董仲舒。典範均是堯舜禪讓與湯武革命。前者是和平轉移，依德居位；後者訴諸武力，不免有以暴易暴之嫌，故先儒皆推崇堯舜、鼓吹禪讓。

這種革命更化，其時間序列便是古的，革命的動能即在於它的古。康有為說「託古改制」，一語點破了它的奧祕。

所以儒家恰恰與我們現在一般人所理解的相反，既不保守，也不復古，更不維護帝王世襲制度。嚮往者，在司馬遷所說「貶天子、退諸侯、討大夫、譏世卿」。認為大人世及以為禮，只是小康；湯武革命及禹傳位給啟，都還不夠善。所以要以古衡今，促成變革。而其所謂之古，乃一種經過詮釋的古，用以託古改制。

道家其實也一樣。儒家講堯舜，它更古，講堯舜以前之上古。什麼混沌啦、葛天氏啦、黃帝廣成子啦，懸高鵠以示遠規。

首先講變法而不託古的，或許還不是韓非，而是荀子之「法後王」。但即使是後王，也不是未來的，只是時間沒先王那麼古罷了。

風氣之變，應在東漢。漢儒講堯舜禪讓、託古改制，雖迭遭帝王壓制，但長期努力，製造輿論，居然成功了。那就是王莽受禪成立了「新朝」。朝名新，正取義於革故鼎新之意，依循的，乃是《周禮》等古學。然而，「古學」之推行很快失敗了，禪讓說的神聖性或合法性乃漸次下降。魏晉以後之篡逆又都假託禪讓，禪讓及託古改制之法乃漸失效。

東漢起來革命的太平道，遂改提一種未來性的革命說，云將來會有一位太平金闕帝君來拯救我們，他降臨時天下就太平了。所以現在我們要做各種淨化活動，以待太平到來。

此理與過去說復古回歸完全不同，要顛覆現世，迎接未來。黃巾起事，依據的就是這種信仰。南北朝各種打著李弘旗號造反的團體也都是這樣，相信未來救世主太金闕帝君就叫李弘。包括北魏和唐代都屬於這個系列。所以北魏太武帝之年號為太平真君；唐高祖則以道教為國教，說過去號稱李弘的起事者都是假的。李弘乃隱語，預言都不會講得那麼直接，故真正的李弘乃是高祖李淵，因為淵就是水弘大的意思。

北朝後期，另一種由佛教發展起來的救世主思想也出現了，那就是由《彌勒下生經》所影響的各種反亂活動。說佛陀入滅之後，會有未來佛彌勒降生，度化群生，大開龍華三會。因而出現《彌勒三會記》《五龍經》《大聖彌勒化度寶卷》《彌勒佛救劫經》等。唐宋以後，這一路思想並漸與道教、摩尼教結合，形成各式反亂活動。

摩尼教本是波斯拜火教之分支，宗旨可以「二宗三際」來概括。二宗謂世界有光明與黑暗兩種力量，互為消長。三際則指時間，「初際、中際、後際」，也就是過去、現在、未來。此教在波斯被視為異端，猶如彌勒教在佛教中也是異端，不能立足，逃來中土，遂成為了後來的明教。而明教也長期被妖魔化，詆為「吃菜事魔」，長期與反亂團體合流。元末韓山童「紅巾軍」奉明王起事是其中最著名的。清代許多造反者號稱反清復明，這個明，很多人就疑心那不見得是指明朝，恐怕還是明教。

明清間勢力龐大的羅教、黃天道、先天道等，不見得原就要革命造反。可是它們吸收了上述各種未來佛、救世主、太平世、明尊、彌勒等，混而雜之，遂不能不具有顛覆現世之性質。其普遍世界觀都是三世說，又稱三劫。青陽、紅陽、白陽三劫既已降臨，吾人自應猛醒悔改，呼應天心，以迓太平。

這種講法，在基督教中，極類似其彌賽亞救世主信仰，因此也可能合流。拜上帝的洪秀全，起事後把國號稱為太平天國，正顯示了其中機竅。

在南北朝隋唐以迄宋元明清這麼長的時段中，儒家並未發展這種未來性以言革命，如佛、道、摩尼、羅教等等這樣；而仍採用復古論，《春秋》三世說也並未獲得強調。春秋大義，最主要的仍是「尊王」。尊王本來是為了攘夷，可是後來孤說尊王，「貶天子」之義漸廢不講，革命性當然就大大削弱了。

晚清重新講公羊，且將三世結合《禮運》之小康大同，復古改制之外，「以未來創新制」的精神才為春秋學大開境地。其所以能在近代政治思想及行動中起作用，殆非偶然。

順著這種未來革命義，我要談的未來又是什麼呢？

如前所述，儒家之革命性既有託古改制、復古更化之一面，也有指向未來，預期太平之一面。我也兼攝二義，叩其兩端而一之。凡講古，都是為了邁向新時代，未來與古代互成鏡像。

相較之下，「漢學」偏於過去，「中國學」偏於今，而有改造現狀的意蘊。我則綜合之。當年辦《當代中國學》即是如此，這兩年辦世界漢學研究中心也是如此。去年主題就是「產學聯動推廣漢文化」，與北大、人大、北京外國語大學、北京語言文化大學辦的漢學會議皆不相同。

## 四、中華邦聯

但是，我們現在說的「中國」又是什麼樣的國呢？

臺灣的朋友一定以為我要開始談一個中國、九二共識、中國臺灣中華臺北、一邊一國、政權治權分離、統一、獨立等複雜的問題了。

是的，這些問題很複雜，但現實及未來更複雜。因為整個中國參與全球化之新形勢，早已大變，只談那些，遠遠不夠。

冷戰時期之世界格局，乃是美蘇對抗，美國圍堵蘇聯中共，於是中共在東南亞尋找突破口，蘇聯在東歐。如今全球化新情勢，是所謂多維格局，也就是區域競爭、全球統合。區域，指歐盟、東協、亞太經合會之類，內部統合以進行區域間的競爭；全球統合，指聯合國、WTO、世界銀行等對區域間的經濟文化進行的協調統合。而這個新形勢中，變化最大的是中國大陸。

八十年代，美國把大陸拉出冷戰圍堵圈，以共同對抗蘇聯。大陸也自覺地改革開放，走向世界，積極參與國際事務。不但經濟大為改善，在國際事務中的重要性亦與日俱增，人稱「中國崛起」。對於大陸未來會泡沫化、崩潰，或持續強大，各界有不同之研判，爭論極大。但目前大陸正參與全球化進程，乃不爭之事實。華語與華文之重要性，與日俱增，全球華人國際網絡也在擴大，所以我們的視野不應只限定在「境內中國」。

華人之世界移民運動，越來越壯闊。華人的跨國組合，也因此越來越發達。原本地區性的華人業緣、血緣、地緣、宗教組織，都漸漸不再局限於本地，而是走向國際。華人圈各種本地長期形成的壁壘、恩怨、權力關係，均已因全球化而重組了。

全球化，並不是一種理論，它是正在擴展的現實。這些現象不但存在，而且正如它的名稱，確實是在全球化中。各國政府，沒有人喜歡全球化；知識界對其理論或世界權力結構之事實，亦多批判；竭力抵禦或選擇性接納，則公私團體各有策略，可是全球化仍在迅速進行中。

經濟活動方面，金融、貨幣、股票、油價，早已全球一體化。資訊流通方面，網路亦無遠弗屆。在知識領域，自然科學更是毫無國界，不知國家為何物；早已形成全球單一學科模型與知識內涵，連表述方式、教學體系都雷同一致。人文社科學術，則在二十世紀六十年代以後，亦大體統一，形成依賴理論學派所指稱的「世界體系」。還沒有全球化的，是什麼呢？食、衣、住、行嗎？誰不感受到如今在生活形式方面，食衣住行亦已漸漸趨同了呢？整個世界，在朝一個同質化的方向走。尚存畛域的，大概只有少數宗教、語言等事務吧！

而就是語言，似乎也在趨同。許多小語種正在消失，英語帝國之版圖日益擴大。許多在國際事務上努力抗拒美國化的國家，對於推廣英語反而比誰都積極，例如馬來西亞準備用英語來教中小學數理課程，臺灣、大陸更是全國上下瘋英文。

這就是趨勢的力量。在趨勢底下，許多事務會改變，或已在改變。雖然華人仍缺乏全球化之許多具體條件（如出版、新聞媒體傳播資訊之全球化），在各地國族主義之政策下，升學與就業也仍居弱勢，要談全球化知識經濟，還根本談不上。若要附和全球化之說，發展一個美國化以外的中國式華人全球化，談說華人世界網絡、華人非領土擴張、世界華文共和聯邦等等，政治上恐怕也甚冒險。以為全球化浪潮來了，就能跨越國族主義，或擺脫國族主義，更是不切實際。但關注以下幾點卻是必須的：

一、是多元文化的格局或價值觀已蔚為潮流：

在過去國族主義當令時，民族文化均不受重視。大家努力的，是如何將國家內部各民族、各異質文化整合到一塊，形成一個「國族」。例如美國所謂的「民族大熔爐」，中國的「中華民族」，都是國族主義之產物。民族大熔爐，會把金銀銅鐵錫熔成新的一丸金屬球，各民族的差異消失了，形成一個新的美利堅國族。中華民族也一樣，漢滿蒙回藏，不但在政治上五族共和，在文化上也要形成一個整體，是一個中華民族大家庭。這個「民族」，不是一般種族意義的民族，而是國族。為了說明大家乃是同一個族，因此這個民族的成員都有了共同的祖先：黃帝；所有的中國人也遂都是中華兒女。

可是，民族大熔爐實質上並非所有民族都一樣被熔解重鑄，美國是以盎格魯薩克遜族文化、白人、中產階級、男性為熔爐，去熔鑄亞洲非洲南美洲移民及土著印地安民族，令其同化之工程。中華民族云云也一樣，事實上是以漢文化為中華文化之主要內涵的。其他國家推動的各式國家認同、文化認同、民族整合思想工作，情況亦復相似。其口號可能是「一個新加坡、一種新加坡人」之類，也可能是馬來西亞式、中國式的。

這種塑造新國族運動，目前仍在進行著。因此在許多地方都仍把強調個別民族文化的人視為破壞國家團結、向政府公然挑釁者。逮捕治罪、或查禁報紙社團，均屢見不鮮。

可是，目前這種運動越來越不具正當性了。原因之一是世界人口大規模移動，國家界限早已模糊。移民帶來的文化交往、雜居、互融、都讓國族主義很難進行，許多後現代理論家都會強調現今文化的雜交化（hybridization），即由於此。

而文化的雜交化，又使得許多異質的文化要素格外被人重視，而非如從前那樣，受到壓抑與隱藏。於是，多元文化的存在價值日益獲得肯定。女性、少數族裔、有色人種、非基督徒，在美國之地位大異於前，即拜此思潮之賜。

文化多元化論，不只可以平抑國族主義之壓力，對全球趨勢中蘊含的全球文化帝國主義，也是一帖平衡劑。它強調在全球的文化交往中，最能吸引人的，其實就是差異。所以各地區各民族均應展現其特色，此即所謂全球在地化，才能抵拒全球同質化之危機。

二、關注並結合世界多元文化保存運動：

多元文化之發展，本身就是世界性的議題。以美國為例，在歐洲人到達北美時，印地安語約有五百種左右，到二十世紀下半葉，已剩不到一半。因白人採用消滅印地安人及其文化的策略，少數未被殺掉的，則鼓勵其同化。

依同化論，印地安人學習英語、接受美國文明，不惟可改善其處境，更可改善兩種文明的關係，因此強制要求放棄母語、學習英語。後因此舉爭議大、效果小，故又改為雙語教育。但整個雙語教育仍是白人控制的，只是過渡，以達到讓印地安人說英語、融入美國文化大融爐之目的；並非維護印地安族群利益、保障其語言文化的維護型雙語教育。

一九九〇年才通過〈美國土著語言法〉，改弦更張。確定了「維持、保護和促進美國土著居民使用、實踐和發展語言的自由和權利」「承認他們獨特的文化權利和政治權利」「增強和提高學生對自己文化和歷史的認識和了解」。這表示主導社會的思潮業已轉向，同化論、雙語論走入歷史；目前正以搶救、維護、共同發展為主軸，推展美國的多元文化性。對於過去同化政策下的語文教育，批評者視為剝奪人權之舉。

美國過去同化的對象，並不只限於印地安人，還包括大量外來移民者，包括同自歐洲移入的德語後裔。一九六八年通過的〈雙語教育法〉，直接起因就是移民問題。直到九十年代後，這種在語言及文化上歧視少數民族和外來移民的態度，才遭唾棄。此一轉變，事實上也即是世界之新趨勢新潮流，全球學界、人權團體，在此均有許多通力合作之處。散布在世界各處的華人，若要爭取華族文化在所居國具有法定之維持、保護、發展地位，避免被同化或歧視，就應多了解國際上這類多元文化促進運動及其成果，並尋求與之合作。對於像印地安人語言傳承發展這一類作法，亦應多所取鑑。

可是，華人之國際處境雖然蹇困（觀念中，還常以為在海外都是淘金、鍍金或帶著大把金子銀子去花的。而實際是弱勢、低階群體。以美國為例。目前華裔五〇八萬，含臺裔二十萬，占其亞裔中四分之一。雖然教育程度學士以上者五十三%，遠高於全美三十一%之平均水準，臺裔尤高。可是收入卻連亞裔的平均值都達不到。貧困率，更是無論華裔臺裔，都高於平均值），但心態一向盲目自大，根本瞧不起印地安人的語言挽救運動。而實際上華語在許多國家之法律地位尚不及美國之印地安語；政府及主流企業、基金會、社會運動者也根本未能如挽救印地安語那樣去保護華語華文；就是印地安人對於語言的搶救措施，很多亦為華人社團沒想到或做不到的。例如發展印地安文化出版事業，建立印地安語廣播電臺、電視臺，擴大印地安語言文化影響計畫，師徒語言學習計畫，其中實不乏可以借鑑者。可以讓華語教育從弱勢的傳承與保存、發展出較具開拓性的作為。

三、採取動態的多元文化論：

針對同化論，反抗者多援引多元文化論以資對抗，但邇來多元文化論本身已頗有理論之進展。霍米巴巴（Homi K. Bhabha）即認為：多元文化主義目前已失去了合法性，因為此一主張建立在文化多樣性上；而文化多樣性的說法，預設了有一種身分的本質主義。這種文化跟那種文化，本質上就不一樣，所以彼此才需要包容、交流。此說雖有良好之用意，但採文化相對主義立場，強調各個文化的自主性，彷彿文化在歷史及社會上從未被「玷汙」，事實上並不符合各民族文化在歷史上多所交融交會之事實。而且把文化上的差異固定化、絕對化，雖說要加強交流了解，實又增加了文化間的敵對關係，並不利於少數族群的發展。據此，霍米巴巴改而提倡「文化差異」。

他認為：移民經驗和後殖民經驗，是目前世界普遍存在的現象，因此今天各文化均不應如過去那樣強調傳統的核心價值、純正身分，而應重視不同文明接觸的邊緣與交界處。如果我們不認清這一點，仍一味強調、崇拜文化傳統、民族認同，則自己就越來越種族主義化，如何反對別人採用種族主義之方式對付我們？

反之，我們該注重的是「混雜性」。每個文化都有與其他文化交往而形成的混血雜交（interbreeding）接觸區。這種混雜，事實上就是兩種文化已在事實上交流揉合的部分或區塊。因此，主動尋找這種混雜性，才能開闢出通往國際性（或民族間性）文化的通道。

這個理論，用在世界華人社會上，就可能是一種提醒：除了強調自己的民族文化傳統，突出本地人與華人之分外，還應注意兩種文化已有交流混融之經驗和事實，兩種文化不是本質上對立或涇渭分明的。我從前曾以伊斯蘭教文化本身就是中華文化中之一部分的例子來說明這一點，現在也可藉他的理論再說一遍。

當此時會，華人如何自處、中華之未來又將如何呢？

過去譚天星歸納過關於這個問題的幾派意見：一謂已形成「世界華族」，海外華人已形成為世界上最大的跨境民族，或者說中華民族已向海外延伸成一個世界性民族。二謂海外華人只是各所在國中之少數民族。三謂現代華族乃是在二次大戰後，在東南亞形成的一個新興民族。四謂華族已非實際存在物，如泰國之情形。譚氏自己則認為：「華族，是海外源於中華民族，分屬於不同國家，基於共同文化與種族認同的共同體」。

朱耀偉另提出：從中國性到諸中國性（Chinese nesses）。認為大陸、香港、臺灣、海外華人都具有中國身分（Chinese identities）。中國，不僅指大陸單一之地，亦不能單一同質化地去說中國性。

我則曾用過「散居中國」一詞來描述。若從「諸中國性」「諸中國身分」這些觀念來看，華人既已形成世界最大的散居族裔，則其散居之處，即為諸中國之一部分，亦即散居中國之一體。

此語近乎我之前介紹過的「華文共和聯邦文學」。亡友德國馬漢茂曾在一九六六年辦「現代華文文學的大同世界」研討會。名稱參考「大英共和聯邦」。全世界使用華文創作的作品，都可納入。

中國人散居世界各地，其實由來已久。但十九、二十世紀時，散居世界各地之中國人，不伸張其國際性世界性，反而伸張其國族主義。現今則類似華文文學作家協會這樣，散居中國人開始進行國際性、跨國組合。出現各種文學、宗教、宗族、鄉親組織。

像泰國，一般認為其華僑社會到八十年代即已完全轉化，目前已不存在華僑社會了。但是，在新的情勢下，泰國華族的某些特點卻得到新的發展，通過業緣紐帶、地緣紐帶、血緣紐帶建立起來的華人社團，已走向國際化，有了世界華商大會、國際潮團聯誼會之類。

目前，國際客屬、國際陳氏宗親、國際慈濟……等各種會議或組織，已盤根錯節地架構出一個新的世界華人新網絡。單講世界華文經濟網絡、華文經濟圈、文化中國，都可能過於簡單而難以成立，但若注意這個多元互補、交光互攝、縱橫交織的整體網絡及發展趨勢，便可知一個新的時代確已來臨。

當然，散居中國的講法，在中國本土境內，具有拆解中國之意味。不只中國大陸才叫中國，其他世界各華人社會也都是中國的一部分，或者說中國已成為複數。這對強調世界上只有「一個中國」的政權，或對中國仍採固定、中心、單一觀點的人來說，當然在政治態度、文學理論、心理認識上都還難以接受。

但是，對大陸境外的華人或外國人來說，散居中國，又不折不扣是個「大中國」，中國竟然要以世界為疆域了。世界華文共和聯邦，意擬「英語帝國主義」，會令人不安。這樣一個大中國，如何安頓它與內部早已不認為自己是中國人（而是所謂的「新興民族」如馬華、臺灣人等）之關係，亦使人困惑。各地華文文學，發展的方向，主要是要讓自己歸屬於當地的國家文學（例如在北美的，爭取讓自己成為像美國黑人文學那樣，屬於美國文學中之一支；在新加坡、馬來西亞、印尼等地，爭取成為該國國家文學之一部分，為該國多元文化中之一元），抑或是要讓自己歸屬於世界華文共和聯邦，更是會引起爭論。

海外中國人對自己的中國身分，又感情複雜，自尊與自卑交雜。或堅決反對「中國人」之稱呼，只願自稱為華人。或對中國身分頗不以為然，提出如「血緣上我無可避免是中國人，但我只有時同意自己是中國人」的講法；或者根本拋開華文與中華文化，期望能融入當地主流社會。這樣的人，連華文都已放棄了，還奢談什麼華文共和聯邦？

再說，從總體趨向上看，華人因移民流動，固然散居於世界各處者越來越多，可是在許多地方，學習華文、寫作或發表華文文學，仍極困難；華文資訊流通又遠不及英文。因此，移民第二、三代輒已不嫺習華文。未來，二十一世紀的新趨向，到底是華文、華文文學擴及國際化，形成真正的共和聯邦，還是終歸衰亡，也是個可爭辯的問題。

在面對上述諸爭議時，我們不能天真地認為散居中國或什麼國際化云云就能超越國族主義，或擺脫國族主義。也應注意世界華文大同世界之說，對其他民族、其他國家，可能形成文化霸權的壓力。我們只能把散居中國與世界華文共和聯邦當成一個開放的描述體系。

當然，既講未來、既是理想性的描述，自不妨描繪天堂。只是天堂太遠，姑且還是講點近一些的，把這個開放的描述體系當成實事來看：

就政治上說，則今後之所謂大一統、大同，可能還確實不能是全球性的一統、大同，只能是國族與全球化之中間狀態。即中華共和邦聯，而非中華世界一統。在大英國協、美利堅聯邦大帝國之外，另立一宗。

此大中華共和邦聯，對內要先自我分解成若干邦，由秦漢以降之郡縣制回歸於封建制。目前廿三省五自治區，改組成七個邦，加上臺灣一邦、港澳一邦，仍符「九州」之數。首都建議遷至烏魯木齊（一八八七年日本軍部《征討清國策》、李登輝都有中國七塊論。但那是要「擺脫大中華主義的束縛」的分裂，我這裡說的是中華大一統底下的區域重組）。同時落實「大中華」之「大」，成為全球性的大中華。凡世界上有意願參與我邦聯者，皆仿大英國協中澳洲、加拿大、奈及利亞、南非等五十三個國家會員之例，納入為成員國。

這種型態，大英國協業已行之有年，足供參考，並非天方夜譚，且利益十分明顯（由於享有共同語言、不成文法傳統及其他規範，邦聯成員國相互間的合作，至少就能提高十～十五%的效率），也沒有誰吃掉誰的隱憂及防衛。內部不再做軍備競賽、撒錢外交競爭及各種內戰內耗。社會、經濟、文化之發展自然也會飛速增長。

此一方案，上承《春秋》，下接民初「聯省自治」之議而斟酌之、調適之，也許可以為目前兩岸三地之僵局打開新頁，有心人其肯聽之？

## 五、文章華國

但建立大中華邦聯就可以了嗎？

不行！蘇聯不也是聯邦國家嗎？盛時，強力聯合十五個國家，及其衰也，一夕土崩。可見聯合之道，在德不在力。古封建亦是如此，會盟共祭，修文德以徠遠人，故能愈成其大。

古之中國，本來就不是地域性概念，也不是政權概念，而是文化概念。猶如夷狄，並不真指周邊種族。其同不同於中國，乃是文化上之判斷。故春秋有夷夏之辨。漢朝以後，有許多朝代仍名為漢，其種族則為匈奴、氐羌、沙陀等，但它願意以漢為名，認同的即是文化而非種族。也有許多種族或王朝實施漢化，如鮮卑之北魏，苻堅之前秦，北周北齊，遼金元清等，自居正統。這些都屬於文化認同、歸屬或判斷。無此認同，縱使武力併吞也不能長久。

故中國未來能不能昌明為大中華，還需看我們能光華燦爛到什麼樣！你看美國，都說它是萬惡的資本主義社會、是帝國主義、是世界流氓，到處干預別國內政，可是為何商欲旅於其市、學生欲學於其黌、女欲嫁於其郎、藝欲貨於其邦，其文學藝術音樂戲劇影視作品則銷行全球，人皆效其生活方式？其中實有其立國之精神足資吸引，亦有其道德正義之取向足以令人服從。而這類精神內核、文化價值，中國古代亦是有的，如今丟失了，該如何找回來？若說時代不同了，古之精神與價值已不適用，那麼未來我們足以號召群倫，令其向義慕德之德義又安在？

我以為這才是我們這一代人的時代問題。

每個時代人都罵他那個時代是亂世，衰世，為自己之無能找藉口，彷彿不幸都是時代造成的，他自己沒有責任。實則何世不衰、何世不有人傑，世界又真限制了人什麼？只不過每個時代不同，衰亂的原因與情況也不同。成功者除了有比我們更健全的心態、氣魄與能力，或許還在於比我們更認清了時代的問題，對症下藥，故事半功倍，不似我們勞而少功，營營、擾擾，忙了一生，也白活了一生。

晚清以來諸賢，就是看錯了時代問題的。努力救亡，奮鬥了好幾代人，結果病愈治愈糟。以為非以夷變夏不可，非反傳統、反吃人的禮教不可，非美化俄化不可，非把病人殺了不可。因為把病人的老命革了，病自然也就沒了。此即由五四到文化大革命之路。

一路壯懷激烈，破舊，清算，打倒，前進、前進、前進進。忽焉夢醒，始覺一無所有。於是幡然改途，又向錢看，如蠅聚羶，奔競不已。忽焉夢又漸醒，始覺信仰缺失、價值空洞、文化斷層、社會亂象頻仍，於是在微博微信中罵之、譴之、詛咒之、迷惘之不已。

既如此，我們真正的時代課題是什麼？

真正的時代課題是要面對西方現代化全球擴充，提出反省，來應對當今後現代情境的變化。

對現代化全球擴充狀況的批判反省，其實正是西方十九世紀末以來的思想大勢與精髓。謂它製造了傳統與現代的緊張關係，本身又深陷於擴張主義、工具理性、物化之深淵，並激生出對理性不再信任的反理性思潮。而此反理性思潮又碎片化、虛無化，形成更深的現代病。

可是我們熱情迎接、學習的，卻是現代化擴充的路數。人家在做現代文明的病理學（pathology）分析，我們卻以現代病為續命金丹。拚命工業化、城市化、世俗化、欲望化、反傳統、反神聖、反宗教，羨慕侵略我們的人，故學他以圖富強。認為這樣就是「師夷長技以制夷」，而其實只是更深地被夷所制而已。

就像九十年代我在大陸，說生態不能破壞，西方現在已經吃到破壞生態以追求富強之苦果了，開始回頭努力做環保；我們的後進優勢，就在於可看到先進發展的結果，提前避免之。大家都哈哈大笑，說將來的事我不知道也不管，因為眼前就非富強不可，未來要花大錢去恢復生態卻不干我的事。

現代化的種種問題，本不新鮮，在西方多已有批判有反省了，可惜都像這樣，在中國沒人當一回事。思想界的領袖，都是鼓舞人砸宗祠、拆老宅、清算祖先，而奔向西潮的弄潮兒（房子拆了沒地方安居的人，回過神來，想找他們理論時，他們卻都功成名就地去了）。

那些反省現代工業化的思想與藝術，後來漸漸形成後現代思潮，要考慮現代之後的人類命運。但這些年，此一思路卻也進展無多。原因是工業化之後的新工業發展一日千里，電腦、網路、人工智慧、生物科技、新材料、新醫學均有新獻，思想界之討論根本追不上。

追不上，一是文理分化分科嚴重，擅長哲學文藝者，對此科技新情勢十分隔膜。仍在思考著十九世紀的康德、黑格爾（他們當然也研究天文學，但其說已不甚靠譜。康德認為所有行星都有人居住，距太陽越遠的人越優秀。黑格爾則論證太陽系行星數目不可能超過七顆，不須尋找新星）。二是形上學久失地位，知識論已讓位給了語言哲學，而倫理學涉及道德判斷亦研究者少。新科技、新倫理帶出的倫理難局，如智慧財產權、同性婚姻及生子問題、複製人問題、核廢料、核能發電等諸多問題皆委由政治解決或商業處理了，思想家不願碰也無力深入。

這才是我們的思想處境，故諦觀前途，憂思蒼茫。

我不可能處理所有問題。少年時，雄心萬丈，欲一口喝盡西江水，劉顯叔兄嘗笑我是學術帝國主義。現在才知心力固可無窮，時間體力卻很有限，我真能做的，只有兩方面，一叫「文王既沒，文不在茲乎」，一叫「煥乎其有文章」。

文王既沒者，聖哲已遠也。聖哲本來就已離世久遠，晚清以來，努力現代化，焚琴煮鶴，又舉聖哲所遺典章文化而棄去之，故文衰道喪。可是天不喪斯文，仍有我這一類人起微茫、振墜緒，則是幸運的。

我能得師友之助，獲窺傳統文化的宮室之美、百官之富，猶如李商隱詩描述的：「上帝鈞天會眾靈，昔人因夢到青冥」，當然是莫大的幸運。

事。

因偶然夢入，所以能如禹的兒子啟那樣獲得天宮的音樂，回來演示給大家聽聽，則是這時代的幸

我很珍惜，故亦希望盡我之力，略效女媧補天，把這個時代的文化斷層補齊，斯文復可在茲。

這項工作，泛泛說，也可稱為文化復興。但有些不同。

西方文藝復興，想恢復的是古希臘。當時希臘文明早已滅絕，文獻僅存於阿拉伯世界；歐洲人通過蒐集、挖掘、翻譯、整理、闡釋，逐漸恢復其精神樣貌。而亦在此同時，歐洲人就重塑了自己，把恢復的古希臘文明跟當時人的精神需求、審美導向、文化內涵結合起來。於是復古變成了開新。歐洲這幾百年的榮景，都得力於此。

可是歐洲復興起來的文化，本身也有缺點，所以強大後，亞洲非洲中南美洲便遭了殃，受盡欺凌。而中國近代積弱不振、受盡壓迫的知識分子遂也想在中土發動一場文藝復興來振洗恥辱。

晚清留學日本的革命黨人章太炎、劉師培等人其實就已展開了文化復興運動。當時稱為國學，要復興古學，效法歐洲挖掘古希臘文獻的方法，也去挖掘中國先秦文獻、講述學術思想、闡揚文化精神。

接著是五四。一般把它稱為新文化運動，強調它革命性的力量與意義，而忽略了它的復古性。但事實上，胡適自己用英文寫的介紹新文化運動的書，就直接把它譯為文藝復興運動。

可惜他們並沒有達成歐洲那般復古而開新之效果。原因何在？

歐洲文藝復興，是以古希臘羅馬為典範的。我們雖也以先秦為典範，講古學國學，可是講著講著就開始批判起來了。否定上古史，認為多是戰國時期人偽造的。而胡適雖然把五四理解為文藝復興，但更多人理解的是文化更新。因此大脈絡乃是「新」，要變祖宗之法、改聖賢之教、革舊文化之命。

這種新，壓過了「復興」一詞中復古的含義，且越來越以復古為敵。原先以恢復古學為使命的「國學」或「以科學方法整理國故」乃越來越變成清算古學，要找出古學中藏著的鬼，打鬼、打倒孔家店。

於是文藝復興就逐漸變成了：不是要復興我們自己的古文化，而是要學歐洲文藝復興所復興的文化，努力向西方學習。

臺灣的文化復興，雖反對文革，但一是也仿文革，以帶有政治性的運動方式為之；二是套在現代化的社會與思路中提倡，強調傳統需做現代轉型，以適應現代。

我是講經世的，要治此末世，起廢疾而興中華。但對現代性卻大有質疑，根本不認為舊學需做現代轉型，以適應現代。傳統學術的價值，毋寧說更在於它可提供批判現代性、反省現代化之癌的思想資源。因此，看起來我是在復興舊學，其實不，旨不在復興舊的，而是要健康地走向新的，走向未來。對現代化論者所說的民主、自由與憲政等等，我也都是有疑慮的，不想比附。

現代資本主義社會的精神，依韋伯說，是基督新教的倫理，要入世禁欲，用勤勉賺錢來體現對上帝的虔敬。可是發展至今，還有禁欲精神嗎？早就只表現為人欲橫流啦！所有制度，都是由欲望意志發展出來的。要改造，除了枝枝節節討論這個制度那個制度，難道不該追究那欲望之核嗎？

相反的，儒家講人之初性本善，要克制私欲，發揚善性。這不僅在精神方面可補偏救弊，更可由此發展一套與之全然相反的經濟社會制度來。

政治也一樣。現在談民主，其實僅著眼於權力制衡，有現實的針對性。可是由儒家看，民主一是不究竟、二是不可欲、三是不稱善。

不究竟，是說民主只能達到權力開放、普遍參與、集合公眾意志等功能，但這就是政治的目標嗎？政治是管理眾人之事，當然可以大家共同討論管理之。但此眾人到底要完成什麼政治目標，卻不是民主能涉及的。一個團體，也可能大家民主協商了去殺人放火（所以海盜都是講民主的）。

不可欲，是說民主本非可以讓人作為理想去追求之制度，現在只不過以「最不壞的制度」為號召罷了。可是這最不壞的制度，有其不能克服之先天弱點。首先，汗牛充棟的研究已證明了群眾的盲目性、瘋狂性、匿名性、野獸性。其次，愚民永遠居金字塔底層之最大數。所以民主勢必成為庸俗政治，甚至民粹、群眾運動。

故前已說過：現代政治，在實施民主時，必須有若干相應條件。一是以教育提升民眾群體的素質，抬高庸人群體的基本水準，以保障民主之結果不致太差。二是以精英及賢人政治介入實際運作。無此類條件，妄言民主，只能是群魔亂舞。

不稱善，是說民主制度自有其人性論基礎，認為人性惡或有罪或有幽闇意識。所以民主不是選賢舉能，只是以制度保障權力與欲望之公開競爭而已。可是無論如何公開、制度化，力大利多者皆注定會壓倒弱勢團體，故需要另謀救濟之道。總之，它不是性善論發展出來的，其效也不足以稱善。

只不過，目前提倡民主，仍有其現實意義及策略功能，所以我也不反對，甚至還要支持一下。可是長遠來說，以儒家思路開太平，才是正途，誰說儒家只能在精神性上作貢獻？

當然，精神方面終究更應注意。任何政經社會制度，其實也都有其相應的精神內核，本是不能分開看的。光談民主、憲政、進步、現代化，並非根本。因為很顯然，現在人坑人、人害人、人殺人，絕不比原始社會少，反而技術更高超、規模更龐大、計算更精密。而且自居正義，絕不內疚。權力和財富集中於少數人，也更甚於帝制時代。人之沉湎庸陋，則難描難述。禽獸若會說話，看到現在這樣的社會，也要高談人禽之辨，羞與人類為伍。在這種情況下，談改制、改革、大國崛起、轉型正義、複數中國、大中華或什麼，若非語言遊戲，就是揮舞新旗子以奪權爭利。

因此，以儒家思路開太平，若要有實質意義，仍在於推動禮樂文明之復興。

現代人卻最怕聽到禮樂。大家都是在打倒禮教的氣氛及教育中走過來的，誰也沒有教養，所以心頭牴觸、口頭批評，說它不適用於現代生活。但請問：一個現代文明社會要不要禮呢？誰也不敢說不要吧？西方人有不有禮呢？仍是有的吧？

禮本來就會隨時調整，孔子說「周因於殷禮，其損益可知也」，就是這個道理。古禮是基礎，依之斟酌損益即成時禮。完全革命推倒，只能說是無知妄作。而說舊時代的禮與現代生活太遠，也是沒常識。禮有歲時之禮，如過年過節，端午佩香囊、冬至吃湯圓餃子，現在不這樣過？有生命之禮，慶生、祝壽、婚嫁、喪葬、祭祀、上墳，現在不需要？有生活之禮，應對進退、待人接物、敬語謙詞，現在都不必了？

至於書院孔廟或祀三皇五帝之典禮，只是古代吉禮之一部分，屬於敬事天地先賢先聖之禮，本來就非一般生活，是生活中的特殊重大事件，故歷代祀典均儀樂隆重。在西方，只有教皇登基一類禮可相彷彿，誰說要用到日常生活中來？誰又有資格用到日常生活裡來？一生能看上幾回，就夠幸運了。現在還有我這樣的人，能把古代禮樂恢復活化給你看，你更該偷笑了。

禮樂，講的還不只是這些。《詩．大雅．蕩序》：「厲王無道，天下蕩蕩，無綱紀文章。」禮樂講的是一個文明社會的綱紀、標準。例如人與人交談、交往，須要誠信。誠信就是一種做人的綱紀、算不算是人的標準。世界上謊言再多、騙子再囂張，也不能動搖這個綱紀標準。為何？因為謊言之所以能讓人信，正建立在「言必信」的基礎上，其目的就是要讓人信。故《孟子．離婁上》說：「誠者，天之道也；思誠者，人之道也」，誠是天道，誠實誠信地過活，則是人的基本道理。《中庸》尤其強調這一點，也說：「誠者，天之道也。誠之者，人之道也。」

符合這種天道的原則而形成的人文秩序，即總稱為禮。所以古人常說「禮者理也」，誠是禮、信是禮、敬是禮、辭讓是禮、溫良是禮，禮是這人文綱紀之總稱，故《禮記．曲禮上》曰：「夫禮者，所以定親疏、決嫌疑、別同異、明是非也。」

這是由天道方面說。若從個人說，則禮又是對人粗胚狀態的修飾與提升，「子路問成人。子曰：若臧武仲之知、公綽之不欲、卞莊子之勇、冉求之藝，文之以禮樂，亦可以為成人矣。」天生材性，其實近於動物狀態，猶如狐之有智、狼之有勇、熊貓之不欲、鼯鼠之多技也。只有琢磨切磋，文之以禮樂，才能成就為真正的人。

孔子論怎麼樣才算是人或成個人的地方很多。一般人比較重視的是他說「仁」；於孟子，則重視他說「義」；於荀子，重視他說「禮」。我偏於從文說，因為禮本來就又稱為文，或如《詩》那樣，可稱為「綱紀文章。」

《楚辭．九章．橘頌》：「青黃雜糅，文章爛兮。」綱紀、禮、天道人道，偏於從條理說。文章則偏於從文明說。有文，才能顯出光彩，故文章的章，同時也是彰顯彰明的彰。有時由音樂看文明，便說章指樂章，字從音從十；有時由黼黻文繡看文明，便說：「中國有禮儀之大，故稱夏；有章服之美，謂之華」（左傳定公十年）；有時由語言文學看文明，則說：「文章爾雅，訓詞深厚」（史記儒林列傳）；而其實就是指整體人文昌明之狀態。

所以《逸周書．謚法解》說：「經緯天地曰文，成其道。道德博聞曰文，無不知。學勤好問曰文，不恥下問。慈惠愛民曰文，惠以成政。湣民惠禮曰文，惠而有禮。」文，是文明大美的大詞，而且是最大詞。說仁、說義、說禮似乎都還太重，且不盡，有所偏，說文最好。

從前，我父曾以「斯為美」做我家之店招，取意於「禮之用，和為貴。先王之道，斯為美，小大由之。有所不行，知和而和」。然則大可經緯天地，小可不恥下問者，即文之用也。故家族祠堂中亦有聯曰：「文章華國，詩禮傳家」。

這應也是從前中國人共有的理想，如晉陸云〈張二侯頌〉說：「文敏足以華國，威略足以振眾」、宋滕岑父〈和岑子上鄭廣文詩〉說：「文章可華國，誰云只小技。」過去人家還常有一副中堂寫著「華國文章本二南，齊家典制遵三禮」；即使賀婚，也要說：「從此綠鬢視草，紅袖添香；眷屬疑仙，文章華國。」

文呀文，我不是號稱雲學嗎？荀子《雲賦》狀雲曰：「德厚而不捐，五采備而成文」。雲是要雲蒸霞蔚、文采煥然的，我亦深有契於此意。在淡江大學主持系所時，還曾發動同仁編了一本大一國文新教材，書名便題為《文章華國》。後來又倡言文字文學文化的一體性研究、高談道門文字教、作《文人階層史論》《中國文學史》等等，前面已介紹過了許多。用心所在，非今日一般所謂的文學，而正是這傳統的文章華國之旨。

努力迄今，文章華國之道未盡，則我當居何位置耶？嘗夢，夢見子貢問於夫子：「龔文子何以謂之文也？」子曰：「敏而好學，不恥下問，是以謂之文也。」

INK PUBLISHING
文學叢書 579

# 龔鵬程述學

作　　者　　龔鵬程
總 編 輯　　初安民
責任編輯　　陳健瑜
美術編輯　　林麗華
校　　對　　潘貞仁　陳健瑜

發 行 人　　張書銘
出　　版　　INK 印刻文學生活雜誌出版股份有限公司
新北市中和區建一路 249 號 8 樓
電話：02-22281626
傳真：02-22281598
e-mail：ink.book@msa.hinet.net
網　　址　　舒讀網 http：//www.sudu.cc

法律顧問　　巨鼎博達法律事務所
施竣中律師
總 代 理　　成陽出版股份有限公司
電話：03-3589000（代表號）
傳真：03-3556521
郵政劃撥　　19785090 印刻文學生活雜誌出版股份有限公司
印　　刷　　海王印刷事業股份有限公司

港澳總經銷　泛華發行代理有限公司
地　　址　　香港新界將軍澳工業邨駿昌街 7 號 2 樓
電　　話　　(852) 2798 2220
傳　　真　　(852) 2796 5471
網　　址　　www.gccd.com.hk

出版日期　　2018 年 11 月　初版
ISBN　　978-986-387-269-6
定　價　　499 元



國家圖書館出版品預行編目資料

龔鵬程述學 / 龔鵬程 著；
--初版，--新北市：INK印刻文學，
2018.11 面； 公分（文學叢書；579）
ISBN 978-986-387-269-6（平裝）
1.龔鵬程　2.學術思想　3.文集
112.807　　107019159